循环经济运行机制研究

杨雪锋 著

商务印书馆
2008年·北京

本书系浙江省哲学社会科学规划课题
(编号:07CGYJ030YBM)研究成果

得到浙江财经学院出版基金资助

目 录

序 ………………………………………………………………… 1

第1章 概述 ………………………………………………… 1
1.1 问题的提出 …………………………………………… 1
1.2 研究框架及分析思路 ………………………………… 10
1.3 研究方法和技术路线 ………………………………… 14

第2章 文献背景 …………………………………………… 17
2.1 国外循环经济研究现状 ……………………………… 17
2.2 国内循环经济研究进展 ……………………………… 20
2.3 循环经济的理论基础 ………………………………… 29
2.4 本章小结 ……………………………………………… 49

第3章 循环经济的学科定位与范式创新 ………………… 51
3.1 基于可持续发展视角看传统经济理论的困境 ……… 51
3.2 循环经济的经济学基础 ……………………………… 58
3.3 循环经济的研究范式创新 …………………………… 64
3.4 本章小结 ……………………………………………… 72

第4章 循环经济的运行规律 ············ 74
- 4.1 循环经济的原理和模式 ············ 74
- 4.2 循环经济的发展导向 ············ 92
- 4.3 循环经济的效率标准:资源生产率 ············ 97
- 4.4 本章小结 ············ 110

第5章 循环经济的经济逻辑 ············ 112
- 5.1 循环经济的主导经济逻辑 ············ 112
- 5.2 循环经济中经济主体的理论假定 ············ 122
- 5.3 循环经济运行机制概述 ············ 127
- 5.4 本章小结 ············ 131

第6章 循环经济运行的经济条件 ············ 133
- 6.1 循环经济的产业支撑体系 ············ 133
- 6.2 循环经济中的产权与环境责任 ············ 142
- 6.3 循环经济中的信任机制 ············ 166
- 6.4 本章小结 ············ 169

第7章 循环经济中资源价格形成机制 ············ 172
- 7.1 资源价格形成问题的循环经济意义 ············ 172
- 7.2 资源价值论一般 ············ 177
- 7.3 自然资源稀缺性及其价格表征 ············ 184
- 7.4 外部性内部化与资源价格形成机制 ············ 190
- 7.5 循环经济的资源均衡价格与经济分析 ············ 200
- 7.6 本章小结 ············ 207

第8章 循环经济中消费者行为 ······ 209
- 8.1 循环经济下消费者行为的本质 ······ 209
- 8.2 生态消费的微观经济分析 ······ 215
- 8.3 生态消费的经济效应及其模式培育 ······ 221
- 8.4 本章小结 ······ 225

第9章 循环经济中生产者行为 ······ 227
- 9.1 循环型企业的经济逻辑与现实背景 ······ 227
- 9.2 循环型企业的微观经济分析 ······ 237
- 9.3 循环型企业的战略分析 ······ 240
- 9.4 本章小结 ······ 247

第10章 企业循环经济理论与实践 ······ 248
- 10.1 基于PLM的企业循环经济 ······ 248
- 10.2 基于EPR的企业循环经济 ······ 255
- 10.3 企业循环经济的思路与实践 ······ 264
- 10.4 本章小结 ······ 273

第11章 循环经济产业链的运行机理 ······ 275
- 11.1 循环经济产业链的形成 ······ 275
- 11.2 循环经济产业链的合作机理 ······ 287
- 11.3 循环经济产业链的稳定性与治理 ······ 295
- 11.4 本章小结 ······ 305

第12章 产业生态网络的运行机理 ······ 307

12.1　产业生态网络的形成机理 …………………………… 307
　12.2　产业生态网络的稳定机理 …………………………… 316
　12.3　产业生态网络的动力机制与治理策略 ……………… 325
　12.4　本章小结 ……………………………………………… 330

第13章　循环经济组织的演化机理 ………………………… 332
　13.1　循环经济组织与经济演化 …………………………… 332
　13.2　案例分析1：丹麦卡伦堡产业共生体 ……………… 347
　13.3　案例分析2：天津泰达生态工业园 ………………… 358
　13.4　本章小结 ……………………………………………… 365

第14章　循环经济的调节机制（一）………………………… 366
　14.1　循环经济中的信息问题 ……………………………… 366
　14.2　循环经济、事前交换与经济流程转变 ……………… 372
　14.3　循环经济、公众参与与"生态转型" ………………… 385
　14.4　本章小结 ……………………………………………… 404

第15章　循环经济的调节机制（二）………………………… 407
　15.1　循环经济自运行的障碍分析 ………………………… 407
　15.2　循环经济的市场化与规模化 ………………………… 415
　15.3　政府职能转变与循环经济促进 ……………………… 429
　15.4　本章小结 ……………………………………………… 441

主要参考文献 …………………………………………………… 443
后记 ……………………………………………………………… 449

序

一

　　循环经济的思想源远流长。

　　无论承认与否,我国目前文献和媒体上出现频率极高的一个新词:循环经济,最初是从国外引进的。

　　从现有研究看,大致可以追溯到国外循环经济的三个起源:可持续发展的思想,航天科学的启发,以及经济学(特别是生态经济学)的研究。1962年卡逊的《寂静的春天》、1972年罗马俱乐部的《增长的极限》和斯德哥尔摩人类环境会议、1992年巴西环境与发展首脑会议、2002年南非可持续发展峰会,是人类对经济增长和环境保护关系认识上具有里程碑意义的重大事件。可以说,没有环境保护意识的觉醒,没有对可持续发展的统一认识,人们就不会要求废物的处理处置。1965和1966年鲍尔丁发表的"地球是一艘宇宙飞船"和"未来宇宙飞船地球经济学",1990年皮尔斯和图奈《自然资源和环境经济学》第2章关于"循环经济"的讨论,1996年德国《物质循环和废物管理法》的实施,更多的是提出了循环经济的设想、自然资源的可持续管理准则以及发展循环经济的法规强制。可以说,没有航天科学的发展,人们还想象不到地球就是茫茫宇宙中的一艘飞船,因而也就不会有"循环利用其废物"的要求。

经济学最初是从再生产的角度提出废物循环利用的。斯密《国富论》的"无形之手";马克思《资本论》中关于规模经济和分工的论述;庇古的"外部效应内部化"理论,通过征收"庇古税"达到减少污染排放的目的;科斯的"产权理论"强调,只要产权明晰,就可以通过谈判的方式解决环境污染问题,并达到帕累托最优;"环境库兹涅茨曲线"理论认为,环境污染与人均国民收入之间存在着倒 U 形关系,随着人均 GDP 达到某个临界值,环境问题就会迎刃而解;还有环境资源交易系统的"最大最小"理论,等等。这些理论为环境经济学研究提供了理论分析基础,即"污染者付费原则"。总体上看,国外关于循环经济的相关理论研究相当丰富。

我国经济学史专家通过对史书记载的研究发现,990 年前唐朝的珠江三角洲地区就出现生态农业的"基塘模式"。简单地说,就是在低洼的地方挖一挖,泥堆在四周形成"基",中间成为"塘":基上可以栽桑,桑叶养蚕,蚕果可以缫丝,丝可以做服装;这些环节中的废物可以放到塘里养鱼。这样,就形成了"废物变原料"的循环。上世纪50 年代,在广东江门镇,南街生产甘蔗的渣子用于北街造纸的原料,则是工业中"废物变原料"的例子。换句话说,我们现在研究的循环经济,或者"废物变原料"的产业链延伸,在我国有着相当长的历史。在我们的日常生活中,"废物变原料"体现在打麻将上,成了"上家的废牌就是下家的原料"。《从摇篮到摇篮》一书的作者,对中国 4000多年来的农业,或产生于中国农业中废物循环利用的做法十分推崇。至于循环经济的研究,无论是理论文章,还是政府文件,我国的发展超过世界上任何一个国家,说循环经济的理论在中国成熟和丰富绝不为过。

二

循环经济的内涵中外有别。

对循环经济内涵的解释，中国与国外有较大的差别。国外发展循环经济强调废弃物的回收利用，日本、德国等均是如此，他们的法律是从"废物管理"引申出来的。而我国众多专家推崇的所谓循环经济3R原则，最初来自于清洁生产，在我国内涵已经被"放大"了。迄今国内各界对"循环经济"的内涵并未达成共识。

根据本人的理解，循环经济可以表述为三个层次：新的发展理念，新的发展模式和新的产业形态。作为一种新的发展理念，发展循环经济要体现"节约资源"和"保护环境"的精神，在工业化和城乡建设过程中，重视"从摇篮到摇篮"的生命周期管理。循环经济可以发展，是坚持以经济建设为中心，将发展作为"第一要务"，用发展的思路解决资源约束和环境污染的重要途径。作为一种新的生产方式，与传统生产方式的根本区别在于：传统的经济增长模式将地球看成是无穷大的取料场和排污场，系统的一端从地球大量开采自然资源生产消费产品，另一端向环境排放大量废物，以"资源——产品——废弃"为表现形式，是一种线性增长模式；这是因为经济活动中的实物流量越大，GDP就越大。循环经济强调在生产和再生产的各个环节利用一切可以利用的资源，按"物质代谢"和"共生"关系延伸产业链，以"资源——产品——再生资源"为表现形式，是对"大量开采、大量消费、大量废弃"的传统发展模式的根本变革，是可持续的生产方式和消费模式。作为一种新的产业形态，可以通过发展资源节约产业和产品、综合利用产业和产品、废旧物资回收以及环保产业，为经济社会可持续发展提供保障。经济是相对于产业而言的。没有产业也就无所谓经济;不落到产业上,循环经济也就难以持续发展。发展循环经济的核心是"变废物为财富",提高资源利用效率,从源头减少废弃物排放,实现经济社会发展与资源、环境的协调和良性循环。比如焦炉煤气来发电,既可以增加能源供应,又可以减少废弃物排放,一举两得。从这个意义上说,我国大力推进循环经济的目的是贯彻以人为本的科学发展观,是建立资源节约型、环境友好型社会的重要途径,是实现我国经济社会可持续发展的重大实践。

三

循环经济的研究要从问题出发。

研究中国的循环经济,从经济学角度研究循环经济都应当从实际出发、从问题出发,否则就没有活力,也就没有研究的价值、没有研究的必要了。

从科学研究的角度看,国外常用的方法是"还原论",而东方的特色是"整体论"。这也是东西方文化差异。所谓"还原论"就是将研究对象分析到"原子";从哲学层次上看,这是非常有效的办法,我们只有透过现象抓住问题的本质,才能找出主要矛盾和次要矛盾,才能促进科学技术的发展,这正是西方近代科学技术能够迅速发展的重要原因。东方思考问题的方法往往是整体的、原则的、定性的,妨碍了"文艺复兴"和近代"科学腾飞"在中国的出现。最好的例子是,火药是我国的四大发明,但火箭的制造我国却落后于西方。

"还原论"和"整体论"都有其合理性和必要性,对循环经济的研究也是如此。在循环经济的研究中,我们可以发现一个有趣的现象:国内的专家学者大多要介绍国外发展循环经济的做法和成功经验,而国外研究产业生态学的专家跑到中国来研究循环经济。例如,我国的专家介绍生态工业园时都要举丹麦卡伦堡的例子,而外国的专家则到中国来分析天津经济开发区(TEDA)发展情景。其实这两者并不矛盾。这是因为,我国对循环经济的理论研究需要西方经济学的研究方法和分析框架,而国外专家则需要运用中国的案例丰富他们的研究理论成果。一般而论,对于中国发展循环经济的理论和实证研究,我们可以而且也应当借鉴国外的科学分析框架;因为只有采用严谨的科学分析框架,才能透过现象看本质,抓住问题的要害,"以小见大",从一般现象中研究得出带规律性、普遍性的结论。相反,如果我们"闭门造车",凭自己的臆想推断循环经济的理论或实践中的问题,提出什么"能源循环"、"有循环无经济"等好像有、但现实中并不存在的概念,或者企业不会那么做但确有人喜欢"拉郎配"的情况,再加以批判,不利于深化我们对循环经济核心的认识,反而会混淆视听。另一方面,对于研究制定循环经济的发展规划、解决循环经济发展中存在的问题,我们又需要用"整体论",只有对症下药,采用行政的、法律的和经济的综合措施,才能避免"头痛医头、脚痛医脚",甚至避重就轻,老的矛盾和问题没有解决,又带来新的矛盾和问题,或者为解决矛盾增加障碍,这是不可取的。

四

国内不少的经济学家,特别是年轻学人开始关注循环经济的研究,并取得了一些不错的研究成果,值得欣慰。该书作者通过知识嫁接、理论融合与范式创新,熟练运用现代经济学的多种研究方法,借助生态学、系统论等跨学科知识,分别从运行规律、经济条件、价格机制、微观主体、组织形态以及调节机制等方面进行全面、系统而深入的论述,在对前人研究成果充分考证和全面分析的基础上,建立起自己的理论体系,充满创新气息,是对科学发展观在认识上的深化、视野上的拓展和理论上的系统化,是对可持续发展理论的丰富。作者在本书中的一些认识值得关注。

传统经济理论只注重经济系统的价值循环,而忽视了物质循环;传统的生态经济理论只重视生态系统的物质循环,却忽视了价值循环。理论基础的局限性、实践探索的盲目性以及当前研究中存在误区,导致循环经济理论裹足不前和政策操作的庸俗化与简单化,需要整合与创新。

循环经济学的理论意义在于寻求经济增长的生态环境内生化机制,协调扩张型经济增长机制与稳定型生态平衡机制之间的矛盾关系。这一命题对循环经济学的理论定位和实践价值给予了合理的判断。

循环经济本质上是生态经济,其目标是通过物质流、价值流和信息流的协同运行,实现经济系统在资源消耗方面整体性、系统性、结构性和动态性的节约。因此,经济运行机制的转换是关键,其背后的经济逻辑是资源(环境)主导型经济,循环经济研究需要新的研究范式。不仅需要生态经济学的物质流分析方法,还需要主流经济学的价值(福利)分析、制度分析、信息范式和博弈论等方法。

循环经济的运行机制需要与之适应的微观基础。微观基础的转变不仅涉及消费者和生产者个体行为的变化,还需研究经济组织形态及其相互关系的演变,循环型产业链和产业生态网络的形成、稳定及其演化体现出结构性、动态性特征。与传统经济调节机制不同,循环经济的调节机制包括事前调节(基于信任和充分信息的事前交换、基于环境意识和共同知识的公众参与)和事后调节(市场和政府)两种方式。该书提出的虚拟交换前置理论,从理论上颠覆了对传统经济流程的依赖,为发展循环经济、建设节约型社会,从整体上系统地、动态地实现资源节约提供了新的思路。

  我们期待作者将书中介绍的科学分析框架,更多地用于中国循环经济的实践研究,从实践中总结形成理论,并用于指导中国发展循环经济的实践。

国务院发展研究中心社会发展研究部研究员

周 宏 春

2007年5月1日于北京海淀

第1章 概　　述

1.1　问题的提出

1.1—1　研究对象及选题依据

(一) 研究背景

当今,中国经济经历着增长与转型。在保持9%以上快速增长率的同时,也在进行市场化、工业化和生态化三重转型。其中,市场化属于制度变迁范畴,目前,我国的市场化进程正向纵深领域推进,即从体制建构阶段转入制度完善阶段;工业化属于结构变迁范畴,我国的初步工业化已经基本完成,开始向重化工阶段迈进;生态化则属于系统变迁范畴,即由单一的经济系统运行向经济-生态复合系统运行转变。

由于传统经济理论和传统发展观的支配地位,市场化和工业化在创造巨大物质财富、促进商品和资源在更大范围流动的同时,也造成了资源的过度消耗、环境的严重污染和生态的急剧恶化。即便如此,中华民族生存环境的危机并没有改变全社会物质增长的冲动;①在当前的经济政策和发展导向的主导下,作为主流话语的市场化和工业化,与经济增长、财富积累紧密相关,而经济增长被简单地等同于GDP,财富积累也被曲解为对物质产品的大量占有和消费。正如托达罗所言,"增长已经成为一种生活方式"。②

一个拥有13亿人口的消费者群体和潜在市场在推进市场化的过程中带动的物质流是巨大的,制度上的任何一点小小的改进都将导致资源的大幅节约;同时,一个拥有13亿人口的庞大经济体在实现工业化的过程中,不可避免地产生对资源能源的巨大需求,而且经济活动的环境影响也呈现出压缩性后果,因此,传统工业化模式不可能为中国所借鉴。这一正一反两个方面表明,中国推行集约型经济增长方式不仅受益于自身,更是对人类的巨大贡献。美国地球政策研究所所长、联合国环境奖得主莱斯特·布朗称,如果中国经济继续以目前的速度发展,到2031年,中国的人均收入将与美国持平。届时中国人口预计将达到14亿,一个与美国一样繁荣的中国将每天消耗掉9 900万桶石油,比目前的全球总产量还要多18%;吃掉全球2/3的粮食;用纸量将是目前全球纸产量的2倍之多;汽车保有量将达到11亿辆,比2005年8亿辆的全球汽车总量还多,届时中国修建的公路和停车场将与中国目前的耕地面积一样大。中国需要什么样的工业化,这是一个需要予以回答的新课题。

还需要指出的是,中国既有的资源存量、环境容量和生态阈值已

---

① 这种危机意识还只是停留在少数社会精英和政治家的理念和抱负层面。胡锦涛总书记多次强调,要让"人民喝上干净的水、呼吸清洁的空气、吃上放心的食物,在良好的环境中生产生活",这种追求要变成全社会共识和行动还需时日。

② 转引自理查德·布隆克:《质疑自由市场经济》,林季红译,江苏人民出版社,2001年,第139页。

经接近极限，过去20多年的粗放型增长方式导致经济增长难以为继。中国现有的外交资源和防卫能力并不能像欧美发达国家那样为从海外获取资源提供足够的保障，因此，中国的现代化必须立足于国内资源和国内市场。在960万平方公里的土地上，中国13亿的庞大人口数量和急剧扩张的工业化，也导致环境生态承载能力达到极限，如果我们还继续做"世界工厂"，为世界"打工"，做把利润让给别人、把污染留给自己的蠢事，我们的工业化就成了南辕北辙。由此看来，在市场化、工业化和生态化三重转型中，生态化的使命最重、压力也最大。

在这三重转型中，在发达国家已经成为主流的经济生态化，对于中国来说，则刚刚开始。进入21世纪以来，中国政府在科学发展观的指导下，努力推动整个经济的生态化转型。这种转型包括从发展理念、经济逻辑到经济形态、经济增长方式的转变。建设节约型社会、发展循环经济便是整个经济社会生态转型的重要组成部分。

经济增长的现实压力产生对循环经济的理论需求。循环经济思想在中国古代哲学和中国传统文化中早有渊源，循环经济基本模式在中国几千年的农业发展史上也有充分体现。不过，作为一门科学和系统化理论，循环经济概念还是从发达国家引进来的。虽然引入循环经济概念的时间不长，但是理论研究和实践探索却如火如荼。自2002年以来，循环经济研究文献如雨后春笋，迅猛增长（见图1.1）。各地政府和企业在政策操作上、发展模式上都频出新招；循环经济的基本知识也得到很快的推广。这些工作都为循环经济理论的形成奠定了舆论环境和实践基础。

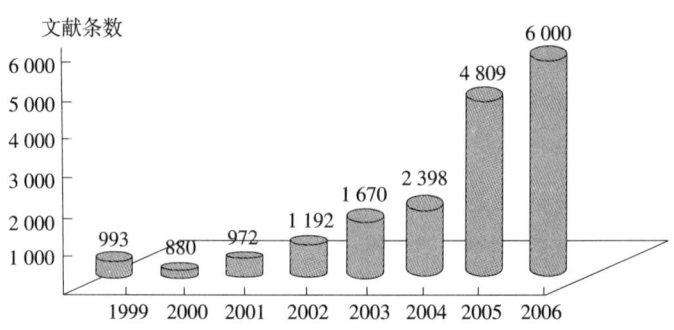

图 1.1　1999～2006 年"循环经济"研究文献年度总量

注：以"循环经济"为关键词，在中国期刊网上可搜索到的相关文献，按时间分布，1999～2001 年有 2 785 条，2002～2006 年共有 14 063 条。2002 年以前每年不到 1 000 条，此后，增长速度呈递增趋势，尤其是最近两年数量惊人。2006 年已达 6 000 篇左右。

循环经济作为一种新型经济形态，既是转变经济增长方式的重要经济活动形式，也是建设节约型社会的主要实现方式。传统经济理论只注重经济系统的价值循环，而忽视物质循环；传统的生态经济理论重视生态系统的物质循环，却忽视价值循环。循环经济是经济系统与生态系统的耦合，理论上追求物质流、价值流与信息流的协同运行。这正是循环经济运行机制的实质所在。循环经济的运行机制是节约型经济体系的微观制度基础。它是指在一定的经济环境中，在一定的经济条件与经济因素的约束和引导下，适应循环经济发展需要的经济资源分配、调节机制。与传统经济运行机制不同，无论是微观主体、价格机制，还是利益分配和资源调节机制，循环经济的运行机制都有着显著不同的特征。

本书的目的在于分析循环经济运行机制的构成要素及其实现机制，并对其演变过程进行探讨，以期从微观角度形成对循环经济的系统认识。

（二）研究对象

研究课题的提出。循环经济是落实科学发展观的重要经济活动方式，是建设节约型社会，推行节约型生产方式和经济增长方式的主要途径之一。理论的局限性和实践的盲目性以及当前研究中存在误区，导致循环经济理论裹足不前和政策操作的庸俗化。现有的生态经济学和传统经济学相关知识，均不足以为循环经济研究提供坚实的理论基础，需要对此进行整合与创新。循环经济的研究既不能完全抛弃已有的知识储备，也不能完全进行简单的嫁接。生态学和经济学的相关理论在循环经济的研究进程中应做三个方面的工作：知识转移、理论融合和范式创新。循环经济是一种新型的经济形态，它与传统经济的区别主要体现在运行机制的不同。本书试图通过对循环经济研究范式的创新，来探讨经济运行机制的转换及形成。

循环经济的理想境界是生态经济系统中的物质流、价值流和信息流协同运行。实现这一目标需要探讨循环经济的微观基础和运行机制。循环经济要求既"循环"又"经济"。"循环"是在"经济"的前提下循环，"经济"是在"循环"中的经济。主流经济学的理论局限和循环经济实践中的困惑，对探寻循环经济的运行机制提出了新的命题。循环经济追求生态效率、技术效率和经济效率的协调统一。这要求对循环经济的研究要实现一定程度的范式创新，一是走出当前循环经济研究的误区，二是突破主流经济学中的某些不符合可持续发展理念和不利于发展循环经济的观点。也就是要寻求循环经济的微观基础，探讨循环经济的运行机理，提出发展循环经济的制度安排。

循环经济的理论边界及研究对象界定。本书研究的主要对象（循环型经济的运行机制）需要作几点说明：(1)关于循环经济的理论边界。一是不把循环经济泛化，循环经济是基于资源节约和环境友好目标,推行生态化管理(包括技术、组织和制度)的经济活动方式;二是不把循环经济神化,循环经济只是人类社会在追求可持续发展中的一种实现方式,不可能包治百病;三是不超越主流经济学的基础性框架,循环经济是在市场经济环境中的一种经济活动方式,试图彻底否定主流经济学来建构新的经济学体系是不现实的、不自量的。就当前的经济学主要分析工具而言,其理论生命力仍然是强大的,只是一些主流的观点与可持续发展理念相悖,不利于循环经济的发展。支持这些主流观点的是某些方法论,现实的理论任务是进行方法论的创新。经济学体系的根本性革命是迟早要发生的,但不是现在。不过,这并不妨碍我们进行局部的变革。(2)关于循环经济。本书所指循环经济与当前流行的循环经济有一定的差别。无论是理论研究上,还是实践操作中,当前的循环经济已经被庸俗化,存在的缺陷是:注重技术上的节约,忽视制度上的节约;注重生产(消费)过程和环节的节约,忽视结构和整体的节约;注重静态配置的节约,忽视动态演化的节约。本书把循环经济理解为一种新型的经济运行方式,它关注的是整体性、结构性、系统性、动态性节约。而且,循环经济是用生态学规律来指导经济活动,主体和对象分别是人和经济系统。(3)关于循环经济的运行机制,为避免发生歧义,需要进行界定。所谓经济运行机制是指一定经济机体内各构成要素之间相互联系和作用的制约关系及其功能。循环经济的运行机制主要指循环经济运行的经济条件、动力机制、微观基础、经济关系的演化及其制度安排。比如循环经济中资源配置方式的变化、微观主体的塑造、微观主体之间的经济关系和利益互动、经济组织形态、经济行为方式和经济活动规则(制度)的变化。由于鲜明的生态化导向,循环经济不同于传统经济的纯价值循环,其关键在于运行过程中微观基础发生了变化;由于经济活动受人的本性驱动,经济利益诉求导致生态经济系统区别于生态系统的纯物质(能量)循环,其关键在于由微观基础不同决定的运行机制的变化。另外,也与循环经济系统中层次上的微观循环不同。这种微观循环是物理意义上的划分,是技术层面的课题。本书的主题是探究循环经济的经济逻辑在微观领域如何体现,这是当前经济学理论研究的空白。关于对研究主题更具体的讨论在第5章第3节展开。

循环经济是一种新型生产方式和经济增长方式,它要求对传统经济学的诸多主导性观点进行修正,同时也要在实践操作层面作出重大创新。传统经济学讲求财务资本的节约却导致对自然资源的浪费;现实的循环经济实践停留于技术上的节约,而忽视制度上的节约。显然,目前对循环经济理论的研究尚需进行根本性的突破。在重大理论创新孕育中,尤其需要对循环经济的微观基础和运行机制进行深入的探讨。

(三) 选题意义

理论价值:(1)丰富了科学发展观的理论内涵,走出循环经济研究的理论误区,为转变经济增长方式寻求坚实的理论基础。(2)准确界定了循环经济的含义,拓展了循环经济的理论基础,尤其是找到循环经济背后的经济学逻辑。循环经济是一个全新的经济发展模式,理论上需要新的探索。经济系统有效运行的基础是市场发挥作用,市场健康运行的条件是有效的激励机制和定义良好的微观主体。研究市场经济条件下循环经济的运行规律,其中的关键问题是为循环经济理论寻求坚实的微观基础。(3)研究方法的创新。既运用了新古典经济学的均衡分析、边际分析方法和福利经济学方法,还运用了战略分析、价值分析方法,并把制度分析和博弈分析以及信息范式与循环经济理论相结合,富有解释力。

(4) 探索了循环经济运行的微观规律,为建立新型的循环经济学做好理论准备。主要从学科特点、方法论、微观基础、运行机制、实现条件等方面形成初步的理论框架。

实践意义:(1)有助于澄清循环经济发展中的错误认识,形成健康、正确的循环经济发展观。推行循环经济模式,须做到既循环又经济,也就是说既要遵循生态规律,又要遵循经济规律。(2)有助于在实践操作中更好地把握循环经济的基本原则,优化制度设计和政策安排。关于转变经济增长方式的政策已经推行 20 多年,1990 年代以来,提出可持续发展战略。循环经济模式日益受到政府和学术界的广泛关注,但是在现实推行过程中却是障碍重重。原因何在?实际上是个激励相容问题,即个体理性与社会理性存在冲突,协调冲突就要让个体激励与社会目标相容。只有二者趋向一致,才会出现合作的纳什均衡。(3)更好地指导循环经济发展实践。在总结实际经验,依据经济规律,提出了一系列循环经济模式,具有可行性和创新性。(4)对循环经济实践中出现的现象和问题作出合理的经济学解释,并针对性地提出相应的政策建议。

(四) 研究目标

本课题主要关注的是循环经济在经济理论上的逻辑过程以及自身的运行机理,这样既照应了可持续发展的减物质化要求,也契合了建设节约型社会的内涵。与现有文献不同的是,本课题试图创造性地吸收主流经济学理论,形成循环经济理论的新范式和循环经济实践的新模式。通过研究欲达成目的的是:为循环经济研究提供经济学逻辑,形成循环经济学理论的微观分析框架;拓展传统经济理论的研究视野,实现循环经济学与主流经济学的融通。

1.1—2 研究重点、难点及创新点

(一) 研究重点和难点

研究重点是寻求循环经济的微观经济运行机制,循环经济的产权、价格、信息及市场形成,企业发展循环经济的内在机制,循环经济产业链中的企业之间合作共赢的实现机制,循环经济产业网络的稳定性的协调机制,以及循环经济组织的演化过程。

研究难点有:在循环经济价值理论方面,对循环经济中资源如何进行价值评价,形成合理的价格形成机制;如何实现循环经济产业系统的稳定性和持久性;如何实现循环产业链的延长和深化;循环经济组织的演化机理。

(二) 主要创新之处

在新经济理念和新主导逻辑支持下的基础理论变革,这种变革包括分析范式创新、调节方式创新、产业模式创新和微观基础创新四个方面。

在分析范式上,舍弃传统经济学的单一分析工具,即价值分析,注重物质流、价值流和信息流的分析,以三者的协同运行为宗旨。传统的价值分析是以单纯的成本收益比较进行分析,这种方法的结果是很难考虑到经济活动生态后果的。循环经济在方法论方面既考虑研究客体的全面性,也注意运用更多学科的成果。对于价值流和信息流的分析,离不开信息范式、博弈论和制度分析;对于物质流和价值流的分析,需要借助能值分析、物质流分析、演化论等工具。

在调节方式上,强调事前调节和事后调节的统一。事前调节以经济流程的转变来实现,事后调节通过以市场为基础、以政府为主导的方式推动循环经济的自运行机制来实现。在发展模式上超越传统

市场经济模式和传统工业化模式,追求经济系统的减物质化,既强调源头控制,又注重过程控制。

在经济调节方式的实现形式方面,事前调节在信息充分、信任关系和资源价格真实的条件下,通过转变经济流程和"虚拟交换前置"(杨雪锋、张卫东,2005)来完成,事前调节有助于实现信息流和物质流的协同;事后调节在企业、消费者和政府之间的合作、能力互补以及资源化产品价格真实的条件下,通过资源的循环再生利用来实现,事后调节有助于实现价值流和物质流的同步性。

在产业模式上,循环经济要求产业经济活动的"三化"。循环经济作为新的经济运行机制,核心在于减物质化(或资源节约),减物质化在产业模式和经济形态上要求经济活动的"三化":绿化、轻化和软化。这"三化"分别对生态经济、知识经济和服务经济的发展提出了新的要求。

在微观基础方面,主要是寻求适度消费和企业生态管理的经济逻辑。从需求方面看,满足消费者需要的是产品功能而不是产品本身;从供给方面看,生产者追求的是利润,即新价值,而不是产品数量。因此,需要重构效用函数,建立引入资源生产率的生产函数和企业综合效益评价体系。循环经济的发展最终要靠市场化、产业化和规模化,因此需要在微观基础上,对循环型产业链和产业生态网络的形成过程进行经济分析。

1.2 研究框架及分析思路

1.2—1 研究框架

关于循环经济运行机制的研究由四部分构成:①经济逻辑的转

换(主导逻辑、基础性概念和范式);②经济运行的基础和条件(制度、技术、结构);③微观基础(微观主体的经济行为变化、市场结构、微观经济组织及其关系的演化);④经济系统的调节方式(宏观与微观,调节主体,调节方式)。各自的主要内容分别是:

(一) 经济逻辑的转换

在人类经济史上,随着生产方式的演变,不同经济发展阶段其主导经济逻辑也是不断转换的:农业经济、工业经济、知识经济和生态经济作为不同历史阶段的主导经济形态的主导逻辑分别是劳动、资本、技术(知识、人力资本)和资源(生态、环境)。循环经济的本质是生态经济,因此其逻辑是资源主导的经济活动。这里的资源主导地位体现的是对经济活动约束作用,因此其经济运行的特征就是经济系统的非物质化。对非物质化的理解包括非物质化的经济含义、评价标准和测算指标方面。非物质化的经济意义在于强调资源生产率的重要性,从经济活动的效用评价来看,功能经济是一个重要特征。

主导逻辑的转换导致分析范式的创新。循环经济的研究要舍弃传统经济学的单一分析工具,即价值分析,注重物质流、价值流和信息流的分析,以三者的协同运行为宗旨。传统的价值分析是以单纯的成本收益比较进行分析,这种方法的结果是很难考虑到经济活动生态后果的。

循环经济在方法论方面既考虑研究客体的全面性,也注意运用更多学科的成果。对于价值流和信息流的分析,离不开信息范式、博弈论和制度分析;对于物质流和价值流的分析,需要借助能值分析、物质流分析、演化论等工具。

(二) 经济运行的基础和条件

完善的市场机制和健全的政府职能是循环经济健康发展的制度基础,有效的产权界定、充分的信息揭示、基于信任合作机制、真实灵活的资源及其产品的价格机制则为循环经济运行提供必要的经济社会条件。循环经济是一种基于市场经济的生态经济,其运行需要一定制度支撑并获得自生能力,进而实现自我运行和自我实施的状态,这样才能实现资源节约和成本节约的经济生态双重效益。因此,事前调节和事后调节有机结合是最优状态。

事前调节在信息充分、信任关系和资源价格真实的条件下,通过转变经济流程和"虚拟交换前置"来完成,事前调节有助于实现信息流和物质流的协同;事后调节在企业、消费者和政府之间的合作、能力互补以及资源化产品价格真实的条件下,通过资源的循环再生利用来实现,事后调节有助于实现价值流和物质流的同步性。

(三) 经济系统的调节机制

事前调节和事后调节有机结合能够保证循环经济的有效性。在具体的调节主体和调节方式上,循环经济的运行机制应是政府主导、企业主体、公众参与、市场基础、政策引导、法律规范。

在调节主体方面:明确政府、企业和社会各自的责任和义务,形成三者间有效的合作伙伴关系与良性治理结构,建立信息交流平台,发挥各行业协会和其他非政府组织的作用,共同为提高资源使用效率和保护环境而努力,以确保各方利益得到充分表达和实现。

在调节方式方面:实现事前调节和事后调节的统一。事前调节以经济流程的转变来实现,事后调节通过以市场为基础、以政府为主导的方式推动循环经济的自运行机制来实现。在发展模式上超越传统市场经济模式和传统工业化模式,追求经济系统的减物质化,既强调源头控制,又注重过程控制,更关注系统性控制。

(四) 微观基础的转变

包括经济主体的经济行为变化和微观经济组织及其关系的演化。

关于经济主体的经济行为变化。分析约束条件下微观主体的理性选择。企业方面:企业决策约束条件发生变化(硬约束和软约束),这些变化对企业经济决策行为、竞争策略的影响,这些影响进一步反映到资源、环境和生态方面。消费者方面:从预算和偏好改变来影响消费者行为;消费结构升级过程中消费行为的动态变化增加了生态消费的复杂性。

关于微观经济组织及其关系的演化。这种演化是生态经济系统效率整体性提高的过程。生态经济组织关系和形态的演化带来的资源节约和环境改善是系统性的、结构性的改进。

1.2—2 分析思路

(一) 循环经济的经济含义及其基本问题

循环经济所要解决的主要问题是系统性、整体性、结构性地对资源的节约和高效率利用。

循环经济运行的逻辑过程为:资源产权明晰——资源价格反映其价值和稀缺性——资源利用机会成本增加——资源配置和资源利用的外部性减少——具有帕累托效率的资源交易增加——资源再利用和再循环流量增加——废弃物资源化、市场化——循环经济产业化——分工细化和市场规模的扩大相互促进,共同推动循环经济产业链的形成——信息传播机制、合作共生机制和风险担保机制的完善促进循环经济产业链稳定、协调运行。

建立一个制度上的框架来支持市场发生作用是现代经济发展的一个核心问题。同样,建立一个在市场经济基础上能够使微观经济主体形成自我激励和约束的制度及机制是循环经济发展的核心问题。这种制度框架包括基于信任的虚拟交换前置、基于良好环境意识的公众参与、基于充分交易信息和环境信息的市场设计以及有效且有限的政府干预。这一制度框架的微观基础就是基于理性生态人假设,消费者的适度消费和生产者的生态管理。

(二) 基本思路

循环经济是一种新形态的经济发展模式,因此需要在基础理论领域寻找对循环经济理论的合理解释,形成新的理论基础。包括对价值观、效用观、要素观、资本观、资源观等基本概念的新解读。

现有循环经济理论需要从微观层次研究上进行突破,围绕产权、价格、信息等核心概念,揭示循环经济中微观经济规律和现象,基本的问题有三个:一是资源及其变化形态的产权界定,二是正确的资源价格形成机制,三是微观主体的真实信息显示。

探讨循环经济资源节约的微观经济运行机制,在研究思路上从三方面入手:一是探索循环经济的实现条件;二是寻求资源节约的微观基础;三是把握循环经济的系统调节方式。

1.3 研究方法和技术路线

循环经济是一种基于市场经济的生态经济,其运行需要一定制度支撑并获得自生能力,进而实现自我运行和自我实施的状态,这样才能实现资源节约和成本节约的经济生态双重效益。因此,对其运行机制的研究应是一个多学科综合的任务,需要融合主流经济学和生态经济学的研究方法。

本课题的主要研究方法是规范研究与实证研究相结合。在循环经济的福利最优配置方面,采用规范研究方法;在循环经济运行机理及行为分析等方面运用实证研究方法。在具体分析方法上,效率研究方面,采用新古典经济学的均衡分析和边际分析;在机制机理研究方面,采用系统科学中的系统分析、能值分析,资源科学中的价值分析、物质流分析,以及管理学的战略分析等;在微观主体的经济行为及经济组织关系方面,大量采用了制度分析方法,诸如产权分析、交易成本分析,另外博弈论、演化经济学和信息范式也有运用。

本课题研究所采用的技术路线用图 1.2 标出。

16　循环经济运行机制研究

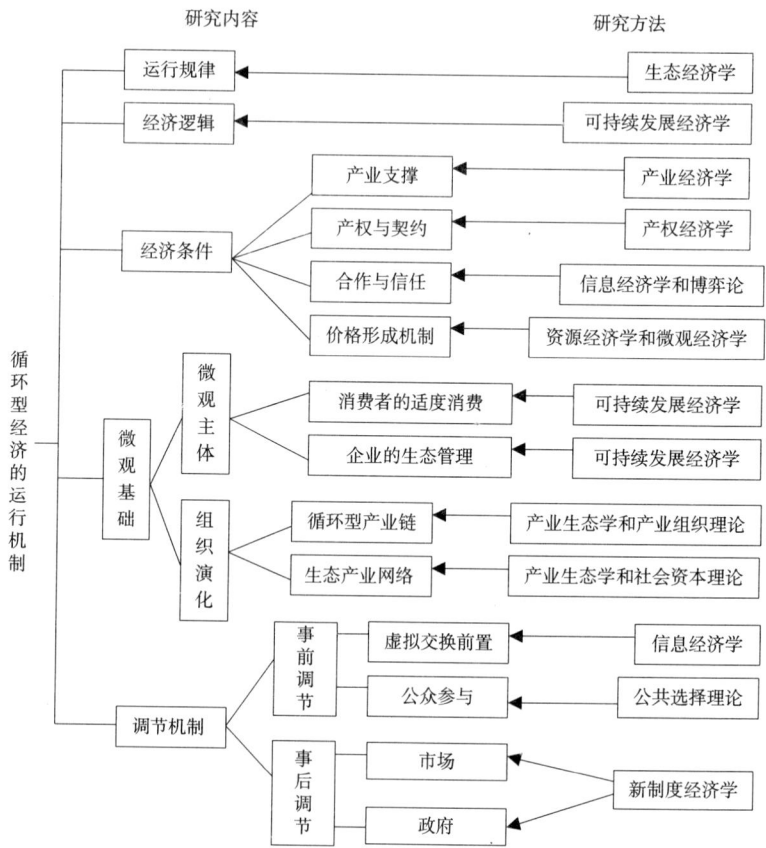

图 1.2　循环经济运行机制研究的技术路线

第 2 章 文献背景

2.1 国外循环经济研究现状

1982年,施蒂格勒在诺贝尔奖颁奖大会上的纪念演讲指出,"一门科学不会在一夜之间发生突然的巨变,而是随着时间的慢慢流逝,逐渐地不断发生着变化"。循环经济理论的确立需要相关学科的支撑和自然科学知识、社会科学知识的积累。本章对国内外相关文献以及循环经济的理论基础作详细的评述。

2.1—1 循环经济的源与流

循环经济的本质是生态经济,循环经济理论进展与生态经济学的发展紧密相连。因此,有必要首先回顾一下生态经济学的演进脉络。对经济增长给予生态关注最早莫过于古典经济学家马尔萨斯,不过真正从生态学角度思考经济增长问题的传统则始于20世纪60年代。生态经济学是在工业化极度膨胀造成空前的资源、环境和生态压力之下催生的,在此背景下,卡尔逊(Rachael Carson)、鲍尔丁(Kenneth Boulding)先后在研究范式和学科创生方面作出开创性贡献,随后,梅多斯(Donella Meadows)、米香(Mishon)等从不同角度推动生态经济学的发展。在生态经济学学科走向独立的过程中,经济学研究方法的新突破也对生态经济学的完善起到了催化剂的作用,如交易成本理论、产权理论、契约理论、信息与机制设计理论、寻租理论、公共选择理论等。在当代,戴利(Daly)、奥肯(Aukon)进一步推进生态经济学的深化,皮尔斯(David Pearce)、弗里曼(Myrick Freeman)等则对资源环境经济学进行规范。经济学理论和生态经济学的知识存量对循环经济的研究提供了较高的理论起点,不过,由于循环经济更多是一个中国式的问题,循环经济承受了太多的不可承受之重,仅仅停留于现有的知识存量是不够的,还需要在谙熟国情的基础上,贯通相关理论,找到"真问题"。

"循环经济"是国际社会在追求从不可持续发展到社会经济可持续发展过程中倡导的一种可持续生产和消费的理念。循环经济概念最早是由鲍尔丁(1969)在其"宇宙飞船理论"中提出的;巴里·康芒纳(Barry Commoner,1984)也指出,要达到"从摇篮到摇篮"的境界,须发展以生物和技术两种新陈代谢或两种封闭循环为内容的循环经济。循环经济的英文冠名"Circular Economy"较早出现的文献是库珀(T. Cooper)博士1999年发表在《可持续产品设计杂志》(*Jounal of Sustainable Product Design*)上的"创造一种为可持续生产设计服务的经济基础设施"一文。他认为所有生产过程产生的和最终消费后弃置的废弃物都应当重新用于其他产品或工艺的生产过程中去,并称将所有资源均纳入生命周期闭路循环的行为为"循环经济"(Circular Economy)。1994年9月德国政府颁布了面向物流闭路循环经济的废弃物管理法,目的是彻底改造废弃物管理体系,建立产品责任(延伸)制度,将废弃物的最终安全处置向生产部门的资源循环利用延伸。而日本人提倡的是循环社会,于2000年颁布了面向废弃物管理的《循环型社会形成推进基本法》,旨在改变社会消费模式,倡导废弃物的减量化和资源化。丹麦的卡伦堡产业共生体则被视为循环经济产业发展模式的典型案例,是循环经济理念在产业层次的深化。

2.1—2　国外研究现状及其对中国的启示

国际学术界专门于循环经济名下的研究比较有限。世界银行2004年8月发布了题名《循环经济:一个解释》(*Circular Economy: An interpretation*)的经济分析报告,指出"如果用Google搜索一下Circular Economy,我们就会发现10个热门网站中有九个与中国有关,另一个与德国有关"。[①] 发达国家与发展循环经济相关的理论和技术事实上已经得到了发展和应用,包括与发展循环经济相关的清洁生产、绿色设计、生态恢复、环境保护、生态补偿、环境税法等技术和制度都已经比较完备,只是没有把它们统一纳入到循环经济的名义下。如联合国经济社会理事会在可持续性指标方面、ISIE在产业生态学方面、美国未来研究所在剩余物管理方面、伍珀托尔(Wuppertal)研究所在物质流分析方面、世界资源研究所和十倍速(Factor 10)研究所在非物质化研究方面、欧盟统计部门在资源生产率研究方面、美国环境署在固废管理方面、德国统计局在经济增长与资源消耗的解耦方面、挪威在坏境核算方面都进行了大量研究并取得显著成果。在实践方面,发达国家的资源环境问题是在发展过程中不断加以解决的,其面对的问题和采用的方法也随时间而不断演变,其资源管理和污染控制政策体系越来越趋向综合化、多样化,并强调政策的

---

① 张录强:《广义循环经济的生态学基础——自然科学与社会科学的整合》,北京大学出版社,2006年。

灵活性,根据不同的问题使用不同的政策工具或几种政策的组合,同时采用"为环境设计"、"生命周期评价"、"物质流分析"等方法。迄今为止,发达国家的常规污染物已基本得到控制,资源管理主要依靠市场,其目前需要应对的主要问题,一是全球性环境问题(如气候变暖、持久性有机污染物等),二是使末端废物处置更加成本有效。[①]

国外相关领域的成果,对于我们开展循环经济理论与实践研究仍然具有重大的借鉴价值。通常所说的循环经济的国际实践,应该就是这个意义上的。而我国由于特殊的社会和体制因素,经济与社会发展转型通常带有突变性,在经济与社会发展的某个阶段可能对某一领域的理论与技术需求迅速走强,短期内形成研究热点(张录强,2006)。中国当前所面临的问题比各发达国家过去和现在所遇到的问题都更为复杂,其中两点尤为突出,一是必须同时实现节约资源、减少污染和促进发展的多重目标,二是在同一时期面临发达国家不同时期遇到的几乎所有资源环境问题,这些问题叠加在一起,增加了解决的难度。而且,没有现成的经验和模式可以照搬。中国必须合理地吸取发达国家发展过程中的经验和教训,结合现阶段中国的实际情况以及今后的发展趋势,扬长避短,不断在实践中探索,找出建设节约型社会的最佳途径。

2.2 国内循环经济研究进展

"Circular Economy"中文直译为循环经济后内涵扩大了很多,

[①] 中国科学院可持续发展战略研究组:"2006 中国可持续发展战略报告——建设资源节约型、环境友好型社会",见中国网,2006 年 3 月 30 日。

从生产消费过程中物质闭路循环的理念上升到一种新型的生态经济结构、功能和过程。① 循环经济在中国是一个与工业化和市场化进程中经济增长方式紧密相关的课题。转变经济增长方式是近20年来政府和社会各界一直关注的问题。进入21世纪,中国经济增长又进入新一轮高速增长周期,资源短缺、生态恶化和环境污染造成了严重的生存环境压力。循环经济模式日益受到政府和学术界的广泛关注,但是在现实推行过程中却是障碍重重。为什么会存在很大的阻力?实际上是个激励相容问题,即个体理性与社会理性存在冲突,协调冲突就要让个体激励与社会目标相容。只有二者趋向一致,才会出现合作的纳什均衡。推行循环经济模式,须做到既循环又经济,也就是说既要遵循生态规律,又要遵循经济规律。正如张天柱所言,"要让市场讲出生态真理"。② "由于客观现实的经济系统是分层的,因而在特定分析空间中的研究经济问题的经济学理论也有着不同的层次。从根本上说,社会经济系统的运行及其外在表现——经济现象,都是由微观层次上的人的经济行为及其相互作用决定的。因此,任何经济学理论,即使是那些不直接研究微观主体行为的经济学理论,都必须以研究微观经济主体的经济行为及由此形成的系统均衡为基础"。③ 经济系统有效运行的基础是市场发挥作用,市场健康运行的条件是完善的激励机制和定义良好的微观主体。研究市场经济条件下循环经济的运行规律,其中的关键问题是为循环经济理论寻求坚实的微观基础,解析科学的运行机理,得出合理的制度解释,从

---

① 王如松:"循环经济建设的生态误区和整合途径",载《科学中国人》,2005年第6期。

② 引自张天柱:"循环经济:我国标准化发展面对的挑战",载《中国标准化》,2004年第10期。

③ 引自叶初升:"寻求发展经济学的微观基础",载《中国社会科学》,2005年第5期。

而形成逻辑自恰的经济学体系,并为循环经济实践探索提出可行的政策建议。

由于"目前还没有人对循环经济的经济学理论基础加以完整的论证",[1]因此有必要从经济学角度研究循环经济。首先要做的工作是对循环经济理论研究现状进行梳理。

2.2—1 循环经济的理论基础、学科特征和研究方法

国内关于循环经济的研究已经由观念传播、概念诠释阶段发展到理论体系建构阶段。当前的研究涉及循环经济的研究范式、理论基础、逻辑过程乃至评价指标、战略对策、实现路径等方面。作为一种新型的经济发展模式和经济理论范式,循环经济强调人类中心主义让位于生态中心主义,体现出人类社会与自然环境之间关系的演化。因此,循环经济是对传统的发展理念、经济模式和经济学基础的严峻挑战。其理论意蕴具体表现在以下几方面:在研究范式上,学术界分别运用系统分析、能值分析、物质流分析以及价值分析等方法,研究生态经济系统的生态流和经济流;在理论基础上,生态学和生态经济学被视为循环经济的基础,徐大伟(2005)则认为,循环经济的经济学基础应该是兼具微观、宏观和宇观思想的、以"生态——经济——社会"三维复合系统的矛盾及其运动和发展规律为研究对象的可持续发展经济学;在发展理念上,提出新的系统观、发展观、资源观、经济观、价值观、生产观、消费观;在效率评价和目标要求上,提出

---

[1] 徐大伟、王子彦:"环境经济学、生态经济学和可持续发展经济学对循环经济的理论贡献",见 http://unit.cug.edu.cn/jjxy/zyjjlt/zyjjlt13.htm。

循环经济以生态效率为核心,理想目标是经济效益、环境效益和社会效益三维整合。上述观点基本上都是以生态学或生态经济学为理论基础,借助一些交叉学科的研究方法和分析工具,试图构建循环经济的理论框架。但是,由于缺乏经济学的逻辑过程,很难对经济主体的经济行为及其关系作出合理的解释,因而在实现机制方面,就缺乏内生化和自运行的动力,那么在操作模式上就无法做到长期性。

在研究方法上,有基于生态效率的工业生态学方法,还有包括结构功能原理、自组织原理和系统控制论的系统科学方法,系统科学的学者主要运用能值分析和系统分析方法;资源科学和环境科学学者主要运用价值分析和物质流分析方法;资源与环境经济学学者运用主要边际分析和均衡分析方法。

在学科建构上,部分学者还提出建立循环经济学。张天柱(2004)从学科任务和研究内容方面进行学科界定。他认为,循环经济的基本任务是沿着新型工业化方向建立生态产业系统,借以不断改进经济体系的生态质态,其核心内容就可归结为产业的生态化。[①] 吴季松(2005)提出以新的系统观、经济观、价值观、生产观、消费观为主要特征的新循环经济学。[②] 周宏春(2005)认为,循环经济学是研究人类按生态学规律进行经济活动的一门科学,"循环经济"中的循环是指生态学意义上的循环,而不是经济学意义上的循环。[③] 生态学上的循环,主要强调经济活动中的物质循环和代谢。

上述研究不足以形成严密的经济学逻辑,需要在微观基础及其运行机理方面作进一步的探讨。循环经济的研究离不开经济学的范畴。从循环经济出发,学术界对传统经济学理论作了多角度的评析,

---

① 张天柱:"循环经济的概念框架",载《环境科学动态》,2004年第2期。
② 吴季松:"略论新循环经济学",载《人民论坛》,2005(9)。
③ 周宏春等:《循环经济学》,中国发展出版社,2005。

并把传统经济学与循环经济理论进行对比(杨雪锋、张卫东,2005)。刘思华先生于 1999 在《光明日报》上撰文把传统经济理论称为"生态环境外因论",循环经济理论应是"生态环境内因论"。循环经济的本质在于生态环境成为经济增长的重要内生变量。基于经济学对循环经济理论进行研究,有助于寻求合理的经济解释,现有的研究结论还处于因然阶段,使然尚未涉及。

2.2—2 循环经济的概念、内涵及分歧

"循环经济"一词是美国经济学家波尔丁在 20 世纪 60 年代提出的。循环经济是一种实践可持续发展理念的新的经济发展模式,它以"最优消耗、最适消费和最少废弃"为目标,以"3R"为原则,其基本概念和定义已为学术界多数学者所接受。由于循环经济在中国还是一个新生事物,而且,中国发展循环经济还有自身的特点和要求,因此,在理念、内涵及模式方面还存在一些不同的观点。有学者认为,中国特色循环经济的内涵则可以概括为是对生产和消费活动中物质能量流动方式的管理经济①。吴季松(2003,2005)提出新的 5R 原则,即再思考(rethink)、减量化(reduce)、再使用(reuse)、再循环(recycle)和再修复(repair)等原则。在模式上,国内有学者把循环经济视为物质流的闭路循环,受到很多质疑。实际上,循环经济中物质流动的形态是非线性的,但并不一定是封闭的循环,可能会以"环"、"链"、"网"等形态表现出来。

对循环经济的定义和内涵也存在着争议。有学者认为,循环经济一是指经济学意义上的循环经济,二是指环保意义上的循环经济。

---

① 任勇:"发展循环经济战略与政策的思考",载《环境经济》,2004(5)。

循环经济是指经济发展中自然资源、人力资源和知识文化三个基础资源整体的良性循环,不仅仅指自然资源的良性循环。循环经济的关键技术是把以往的总产出管理和利润最大化目标转化为社会总价值管理和价值最大化目标,并且把经济分析的空间由市场空间拓展到社会空间和自然空间。

张录强(2005)提出循环经济的三个循环:一是自然生态系统中污染物的循环净化和可更新资源的循环再生;二是经济系统中非更新、可回收资源的循环利用;三是人类复合生态系统中自然生态子系统与经济子系统有机联系的复合循环。在这三个循环中自然循环是依托、是基础,经济循环是关键、是途径,复合循环是目标、是结果。

有学者认为可持续发展战略的中心任务是实现经济的生态化,生态化的具体目标应当是建立一个"节约型经济系统",而不是"循环型经济系统"。应以"节约型经济"取代"循环型经济"作为可持续发展的经济模式。因为"循环型经济"虽然是一种理想的经济模式,但是在自然资源中,从原材料来看,有相当程度的难以循环性;从能源来看,在地球生态系统内根本就没有循环性可言;仅以环境要素出现的资源,就更加不可轻言循环。而节约型经济含有生产的集约化即资源的充分利用、再生利用的意义,同时还有适度、明智地消费的意义,它在一定程度上包含着循环,但又不完全等同于循环。①

2.2—3 资源稀缺、资源节约与循环经济的侧重点

资源稀缺问题一直经济学研究的焦点。一般存在两种稀缺:绝

---

① 欧阳志远:"再论'循环经济'与'节约型经济'",载《淮阳师范学院学报》(哲社版),2005(4)。

对稀缺和相对稀缺。中国经济增长面临的资源约束不仅具有绝对稀缺和相对稀缺的表现特征,还带有国情特征,即人均资源低于世界平均水平,资源利用率低,资源能源结构使用不合理。金碚(2005)认为,工业资源短缺本质上是一个经济问题而不是物质技术问题,它表现为物质供应短缺原因在于经济关系上的矛盾;资源短缺的经济本质是价格问题,解决资源问题的难点是中国经济的价格承受力弱。

张雷和刘毅早在1999年就撰文提出要建立资源节约型经济,强调社会消费和生产的动态平衡优化,即所谓全程节约效果。资源节约型经济具有明显的针对性,这种针对性就是最大限度提高资源与能源的社会使用效率,以减缓资源与能源消费的增长,加速社会财富的积累。这一目标的实现便是通过社会消费的"节省"和生产的"集约"这两个手段来完成的。

循环经济的核心原则就是资源减量化。其他两个原则即再利用、再回收(或资源化)仍然是以减量化为依归。所谓资源减量化是指通过管理和技术的改进,减少进入生产和消费过程的物质和能量流量,在经济活动的源头节约资源和减少污染,同时也满足既定的生产和消费的目的(杨雪锋、张卫东,2005)。

谢永清(2005)认为,"节约"具有双重含义:一是相对浪费而言的节约;二是要求在经济运行中对资源、能源需求实行减量化。"节约"的这两重含义是内在统一的,必须统筹兼顾,不能片面理解。这种节约要求彻底转变现行的经济增长方式,进行深刻的技术革新,真正推动经济社会的全面进步。

皮建才(2005)对节约的理解更具经济学意义。他认为:经济学上的节约主要表现为两种节约:一种是生产成本的节约,另一种是交易成本的节约。生产成本的节约属于边际上的节约,交易成本的节约属于结构上的节约,因为追求交易成本最小化决定了选择最有效的组织制度安排。解决边际问题,我们可以采用自愿性选择和强制性选择相结合的方法。解决结构问题,必须进一步深化经济体制改革和政治体制改革。建设节约型社会,既需要通过发展循环经济等措施来降低生产成本,也需要通过深化改革等措施来降低交易成本。

陈德敏(2005)认为,节约型社会是一个复杂的系统,其内涵涉及社会生产和再生产以及经济环节的各个部分,其中尤以生产、流通、消费环节整合而成的结构形成了节约型社会的内涵架构。循环经济与节约型社会的关系:相对于循环经济而言,节约型社会是更大、更宏观的目标,而循环经济则是节约型社会最基础和最中心的组成部分。

当前循环经济研究的侧重点存在着分歧,即是重再利用和再循环,还是重减量化。显然,前者是一种亡羊补牢式做法,并没有脱出传统理论的"窠臼";从社会生产流程(即生产、交换、分配和消费四大环节)角度看,后者虽然对输入端和生产过程在技术上进行了控制,它也无法减少盲目生产和过度竞争造成的资源浪费。因此,现有的循环经济知识存量仍然停留于传统经济学的"领地"。在这种思想指导下,整个社会生产中资源配置资源利用并没有达到帕累托最优(马传栋,1986)。从这个意义上讲,现有的循环经济理论的缺憾可概括为(杨雪锋、张卫东,2005):(1)由于更容易操作,故更注重再利用和再循环的研究。(2)废弃物的资源化固然弥补资源的浪费,但是对废弃物的处理也存在资源再消耗。(3)缺乏对资源高消耗者(包括生产者、中间商和消费者)的硬约束研究。(4)没有认识到信息资源的对自然资源的替代性及其优势在循环经济中的地位。(5)关于资源减量化的研究要么侧重于纯工程技术性的问题,要么就某一单独学科作细节性探讨,均不足以对根本性问题作出合理的解释。

2.2—4 循环经济的微观主体、运行机理和实现条件

企业是发展循环经济的基础。有关对循环经济中企业，在概念上有生态型企业、循环型企业、绿色企业、环保型企业等。在行为研究和效益评价方面，探讨生态效益评价指标；在生产者责任的研究方面，提出延伸责任（张晓华、刘滨，2005），重新界定企业产品的产权（夏善辰，2005）；基于利益相关者观点，提出企业新的社会综合价值管理理念（黄朴、王进东，2005）。还有从会计成本角度核算企业的环境管理成本收益。这些研究成果丰富了对企业发展循环经济概念认知，发展了企业伦理，在企业管理决策、社会约束、政府规制等方面有了新的理论依据和操作空间。但是在如何把环境管理与企业的利益机制进行深度融合方面还少有研究。真正实现循环经济，还需解决两大问题：一是如何在宏观领域实现资源的有效配置，二是微观主体如何最大可能实现资源的有效替代（杨雪锋、张卫东，2005）。鞠芳辉（2005）则从消费者的角度探讨了企业社会责任的实现条件。

曹凤中（2005）从宏观上提出循环经济链作用机理，即产业生态链是推行循环经济的必要条件，市场价格链是推行循环经济的控制条件，政府导向链是推行循环经济的主导条件，绿色消费链是推行循环经济的充分条件。叶敏和万后芬（2005）从产品生命周期研究循环经济的实现过程，王虹和叶逊（2005）从责任感、社会规制、经济效益和技术可行性四个方面探讨生态工业园中企业的动力机制。王兆华、武春友（2002）运用交易费用理论分析生态工业园中企业共生机理。杨雪锋、张卫东（2005）基于虚拟交换前置提出转变经济流程；张卫东、杨雪锋（2005）从信息替代、信任治理两个角度对资源节约型经济流程的基础和条件作了研究。还有从循环型产业的产业特性、结

构特性、资源特性等方面分析产业链构成的可能性,进而探讨其实现形式和发展途径(黄建军等,2005)。赵玮(2005)从绿色供应链角度探讨了在循环经济模式下物质流、能量流、价值流、信息流的运行过程与系统集成。在实现条件方面,既需要研究产权、价格等基础性制度的激励作用,又需要研究税收、财政、法律等规范性制度的约束作用,还需要研究行业监管、产品标准、经济核算等考核性制度的评价机制,最终将其内化为企业的自觉行为。

上述研究从不同的学科角度出发,选择不同的切入点和研究范围,着眼于循环经济,探讨物质循环和经济活动的协调性。所谓机理,就是事物的运行过程及其基本规律。循环经济的本质在于寻求经济增长的生态环境内生化机制,协调扩张型经济增长机制与稳定型自然平衡机制的矛盾关系。因此,在运行机理方面,既要关注物质流层面的系统耦合,又要重视价值流层面的合理配置,这两者最终还是要通过活生生的人作用,那么,就不能回避经济个体的交易行为和决策行为、个体之间的合作竞争关系、利益博弈关系。既然如此,新制度经济学的研究方法会大有用武之地。

2.3 循环经济的理论基础

2.3—1 循环经济的理论基础概述

(一) 循环经济的主要理论来源

循环经济是生态系统和经济系统耦合而成的复合形态。循环经济着力于物质循环和经济活动的协调性,循环经济理论的实质在于寻求经济增长的生态环境内生化机制,协调扩张型经济增长机制与稳定型自然平衡机制的矛盾关系。因此,在研究范围上,既要关注物质流层面的系统耦合,又要重视价值流层面的合理配置;在研究方法上,需要多种方法综合运用,实行学科融合和知识嫁接,并与实践发展相结合,推动循环经济学的健康成长。"若想在理解和论述环境问题上有所进步的话,必须以交叉学科的方式进行研究。"[1]生态经济学的产生是这种理论创新的一种尝试。传统经济学的逻辑起点、理论基础和市场均衡基本分析方法以及测度和规范经济行为的所有经济指标等的创新和突破,就成为揭示循环经济理论创新的关键问题。[2] 实际上,循环经济学作为一个新兴学科,其理论基础不仅仅是生态经济学,还有更深厚的内容:在发展理念层面有可持续发展理论和科学发展观,在方法论层面还包括整体论、系统论、自组织理论、协同理论、资源系统分析观等,在学科基础层面有生态经济学、产业生态学、资源环境经济学,在分析方法上有能值分析、物质流分析和价值量分析。

(二) 循环经济的生态学基础

循环经济的科学基础包括以生态学为主干的生态经济学和产业生态学以及跨学科的可持续发展理论。这里对循环经济的生态学本质作简要介绍。图 2.1 通过描述经济与生态环境之间的相互依赖关系来揭示循环经济的物质基础和生态意义。粗线框代表生态经济系统,它是一个热力学封闭系统,与外部有能量交换而无物质交换。系统接受太阳辐射的能量输入,部分能量被系统吸收并

---

[1] 珀曼等:《自然资源与环境经济学》(第 2 版),中国经济出版社,2002 年,第 7 页。
[2] 吴玉萍:"循环经济若干理论问题",载《中国发展观察》,2005 年第 6 期。

推动其演化,其他能量反射回到太空。物质在系统内流动,不会穿过粗线框。能量进出的四个框代表生态环境的四种功能:提供资源基础、提供舒适性服务、提供基本的生命支撑、分解容纳人类经济活动产生的废物。框内细实线代表物质能量的流动。虚线代表生态环境的功能部分被替代。生产活动不仅消耗资源,也创造人工资本,形成资本存量。有资本存量引出的四条虚线,代表四种替代功能的可能性。

在资源使用方面,资源的使用要考虑到:(1)资源是否以存量或流量的形式存在;(2)现在的使用是否会影响将来的可供应能力。要把可再生资源和不可再生资源分开。对于可再生资源,在一定时期内,资源的利用小于自然的生长,存量增加;对于不可再生资源,给定一个使用率,对于一定的初始存量,矿产资源消耗完的时间可能会延长。环境服务的使用,主要受到生产生活废弃物的污染的影响。若废弃物流量小于环境同化能力,则没有污染。

在资源环境替代方面,资本存量可以在资源基础、舒适性服务和减少废物沉淀方面具有部分替代性,在生命支撑功能方面,有技术替代的可能,而没有规模替代和质量替代的可行性。

该图给循环经济提供了广阔的空间。它不仅仅限于对生产生活产生的废物进行再循环和再利用,还包括源头上的资源开采、过程中的资源利用,系统中的资源替代。在整个生态经济系统中,存在多层次、多形式、多单元的循环经济。

稳定性和弹性是生态学的两个基本概念,可用这两个概念来描述生态经济系统的特征。稳定性是附属于组成生态系统的种群的特性,弹性是生态系统的特性。前者是指一个种群在遭受一次干扰后回到某种平衡态的倾向,描述的是系统局部或单元的变化情况。后者是指生态系统受到干扰后,保持其功能和有机结构的倾向,描述的

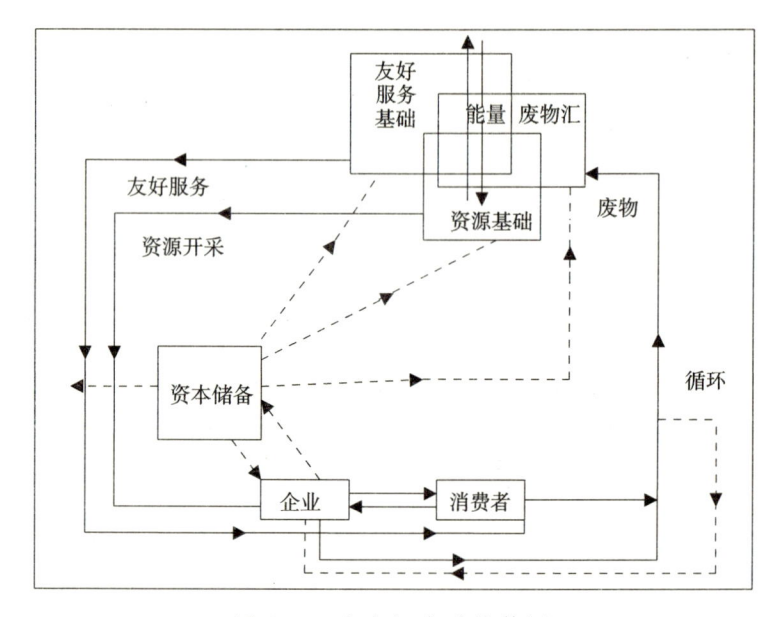

图 2.1 生态经济系统简图

资料来源:根据珀曼等(2001)整理。

是系统整体变化情况。也有学者认为,稳定性与系统的变化水平有关,而弹性与决定生态系统的结构和功能有关。不管如何,如果降低系统的弹性,种群稳定性就会受到破坏,甚至会消失。种群稳定性的变化或消失,则会危及系统的弹性。对于生态经济系统而言,经济活动对生态系统中某些子系统产生干扰,破坏其稳定性。从长期来说,生态系统稳定性的破坏将会影响经济系统的稳定性。因此,生态学家提出降低生态系统崩溃可能性的四条原则:

(1)对可再生资源的利用要控制在自然和经营的再生产速率之内。

(2)废物排放应控制在环境同化能力之内。

(3)应当对生物多样性下降的趋势作出总体判断;对于危及生物

多样性的项目,须在其产生净社会效益时再实施。

(4) 如果缺乏对经济活动的生态后果的足够知识,应该采取预防的原则。

2.3—2 发展理论

(一) 可持续发展理论

可持续发展最早由世界环境和发展委员会的《布兰特兰报告》(*Brundtland Report*)定义。围绕这个定义,学术界创立了可持续发展理论。可持续发展理论涵盖经济、社会和生态三个层面的可持续发展问题。经济可持续发展与生态可持续发展关系尤为密切,生态可持续发展体现在环境容量、资源存量和生态承载力与经济社会发展的速度和规模的协调性上,经济可持续发展则是以生态可持续发展为物质基础和自然条件。

首先要定义可持续性。所谓可持续性是指人类福利在无限时段内能维持的某种可接受的状态。可持续性的条件(珀曼等,2001):第一是不可再生和实物资本之间的关系具有某种替代性;第二是哈特维克准则和实物资本的积累速度;第三是根据"有效的计划"开采资源。

佩芝(Pezzey,1997)根据限制因素进行分类,把发展分为:"可持续的"、"持续的"和"生存的"三类。

设 $U_t = t$ 时期的效用水平,$U'_t = t$ 时期效用变化的速率,$U_t^{SURV} =$ 在给定 t 时的生产机会下,可以永远保持的最大效用,$U_t^{SURV} =$ 与一定人口水平相适应的最小效用水平。

若总是 $U_t \leqslant U_t^{SURV}$,发展是可持续的;

若总是 $U'_t > 0$,发展是持续的;

若总是 $U_t \geq U_t^{SURV}$,发展是可生存的。

从经济可持续发展与生态可持续发展的关系来看,资源环境的可持续性是基础和关键。所谓资源可持续性,就是对于可再生资源,在一定时期内,资源的利用小于自然的生长,存量增加;对于不可再生资源,给定一个使用率,对于一定的初始存量,矿产资源消耗完的时间可能会延长。环境可持续性:经济活动废物与环境服务的功能使用的关系。若废弃物流量小于环境同化能力,则没有污染。资源环境替代和再循环有利于增强可持续性。

物质代谢规模是可持续发展的核心问题。生态学学术界一致认为,要减降物质代谢总量,把它稳定在一个常数上;也有一部分研究人员主张削减人类福利以缩小物质代谢规模。但是数据一次次地证明人类物质代谢规模降不下来,人类福利降不下来。重点解决以下两个问题:(1)人类物质代谢规模总体上是将上升还是下降,对此起支配作用的科学规律是什么?(2)如果物质代谢规模的科学发展规律是随着经济上升而上升,有没有既不减降人类福利又使地球生物圈能可持续发展的途径?

对这些问题的回答,主要的理论观点有四个定理:[1](1)赶不上定理。经济增长过程中物质消费所贡献的人均福利不受损害的充分条件是,物质强度下降的速度赶不上人均经济总量上升的速度。(2)上升多峰原理。在人类发展历史中,总的趋势是人均经济总量不断上升,人均物质代谢规模永远随其上升而上升,尽管在这一过程中两者不同程度的、相对的或绝对的脱钩会反复发生。(3)物质减项定理。停止使用不可循环利用的不可再生物质是人类实现可持续发展

---

[1] 段宁:"循环经济的自然科学基础理论",载《科技日报》,2005年4月25日。

的必要条件。(4)完全循环定理。人类使用的物质是完全循环的,这是人类达到可持续发展的充分必要条件。对于这些现象的研究及其对策分析,如果仅仅停留于技术领域,脱离人的本性和经济增长的自身规律,所得出的结论是缺乏现实支持的。社会发展不能没有良好的生态环境,但是片面地为了维持一个良好的生态环境而剥夺经济发展和福利改进的权利,是不公平的,也是得不到坚实的基础性支持的。

可持续发展理论应实现与经济学的结合。从可持续发展的角度思考经济增长,有助于我们从传统经济学的束缚中摆脱出来,寻求新的思维方式。从图2.2中可以发现,无论是价值观和发展哲学,还是发展理念和发展模式,可持续发展与传统的发展理论是大相径庭的。为应对传统经济理论指导下增长产生的种种问题,可持续发展理论给予相应的回应。循环经济这种新型经济活动方式在其中得到体现。比如通过建立完善的价格机制正确反映资源稀缺程度,通过替代和回收等方式节约资源。

可持续发展理论虽然在概念上不具操作性,但是可以与经济学结合起来,运用经济学理论进行解释。索罗(Robert Solow)、哈特维克(John Hartwick)和威茨曼(Martin Weitzman)把可持续发展理解为人均自然资本存量和人均人造资本不减少。

可持续发展的一个准则就是哈特维克准则(Hartwick rule),也叫特别储蓄准则,指从有效率的非再生资源开采活动获取的租金全部用于资本再生产。

循环经济的现实意义在于转变经济增长方式,因此,循环经济理论是一种关于增长与发展的理论,其理论基础是可持续发展理论和科学发展观。

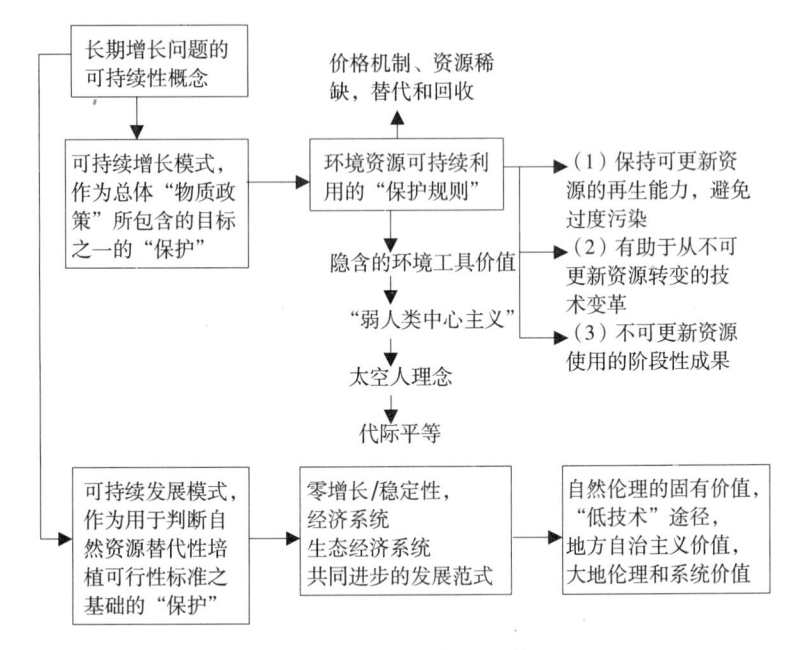

图 2.2　可持续增长与发展

资料来源：特纳（Turner,1988），引自丽丝（Judish Rees,1990），第 569 页。

可持续发展理论评介。可持续发展的内容涉及经济、社会和生态三个领域的可持续发展。作为一种新型发展战略，可持续发展应遵从公平性、持续性和共同性三个基本原则。结合中国实际，中国政府在《中国 21 世纪初可持续发展行动纲要》中提出我国将在对经济发展、社会发展、资源优化配置、合理利用与保护、生态保护和建设、环境保护和污染防治及能力建设六个重点领域推进可持续发展。在理论研究的具体内容方面，主要强调能力建设，可持续发展的能力建设包括决策、管理、法制、政策、科技、教育、人力资源、公众参与等内容。可持续发展理论力图通过经济学、社会学和生态学的理论融合，把当代与后代、全球与区域、时间与空间、结构与功能等有机结合起来,建立一个新型发展理论。国外一些机构和学者在指标体系和区域或微观领域进行实证研究。国内学者牛文元等在战略和理论等层面作出很多贡献。

但是,就目前国内外理论研究进展看,可持续发展尚未形成建立在科学价值判断基础上由宏观运行到微观行为研究组成的经济理论体系,还不能完全成为指导社会经济发展的理论基础。其缺陷主要体现在三个方面:①现有的经济学体系,缺乏与可持续发展相应的价值判断准则,从而使可持续发展经济理论缺乏基础,经济学含义模糊不清,必要的经济手段和实现途径无法有效地确立;②对制度安排或体制约束研究较少,使得可持续发展理论不能为现行的经济体制改革与产业结构调整提供系统而有力的理论指导;③忽视对可持续发展企业或个人微观行为的研究,导致宏观政策与微观基础相脱节,一定程度上使可持续发展成为空中楼阁。①

(二) 科学发展观

所谓科学发展观,就是要"坚持以人为本,树立全面、协调、可持续的发展观,促进经济社会和人的全面发展"。② 其中,协调发展和可持续发展重点是针对经济与环境的矛盾提出来的。协调发展,就是要统筹城乡发展、统筹区域发展、统筹经济社会发展、统筹人与自然和谐发展、统筹国内发展和对外开放,推进生产力和生产关系、经济基础和上层建筑相协调,推进经济、政治、文化建设的各个环节、各个方面相协调。可持续发展,就是要促进人与自然的和谐,实现经济

---

① 顾焕章:"可持续发展理论的经济学诠释——评《可持续发展的理论与政策选择》",载《光明日报》,2001年5月31日。

② 胡锦涛在十六届三中全会上作的题为"中共中央关于完善社会主义市场经济体制若干问题的决定"的重要讲话。

发展和人口、资源、环境相协调,坚持走生产发展、生活富裕、生态良好的文明发展道路,保证一代接一代地永续发展。科学发展观是针对当前我国经济、社会发展中存在的突出问题和矛盾提出来的,既符合中国国情,又体现国际共识和时代潮流。科学发展观的实践就是抓好五个统筹、建设节约型社会、发展循环经济、构建和谐社会等,通过这些具体实践,把可持续发展在13亿人口的发展中大国从理念变成行动。

2.3—3 方法论基础

循环经济的方法论主要有整体论、系统论、协同理论、自组织理论、资源系统观等。整体论、系统论和协同理论是交叉学科中的重要研究方法,它们对于研究生态经济问题具有一定的价值。由于本书更多的是把循环经济作为经济系统中的问题来研究,因此,自组织理论和资源系统分析观有更大的理论空间。这里主要介绍后两者。

(一)自组织理论。自组织是指一个系统通过与外界交换物质、能量和信息降低自身的熵含量,且由内在机制的驱动下,自行从简单向复杂、从粗糙向细致方向发展演化,不断地提高自身的结构有序度和自适应、自发展功能的过程。生态系统的发展要求系统结构能够协调与完善。当经济社会系统的扩张对生态系统的胁迫达到一定程度时,必然要求对生态系统的结构进行协调和优化,同时也对经济社会系统自身的结构和功能的调整提出要求。经济社会系统与生态系统的协调发展在产业形态上就体现为产业共生体系的演化,在经济组织形态上就体现为从单个的循环型企业向循环型产业链以及产业生态网络方向演化。

(二)资源的系统观要求从整体上把握各种资源所共同构成的多

元系统,根据发展需要,科学地排列组合矩阵中的各个子系统,并使之达到动态平衡,转变过去资源只等同于自然资源的错误认识,把社会、经济、环境因素一道纳入资源范畴。在利用社会、经济、环境资源时,和利用自然资源一样,充分考虑其可利用的阈值及循环周期长度,通过对区域内各类资源指标的量化,建立资源系统内各项元素间的关系模型,据此对每一项即将出台的政策、法规及投资倾向可能产生的社会、经济、环境效益予以预测并最终作出取舍,尽可能避免资源使用失当导致破坏资源系统的动态平衡(郭培章、杨荫凯,2001)。

2.3—4 学科基础

循环经济的学科基础包括以生态学为主干的生态经济学和产业生态学以及资源环境经济学和可持续发展经济学。经济与生态环境之间存在相互依赖关系,由于经济系统的扩张性和生态系统的稳定性之间存在冲突,要维持经济和生态的可持续发展,须使生态经济系统中的物质和能量得到循环利用,同时通过技术创新,生态环境的功能可以部分被替代。以1960年代《寂静的春天》发表为标志,生态革命揭开历史序幕,并推动经济学理论的剧烈变革。生态经济学、产业生态学、资源环境经济学和可持续发展经济学分别从不同的学科对此进行理论探索,由于在研究方法和研究对象方面的差异,通常被称为非主流经济学。吴玉萍(2005)从研究范围、理论基础和基本分析方法等方面分析了循环经济与生态经济学和环境经济学的异同,徐大伟和王子彦(2005)对循环经济与环境经济学、生态经济学、可持续发展经济学作了全面比较。生态经济学和环境经济学延伸了古典经济学的生产理论,扩充涵括自然资源与生态环境对经济增长的内生变量作用。从理论基础和基本分析方法看,环境经济学仍以一般经济学分析方法,而生态经济学突破了新古典的主观偏好判断的市场价格理论,而强调以物质流分析和价值分析取代福利分析和均衡分析。因而,从经济学的演进过程可以看出,从逻辑起点、理论基础和基本分析方法看,环境经济学是经济学的分支科学,而生态经济学向传统经济学提出了严峻挑战。

（一） 生态经济学

生态经济学的显著特征是把经济系统视为地球大系统中的一个子系统。尤其是热力学和生态学的发展,形成了研究生态-经济系统的理论基础。生态学是研究动植物的分布及其丰富性的科学。生态系统是其研究的核心。古希腊词"oikos"是经济学和生态学中的"eco"的共同词根,"oikos"的意思是"家庭",前者是研究自然的家庭管理,后者研究人的家庭管理。循环经济的本质是生态经济,因此研究循环经济必须建立在生态经济学的基础之上。宇宙飞船论就是从生态经济学的角度分析经济系统和自然生态系统的协调发展。鲍尔丁(1969)认为,传统经济学以经济流量(被加工和转化的物质流量)的大小作为成功的标准。他把传统经济学叫做牛仔经济学,而人类理想的经济应是太空人经济,也叫宇宙飞船经济学。飞船维持的物质流和能量流的通量水平越低越好。衡量标准是经济中资本存量的数量和质量,包括人类的身体和精神状态。因此,我们应致力于使物质和能量的流量尽可能小,能够适应飞船资本存量的任何可选水平,并能够无限期地保持下去。生态经济学探讨自然生态系统和人类经济活动之间的相互作用与影响,并继而探究能够维系两者之间达到长期动态平衡的关键所在。鲍尔丁和乔治库-里根(Nicholas Georgescu-Roegen)很早就揭示了经济发展与生态环境的密切关联性,奠定了生态经济学的研究基础。鲍尔丁(1969)的宇宙飞船论不仅开创了生态经济学的先河,也成为循环经济思想的渊源。关于生态经济学的研究主要集中在生态足迹(eco-footprint)、能值(emergy)、绿色产出(green GDP)、环境伦理(environmental ethics)、可持续发展(sustainable development)、碳税(carbon tax)、自然资源评估(valuation of natural resources)以及循环经济等领域。

循环经济的本质是生态经济,因此研究循环经济必须建立在生态经济学的基础之上,即从生态经济学的角度分析经济系统和自然生态系统的协调发展。面临资源短缺和生态环境恶化的困境,新古典经济学的诸多论说已经显得无能为力,新的理论范畴需要涵盖自然资源与生态环境对经济增长的内生变量作用,环境经济学在传统经济学的框架内研究环境资源的最优配置,而生态经济学则强调以物质循环、能量转换、信息传递和价值增值系统功能分析自然资源与生态环境价值的工具,理论的革命性更强烈。生态经济学为循环经济、生态工业园、生态工业、清洁生产等新兴学科问题的研究提供了基本理论基础与分析方法,所以生态经济系统基本理论和分析方法,是当今研究循环经济问题的基本理论与分析方法。

(二) 产业生态学

产业生态学的形成与发展。环境问题的实质是资源代谢在时间、空间尺度上的滞留或耗竭,系统耦合在结构、功能关系上的破碎和板结,社会行为在经济和生态关系上的冲突和失调。从社会对环境问题的响应的发展历程可以看出,产业生态学的诞生有其理论和现实的必然性。以1960年代《寂静的春天》发表为标志,生态革命揭开历史序幕。40多年来,国际社会对环境问题的响应经历了四个阶段(见2.1):

表 2.1　社会对环境问题的响应的四个发展阶段

阶段	I 1960~1980	II 1980~1990	III 1990~2000	IV 2000~2010
响应性质	被动响应	接受现实	建设性	预防性
注意的焦点	末端治理	过程控制	产品/产业结构	系统功能
主要行动者	专业人员	管理人员	行业和地区	全社会
优化目标	最小污染	最小排放	最优结构	最适功能
生态对策	污染防治	清洁生产	生态产业	生态社区

资料来源：王如松、杨建新：《从褐色工业到绿色文明》，上海科学技术出版社，2002年，第 16 页。

产业生态学起源于 20 世纪 80 年代末弗罗什（R. Frosch）等人模拟生物的新陈代谢过程和生态系统的循环再生过程时所开展的"工业代谢"研究。它是一门研究社会生产活动中自然资源从源、流到汇的全代谢过程、组织管理体制以及生产、消费、调控行为的动力学机制、控制论方法及其与生命支持系统相互关系的系统科学。工业代谢是模拟生物和自然生态系统代谢功能的一种系统分析方法。与自然生态系统相似，产业生态系统同样包括四个基本组分，即"生产者"、"消费者"、"再生者"和"外部环境"。通过分析系统结构变化，进行功能模拟和分析产业流（输入流、产出流）来研究产业生态系统的代谢机理和控制方法。通常采用的方法有"供给链网"分析（类似食物链网）和物料平衡核算。产业生态学的思想包含了"从摇篮到坟墓"的全过程管理系统观，即在产品的整个生命周期内不应对环境和生态系统造成危害，产品生命周期包括原材料采掘、原材料生产、产品制造、产品使用以及产品用后处理。系统分析是产业生态学的核心方法，在此基础上发展起来的工业代谢分析和生命周期评价是目前工业生态学中普遍使用的有效方法。工业生态学以生态学的理论观点考察工业代谢过程，亦即从取自环境到返回环境的物质转化全过程,研究工业活动和生态环境的相互关系,以研究调整、改进当前工业生态链结构的原则和方法,建立新的物质闭路循环,使工业生态系统与生物圈兼容并持久生存下去。

产业生态学的性质。[①] 产业生态学是一门着眼于可持续发展的整体性科学。根据整体、协调、循环、自生的生态控制论原理去系统设计、规划和调控人工生态系统的结构要素、工艺流程、信息反馈关系及控制机理,在系统范围内获取高的经济和生态效益。不同于传统末端治理的环境工程学,它强调资源的综合利用、技术的系统组合、学科的边缘交叉和产业的横向结合,强调产品生产的量与质同社会服务的效与序相结合,着眼于增加而非减少就业机会,着眼于功能性完善而非结构性增长。

产业生态学是一门引导产业转型、激励新的产业革命的可持续发展科学。它是揭示企业物流能流新陈代谢规律、产品生命周期过程以及产业兴衰演替的经济生态学;是有关产业的资源开发及环境影响活动对什么支持系统斜坡机器响应机制的自然生态学;是关于人类生产、消费活动与作为自然、经济、社会环境关系的人类生态学;还是关于物质生产单元、环境或体系之间在时间、空间、数量、结构和序理层次的生态工艺设计和生态系统耦合的工程生态学。

产业生态学通过研究产业活动与生态环境相互关系来寻找人类合理的生存方式。因此其研究对象贯穿了从原材料的采掘、加工、产品制造、产品使用与维护到产品废弃处置的整个生命周期过程。

传统产业向生态产业转型将涉及两方面的创新:一是生态效率(eco-efficiency)的创新:怎样把产品生产工艺改进得更好,以生态和经济上最合理的方式利用资源;二是生态效用(eco effectiveness)的

[①] 参见王如松、杨建新,2002年,第4~6页,第18页。

创新:怎样设计一类生态和经济上更合理的产品,以最大限度地满足社会生态和自然生态的需求。生态产品开发的战略管理包括改善材料质量,减少材料消耗,优化工艺流程,优化流通渠道,延长生命周期,减轻环境负担,优化废物处理和优化系统功能等。

通常,人们只看到产业的物理过程而忽视其生态过程;只重视产品是社会服务功能而忽视其生态服务功能;只注意企业的经济成本而忽视其生态成本,只看到污染物的负作用而忽视其资源可再生利用的正价值。

可持续发展追求以人为本、人类与自然环境的协调发展,体现为物质代谢关系、能量转换关系、信息反馈关系以及结构功能和过程的系统运行关系各个方面。这些错综复杂的关系以人为主体,构成了一个具有生产、生活、供给、接纳、控制和缓冲功能的复合生态系统。产业复合生态系统体现出企业与社会、经济和自然环境之间良好的生态经济效益和和谐的生态关系。它是一种竞争、共生、自生的生存发展机制;是一种具有多样性、适应性、可持续性的活力结构;是一种时间、空间、数量和秩序持续与和谐的服务功能;是一种不断进化与完善的可持续发展的过程;是一种经济与环境关系协调、良性互动的运行路径;更是一种技术、制度与文化不断创新的演进过程。

(三) 资源环境经济学

资源环境经济学主要运用经济学中的产权理论和资源跨期配置理论研究环境(资源)的最优污染(耗竭)问题。其对循环经济的主要贡献有:一是对经济学的基本出发点"理性人"提出了质疑,这为循环经济理论出发点提出了科学的依据;二是环境经济学将环境成本利用市场机制纳入物品价格体系之中,为循环经济的整体产品概念,即外部效应的内部化提供了研究参考。但是环境经济学理论研究只是涉及了循环经济理论研究的部分基础和经济手段的理论应用。从理论基础和基本分析方法看,环境经济学仍以一般经济学分析方法,而生态经济学突破了新古典的主观偏好判断的市场价格理论,而强调以物质流分析和价值分析取代福利分析和均衡分析。因而,从经济学的演进过程可以看出,从逻辑起点、理论基础和基本分析方法看,环境经济学是经济学的分支科学,只是传统经济学框架内的理论改进(吴玉萍,2005)。

(四) 可持续发展经济学

从可持续发展的角度思考经济增长,有助于我们从传统经济学的束缚中摆脱出来,寻求新的思维方式。可持续发展理论虽然在概念上不具操作性,但是可以与经济学结合起来,运用经济学理论进行解释(索罗,1991)。索罗、哈特维克和威茨曼把可持续发展理解为人均自然资本存量和人均人造资本不减少(雷恩哈特、布莱克,2006)。可持续发展的一个准则就是哈特维克准则,即从有效率的非再生资源开采活动获取的租金全部用于资本再生产。

可持续发展经济学从经济学的角度来研究生态经济社会复合系统由不可持续发展向可持续发展状态转变及维持其可持续发展动态平衡状态运行所需要的经济条件、经济机制及其综合效益的学科。其研究对象主要不是研究"生态-经济-社会"三维复合系统的矛盾及其运动和发展规律;而是以此为范围在三维复合系统的总体上着重研究可持续发展经济系统的矛盾运动和发展规律,即是从可持续发展系统的总体上揭示可持续发展经济系统的结构、功能及其诸要素之间的矛盾运动和可持续发展的规律性的科学。可持续发展经济学的主要任务是在可持续发展系统总体上对可持续发展经济系统的结构、功能及其诸要素之间矛盾运动进行研究的过程中,揭示可持续发展经济现象中体现的普遍的、必然的、具有内在联系的可持续发展经济关系及其发展的客观规律性,探索使现代经济成为生态代价和社会成本最低的经济和它的发展具有可持续性的规律性,从而提高经济效益、生态效益和社会效益。更有意义的是,它还具有揭示工业经济向知识经济转化的条件、过程、表现特征和内在规律性的任务。可持续发展经济学对循环经济的贡献在从代际的长远角度出发,分析生态环境资源的真正价值和整体价值,并通过制度分析方法建立可持续发展指标体系,为资源的循环经济利用提供理论体系建设,实现"生态-经济-社会"三维复合系统的发展目标和生态效益、经济效益和社会效益的全面提升。

而循环经济的理论价值则仅限于资源的节约开发利用以及对废弃物的无害处理,亦即资源节约型和环境友好型经济活动方式。由此可见,可持续发展经济学应涵盖循环经济理论。从二者关系来看,前者更强调整体性和价值性,是一个宏观层面的概念;后者则强调结构性和技术性,更侧重于微观层面。

2.3—5 分析方法

生态经济系统的定量评价方法主要有三类:能值分析法、物质量评价法和价值量评价法。能值分析法,是指用太阳能值计量生态经济系统为人类提供的服务或产品,也就是用生态经济系统的产品或服务在形成过程中直接或间接消耗的太阳能焦耳总量表示;物质量评价法是指从物质量的角度对生态经济系统提供的各项服务与产品进行定量评价;价值量评价法是指从货币价值量的角度对生态经济系统提供的服务与产品进行定量评价。这里简要介绍能值分析和物质流分析。

(一) 能值分析

能值(emergy)分析理论和方法是美国著名生态学家、系统能量分析先驱奥多姆(H. T. Odum)于20世纪80年代创立的。其科学概念和度量标准及其转换单位是能值转换率(transformity)。生态经济系统内流动和储存的各种不同类别的能量和物质转换需要一个统一的标准,能值转换率这一概念为这项工作的研究提供了一个量纲。能值分析为研究生态经济系统过程提供了一个新的分析工具,而且是能够把生态系统和经济系统结合起来进行研究的定量分析方法。传统经济学在研究生态经济系统时,通过货币化的方法,反映社会的财富状况,具有很大的主观性和变化性,不能反映自然和人类经济活动的本质和规律;科学的能值计算分析为环境生态资源的评估和核算提供了客观标准,有助于公共政策的科学制定。[1]

(二) 物质流分析

循环经济的本质是改造或调控现有的线性物质流模式,提高资源和能源的效率,形成资源和能源效率较高的物质循环模式。因此,在制定和发展循环经济政策与战略时,需要对经济活动的物质流进行分析。物质流分析方法属于生态经济系统定量评价方法中的物质量评价法的应用。简单说,物质流分析是指对经济活动中物质流动的分析,它的基础是对物质的投入和产出进行量化分析,建立物质投入和产出的账户,以利进行以物质流为基础的优化管理。物质流分析主要衡量的是经济社会活动的物质投入、产出和物质利用效率。循环经济强调从源头上减少资源消耗,有效利用资源,减少污染物

---

[1] 蓝盛芳等:《生态经济系统的能值分析》,化学工业出版社,2002年。

排放。

物质流分析内容有两个方面,一是物质总量分析模型,另一个是物质使用强度模型。物质总量分析模型分析了一定的经济规模所需要的总物质投入、总物质消耗和总循环量。而物质使用强度模型则主要关注一定生产或消费规模下,物质的使用强度、物质的消耗强度和物质的循环强度。

从物质流分析与管理和循环经济的相互关系来看,物质流分析和管理的调控作用主要体现在以下几个方面:(1)减少物质投入总量在社会经济活动中,物质投入量的多少直接决定资源的开采量和对生态环境的影响程度。(2)提高资源利用效率资源利用效率反映了物质、产品之间的转化水平,其中生产技术和工艺是提高资源利用效率的核心。(3)增加物质循环量通过提高废弃物的再利用和再资源化,可以增加物质的循环使用量,延长资源的使用寿命,减少初始资源投入,从而最终减少物质的投入总量。工业代谢、工业生态链、静脉产业等都是提高资源循环利用的重要内容和实现形式。(4)减少最终废弃物排放量在社会经济活动中,通过提高资源利用效率,增加物质循环量,不但可以减少物质投入的总量,同时也可以实现减少最终废弃物排放的目的。

物质流分析具有很强的政策含义。这种分析方法表明:我国环境保护政策的重心要上移,要从强调末端控制向源头和过程控制发展;政策指向应该是朝着鼓励提高资源利用效率;提高废弃物质的循环利用就成为重要的开源节流手段,应大力扶持物质循环利用和静脉产业。[1]

---

[1] 周国梅等:"循环经济的核心调控手段是物质流分析与管理",载《中国环境报》,2004年11月30日。

2.4 本章小结

本章从国外循环经济研究现状、国内循环经济研究进展和循环经济的科学基础三个方面对现有文献进行回顾和评价。国际学术界专门研究循环经济的文献比较有限，他们多数是从清洁生产、绿色设计、生态恢复、环境保护、生态补偿、环境税法等方面进行技术上和制度上的研究，还有就是在绿色供应链、生态工业园、绿色消费等微观领域的研究，而且在研究深度方面已经比较深入、在研究方法上多有创新。

相对于国外研究，中国的理论进展在速度上是惊人的，这种现象是现实压力和政策推动的结果。目前的研究格局已经呈现百家争鸣之势，文献的存量是巨大的。与本书研究相关的现有文献主要是围绕循环经济的理论基础、学科特征和研究方法，循环经济概念及内涵，资源稀缺、资源节约与循环经济的侧重点，循环经济中的微观主体、运行机理和实现条件等方面展开的。不过令人遗憾的是无论在学科整合和理论的实践效应方面，循环经济理论的现状和经济发展不断产生的资源环境问题之间差距仍然存在。尤其是在缺乏经济学方法论的介入和经济学自身体系的理论变革的情况下，循环经济理论的进程难有新的突破。

循环经济的科学基础包括以生态学为主干的生态经济学和产业生态学以及跨学科的可持续发展理论等。生态经济系统的定量评价方法主要有三种，分别是能值分析法、物质流评价法和价值量评价法。这些方法是研究生态经济系统的重要方法，从研究循环经济的运行机制来看，这些方法可以作为补充手段，而不能成为主要方法。

在研究循环经济的资源配置和经济运行时，还需要对这些方法有选择地加以运用。

因此，循环经济理论的发展需要对传统经济学和生态经济学进行创新，早期的生态经济学也需要借助更多的经济学方法推进自身的发展。在多学科的相互借鉴、相互促进中形成新的循环经济理论体系。

第3章　循环经济的学科定位与范式创新

3.1　基于可持续发展视角看传统经济理论的困境

施蒂格勒曾经指出,"任何一个科学体系所要研究的主要问题,都是直接来自社会的主要矛盾,以及它想要推行的社会政策。……。经济学理论的大多数重要出发点,都是对不断变化的现实问题所做出的智识上的反映"。在资源环境生态问题日趋严重的今天,经济学界对这一真知灼见似乎显得有点麻木。主流经济学对可持续发展共识的视而不见源于自身理论的窘迫。目前,非主流经济学和经济学界外学者对传统经济理论的局限作了大量分析,笔者仅从主流经济学[①]的两个"悖论"来剖析其所处的困境。

[①] 一般讲,把马歇尔以前的经济学称为古典经济学,包括古典西方经济学和马克思经济学;把其后的经济学称为现代经济学。不管是古典经济学还是现代经济学,在可持续发展经济学看来,都是传统经济学,因为它们没有脱离单一的研究价值流动和资本循环的框架。主流经济学一般指在当前学术界占据主导地位的学说,如新古典经济学和凯恩斯主义经济学。生态经济学、环境经济学和可持续发展经济学被学术界认为是非主流经济学。

3.1—1 主流经济学的两个悖论

(一)"价值悖论"

所谓"价值悖论"就是价格对价值的严重偏离,亚当·斯密(Adam Smiths,1776)认为,"使用价值很大的东西往往具有极小的交换价值,甚或没有;反之,交换价值很大的东西,往往具有极小的交换价值,甚或没有"。价值悖论支持了微观经济学的范式转变:即研究重心从使用价值转向交换价值,从生产领域转移到分配领域。于是交换成了微观经济活动的焦点和主要环节,经济行为的目标从价值创造领域转向价值分配领域。经济活动追求静态均衡,经济资源的配置以帕累托效率为标准。古典经济学的劳动价值论被抛弃,边际效用价值论通过"边际革命"推向极致。边际效用价值论把萨伊的"三位一体"公式数学化、模型化,马歇尔综合了边际价值论和市场供求论,建立了以均衡价格论为基础的新古典经济学,新古典经济学实质上成为资本主导整个经济过程的理论说教,也导致了市场原教旨主义的神化。由于边际价值论确立了资本的强权地位,在价值蛋糕的分配中,资本自然就获取较大份额。资本供给者成为分配活动的主角,劳动供给者作为消费活动的主体成分却无法在分配中拥有话语权。值得注意的是经济活动的终点是消费而不是分配,当在分配中的大部分价值不能顺利转变为消费动力时,经济就会出现失衡。当高度发达的生产能力与社会主体成分的购买力不匹配时,资本主义固有矛盾就会激化。当拥有巨大物质消耗能力的工业经济与自由竞争的市场经济和弱肉强食的私有制相结合时,对财富尤其是对自然财富的巨大浪费不可避免而且极度惊人。20世纪30年代的大危机就是这种矛盾的集中体现。

生产与消费的这种矛盾是制度层面的表征。当高度发达的工业经济向更大范围扩张时,价值层面的矛盾也会激化。工业经济是以高投入、高消耗和大规模消费为特征的"物质经济",这种"物质经济"是建立在对自然资源的提前"支出"基础之上的。20世纪创造的物质财富是历史上创造的所有财富之和,物质财富的80%控制在20几个发达国家手里,发达国家也就是所谓工业化国家,几乎都是资源储量非常少的国家。他们依靠早期的殖民手段获取来自世界各地的包括自然资源在内的物质财富,完成资本原始积累。第二次世界大战以后,原来的资本积累优势转化为科技领先优势、经济竞争优势和世界利益分配格局的话语权,在他们主导的政治经济规则之下,以资源高投入为基础的工业经济继续扩张,并以此为依据将国际社会分割为发达国家和发展中国家。由于资源消耗难以为继和环境承载力不堪重负,发达国家及时地完成或正在进行产业升级,实现信息化。信息化固然在表面上看来减少甚至替代了资源的大量消耗,但是它仍然建立在工业化基础之上,发达国家只不过是把资源消耗的经济活动和生产环节转移到外部(发展中国家)了。这是资源生态环境的负外部性在全球范围的转移。这样,在资源日益稀缺的今天,后起国家通过早期的工业化途径实现本国的财富增长的道路越来越窄了。

"价值悖论"导致物质流与价值流的背离,在自然资源面临空前消耗的语境下,可以说"价值悖论"是一个伪命题。边际效用价值决定论走到尽头,资源价值理论亟须进行综合与创新,进而孕育着经济学的重大革命。

(二)"节俭悖论"

所谓"节俭悖论"就是储蓄成为经济增长的紧缩性因素(凯恩斯,

1936)。节俭悖论则支持了宏观经济学的范式转变：即研究重心从实体经济转向虚拟经济，从供给领域转移到需求领域。金融成了宏观经济活动的焦点和主要环节。当经济增长片面追求以货币为符号的 GDP 增长时，经济运行就脱离实体层面转向虚拟层面。在整个经济运行过程中，用于社会再生产的储蓄需要通过金融中介环节才能转化为有效的投资。根据哈罗德-多马模型，只有 $S=I$ 时，才会出现合意的增长率、实际增长率和自然增长率相等，而这种"刀刃上的增长"要想实现又是何其难也！当货币供给不能有效地转化为满足投资需求的资本时，储蓄就成了经济增长的紧缩性因素。因此，刺激需求成为首要选择。总需求管理是以乘数理论为主要依据，乘数效应的作用以过剩经济为条件。所以凯恩斯经济学也叫萧条经济学，也就是过剩经济论。由于凯恩斯过分强调需求的作用，并把生产过剩视为刺激需求前提条件和物质基础，忽视有效供给的引导作用，其极端必定是把经济活动引向更大规模的浪费。20 世纪 60 年代末到 70 年代的滞胀就是最好的证明。经济活动的过度虚拟化带来的是物质流与价值流的背离，危机就不可避免，浪费则是成为必然。

早在 150 多年前，马克思就对资本主义的内在矛盾一针见血地指出来了，而凯恩斯把经济过剩解释为有效需求不足，转移了理论视线，减轻了政治上对资本主义制度的责难和压力，通过一些治标不治本的策略增加了资本主义制度的合法性。我们暂时撇开意识形态的分歧不谈，仅从技术的角度或微观层面就可以对生产过剩进行解释。生产过剩是实体经济和虚拟经济脱离的结果。这种分离是人性自利和信息不对称的结果。人性自利和信息不对称，作为一种经验假设，可以适合于任何一种经济形态。但是不同的制度安排，对人的自利性的引导和信息不对称的克服程度是不同的。以自由市场自诩的资本主义对原教旨市场主义的过度崇拜自然也会受到市场规律的过多

"眷顾"。因此,"节俭"并非总是悖论,它只适用于自由市场经济的语境。市场的盲目竞争、政府的滞后调节因为物质流与信息流的分离而导致资源的巨大浪费。罗斯托曾把经济增长分为六个阶段,其中,早期阶段需要至少 20% 的储蓄率,后期则是一个大规模消费阶段。这也反映出不同的发展阶段对"节俭"的理解是不同的。从资源消耗的趋势来看,她关于大规模消费阶段的推断是需要推敲的。那种认为大规模消费是经济增长的必经阶段,认为节俭导致经济紧缩的观点在资源日趋耗竭的今天,不再具有强大的说服力了。

如果说"价值悖论"导致物质流与价值流的背离,微观上存在资源浪费的条件,"价值悖论"因此成为一个伪命题;那么"节俭悖论"不仅具有物质流与价值流的背离倾向,而且还引起物质流与信息流的分离,导致宏观上的资源巨大浪费。"节俭悖论"自然也成为一个伪命题。

既然主流经济学的两大理论支点都是伪命题,那么,当前经济学的"真问题"是什么呢?循环经济的现实推动和宏大实践已经为学术界提供了理论线索,相关的理论研究也开始了对"真问题"的追寻。一场经济学理论革命正在酝酿之中。

3.1—2 传统经济理论的缺陷

(一) 古典经济学的缺陷

自然资源在经济思想史中的地位经过了一个演变过程。经济学是研究财富或经济增长以及经济发展机制的科学,经济学说史上曾经出现不同学派关于资源在经济增长中作用的争论(吴玉萍,2005)。古典经济学中有部分学者已经意识到人口、资源和土地对经济增长的约束作用,但是这些观点并没有成为主导(如配第、马尔萨斯、穆勒)等。大部分西方经济学增长理论都有意无意地遵循了这样两个假定:①凡是产出的都是有益的,即都计入收益;②生产除了消耗成本外,不付出任何代价。从循环经济的角度分析了价值理论存在不足:①在空间上,由于价值理论被人为地分割,使经济分析在市场、社会和自然三个不同的空间不连续,"自然-社会-经济"复杂巨系统的运行机制的研究缺少完整统一的分析工具。西方主流经济学主要把研究空间放在市场空间,对于社会空间与自然空间的价值运动基本上没有描述。马克思主义经济学把价值分析拓展到社会空间,但是过重于对社会空间的分析,还没有延伸到自然空间。②在时间上,经济循环出现"三个断点",一是价值运动的主观与客观断点。二是价值运行的供给与需求断点。三是价值运行的自然与经济之间的断点。作为主流经济学基础的效用价值论在价值运动的主观与客观上不连续,产生所谓"效用失真"问题。③在研究方法上,现有对循环经济的研究主要侧重于定性研究,由于没有合适的价值理论模型的支撑,对循环经济只能进行估计和定性方面的考虑,缺少统一系统的科学框架和分析体系。[①]

(二) 现代经济学的缺陷

现代经济学主要由新古典经济学、凯恩斯主义经济学和新增长理论组成。由于它在当今经济学领域居于主导地位,俗称主流经济学。主流经济学存在三大误区:一是忽视了自然资本的稀缺性以及它们对于经济发展的限制作用;二是认为经济发展的物质规模是可

---

① 邹平座:"准确把握循环经济的内涵至关重要", http://column.bokee.com/91591.html,2005—9—27。

以无限增长的;三是对经济发展中需要提高自然资本生产率的忽视。在一些具体的观点上与循环经济理念相距甚远。比如:(1)边际效用决定价格的观点。微观经济学中关于水与钻石的"价值悖论"[①]是这一观点的典型例子。(2)产量最大化亦即资源消耗最大化。在这个意义上,现代经济学既是研究如何提高资源配置和资源利用效率的学问,也是引导人类对资源的"大规模最优快速消耗"的理论工具。(3)生产者以消费需求为目标,进行生产决策。由于市场存在不确定性,人具有有限理性,消费者偏好的不稳定性等等,生产的盲目性和竞争的无序性在很大程度上是不可避免的。这种生产性浪费将造成资源的大量消耗。(4)自然资源的使用存在着严重的负外部性[②]。物质资源消耗的低成本使厂商在进行规模生产决策时根本没有必要考虑不可再生资源的消耗速率。(5)宏观经济学追求短期供给和短期需求,导致大量的产品过剩和产能过剩,引起资源的极大浪费。例如大量库存在宏观经济学中被视为必要,[③]即存货投资在供给方可防止脱销,在需求方可防止市场波动,投机因素也占有相当份额。(6)长期增长理论"没有将资源环境对经济系统的约束整合进经济分析模型"(侯伟丽,2004)。长期增长理论包括资本决定论、人力资本决定论、技术决定论以及制度决定论,均把自然资源假定为无限供给。当今的资源环境生态问题表面上看是经济发展政策和经济增长方式的问题,实质上是经济学理论的局限所致。一旦把资源(环境生

---

① 亚当·斯密(1776)认为,"使用价值很大的东西往往具有极小的交换价值,甚或没有;反之,交换价值很大的东西,往往具有极小的交换价值,甚或没有"。

② 张五常把负外部性解释为租金耗散,即由于产权规则的缺失,导致租金耗费与个人约束最大化不一致,因此违背了帕累托最优。

③ 多恩布什等(2001)从满足未来生产需求、节约定货成本、平滑生产需求波动以及生产过程中的必要存货四个方面论述了存货投资的作用。

态)因素视为经济系统的内生变量,现有的经济学体系就要改写。[①]现代经济学存在的缺陷预示着经济学革命的来临。

3.2 循环经济的经济学基础

本书的主要思想是以可持续发展理念为依归,以"更少耗费获得更多价值"为价值尺度,遵循主流经济学的基本分析框架(即坚持稳定性偏好、理性最优化以及相互作用的均衡结构的理论"内核",对其"保护带"进行扩展),从资源节约和循环利用的角度对循环经济模式下的微观经济活动进行分析,并通过"资源生产率"概念解决微观行为结构和宏观总量的均衡。从主流经济学的演进脉络来看,循环经济与经济学的创新和融合是一个重要趋势。因此,在理论基础上,结合经济学新近研究方法,对循环经济的运行机制展开研究。需要指出的是循环经济的理论创新体现在知识转移、理论融合和范式创新三个方面。

3.2—1 经济学研究范式:演进抑或革命?

(一)科学范式的内涵。任何一门学科都有特定的研究范式,范式这个概念是由美国著名科学哲学家托马斯·S.库恩。20 世纪 60 年代以来,人类科学事业社会化趋势日盛,库恩(Kuhn)立足这一时代背景,欲对高度社会化和产业化形态的科学活动体系在主客体意

[①] 日本著名环境经济学家宫本宪一认为,若把环境问题纳入经济学的体系之中,则现存的商品经济学、市场经济理论和国民等都存在缺陷,因此必须创立新的经济学体系。引自宫本宪一:《环境经济学》,2004 年,第 34 页。

义上进行总括性的动力学把握,提出这一具有包容力和表意功能的科学"范式"概念。[①] 所谓范式,是指科学理论研究的内在规律及其演进方式,用库恩的话讲就是"科学共同体的共有信念"。这种共同信念规定了该科学共同体共有的基本观点、基本理论、基本方法,为共同体成员提供了共有的理论模型和解决问题的基本框架,并成为规定相应学科发展方向的共同传统。据统计,库恩对"范式"内涵的解释有 20 多种,笔者在本课题中倾向于其中一种解释,即把"范式"看做是"一个新的观察方式"。[②] 库恩还描述了一种常规时期和革命时期相互交替的科学发展模式。他提出,科学首先是在"范式"支配下,为解决"范式"所提出的"疑点"的高度定向的研究活动,这是科学的常规活动;只有当已有的"范式"不足以应付新的问题的挑战时,这个常规的发展才会暂时中断,科学便因此陷入危机,最后导致新"范式"取代旧"范式"的科学革命。

库恩给出了范式的一般内涵,在此基础上,拉卡托斯(Lakatos, 1978)提出了科学研究纲领,用之于范式内部的基本结构的分析。拉卡托斯认为,研究纲领或范式是一个多层次的结构体系,包括内核和保护带两部分。对某种特定的范式而言,保护带是外围,由种种辅助性假说构成,是不稳定的、可变的;内核是核心,由基本理论构成,是稳定的、不容改变的。范式的演进有两类:一是范式进步,即内核不变,通过对保护带作出适当的调整,包括取消、修改、完善或增加辅助性假设,以增强该范式的解释力;其二是范式革命,即抛弃既有范式的内核,用一种新的内核取代原有的内核,由此形成了一种新范式。范式演进的现实形态,首先是通过保护带的调整,以适应事物的新变

---

① 窦学诚.《环境经济学范式研究》,中国环境科学出版社,2004 年。
② 参见库恩.《科学革命的结构》,上海科学技术出版社,1980 年。

化、新发展,从而提升解释力和预见力,这就是所谓的范式进步。否则,就要寻找和确立一种新内核,发生范式革命,最终促使一种新范式的形成。科学发展的过程就是这么一个范式进步与范式革命这两种类型交替出现即范式演进的过程。

(二)经济学研究范式的发展。经济学自身发展也历经多次范式更替。科学发展的过程就是范式演进的过程,同时也是一门学科解释力与预见力提升的过程。经济学自然也不例外。综观经济学发展史,范式演进的脉络清晰可见。不同的经济学范式,对知识问题有不同的理解与阐释,伴随范式的演进,经济学家对知识范畴的认识不断深入。钟惠波等人[①]从范式演进的角度,以知识作为研究单元,对古典经济学进行了回顾。他们认为,古典范式为知识的经济学研究提供了一个逻辑起点;"纯粹"的新古典范式由于受到保护带的制约,内在地把知识范畴排斥在外;经过哈耶克等人对矫正保护带不懈努力后形成的所谓"修正"的新古典范式,为知识的经济学分析开辟了一个广阔的探索空间;演进经济学范式,是知识的经济学研究的深化。在此基础上,又提出了"知识范式"这一经济学新范畴,并展望了知识经济理论的未来。

古典经济学范式的内核是:分工是经济增长的源泉。其保护带可以表述为:人类自身得以生存和发展所依赖的物质财富的生产与再生产的持续进行,及其伴随的社会生产力的内生演进势态,也即人类社会劳动分工内生发展假说。

稳定性偏好、理性最优化以及相互作用的均衡结构构成了新古典范式的内核,而新古典范式的保护带则是:完全理性、充分信息与

---

① 钟惠波、连建辉、张业圳:"知识的经济学分析:一个文献综述——基于范式演进的视点",见 http://www.beiwang.com/a/Article.asp? Art ID=849,2005 年 9 月 10 日。

完全竞争。因此,价格理论成了新古典经济学的核心。后来经济学大师们对新古典范式保护带作出了适当的调整:不确定性范畴(奈特,1921)、交易成本范畴(科斯,1937)、有限理性范畴(西蒙,1957)先后提出,这是一种范式进步。

演进经济学的内核可概括为:社会经济本质上是一个动态非均衡的演进状态。即:时间不可逆;非最优与多样性;群体协同演进(coevolution)。与内核相对应,演进经济学的保护带包括:不确定性、有限理性、信息不完备且非对称分布。知识范式的保护带是古典范式保护带以及演进范式保护带的自然延伸,具体包括:生产方式变迁的内生性、奈特意义上的不确定性、有限理性与信息不完备性。

3.2—2 循环经济研究的困惑:学科彷徨与定位迷失

(一)循环经济研究的学科彷徨源于可持续发展经济学理论进展的徘徊不前。当前生态经济学和可持续发展经济学还处于经济学的边缘地位,很多观点和结论还得不到主流经济学的认可。这是因为,它们在研究范式上没有创新。一方面想吸收主流经济学的研究范式(索罗,1991),另一方面,却无法与自身逻辑结构紧密结合。可持续发展经济学的边缘化地位表现在二个方面:

一是对经济学的基本理论和研究方法吸收不够。即缺乏对经济学范式内核的深入把握。可持续发展仍然需要遵循经济规律,研究人的经济行为,对既有的经济学知识存量的合理接受有益于可持续发展经济学自身的理论建构。

二是对传统经济理论创新不够。可持续发展经济学毕竟不是对传统经济学的简单延续,而是在一种新型发展理念指导下的经济理论。因此,要形成学科自身的独立性,必须对传统经济理论进行突破,也就是对保护带的延伸与拓展。

三是至今可持续发展经济学还没有形成一个统一的理论体系,主要表现在,缺乏一个能够得到一致认同的逻辑原点、基本研究单位和分析方法。生态经济学和可持续发展经济学都还不完全属于经济学学科。因为经济学与其他学科的根本区别在于价值分析的方法,可持续发展经济学作为经济学的理论分支,只有建立以价值分析方法为主的理论体系,才能成为一门相对独立的经济学学科。否则只能停留在个别观点和学术纷争的层次,无法推进其理论的深入发展。

一个很明显的事实可以对此问题加以说明。《中国大百科全书》把"环境经济学"列入环境科学(1983)分册,而经济学卷(1988)则仅把"生态经济学"、"环境费用"、"资源经济"等条目收录。由此可见:在经济学学科中,可持续经济学等相关学科只是成熟的经济学原理或工具在环境、生态和资源等领域问题分析中的轻松运用。已经有七八年建设(以1997年出版的刘思华《可持续发展经济学》为标志)的可持续发展经济学的研究现状况且如此,循环经济的研究更是缺乏经济学关照。

(二)理论研究上的模糊与困顿,实践操作中的急功近利和简单化,导致循环经济理论研究的定位迷失。

关于循环经济与资源减量化的相关性研究。循环经济的主要特征是减物质化,即通过实施减量化、再利用和再循环的 3R(Reduce, Reuse, Recycle)原则,达到最优生产、最适消费和最小废弃。所谓资源减量化是指通过管理和技术的改进,减少进入生产和消费过程的物质和能量流量,在经济活动的源头节约资源和减少污染,同时也满足既定的生产和消费的目的。西方学者关于资源减量化问题的主要理论成果包括宏观和微观两个层面:宏观层面是运用增长模型研究资源的稀缺性对经济增长的约束,即"增长阻力"[①];微观层面是运用贴现率研究资源的最优消耗。[②] 当前的研究则主要侧重实际操作和工程技术方面,如在残余物的管理方面。[③]

循环经济理论研究的主要分歧。在中国,循环经济被理解为是对生产和消费活动中物质能量流动方式的管理经济(任勇,2004),但在理论上存在两种不同的观点:一种观点是认为循环经济的重点在于末端治理,即加强废弃物回收,形成物质循环;第二种观点是认为循环经济的重点在于源头控制,视资源使用减量化为循环经济第一要义。源头控制一般是指在生产环节推行清洁生产,节能降耗。但是这并不能改变盲目竞争和过度竞争导致的生产过剩,因此需要探讨超越源头控制的经济运行模式,实现经济流程的转变。国内关于资源减量化的研究文献主要从宏观角度探索经济运行的资源减量化,对资源的价值、价格、产权界定,对资源的生态经济效益评价,信息资源、物质资源及其价值的变化和相互关系,资源的配置、流动和利用等方面进行了大量研究。

循环经济是以可持续发展理念为旨归的新型经济活动方式,因此循环经济理论要能够成为一个逻辑严密理论体系,需要把经济系统与生态系统有机地结合起来进行研究,这就意味着循环经济研究范式的重大创新。

---

① 增长阻力随着资源份额、土地份额、资源利用率、人口自然增长率和资本份额的上升而上升。
② 关于贴现率对资源最优消耗的约束可以从完全竞争厂商和垄断厂商两个方面进行描述,并能证明后者更能实现资源最优消耗(半狄克,2002)。
③ 早在1970年克尼斯从理论和实践两个方面对残余物的管理进行研究,提出了微观层次的节约技术运用和最终商品的再循环、宏观层次对GDP的修正、建立资源配置理论(克尼斯,1990;克尼斯等,1991)。

3.3 循环经济的研究范式创新

马歇尔说过,"经济学家的麦加应当在于经济生物学,而非经济力学"。这句话也为当今经济学方法论演化趋势所印证,循环经济理论的发展也正好融入这一理论洪流之中。

3.3—1 循环经济的方法论

学术界关于循环经济的研究方法,从不同的学科得出不同的结论。在文献回顾中主要陈述了生态学和系统科学方法。循环经济研究需要经济学作为理论基础,但是并不是对经济学理论的简单套用,它有其自身的特色和要求。循环经济是一种新型经济运行模式,它要求经济系统绿色化、生态化,追求"最优消耗、最适消费和最少废弃",因此需要在生产方式、经营方式、生活方式等方面进行变革(见表3.1)。有鉴于此,有学者认为,循环经济实质上是生态经济,不仅要遵循工业经济所必须遵循的线性因果,更重要的是遵循生态规律,必须研究循环经济的生态学基础问题,即运用循环再生、协调共生和整体层级原理等生态学理论来解释新的经济运行模式。毕竟经济系统和生态系统有各自运行轨迹与作用条件,如果对两大系统之间的关系缺乏科学研究,不加分析地把二者联系起来,生态学独自也很难承担变革新生产方式的任务。现有的理论进展说明传统的经济学和生态学已经很难解释当今的生态经济问题。于是,生态经济学作为一门相对独立的学科应运而生了。生态经济学是一门从经济学角度来研究由社会经济系统和自然生态系统复合而成的生态经济社会系统运动规律的科学,其"基本假定是资源配置存在着社会最优解,而且社会最优解与企业最优解可以具有互补性"。[①] 它研究自然生态和人类社会经济活动的相互作用,从中探索生态经济社会复合系统的协调和可持续发展的规律性。由于生态经济学是对经济学和生态问题的嫁接,所以,在众多的有关循环经济研究文献进行学科分类时,生态经济学将其囊括其中。

表 3.1 传统生产方式和循环经济生产方式的比较

传统生产方式	循环经济生产方式
大量生产	最优生产
假定不存在资源约束	假定存在资源约束
利润最大化,不承担环境责任	正利润,承担环境责任
以资源低价格维持大规模生产	资源价格反映资源稀缺程度
资源依赖性增长模式——物质经济(产品经济)	非物质化增长模式——知识经济(功能经济)
生产者责任止于销售环节	生产者责任延伸(延长产品寿命、服务创新、生态设计、产品回收等)
大量消费	最适消费
片面追求产品的便利性而不顾资源浪费和环境污染	追求便利性同时兼顾环境负荷
产品周期缩短,即用即丢	延长产品寿命,循环使用
占有产品,强调数量,排他性使用	获得服务,重视功能,尽可能共享
大量废弃	最少废弃
大量生产造成大量排放,大量消费造成大量废弃	尽可能减少排放物进入环境,或无害化处理
废物排放速率超过环境吸纳能力	废物排放速率与环境吸纳能力相适应
末端治理	全程控制

---

① 李周,"生态经济学发展动态",载《中国社会科学院院报》,2005 1 19。

生态经济学作为一门新兴学科在研究循环经济方面有其独特的优势,但是如果把循环经济更多地看做是经济问题的时候,其功效就有折扣了。因为生态经济系统不仅存在物质流和价值流,还存在信息流。当把这三者统一起来进行考察时,还需要借助新的分析工具。

而且,中国发展循环经济是在经济体制转型、经济增长方式转换和经济(产业)结构升级的过渡阶段进行的。这意味着:在这一时期,不仅微观经济主体的约束条件、技术环境和制度结构是变动不居的,其经济行为、偏好和预期也处于不断演进之中。因此,在这样的经济环境中研究循环经济,有必要寻求新的研究方法和解释范式。新制度经济学打破新古典经济学的制度为外生变量的假定,借助信息经济学方法,运用交易成本理论、产权理论、公共品理论和外部性理论,研究资源配置和污染治理,为推进可持续发展理论提供了新的理论视角。

演化经济学借助生物进化论和系统科学等方法,研究经济活动的非均衡性、累积性因果循环和路径依赖等特征,强调经济主体的协同、学习、自组织等作用。这种范式有助于解释处于三重转型(经济体制、经济结构、经济增长方式)中的中国经济问题。作为一种新的经济运行模式,循环经济是在经济体制市场化、产业结构高级化、增长方式集约化的过程中提出的,它与这三重转型在历史与逻辑过程上具有一致性。由此看来,循环经济的发展也应是一个动态演化的过程,其中包括经济系统之间的演化博弈、经济活动的累积性经验学习,产业链中企业的纠错与选择等。

循环经济作为全新的经济理论,没有先入为主的理论偏见和学科歧视,需要的只是更具解释力的研究方法。经济学作为"研究人类行为作为目的与可以有其他用途的稀缺资源之间的关系的科学"

(L. 罗宾斯,1946),它涉及三个方面的内容:一个社会使用它的资源并把生产成果分配给社会的个人与集团的方式;生产和分配一直发生变动的方式;经济体制的效率(里普赛与斯泰纳,1981)。当前各种新的理论视角和研究范式丰富了对循环经济的理解,为进一步拓展循环经济理论提供多样化的工具。经济发展不仅仅是一个涉及数量扩张(经济增长)并包括制度、组织和文化等非数量因素变化的过程,从根本上说,它是由这些外在变化所反映和蕴涵的经济主体的行为及其组织方式的变化(叶初升,2005)。根据上述分析,在研究经济个体时可以运用均衡分析和边际分析的方法,在经济系统的效率研究和标准评价时可以借助生态学的方法,在研究经济系统变化时可以运用演化分析、制度分析和博弈分析等方法。

3.3—2 循环经济的学科辩证

当前学术界从资源生态环境的角度对传统经济学(包括古典经济学、新古典经济学和马克思政治经济学)展开广泛的批评,如对人性假设的重新定义,对价值论、效用论、财富论、效率论的新解;有人甚至彻底抛弃传统经济理论,要建立新的经济学体系。其中,有些观点是对传统经济理论的曲解、误读或缺漏,有些观点是对传统经济理论的补充或改换门庭。比如,有学者认为把财富概念由社会财富扩展到自然财富、生态财富是一种创新,实际上,早在400多年前,威廉·配第就提出过著名的论断:劳动是财富之父,土地是财富之母,穆勒也曾看到环境的休憩价值。把资源作为生产要素,在新古典经济学的生产函数中已经存在,只是当时的经济条件是资本和劳动力相对稀缺,资源相对丰富而被假定为常量。

笔者不同意完全否定传统经济学的观点,科学的态度应是对其作合理的扩展和辩证取舍。需要澄清的是,循环经济是研究自然系统与经济系统的耦合机制,它没有离开人类活动,只不过是在经济变量中引入原来假定为不变的资源因素。① 那种试图用一个全新的理论框架来解释和研究循环经济的勇气是可嘉的,但可能会遇到更多困惑,尤其是对核心理论的突破需要坚实的理论渊源、严密的逻辑自恰和深刻的现实基础。比如,在效率标准上,用新的三个"最大化"(即最大限度优化配置自身资源、最大限度提高自然资源利用效率、最大限度提高自然资源的利用效益)取代传统经济学的三个"最大化"(即最大限度开发自然资源、最大限度创造社会财富、最大限度获取利润),固然有极强的生态价值,但是忽略了技术约束和成本约束。如果不顾既有的技术条件和预算条件,一味追求生态效率,可能会造成更大的浪费和危害。因此,诸大建(2005)提出"循环经济的中国 C 模式"。

从理论自身的演进逻辑来看,主流经济学仍然具有解释力。基于新古典经济学提出的生产函数是 $Y=F(K,L)$,在哈罗德-多马模型 $g=s/k$ 中资本(K)或储蓄率(s)被赋予决定性地位。索罗模型 $[\Delta k/k=s.f(k)-(n+3+g)k]$ 认为,由于技术进步假定为常数 g,经济增长将处于稳态;索罗后来又提出增长余值,其贡献归结为技术进步。内生增长理论则探讨技术进步的源泉,阿罗(Arrow)的干中学模型强调了经验和学习的重要性,罗默(Romer)的知识外溢模型认为知识资本的积累是长期增长的决定因素,卢卡斯(Lucas)人力资本外部性模型认为人力资本是报酬递增的发动机,R&D 模型则强调知识生产在长期增长中的重要性。从增长理论的发展脉络看,新古

---

① 朱铁臻(2005)认为,循环经济的理论基础应当说是生态经济理论,即以生态学原理为基础,经济学原理为主导。

典经济学是理论基础,其中生产函数并没有完全推翻,只是对假设条件和因变量作相应的放松和变化。循环经济仍然是在市场经济条件下的一种发展模式,其唯一不同的是在经济系统与自然系统的复合机制中需要考虑资源生态环境的价值,因此,研究循环经济,只要将约束条件和经济变量加以调整,仍可在现有的经济学框架中得到解释。

3.3—3 循环经济学的主要任务

张天柱(2004)认为,循环经济的基本任务是沿着新型工业化方向建立生态产业系统,借以不断改进经济体系的生态质态;其核心内容就可归结为产业的生态化。关于循环经济学的任务,需要在微观基础及其运行机理方面作进一步的探讨。

循环经济的核心是经济增长的绿化和轻化。其标志是优质资源总量包括优质生态和环境总量不减少或增加,所谓优质资源,一是资源的质量要好;二是资源的可使用性要好。在增长方式上体现为从数量型的物质增长到质量型的服务增长。产业的生态化,即建立将资源环境融入经济发展中的一体化战略与政策,利用市场机制,围绕以产品(包括服务)与生产技术为基础的产业系统进行生态结构重组转型,推动产业系统的生态质变(张天柱,2004)。结构的重组转型意味着,它不仅以系统的生态质态改进为着眼点,而且包含在系统质态改进基础上向着更高的结构提升与演进。以产业结构生态重组转型为核心内容的产业生态化建设,将内在地支撑着传统经济增长方式的转变与循环经济体系形态的形成,同时也会有力地促进着新型工业化的进程与经济的跨越式发展。产业生态结构重组转型,是指对由产品(包括服务)、技术、规模、布局结构等组成的产业系统,重点围绕产品及其生产技术体系的功能形态与生命周期物质代谢过程进行的结构性升级转变。

循环经济学不仅研究产业结构的生态化或产业生态学,更重要的是对经济运行在资源节约和环境友好方面进行系统性、整体性改进的研究,以及对物质流、价值流和信息流的协同运行实现机制的研究。

3.3—4 循环经济学的范式创新

传统经济学的方法论不能反映可持续发展的要求,亟须创新。传统经济学主要指马克思经济学和西方经济学。在方法论上,马克思经济学坚持唯物史观和阶级分析的方法,认为经济运动就是资本运动,经济循环就是资本循环和劳动力再生产。资源的再生产以及物质循环并没考虑。西方经济学的方法论基础是机械力学,运用静态分析、边际分析的方法考察经济现象。因此,其研究思维是线性的,分析的结果是静止的、局部的、孤立的。循环经济是一个动态的、始终处于不断发展变化的经济形态,构建循环型经济不仅是物质流动形式的转变,而且是一场经济运行方式的革命和人类生存方式的深刻变革。[①] 因此,在方法论层面需要相应的创新。循环经济的研究更多地运用系统论、演化论的分析方法,以生态学为理论基础,对生态-经济复合系统进行整体的、动态的、系统的分析,把经济系统视为整个生态系统的一部分,同时,资源环境也是经济系统的内生性因素。

---

① 叶文虎:"循环型经济论纲",载《中国发展》,2002年第2期。

根据上述分析,循环经济的范式创新是在新经济理念和新主导逻辑支持下的基础理论变革,这种变革包括分析方法创新、调节方式创新、产业模式创新和微观基础创新四个方面。

在分析方法上,舍弃传统经济学的单一分析工具,即价值分析,注重物质流、价值流和信息流的分析,以三者的协同运行为宗旨。传统的价值分析是以单纯的成本收益比较进行分析,这种方法的结果是很难考虑到经济活动生态后果的。循环经济在方法论方面既考虑研究客体的全面性,也注意运用更多学科的成果。对于价值流和信息范式、博弈论和制度分析;对于物质流和价值流的分析,需要借助能值分析、物质流分析、演化论等工具。

在调节方式上,强调事前调节和事后调节的统一。事前调节以经济流程的转变来实现,事后调节通过以市场为基础、以政府为主导的方式推动循环经济的自运行机制来实现。在发展模式上超越传统市场经济模式和传统工业化模式,追求经济系统的减物质化,既强调源头控制,又注重过程控制。

在经济调节方式的实现形式方面,事前调节在信息充分、信任关系和资源价格真实的条件下,通过转变经济流程和"虚拟交换前置"(杨雪锋、张卫东,2005)来完成,事前调节有助于实现信息流和物质流的协同;事后调节在企业、消费者和政府之间的合作、能力互补以及资源化产品价格真实的条件下,通过资源的循环再生利用来实现,事后调节有助于实现价值流和物质流的同步性。

在产业模式上,循环经济要求产业经济活动的"三化"。循环经济作为新的经济运行机制,核心在于减物质化(或资源节约),减物质化在产业模式和经济形态上要求经济活动的"三化":绿化、轻化和软化。这"三化"分别对生态经济、知识经济和服务经济的发展提出了新的要求。

在微观基础方面,主要是寻求适度消费和企业生态管理的经济逻辑。从需求方面看,满足消费者需要的是产品功能而不是产品本身;从供给方面看,生产者追求的是利润,即新价值,而不是产品数量。因此,需要重构效用函数,建立引入资源生产率的生产函数和企业综合效益评价体系。循环经济的发展最终要靠市场化、产业化和规模化,因此需要在微观基础上,对循环型产业链和产业生态网络的形成过程进行经济分析。

3.4 本章小结

循环经济理论研究的首先是经济现象,而这种经济现象的研究需要生态学的视角和方法。基于这样一个立场,在理论基础上,循环经济研究既要立足于既有的经济学知识存量,又要对传统经济学的理论体系进行创新。本章从三个方面对此问题作出解释:首先,从可持续发展的角度分析了传统经济学的缺陷;其次,从经济学演进脉络看,经济学面临着与生态学融合的趋势,而且循环经济理论本身的发展也不可能完全脱离主流经济学另起炉灶;第三,对主流经济学的研究方法与循环经济研究的进行创造性融合和研究范式的创新。

关于传统经济学的缺陷,多数文献是针对某些具体观点提出的。本章并不纠缠于某些具体问题,而是从经济学的两个"悖论"入手,切中其要害,两个悖论分别是"价值悖论"和"节俭悖论",其理论上的"软肋"就是:其一是过分注重交换价值,而导致价值流与物质流的分离;其二是过分注重虚拟层面的经济,而导致信息流、价值流与物质流的分离。由此看来,主流经济学的许多问题就变成了伪命题。

当前循环经济的研究多限于政策、措施、工程技术问题的解决以及具体案例的解释,文献浩如烟海,却无法形成相对独立的理论体系。许多学者为此作出很多努力,试图建立完整的"循环经济学"。查阅这些以"循环经济学"命名的论著,发现他们并非是经济学的逻辑和框架。这些问题说明,主流经济学固然存在很多不足和缺陷,但是如果抛弃其理论假设或对此进行改造(如放宽约束条件),其逻辑结构和理论框架是可以为循环经济学所用的;其次,在研究方法上,主流经济学的分析方法并非其专利,而是基于人的趋利避害本性作出的规律性总结,因此,循环经济学的研究需要大量借鉴。

循环经济研究的裹足不前和理论困惑反映了理论研究创新不够。本章分别对循环经济学的方法论、学科定位、理论使命进行了详细论述,并提出了循环经济新的研究范式,这种范式创新是在新经济理念和新主导逻辑支持下的基础理论变革,包括分析方法创新、调节方式创新、产业模式创新和微观基础创新四个方面。

第4章 循环经济的运行规律

4.1 循环经济的原理和模式

4.1—1 循环经济的内涵和基本原则

(一) 循环经济的内涵

关于循环经济的定义。循环经济是个舶来品,却在中国得到广泛传播。近5年来,学术界对循环经济的理论研究文献甚丰,对其所作的定义也是五花八门。根据中国科学院可持续发展战略研究组撰写的《2006中国可持续发展战略报告》,关于循环经济的定义具有代表意义的有以下几种:

循环经济是一种善待地球的经济发展新模式。它要求把经济活动组织成为"自然资源——产品和用品——再生资源"的反馈式流程,所有的原料和能源都能在这个不断进行的经济循环中得到最合理的利用,从而使经济活动对自然环境的影响控制在尽可能小的程度。

循环经济,……依据资源——生产/消费——再生资源的物质代谢循环模式而建立的一种既具有自身内部的物质循环反馈机制,又能合理融入生态大系统物质循环过程中的经济发展体系形态。

循环经济是一种以资源的高效利用和循环利用为核心,以"减量化、再利用、资源化"为原则,以低消耗、低排放、高效率为基本特征,符合可持续发展理念的经济增长模式,是对"大量生产、大量消费、大量废弃"的传统增长模式的根本变革。

循环经济是对社会生产和再生产活动中的资源流动方式实施了"减量化、再利用、再循环和无害化"管理调控的,具有较高生态效率的新的经济发展模式。具体讲,就是根据"减量化、再利用、再循环和无害化"原则,以物质流管理方法为基础,依靠科学技术、政策手段和市场机制调控生产和消费活动过程中的资源能源流动方式和效率,将"资源——产品——废物"这一传统的线性物质流动方式改造为"资源——产品——再生资源"的物质循环模式,充分提高生产和再生产活动的生态效率,以最少的资源能源消耗,取得最大的经济产出和最低的污染排放,实现经济、环境和社会效益的统一,形成可持续的生产和消费模式,建成资源节约型和环境友好型社会。

周宏春和刘燕华(2005)在综合多方面研究成果,比较分析相关概念的基础上,提出广义和狭义的循环经济之说。在广义上,循环经济是指围绕资源高效利用和环境友好所进行的社会生产和再生产活动;在狭义上,循环经济是指通过废物的再利用、再循环等社会生产和再生产活动来发展经济,相当于"垃圾经济"、"废物经济"范畴。

在操作层面,循环经济的定义在国家发改委和中国国际环境发展与合作委员会都有不同的说法。国家发改委对循环经济的定义是:"相互关联的制造业和服务业为提高经济和环境绩效通过在环境和资源方面的管理而进行合作。循环经济的实质就是物质交换,即一家企业(或公共处理设施)的废弃物(包括能量、水、物质或信息)成为另一家企业的投入品,通过这种合作,相关参与者形成的共同体获得比其单独活动更大的利益,也就是产业共生。"①

中国国际环境发展与合作委员会(CCICED,2003)的定义是:与传统单一、线性物质流增长方式不同,循环经济提出了新的经济增长方式,其运作形式是"资源开采——生产——消费——资源再生利用"。通过物质流闭环组织经济活动,循环经济促进了经济系统与生态系统的和谐。在理想的循环经济系统中,所有的物质和能量都能够在循环中得到充分利用,因而也将经济社会发展对生态系统产生的影响最小化。②

两者的共同点是,循环经济的根本目标是系统地防止和减少经济流程中的废弃物,其最主要的原则是减量化原则,在实践层面就是提高资源利益效率。前者强调循环经济与转变经济增长方式密切相关,且具有全局性、综合性,注重资源的综合利用、节约使用和高效利用。后者更为关注经济活动的后果,认为循环经济是资源节约型和环境友好型的经济活动方式。

综上所述,无论哪种界定,几乎都认可"资源——产品——再生资源"的物质流动模式是未来经济社会的特征。也就是说,循环经济是一种以资源循环利用为特征的经济形态。与目前"高投入、高消耗、高排放、低产出"的现行形态比较,循环经济具有"低投入、低消耗、低排放、高产出"的特点,即所谓的"三低一高"。

循环经济的基本特征。一是系统性。循环经济的本质是生态经济,循环经济是基于生态经济,又高于生态经济。生态经济的核心是经济与生态的协调,强调宏观经济发展模式的转变;循环经济侧重于整个社会物质循环应用,强调的是循环和生态效率,资源被多次重复

---

① 见 http://www.chinacp.com/eng/cppolicystrategy/circular_economy.html。
② 见 http://www.harbour.sfu.ca/dlam/Taskforce/circular.html。

利用,并注重生产、流通、消费全过程的资源节约。① 也就是说,循环经济不是简单地废弃物资源化,其根本目标是要系统地避免和减少废物。

　　二是全面性。它不仅是环境经济,而且是把经济、社会和环境整合起来的一种体现统筹发展思想的新经济,是发展模式的根本性变革②:①系统目标的多元性和整体性。循环经济的本质是生态经济,它所追求的首要目标是生态效益;其次,循环经济仍然是一种经济活动,其前提是利润大于零,没有经济效益的经济活动是不会持久的。②在解决环境问题方面,循环经济要求实现从开环的末端性治理到闭环的全过程控制的变革,其环境目标是要在整个经济流程中系统地节约资源和减少废物,实现经济增长的减物质化。③在促进经济发展方面,循环经济要求实现从数量性的物质增长到质量性的服务增长的变革,从而实现从产品优先社会向服务优先社会或真正意义上的服务社会的转变。④在推进社会就业方面,循环经济要求实现就业减少性的社会到就业增加性的社会的变革,通过延长经济的链条而增加就业机会。

　　三是综合性。循环经济是经济系统与生态系统复合而成的综合性系统(苏明山,2005)。循环经济与传统线性经济的区别是:传统线性经济追求最大投入、最大生产、最大利润和最大消费,循环经济则追求最少消耗、最优生产、最小废弃和最适消费。由此可见,循环经济从过程到结果都具有综合性。循环经济系统的综合性具体表现为:①循环经济要求在既定产出目标和各种约束条件下多种要素投

---

① 朱铁臻:"循环经济的理论基础是生态经济",载《中国经济时报》,2005年4月19日。

② 诸大建:"系统地避免和减少废物才是循环经济的思想实质",载《新民周刊》,2006年2月7日。

入的整体最低。不能简单地理解为财务成本最小化,还应包含技术适宜、资源节约,制度变迁成本小。②既定资源投入和成本约束条件下多种产出的综合整体最优。这种产出不仅是指产量和利润,还包括废气物排放、副产品的处理、产品责任的延伸。③循环经济实践操作中知识运用的多学科性。

总之,循环经济不仅具有技术范式角度的物质闭路循环特征(康芒纳,1974),工业工程角度的物质信息系统集成特征和产业生态学角度的物质代谢特征,更具有信息范式的信息同步协调和物质替代特征、制度范式的行为引导和利益整合特征以及演化范式的组织动态演进和结构变迁特征。因此,循环型经济所追求的是系统性、整体性、结构性和动态性的节约。

(二) 3R 原则及其经济意义

3R 原则(减量化、再利用、再循环)是循环经济的重要原则,但不是全部原则。循环经济的经济内涵是广义的,覆盖了社会、经济和自然三大领域。马世骏先生曾将其总结为整体、协同、循环、自生,循环只是其中的 1/4。循环不是简单的周而复始或闭路循环,而是一种螺旋式的有机进化和系统发育过程,而且根据热力学和技术经济原理,物质流很难在一个企业甚至一群企业中实现闭路循环和零废物排放。全面体现整体、协同、循环、自生的生态整合是发展循环经济的关键(王如松,2005)。

减量化原则是生态效率理念的核心,是针对输入端而言的,旨在减少进入生产和消费领域中物质和能量的流量。它要求削减有毒物质的生产或排放,降低原材料的使用,减少产品的尺寸等。这些行为并没有停止耗竭资源和破坏环境,只是减缓破坏速度,使其以更小的增量在更长的时间内进行破坏。例如,焚烧垃圾,被认为是能源效率的支持者们誉为"化废为能"的处理方法。这些废弃物能够燃烧的是其中一部分可燃物质(纸张和塑料),但是,这些物质在设计时根本未考虑过安全焚烧的问题,它们在焚烧时会释放出大量的二恶英和其他有害物质。这样导致两种恶性后果:一方面含有重金属的材料的焚烧会造成严重的危害;另一方面,这些有价值的材料被焚烧,造成了浪费,也许工业将永远无法再利用它们。

再利用原则是针对过程控制的,目的是延长资源和产品的时间强度。对废弃物再生利用也被视为资源节约和改善环境的方法。实际上,这些废弃物及有毒物质只是从一个地方转移到另一个地方。例如,污水淤泥被循环利用成某些动物或植物的饲料或肥料,但是传统排水系统处理的污水所产生的淤泥含有化学物质,作为动物或植物的饲料或肥料,是不健康的。比如某些含有二恶英、重金属、抗生素、导致内分泌紊乱的物质等并不适宜用做肥料。至于作为动物饲料就更危险了。

再回收原则属于输出端方法,是废弃物再次进入资源循环利用以减少最终处理量,并减轻环境压力。它包括废品的回收利用和废物的综合利用。这个原则有时被称为资源化。资源化又分两种情况:一是原级资源化,即将消费者丢弃的废物资源化形成与原来相同的新产品,如废旧金属;二是次级资源化,改变成为新的不同类型的产品。从资源品质来看,大多数回收都是一种降级循环,这种循环会随着时间的推移降低材料的品质。金属废旧品是回收的主要对象,但是金属在降级循环中硬度、强度等高品质特征逐渐降低了。这种方法不仅导致材料价值的损失,而且增加了生物圈内的污染,因为很多材料在设计时没有考虑回收问题。在没有清楚了解其可能产生的影响的情况下,盲目回收利用不仅无益,而且可能会造成更大危害。降级回收的第三个坏处是导致商业成本上升。因为企图将材料最初设计寿命延长,这是一个复杂混乱的转化过程,而且这个过程本身也要消耗能源和资源。

3R原则与中国的"三化"。经济发展需要能源的生产和消费来支撑,但能源利用不能循环,否则"永动机"早就造出来了。虽然我国大量的家电产品陆续进入报废期,需要重视回收和再生利用问题,但从总体上看废旧物资积累还不够,大多数产品,特别是小汽车、房屋等还没有进入报废期,物质的循环利用率不可能达到国外的先进水平。鉴此,减量化、资源化和无害化(三化)作为循环经济的原则可能更适合,因为再利用和再循环只是资源化的手段(周宏春,2005)。

循环经济并非完美无缺。在原材料的循环利用方面存在以下问题(欧阳志远,2005;诸大建,2006):(1)再生利用本质上仍然是事后解决问题而不是一种预防性的措施。(2)以目前方式进行的再生利用本身往往是一种环境非友好的处理活动。原材料废弃后可以再生利用,但再生一定要消耗能源,其中不仅有生产过程中消耗的能源,而且还有运输过程中消耗的能源,就是说,即使原材料再生利用也要付出代价。(3)在原材料的利用过程中,由于受物质本身特性的限制,不可能百分之百地回收再生,其中总有一部分会散落到自然环境中,无法再生利用。(4)如果再生利用中的资源含量太低,收集的成本就会很高,只有高含量的再生利用才有利可图。(5)即使是能够再生利用的原材料,由于经济技术条件的限制,也不得不降低层次使用。(6)有的物质循环利用,可能产生公害。而且,有些物质产生的危害由于潜伏期很长或技术条件限制在短期内难以发现,或者产生的系统性影响被忽视。[①]

循环经济包含"末端治理"的内容(周宏春,2005),这是因为:其

[①] 诸大建:"循环经济的思想实质",载《新民周刊》,2005年1月21日。

一,循环经济是环境污染的解决途径之一,但代替不了污染治理措施;其二,并非所有污染物都能达到"零排放",因而需要处理和最终处置;其三,我国局部地区的大气污染、水污染已相当严重,问题的最终解决还得靠"末端治理";其四,国外发展循环经济,最初是从垃圾或废弃物减量化和循环利用角度提出的,国外河流的污染也是靠治理才取得成功的。

因此,循环型经济的原则在 3R 的基础上,还应加上无害化(周国梅,2004)、再制造和再重组。季昆森认为,发展循环经济,还应坚持"再思考"原则,即循环经济作为闭环流动型经济是一个理想境界,在实践中则是一个不断深化,不断提高的过程,因此,需要进行不断的思考,不断的探索,不断的创新,不断的发展[①]。吴季松(2003,2005)也在 3R 原则基础上提出再思考(rethink)和再修复(repair),即 5R,这种再思考体现为新的系统观、经济观、价值观、生产观、消费观。"再思考"原则虽然没有给予我们可供操作的基本思路,却打开了我们对循环经济认识的视阈,因此,在思维上要超越对循环经济的庸俗化、简单化和机械式的理解,应在更高起点、更深层次、更新角度去研究它。

4.1—2 循环经济运行的生态经济原理

生态经济系统的一般原理在产业生态系统中体现为:竞争、共生、自生。

竞争:是社会进化过程中一种动力机制,也是生态系统演化的正

[①] 季昆森:"循环经济要本土化",见 http://www.chinaee.org.cn/Content.asp? ID=9514&Class_ID=15,2006 年 6 月 28 日。

反馈机制,在社会发展进程中表现为市场经济的良性发展。它强调发展的效率、力度和速度,强调资源的合理利用,充分发挥各种资源的潜力,激励各种资源挖掘和实现价值,提倡优胜劣汰,追求推陈出新。

共生:是维持生态系统稳定的负反馈机制,是社会冲突的缓冲剂,在社会发展中就是坚持公平和正义,追求价值与伦理上的共赢与共存。它强调发展的整体性、平稳性、多样性与和谐性,注意协调多元需求和多维利益,倡导合作共生,鼓励协调进化。

自生:是生态系统中生物的自我生存本能,是生态系统应对外部变化的一种自我调节能力。其基础在于生态系统的承载能力、服务功能和可持续程度,其动力是天人合一的生态文化。

循环经济运行的基本原则。[①] 生态产业的组合、孵化及设计原则有很多,常用的有:(1)横向耦合:不同工艺流程间的横向耦合及资源共享,变污染负效益为资源正效益。(2)纵向闭合:从源到汇再到源的纵向耦合,集生产、流通、消费、回收、环境保护及能源建设为一体,第一、二、三产业在企业内部完成完备的功能组合。(3)区域耦合:厂内生产区与厂外相关的自然及人工环境构成产业生态环境或复合生态体,逐步实现废弃物在系统内的全回收和向系统外的零排放。(4)柔性结构:灵活多样、面向功能的结构与体制,可随时根据资源、市场和外部环境的随机波动调整产品、产业结构及工艺流程。(5)功能导向:以企业对社会的服务功效而不是以产品的产量或产值为经营目标,谋求工艺流程和产品的多样化。(6)软硬结合:配套的硬件、软件和人才研究开发体系,决策咨询体系,管理服务体系及人才培训体系,配合默契的管理层、工程技术和营销开发人员及灵敏畅

---

① 参见王如松、杨建新,2002年。

通的信息系统。(7)增加就业:合理安排和充分利用劳力资源,特别是增加研究、开发及产后服务业的就业人员,增加而不是减少就业机会。(8)人类生态:工人一专多能,他们是产业过程自觉的设计者和调控者,而不是机器的奴隶。

物质平衡原理与循环经济的运行。物质代谢是循环经济的核心问题。物质代谢指物质在产品、服务和废物的生成、使用、处理处置和降解等所有环节中物理化学过程的集合。循环经济就是以人类可持续发展为增长目的,以循环利用的资源和环境为物质基础,充分满足人类物质财富需求,生产者、消费者和分解者高效协调的经济形态。人类消费的物质可以分成三种:可再生物质、可循环利用的不可再生物质以及不可循环利用的不可再生物质。

克尼斯(Kneese,1970)最早把物质平衡原理运用于经济活动,并在废弃物管理方面作了深入研究。经济活动实质上是从环境中获取物质使之转化为对人类有价值的形态。图 2.1 表示出经济和生态环境中的物质转化关系。物质平衡原理表述为一个恒等式就是:来自于环境的物质流(A)的质量恒等于排放到环境中的剩余物质流(B+C+D)的质量。四个方框分别代表一个输入质量与输出质量相等。因此,可得四个恒等式(珀曼等,2001:23~24)。

$$
\begin{aligned}
&环境:A \equiv B+C+D \\
&"环境"公司:A \equiv A_1+A_2+C \\
&非"环境"公司:B+R+E \equiv R+A_1+F \\
&家庭:A_2+E \equiv D+F
\end{aligned}
$$

由于经济活动的物质流来自环境,并置于环境,因此,对剩余物的处理很重要,在质量不能减少的情况下改变其形态。还有,再循环的程度也很重要。因为,对于某个固定的最终产品数量级 E,如果家庭产生的废弃物可供循环的量 F 增加,那么最终产品的投入量 A_1 就会下降,这意味着取自环境资源的初始量 A 减少。因此,在给定生产和消费水平下,如果通过再循环提高资源利用效率,投入系统的物质总量就会降低。

4.1—3 循环经济的本质:经济系统与自然系统的耦合

(一) 传统经济活动是经济系统与自然系统的对立

20 世纪人类创造的物质财富是历史上所创造的物质财富的总和。人类物质财富在空前扩张的同时,自然资源也在走向耗竭。20 世纪的财富急剧增加是以科学技术和市场经济两大工具为支撑的。科学技术体现人与自然的关系,它把自然资源变得具有使用价值;市场经济体现人与社会的关系,它使自然资源具有交换价值。当人类财富以交换价值为衡量尺度时,交换价值和使用价值就很容易割裂开来,技术也会因市场制度的演化而走向异化。技术作为改变人与自然关系的手段,也会成为破坏自然的利器。当交换价值偏离使用价值的时候,在技术手段和市场制度的合力作用下,因价值被低估或扭曲自然资源耗竭速率大大加快。

为什么在技术手段和市场制度的合力作用下自然资源耗竭因价值容易被低估或扭曲?首先,由于自然资源物理属性和化学属性的复杂性使人类很难对其价值作出准确判断。自然属性的复杂性决定了自然资源具有多元性和多重性。其次,现代社会人类对资源价值的认知主要是通过市场机制获得的,市场机制通过价格信号反映自然资源的稀缺程度。然而,这些价格信号并不能真实、准确而完整地反映自然资源的稀缺性。市场不是万能的,因为自然资源的某些价值不能通过市场机制来表达,即使某些价值可以通过市场来表达,但是它所传递的信号可能是扭曲的、不真实的。正是由于市场机制的失灵导致经济活动中自然资源价值的低估,从而形成对资源消耗的错误引导,导致资源耗竭。由于资源的价格低廉,市场的配置方式又成为技术进步的激励,技术成为资源消耗工具,加剧了资源耗竭的速率。

经济活动是创造使用价值和生产交换价值的过程。前者体现为物质循环过程,即从自然界获取自然资源,经过加工生产成为人类有用的物品,部分废弃物被输入自然界,物品经过使用后,部分废旧物品也被输入自然界。当这种循环速度与环境的同化能力和自然的代谢更新速度一致时,经济活动是稳定的,人与自然的关系也是平衡的。经济活动作为交换价值的生产过程也体现为价值循环过程,即在生产过程中投入活劳动和物化劳动,再经过分配、消费回到生产过程,补充生产环节投入的活劳动和物化劳动,又开始新一轮的再生产。由此可见,物质循环是在人与自然之间,而价值循环则是在经济系统内部。当物质循环和价值循环能够吻合时,也就是说自然资源的更新代谢与价值的补偿能够统一时,经济系统和生态系统就处于平衡的状态。但是,随着技术进步和市场演进,物质循环和价值循环就发生偏离。因为,一方面,传统经济活动中物质循环是一种线性运行模式,它尽管发生在经济和生态两大系统之间,但是在技术的推动下,它对资源的输入和废弃物的输出已经大大超过了自然资源的存量,也超过了环境的承载能力和同化能力。另一方面,价值循环在市场的作用下,脱离了物质循环,导致人类在追求财富目标时忽略了物质条件(包括资源、生态和环境基础)。传统经济活动正是在这种扭曲的价值观和财富观的基础上盲目追求大量生产、大量消费。

（二）循环经济体现生态系统与经济系统的耦合

鲍尔丁认为,经济系统的运行机制是"增长型"的,而生态系统的运行机制是"稳定型"的。因此在生态经济系统中,不断增长的经济系统对自然资源需求的无止境性,与相对稳定的生态系统对资源供给的局限性之间,就必然构成一个贯穿始终的矛盾。这个矛盾推动经济发展模式的创新,理性的增长模式强调生态系统与经济系统相互适应、相互促进、相互协调的生态经济发展模式。循环经济作为一种新型经济增长模式,体现出生态系统与经济系统的耦合。它的宗旨是进入经济系统的物质流最小化和对进入经济系统的物质流的利用最大化以及废弃物产生的最小化和无害化。这样,经济系统的运动在满足自身扩张的同时,对生态系统的扰动却大大减弱。循环经济学的理论价值不仅局限于此,其意义在于寻求经济增长的生态环境内生化机制,协调扩张型经济增长机制与稳定型生态平衡机制的矛盾关系。也就是说,循环经济的运行机制与传统经济大不相同,需要对其进行深入研究。从图 4.1 可以看出,经济系统是在自然系统内部活动。

图 4.1 为我们提供了一幅生态经济耦合系统示意图。整个复合系统由自然子系统、经济子系统、社会子系统和科学子系统组成。其中社会子系统以技术、制度和人的行为三大要素构成,即人类通过技术进步、制度创新和改造自然的活动对生态系统产生影响。科学子系统由时、空、序、构、量五个维度构成,反映出自然和社会的规律性特征,这些规律被人类不断认识和掌握。自然子系统和经济子系统是循环经济学研究的重点,自然子系统为人类生产和发展提供物质基础和存在条件,人类通过经济子系统从自然子系统获取资源和能

量,经济活动以产业和区域两个层面表现出来。

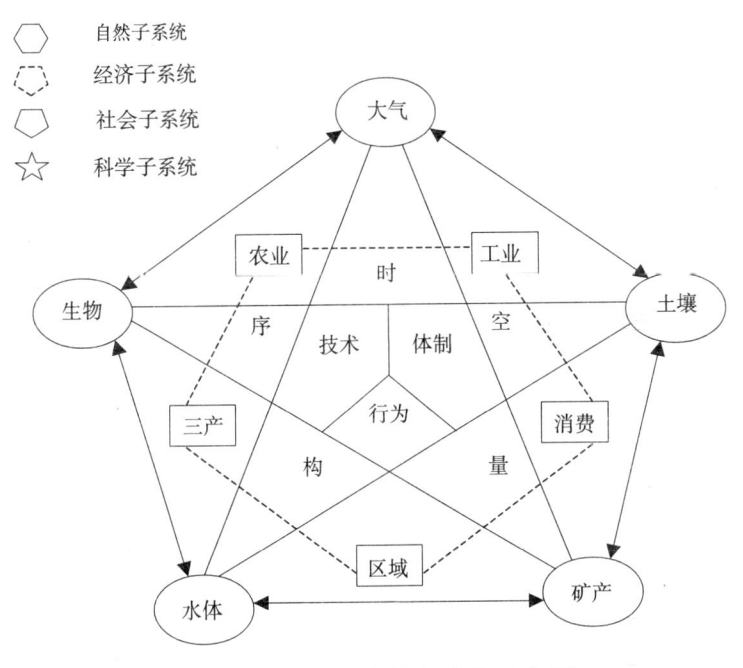

图 4.1 生态经济耦合系统示意图

从该图也可以看出,经济系统是不断扩张的,就人的能动性而言,这种扩张是没有极限的;自然系统则是稳定的,无论是容量还是速度都有一定限度和阈值。因此,经济系统的运行受制于自然系统的稳定。

(三) 循环经济的可行性

循环经济的产生源于资源环境问题的恶化。根据物质能量守恒原理,资源环境系统或生态经济系统要维持平衡,须按照生态学规律进行调节。物质流的循环运动是生态经济系统平衡的重要途径。我们可以从逻辑上对资源环境问题的生成、资源环境目标以及问题解决的技术路径进行描述(见图4.2)。[①] 从该图可以看出,不同的物质流环节存在不同的技术途径:在"资源"环节,有替代和恢复两种方法,即对不可再生资源的替代和对可再生资源的恢复;在"经济-社会"系统,主要是生产和消费领域的资源减量使用,如清洁生产、适度消费;在"环境"环节,有无害化和再利用技术。上述各种技术最终都有助于节约资源,尤其是节约稀缺程度高的资源。但是,由于这些技术途径产生的背景不同,应用条件不同,面对的具体对象不同,其循环效果也不相同。在成本收益比较的约束下,不同的技术途径之间存在竞争和替代。

循环经济活动可以以四种方式体现出来,见图4.2:

(1)由资源生成的产品在废弃后,可以继续作为原先的资源而得到利用,如金属制品在废弃后可以作为废金属而得到使用。

(2)废弃物可以因其新的功能而被当做资源使用,如生活垃圾可以成为堆肥。

(3)对废弃物中资源尚未耗尽部分的重新利用,如废油利用、余热利用。

(4)对于多资源要素共生的资源,在一种资源利用后,继续利用其他尚未利用的资源。

在这四种方式中,(1)、(2)两种方式是严格意义上的循环,(3)、(4)是局部的、阶段性的循环。上述四种方式对于解决资源环境问题时的运用情况,需考虑理论可行性、技术可行性和经济可行性。三者同时兼顾,循环经济才能持久运转。

[①] 引自徐嵩龄:"为循环经济定位",载《产业经济研究》,2004年第6期。

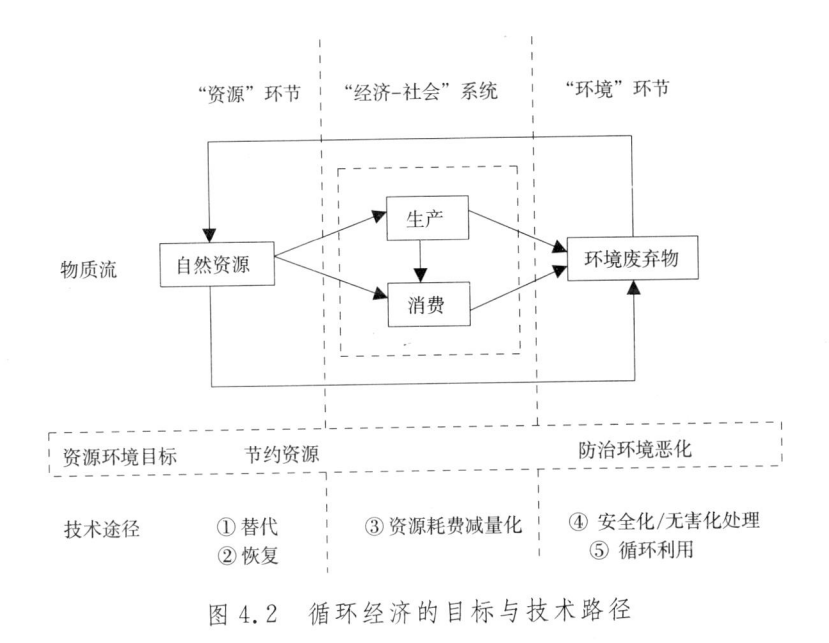

图 4.2 循环经济的目标与技术路径

4.1—4 循环经济的运行模式

(一) 循环经济的作用形式

　　循环经济以产业复合生态系统的运行机制:竞争、共生、自生为基本原理,以企业之间的横向共生、产业链之间的纵向闭合与区域性生态产业内部的系统耦合为作用形式,在微观领域形成具有柔性结构和功能导向的新型经济形态,最终实现就业增加、价值增加、人力资本开发以及经济、社会、生态三维和谐的多种效应。循环经济的一个重要特征就是模拟自然生态系统,在传统经济系统(生产者、消费者、中间商)中引入一个新的角色:"分解者",这个角色承担了扩张型的经济系统与稳定型的自然系统之间缓冲任务和磨合作用。

企业之间：横向共生。建立企业内部不同工艺流程和不同产业之间的横向共生是形成闭环循环的重要形式，主要是通过不同工艺流程的横向耦合及资源共享，为废弃物找到合适的"分解者"，建立产业生态系统的"食物链"或"食物网"，实现物质的再生利用和分层利用。

产业生态系统与传统产业具有完全不同的发展系统和思维，是一种先进的新经济形态或生态型循环经济。这就需要改变现有土地利用的思维模式，改变产业流程减少废物，使产业适应环境而不是改变环境来适应产业。产业生态将不可持续变为可持续发展，是通过经济与社会的转型进化到一个新系统的状态而不是依赖提高效率的发展模式来保留现有系统结构。为此，国外有专家把这种可持续发展的转型称为"可持续岛"的发展模型，认为可持续发展是社会文化、生态和经济等维度的整体方案，通过增加企业间合作形成基本的代谢单元，新的代谢单元以新的面貌特征综合集成为网络化、整体化和生态集聚化的区域发展模式，其特征以物质和能量循环代谢为基础，并具有很高的发展潜力，如效率提高、原材料替代等。

生态化产业经济要求系统内部以互联的方式进行物质交换，以最大限度利用进入系统的物质和能量。由于存在反馈式、网络状的相互联系，系统内不同参加者之间的物质流远远大于出入系统的物质流。它通过两个或两个以上的生产体系或环节之间的系统耦合，使物质、能量能多级利用、高效产出，资源、环境能系统开发、持续利用。

（二）循环经济的运行模式

根据有关资料综合编成循环经济运行模式[1]，见图4.3。在运行模式上，循环经济由宏观层面的经济大系统和微观层面的企业和家

---

[1] 参见刘贵富："循环经济的循环模式及结构模型研究"，载《工业技术经济》，2005年第4期。

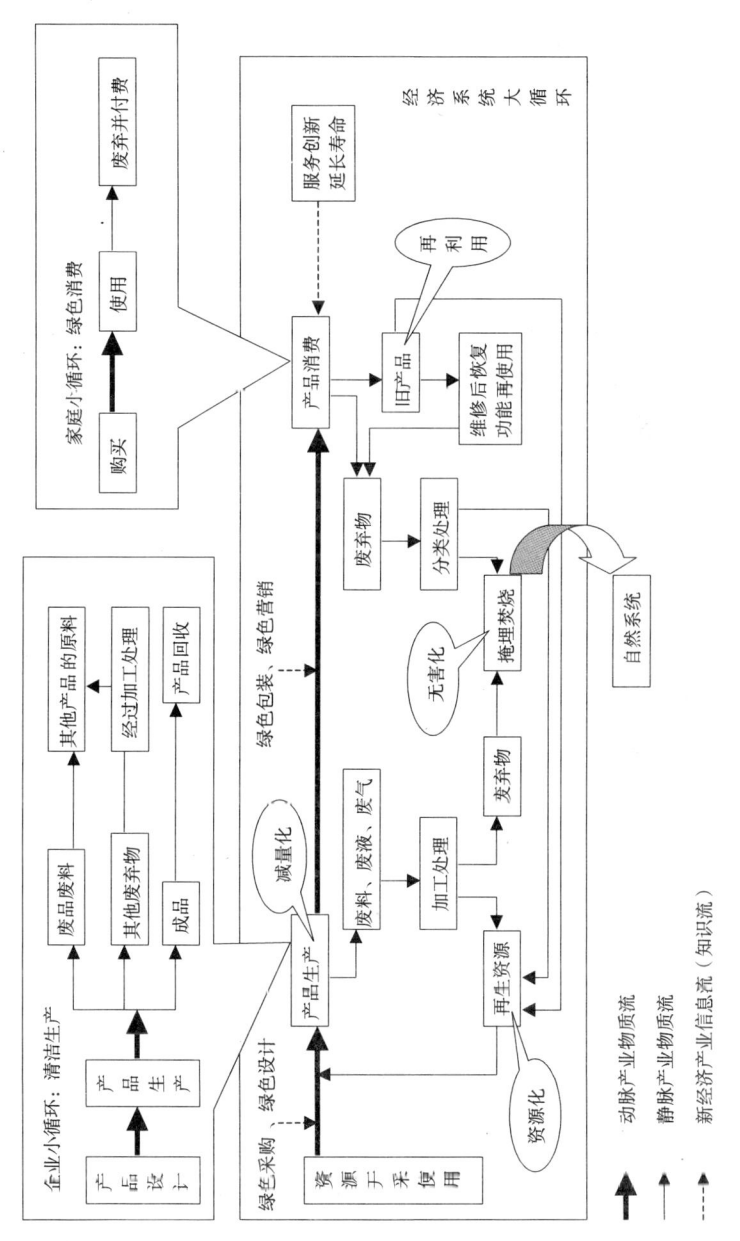

图 4.3 循环经济运行模式

庭小系统组成。在整个循环过程中,减量化的主体部分在于企业的清洁生产;再利用的主体部分在于建立废旧产品回收体系;再循环的主体在于发展资源再生产业。三大产业体系(新经济产业、动脉产业和静脉产业)构成循环经济的物质流和价值流平台。

4.2 循环经济的发展导向

4.2—1 循环经济的导向:从产品经济转向功能经济

莱斯特·R.布朗(2003)在其新著《B模式2.0:拯救地球延续文明》提出了"新经济模式",其中一个重要部分就是发展功能服务产业和循环经济。比如说,与目前以汽车为中心的模式相比,未来的交通体系将更加多样化,广泛利用轻轨、自行车和汽车。其目标是加强移动性,而不是汽车的所有权,促进服务业的大力发展。目前的丢弃式经济也将被综合性重复利用和循环利用经济所取代,从汽车到电脑等消费品将被设计成可以分解成零件并被充分地循环利用,一次性饮料包装等丢弃式产品将被淘汰。那么什么是功能经济,它与循环经济的关系如何?

(一)循环经济以功能经济为发展导向。循环经济是功能经济。传统工业的产品经济与产业生态学所倡导的功能经济的区别在于前者的经济价值来源于以物质形式存在的产品的交换,而后者的经济价值来源于系统的服务和实际效果。在功能经济条件下,满足消费者效用的是产品所提供的功能而不是产品自身,生产商生产的目的是满足消费者的某种功能需求,而不是提供某种包装精美的固定产品(王如松,2005)。循环经济模式下的生产和消费活动不是获得对物质产品的占有权,而是使用权。正如亚里士多德说过,真正的财富是物品的用途而非对其占有。因此,可持续发展的经济应该是功能导向的经济,而不是产品导向的经济。功能经济以产品功能最优而非产品数量最大为生产目的。在功能经济下,产品仍由生产者拥有,生产者可以在适当的时间将产品回收进行再加工,从而实现以产品再利用代替物质的再循环。循环经济推动经济活动由物质消耗向价值提升转变,由数量扩张向质量、功能改进转变;循环经济不是单纯的经济要素,而是一个价值创造过程。

(二)功能经济的内涵。所谓功能经济,就是为了满足人们需要,产品必须具备"效用传递机器"的功能。人类因这些产品和服务所产生的功能而满足,并不是因其存在而满足。对物质产品及其功能和服务概念的分析,系统边界以及相应的生态基准就会扩大。企业在服务传递方面的绩效可以从四个方面评价和度量:(1)需要层次:企业行动的结果是满足人们的需要。因此,生态基准始于主要服务的决定因素,那么,相关需要的系统边界必须界定。(2)功能层次:由于需要因功能和功能集合而满足,还由于同样功能可由完全不同的产品或技术来实现,因此,对那些用于传递给终端用户服务的功能性效率进行生态基准调查和比较如资源生产率,有毒物质的潜在风险等。(3)产品层次:对贯穿服务的整个生命周期的产品效率进行生态基准调查和比较。(4)产品的生产、包装、运输和分配层次:从经济单位到消费者对不同流程效率进行生态基准调查和比较。

这四个层次互相作用构成一个等级式框架。例如,通过更高的功能性效率,消费更少的资源和能源投入满足某种特定需要,要求新产品和新流程(生产、包装、运输、传递和使用产品)。

以汽车制造商为例:系统边界可从四方面定义:(1)单个汽车构件(如汽化器、3升发动机);(2)作为整体的汽车(如小排量汽车);

(3)车队(一个企业不同型号汽车燃料的平均消费量);(4)作为商业风险投资的运输工具。这个例子说明:一个经济单位所有的不同层次需要是恰如其分的,对于生态基准的最复杂系统边界又是正当其时的。

(三)功能经济的原理和要求。功能经济的基本原理是:增加财富,但不扩大生产,通过优化产品和服务的使用方法与功能,来优化现有财富(产品、知识和资源)的管理,从而减少自然资源的使用和废物的产生。功能经济的目标是:最充分、最长时间地利用产品是使用价值,同时消耗最小的物质资源和能量,因此这种经济是可持续的、减物质化的。[①]

功能经济的价值来源于产品的实际表现特征和使用价值。由于功能经济中的生产者以提供产品的功能为目的,这对企业建立灵活多样、面向功能的生产结构和体制,并随时根据市场及环境的变化调整产品、产业结构及工艺流程,实现产品的升级换代。这就要求产品设计具有可升级性。

从上述分析可以看出,循环经济中的产品设计要求:
(1)非物质化:以非物质产品或服务替代有形的产品;
(2)产品共享:设计更多的能够共享的产品,提高产品的共享率;
(3)功能导向:通过服务创新创造企业和客户价值。

4.2—2 循环经济的要求:非物质化

(一) 非物质化的含义

经济活动的非物质化就是在实现一定的经济增长目标的同时尽

[①] 王如松、杨建新,2003年,第44页。

可能地减少进入经济系统的物质(能量)流动。对非物质化的理解包括以下几个方面:

非物质化:知识和技术一定能够减少物质吗?知识经济的发展为非物质化提供了技术可能性,但需要制度创新和价值伦理的变革方能实现非物质化。

非物质化的经济含义是物质流、价值流和信息流的协同运行。通过信息流替代或节约物质流,同时带动更大的价值流;通过价值流补偿物质流而使经济系统和生态系统和谐互动。信息流和价值流的协调可以导致交易成本的节约,物质流和价值流同步则带来生产成本的节约,物质流、价值流和信息流的协同则导致财务成本和物质资源的整体和共同节约。

非物质化的核心概念。从经济活动的效率评价工具来看,资源生产率是关键;从经济活动的效用评价来看,功能经济是一个重要特征。

(二) 非物质化的测度

一种很有效的衡量方式就是经济增长与资源消耗脱钩或解耦。如何测度实现解耦目标的成效?或环境影响的时间变化?考虑到资源利用的动力源于经济增长,而经济增长又是一个主要的政策目标,因此,减少环境影响的唯一途径就是资源利用和环境影响的脱钩或解耦。

经济增长与资源消耗之间有两种解耦(见图4.4):

一是资源利用与经济增长的解耦:单位产量(或产值)的资源利用减少;

二是环境影响与资源利用的解耦:单位资源利用量的环境影响

减少。

第一种解耦机制在欧盟已在实施,经济从制造业转向服务业;第二种机制与生态效率实践和环境技术有关。

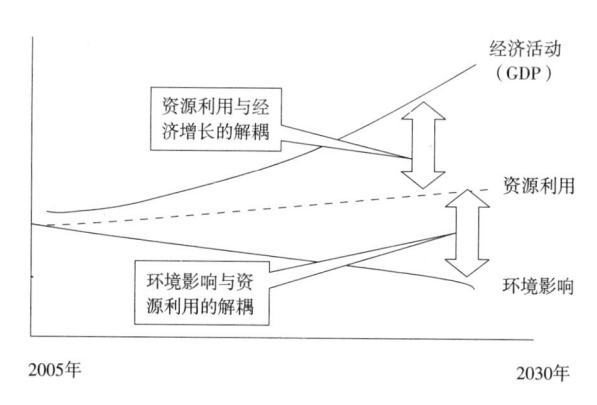

图 4.4　经济增长与资源消耗的解耦

资料来源:参见布林格祖(Stefan Bringezu),2003 年。

测度解耦的三个指标(资源生产率、资源特定影响和生态效率)在图 4.5 中形成概念框架。资源生产率测度单位资源投入的价值增加值,其倒数反映经济的物质密度。如果经济的物质密度减少,意味着非物质化发生了。资源生产率测度资源利用与经济增长的解耦。资源特定影响测度单位资源利用的环境影响。这种影响应包括整个生命周期,如经济活动上游的开采、使用阶段的影响以及经济活动下游中大气、水和土壤的后续处理。资源特定影响测度环境影响与资源利用的解耦。生态效率测度单位环境影响的价值增加值。生态效率=资源生产率/资源特定影响。生态效率测度环境影响与经济增长的解耦。其中的挑战是测度资源与环境影响的可靠数据,大多数通过物质流核算来表示。

第 4 章 循环经济的运行规律 97

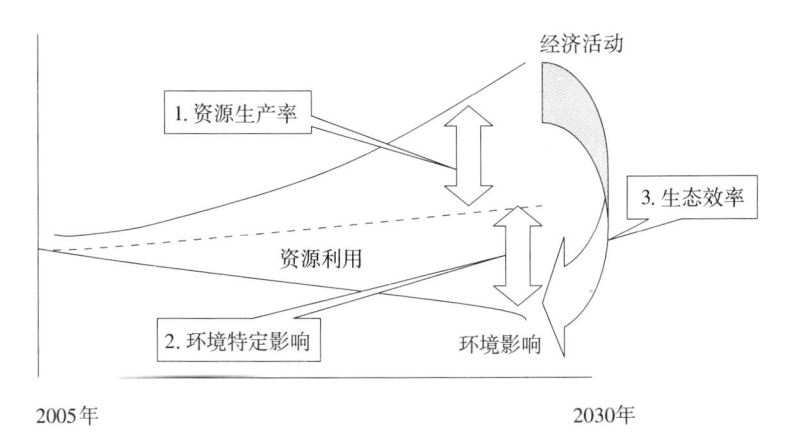

图 4.5 测度解耦的三个指标

资料来源：参见布林格祖，2003 年。

4.3 循环经济的效率标准：资源生产率

4.3—1 资源生产率与资源内生增长模型

（一）资源对经济增长的约束机理

以罗默等人关于资源约束与经济增长关系的论述来解释资源生产率的经济意义。中国学者（王海建，1999；马利民、王海建，2001）探讨了资源环境约束条件下内生经济增长的一般机理。[①]

假定经济中存在资本（K）、劳动（L）、技术（A）、资源（R）和土地

---

① 王海建．"资源环境约束之下的一类内生经济增长模型"，载《预测》，1999 年第 4 期。

(T)五种要素。以 cobb-Douglass 生产函数情形进行分析。技术和劳动结合作为有效劳动(AT)参与生产。可得生产函数：

$$Y(t)=K(t)^{\alpha}R(t)^{\beta}T(t)^{\gamma}[A(t)L(t)]^{1-\alpha-\beta-\gamma} \tag{1.1}$$

其中，$\alpha>0, \beta>0, \gamma>0, \alpha+\beta+\gamma<1$。

现在分析各要素的动态学。根据 Solow 模型可知，$\dot{K}(t)=sY(t)-\sigma K(t), \dot{L}(t)=nL(t), \dot{A}(t)=gA(t)$。引入资源和土地变量后，由于资源使用量最终会下降，土地的数量不会增长，因此，可以假定：

$$\dot{R}(t)=-bR(t) \quad b>0$$

$$\dot{T}(t)=0$$

我们可以得到存在资源和土地约束条件下的平衡增长路径，增长率为：

$$g_Y^{bgp}=\frac{(1-\alpha-\beta-\gamma)(n+g)-\beta b}{1-\alpha} \tag{1.2}$$

在平衡增长路径上人均产出增长率为：

$$\begin{aligned} g_{Y/L}^{bgp} &= g_Y^{bgp}-g_L^{bgp} \\ &= \frac{(1-\alpha-\beta-\gamma)(n+g)-\beta b}{1-\alpha}-n \\ &= \frac{(1-\alpha-\beta-\gamma)g-\beta b-(\beta+\gamma)n}{1-\alpha} \end{aligned} \tag{1.3}$$

从该式可以看出，人均资源和土地数量的下降是增长的阻力，而技术进步则是增长的动力。若前者小于后者，则增长是可持续的。

再观察一下假定不存在资源和土地约束的增长。原来的 $\dot{R}(t)=-bR(t)$ 和 $\dot{T}(t)=0$ 假定改为 $\dot{R}(t)=nR(t)$ 和 $\dot{T}(t)=nT(t)$。这样，在平衡增长路径上人均产出增长率为：

$$g_{Y/L}^{\sim bgp}=\frac{(1-\alpha-\beta-\gamma)g}{1-\alpha} \tag{1.4}$$

由此可以看出,由于资源和土地的约束存在"增长阻力"(growth drag)。这个阻力就是没有约束(1.4)和存在约束(1.3)之间增长率差额:

$$\text{Drag} = g_{Y/L}^{\widetilde{bgp}} - g_{Y/L}^{bgp}$$

$$= \frac{\beta b + (\beta + \gamma)n}{1-\alpha} \tag{1.5}$$

(1.5)表明"增长阻力"随着资源份额(β)、土地份额(γ)、资源使用率(b)、人口增长率(n)和资本份额(α)递增。

要减少增长阻力,须提高资源的利用效率,即提高资源生产率。

(二) 资源内生增长模型[①]

通过资源内生增长模型分析资源对经济增长的约束作用。曹葵和牛桓云(2004)建立了循环经济发展的内生经济增长模型,方显仓(2006)建立了环境质量内生增长模型,姜国刚(2005)探讨了资源分工的内生演进与经济的可持续增长的关系。假定总量生产函数是劳动附加型的,且只讨论生产中非再生资源的投入(资源循环利用提高意味着生产中对自然资源消耗减少且排放到环境中的污染物减少,因此生态环境效益与资源循环率呈正相关变化,此处不加以讨论),则含资源投入的生产函数为:

$$Y_t = F(A_t L_t, K_t, r_t, R_t) \tag{2.1}$$

(2.1)式中,Y_t、A_t、L_t、K_t分别表示第t时期的总产出、描述劳动附加型的技术进步因素、劳动投入、资本存量;r_t为资源循环率,其值在[0,1]之间,且随时间变化、技术进步逐渐趋近于1;R_t为生产中

[①] 姜国刚:"资源分工的内生演进与经济的可持续增长",见 http://www.tdms.tu-dan.edu.cn/doctor/download/246.doc。

的资源投入量,这是一个随时间变化的量,并且从 t_2 期就包含了自然资源和再生资源,其总量满足生产需求的变动,用 $R(r)=f(r)$ 表述;函数关系式为:

$$R(r)=-kr+c \tag{2.2}$$

假设生产函数是柯布-道格拉斯(Cobb-Douglas)型的,具有规模收益不变的特征:

$$Y_t=E(A_tL_t)^{\alpha}K_t^{\beta}[(1+r_t)R_t]^{\gamma}$$

上式中,E 为规模参数,$E>0$;α、β、γ 分别表示在经济增长中,有多大份额是由技术进步和劳动力增长、资本增长以及资源投入增长带来的,$\alpha+\beta+\gamma=1$ 且 $\alpha \cdot \beta \cdot \gamma \neq 0$。

省略时间下标,函数可以写为:

$$Y=E(AL)^{\alpha}K^{\beta}[(1+r)R]^{\gamma} \tag{2.3}$$

对(2.3)式两边同时取对数,得:

$$\ln Y=\ln E+\alpha\ln(AL)+\beta\ln K+\gamma[\ln(1+r)+\ln R]$$

经推导,得出:

$$\frac{\Delta Y}{Y}=\alpha\frac{\Delta A}{A}+\alpha\frac{\Delta L}{L}+\beta\frac{\Delta K}{K}+\gamma\frac{\Delta r}{1+r}-\gamma\frac{k\Delta r}{R} \tag{2.4}$$

(2.4)式中,$\Delta Y/Y$ 就是经济增长率,用 G_Y 表示;$\Delta A/A$ 是技术进步率,用 G_A 表示;$\Delta L/L$ 是劳动力增长率,用 G_L 表示;$\Delta K/K$ 是资本增长率,用 G_K 表示;$\Delta r/(1+r)$ 是资源循环利用增长率,用 G_r 表示;由于自然资源消耗量 R 的数值无穷大,而 Δr 数值小于 1,所以(2.4)式中 $-\gamma\dfrac{k\Delta r}{R}$ 的值趋于 0,其对经济增长的减速影响可以忽略不计。

可求得"基于资源分工的内生经济增长模型"为:

$$G_Y=\alpha G_A+\alpha G_L+\beta G_K+\gamma G_r$$

在这个模型中,经济增长是由技术进步、劳动力增长、资本增长、资源循环率增长四个因素所引起的。这意味着,当把资源投入、资源循环率纳入到生产函数中后,资源循环率将成为促进经济增长的因素;要想保持经济的可持续增长,必须注重耗竭性资源的循环利用率。

4.3—2 循环经济的效率标准

(一) 循环经济需要有一个效率评价体系

生态效率和经济效率的统一。只有两种效率同时而在全生命周期被充分考虑,一个企业的成本削减潜力才能被全部挖掘出来,而这种成本削减具有生态合理性。循环经济理念从使用的强度上、沿用的时间上、更新的频率上进行了合理规范,使得不可再生资源能够在技术进步、增加新的供给能力、替代品生产、减少新的需求压力,这四种手段下平稳地支撑我国新型工业化的原料基础,防止急剧恶化的资源基础妨碍我国的经济增长。循环利用的程度越高,不可再生资源的利用基础扩大的程度也就越高。也就是说,如果循环利用率达到 90%,就相当于扩大 10 倍的资源存量。

国家发改委撰写的《我国循环经济发展战略研究报告》提出:根据实际情况,我国发展循环经济的总体战略目标应分三个阶段进行:近期是 2005 至 2010 年,建立比较完善的促进循环经济发展的法律法规体系、政策支持体系、技术创新体系和有效的激励约束机制。中期是 2011 至 2020 年,基本建成具有循环经济特征的经济社会体系,建立起完善的循环型社会的管理体系和政策法规体系。长期是 2021 至 2050 年,全面建成人、社会、自然和谐统一的循环型社会。资源生产率、循环利用率、废弃物的最终处理量等循环经济的主要指标以及生态环境、可持续发展能力等达到当时世界先进水平,极大提高生态环境质量并整体改善生存空间,全国全面进入可持续发展的良性循环。①

需要建立以"资源生产率、资源消耗降低率、资源回收率、资源循环利用率、废物最终处置降低率"为主要指标的循环经济评价体系。

建立评价体系之前应确立循环经济绩效的衡量标准(段宁,2005):①人工合成和生产满足人类各种活动所需功能的全部初级原材料,完全停止自有人类以来从地球上开采矿物质的历史;②人类活动的一切最初驱动能量来自于且仅来自于太阳;③各种生产和经济过程所需的物质达到最小化;④各类物质代谢产生的废物在数量上低于环境容量,在毒性上小于动植物阈值;⑤经济增长速度快,提供的产品、服务和就业机会达到人类期望值。

(二) 作为一种效率标准,资源生产率能够体现循环经济的非物质化要求

非物质化提供了一个充满希望的战略,它有助于实现可持续的、以知识为基础的和服务导向的经济更快更系统地发展。资源生产率的大幅提高促进知识生产并强化一个急剧转变:即从沿着既定市场中的既定生产线操作的渐进创新转向导致新产品和新市场的剧烈创新。提高资源生产率的坚定方向引入了基于单个消费者效用的产品和服务的新生产方式。

首先,提出资源生产率的含义。(1)概念。资源生产率:资源消耗更少而产出更多。创新是资源生产率关键驱动因素。新

---

① 欣化:"我国将用50年分三步建成循环型社会",见中国石油网,2005年4月12日。

创意、新技术和新的商业模式都有助于从自然的和有限的资源中获得更大的价值，同时最大化利用可更新资源，最小化排放废弃物。资源生产率是对一个经济活动利用能量和物质效率的度量工具。

生态效率：涉及经济和生态两个方面。通过传递竞争性定价的产品和服务满足人们需要，并改善生活质量，同时生态影响和资源密度在整个生命周期大幅度减少，直到地球承载力水平（世界企业可持续发展委员会，1992）。因此，它是关于在保持甚至提高盈利能力的同时改善生产的生态特征的概念。可以说，它是一个具有操作性概念，即在盈利条件下用更少的自然资源得到更多的产出。

(2)资源生产率概念为什么重要？如果考虑到环境对吸收废弃物和污染的承载能力，资源生产率也可以度量一个经济相对于它的环境影响而生产产品和服务的能力。我们关切的是在污染减少而不是资源投入稀缺时我们耗尽资源的方式。现在面临的挑战是在保护和改善环境的同时享受经济增长与发展。按照以往的商业模式，我们只能在经济与环境两个目标中选择一个。这种交替带来巨大的社会成本，要么经济增长受到限制，要么承受环境破坏后果。通过鼓励环境创新和更有效地使用资源，环境目标能够较快且低成本地实现。替代成本可以最小化，繁荣与环保同时实现的机会能够开发。资源生产率的提升潜力是通过减少废弃物和污染降低成本。它通过流程和产品创新创造增长机会。资源的可得性实际限制了经济活动。

其次，资源生产率如何度量？资源生产率又称为生态效率，是指经济社会发展（价值量）与资源环境消耗的比值。其具体指标是资源效率(杨永华等,2005):a.单位能耗的GDP(能源生产力);b.单位土地的GDP(土地生产力);c.单位水耗的GDP(水生产力);d.单位物耗的GDP(物质生产力)。

MIPS概念提供了生态效率的核心部分数量化框架。要以一个连续的方式评价一个市场产品的资源密度,以及对其各自潜在的环境影响作出比较,须先定义MIPS。MIPS代表"单位服务的物质投入",而且要从摇篮到坟墓进行计算。此概念是对每个层次(家庭、企业、地区或国家)产品可持续能力的进展进行监控,它是环境统计和产品服务标识的透明基础,它可以在GATT的绿色化方面进行国际协调,它已经被成功地用于工业产品设计,它还能够以物质附加税的形式用于建立资源税,它可用于决定补贴的非生态性。总之,它是经济与生态的结合点。不过MIPS并不能解决有毒物质和噪音污染问题。

第三,如何提高资源生产率?科技创新是主要动力。不仅是清洁技术和精益技术,通过新创意和再思考的商业模式也可以找到一些更有效地使用资源的、巧妙的生产消费方式。改进产品和服务在设计、制造、配送、使用和处理方面的方式,为消费者提供更大价值、绩效和选择,同时减少环境影响。

资源生产率的改进,就是MIPS,要么在S(service or utility)不变时,降低MI(material/energy input);要么在资源投入不变时,增加S,或者是通过技术和管理创新实现变化。

MIPS提供了一个满意的指标集合(见图4.6):(1)物质密度;(2)能量密度;(3)交通密度;(4)生产的废弃物密度;(5)服务延伸;(6)对健康和环境的有害潜在物质。

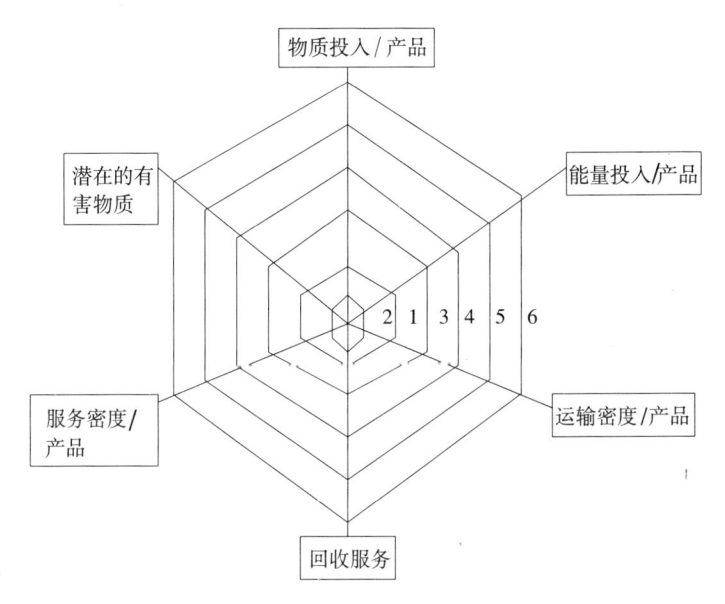

图 4.6　生态效率蛛网图

资料来源：施密特-布里克、拉巴希尔："让可持续性变得可度量：把资源生产率引入实践"，来自"十倍速俱乐部"的报告（F. Schmidt-Bleek, La Rabassière, Making Sustainability Accountable: Putting Resource Productivity into Praxis, A Report by the THE FACTOR 10 CLUB(Wirth, 1997), http://www.factor10.org）。

（三）欧盟的资源生产率变化轨迹

战略目标是通过经济增长与环境影响的解耦减少资源使用的环境影响。资源生产率概念有助于揭示这一解耦过程。在1980～2000年，欧盟15国经济体的资源生产率增长了52%，平均每年增长2.2%。根据这一趋势，如果采取适当的战略，可以得到一个适度增长的资源生产率，预期从2000～2030年年均增长率达3%是可能的。这将比前20年有更快的速度，以1980年为基准，资源生产率从每吨867欧元增加到3208欧元，在50年内增长3.7倍。见图4.7。

4.3—3 有中国特色的循环经济度量指标:节约指数

中国在实现可持续发展目标的过程中,提出了符合中国国情和发展需要的战略步骤,即用 50 年时间建成节约型社会。建设节约型社会的目的是提高资源利用效率、减少污染物排放和促进可持续发展。它通过运用综合措施,使资源从生产到消费的各个环节都能得到合理配置与高效、综合、循环利用,使不可再生资源、能源得到有效保护和替代,使污染物产生量最小化,并使废弃物得到无害化处理,实现发展与环境的双赢以及人与自然的和谐。基于这样的目标,中国科学院可持续发展战略研究组于 2006 年提出节约指数。什么是节约指数? 就是对一个国家、地区或部门的资源消耗和污染排放总体状况进行监测和综合评价的指标。《2006 中国可持续发展战略报告》计算节约指数的根据,是一次能源、淡水、水泥、钢材和常用有色金属 5 种资源原材料的消耗量。指数越高,表明资源环境绩效水平越低。节约指数主要用一个国家或地区各类资源消耗强度或污染物排放绩效与世界或该国总体绩效比值的加权平均来表明其可持续发展状况。根据这个指数,在占全世界 GDP93.7% 的 59 个主要国家中,资源绩效排名前几位依次为丹麦、瑞士、爱尔兰、英国、荷兰、挪威,中国倒数第四。就国内而言,上海的资源环境绩效水平最高,青海最低。

如果说资源生产率反映的是一个经济体单位资源(能源)消耗所生产的经济价值(GDP/资源、能源的消耗量),即控制分母,做大分子;那么,节约指数反映的是一个经济社会资源消耗和环境影响程度,即在分子一定时做大分母。"十一五"规划提出了预期性指标和约束性指标,资源生产率和节约指数都属于约束性指标。节约指数

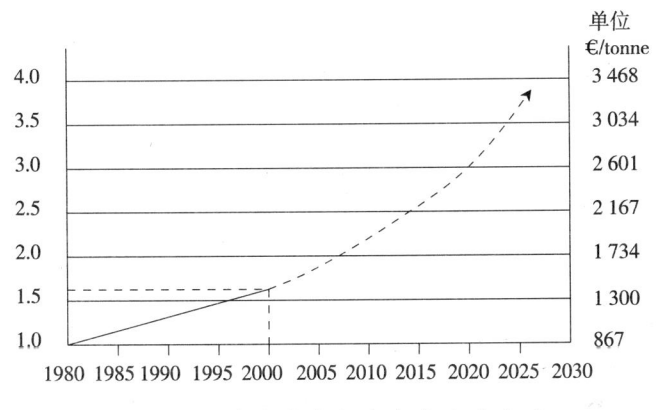

图 4.7 欧明的资源生产率变化轨迹

资料来源:欧盟委员会,2005 年。

能够较客观地反映处于工业化中后期中国建设全面小康社会的实际国情,它既不同于欧美发达国家经济增长与物质消耗脱耦的资源生产率发展的高级阶段,也不同于工业化刚刚起步的落后国家环境让步于经济增长的初级阶段。

中国的节约指数,从上世纪末以来出现了下降而后反弹的曲线。1980～2003 年,基于 10 种主要资源和污染物的节约指数,平均每年下降 4.9%。这表明我国的资源利用效率和环境保护取得了很大的成效,资源消耗强度和污染物排放强度在下降。从上世纪 90 年代后期开始,节约指数下降趋势逐渐变缓,2003 年出现反弹。这个现象给我们明确的告诫:在现有条件下,"十一五"期间提高资源环境绩效的难度将会很大。

《2006 中国可持续发展战略报告》[1]指出,从横向比较,通过节约

---

[1] 中国科学院可持续发展战略研究组:《2006 中国可持续发展战略报告——建设资源节约型、环境友好型社会》,见中国网,2006 年 3 月 30 日。

指数(或称资源环境综合绩效指数)的计算发现,中国五类主要资源(淡水、一次能源、钢材、水泥、常用有色金属)的节约指数为1.896(GDP按购买力平价计算),它意味着中国五类资源的平均消耗强度高出世界平均水平约90%,位列世界59个主要国家(占世界GDP的93.7%)的第54位。可以说相对于其他国家,中国仍处于十分粗放的发展阶段。从纵向看,自1980年以来,中国基于10种主要资源和污染物的节约指数持续下降,从1980年的2.359降至2002年最低的0.726,年均降低4.9%,说明我国资源的节约利用和环境保护取得了很大的成效。但从1990年代中期开始,节约指数总体下降趋势渐缓,2003年还出现反弹。从上述对比结果综合判断,过去20多年来,虽然中国资源利用效率提高的成效显著,但并没有根本摆脱资源能源密集型的经济增长方式,今后实现资源节约和环境保护的目标难度加大。

"十一五"规划提出了能耗降低20%(万元GDP下降到0.98吨标准煤)、污染物(CO_2和SO_2)排放量减少10%的目标。要实现这个目标还有一定的难度。发改委环境和资源综合利用司的调查显示,我国能源利用效率约为33%,比发达国家低10个百分点,单位产值能耗是世界平均水平的两倍多。

纵向来看,图4.5和图4.6反映了"十五"期间经济增长与能源消耗之间的关系。经济增长过快的速度直接导致能源消耗的加剧,并产生一系列的生态环境问题。横向来看,从表4.1可以看出,2003年中国每亿美元GDP能耗不仅远远高于发达国家,均在3~6倍之间;而且与新兴工业化国家相比,也存在很大差距。表4.2从部分高能耗产品的技术经济指标反映中日之间能耗强度的差距。

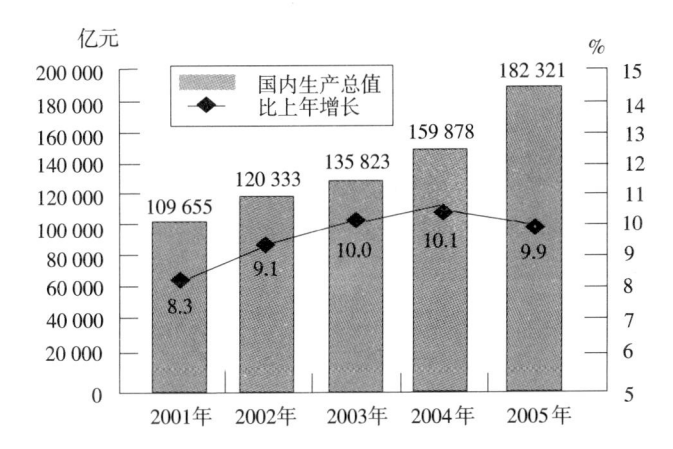

图 4.8 "十五"时期国内生产总值与增长速度

资料来源:国家统计局:《中华人民共和国 2005 年国民经济和社会发展统计公报》。

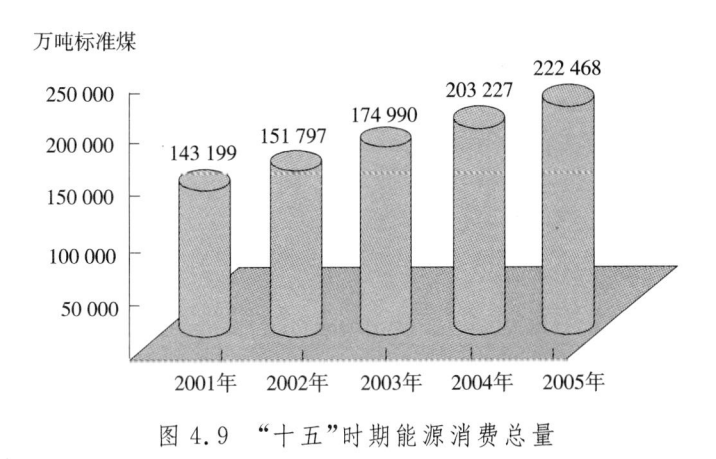

图 4.9 "十五"时期能源消费总量

按单位产品能耗和终端用能设备能耗与国际先进水平比较,目前我国节能潜力约为 3 亿吨标准煤。但是由于节能技术落后,产业结构的重型化程度提高,严重影响节能目标的实现。① 根据有关数据,在能源约束性指标执行的头一年即 2006 年,我国能源消耗增长高于经济增长的势头没有得到扭转,能源利用效率并未如人们期望的那样稳步上升。

表 4.1 2003 年中国每亿美元 GDP 能耗是其他国家的倍数

印度	马来西亚	印尼	韩国	美国	法国	德国	英国	意大利	日本
1.26	1.32	1.53	2.08	3.32	4.64	5.00	5.42	5.46	5.68

资料来源:张永军:"我国资源消耗强度较高的原因分析及应对措施",载《经济预测分析》,国家信息中心,2006 年 6 月 5 日,第 19 期。

表 4.2 中国和日本部分高能耗产品技术经济指标比较

产品能耗	乙烯综合能耗	火电厂供电煤耗	吨钢可比能耗	水泥综合能耗
单位	千克标准煤/吨	千克/千瓦时	千克标准煤/吨	千克标准煤/吨
中国	889.8	380	726	181
日本	629.0	312	646	128.4

资料来源:同表 4.1。

4.4 本章小结

本章是对循环经济运行规律的分析。循环经济的本质是生态经济,因此,其运行规律遵循生态经济系统的一般规律,同时,循环经济

· ① 据国家统计局、国家发展和改革委员会、国家能源领导小组办公室联合发布的《2006 年上半年全国单位 GDP 能耗公报》说,2006 年上半年,我国单位 GDP 能耗上升 0.8%。全国煤炭行业单位增加值能耗上升 5.5%,石油石化行业上升 8.7%,有色金属行业上升 0.4%,电力行业上升 0.8%;钢铁行业单位增加值能耗下降 1.2%,建材行业下降 4.5%,化工行业下降 5.0%,纺织行业下降 5.5%。见新华网,2006 年 8 月 1 日。

作为一种新型经济形态,它又高于传统的生态经济。它注重的是整体性、系统性、结构性和动态性的节约,因此,其基本原则除了所谓的"3R"原则,还包括再重组、再制造的原则。在运行规律上,不仅遵循竞争、共生和自生的原理,还应考虑到经济可行性和技术可行性。

当循环经济被视为一种新型经济形态时,其作用体现出对经济系统的导向性。由于在循环经济模式关注的焦点是使用价值,那么,消费者效用体验的源泉就是产品的功能和质量,而非产品的数量和包装。因此,经济活动就由产品经济转向功能经济。微观领域的这一转变带来的是宏观上经济增长方式的转变、经济结构的变化和新的总供求平衡。

当消费者感兴趣的是产品的功能和质量时,生产者的产品生产就更加关注产品的耐用性、使用寿命、功能的稳定等特征。过去那种大量生产、大量消费、大量废弃的模式被抛弃。这样,经济系统的资源消耗、废物排放将大大减少,环境负荷也会随之锐减。经济活动的非物质化特征就凸现出来了。

循环经济的本义是减少进入经济系统的资源流量,充分利用经济系统中的资源,其核心就是提高资源生产率。发达国家的资源环境政策已经把资源生产率作为一项重要的指标在运用;同时,在国内外理论界,资源生产率也被广泛关注。有关资源生产率的量化分析,各个国家根据国情不同,提出相适应的指标或指数,在中国政府提出建设节约型社会目标后,中国学者提出了节约指数,用以衡量中国经济增长过程中的资源消耗和环境影响程度。

第5章 循环经济的经济逻辑

5.1 循环经济的主导经济逻辑

5.1—1 经济思想史中的主导逻辑及其转换

经济学是研究资源约束条件下人的理性选择问题，或者说就是资源最优利用和最优配置问题。客观上，人的欲望是无限的，而资源是有限的，因此需要游走于二者之间。这就是经济学的任务。在经济学理论探寻中，资源的稀缺性和要素的替代性成为经济学研究资源配置问题时最重要的两个概念。需要指出的是，经济学中的资源和生产要素是随着社会发展和技术进步不断变化的。因此，以经济发展、技术进步和社会变迁为背景，经济理论史上主导逻辑是不断转换的。回顾经济学的演变过程，可以发现，土地、劳动、资本、知识依次成为经济活动中的主导要素。土地在农业经济时代是最重要的生产要素。进入工业经济时代，劳动和资本发挥主要作用；而知识经济时代，知识、技术和信息成为经济活动的核心；今天，自然资源的主导地位正在上升之中。这里简要概括工业革命以降经济学主导逻辑的演变。

古典经济学以劳动价值论为基础，遵循劳动至上的经济逻辑，同时关注到土地资源的作用。古典经济学认为价值源于自然资源与劳动创造,由于劳动的极度稀缺,研究如何提高劳动生产率成为经济学的主题。

新古典经济学以边际生产力论和均衡价格论为基础,奉行资本强权的逻辑。认为价值取决于交换,反映产品效用、消费者偏好和成本,因此经济分析对象由经济行为的总体水平转向经济行为的结构与效率。如何提高资本效率和劳动效率是成为古典的主要任务。比如哈罗德-多马模型中的资本产出比被认为是经济长期增长的关键因素。

新增长理论回归古典,并开创报酬递增经济学,提出知识和人力资本是经济长期增长的关键。由于边际收益递减规律,无论是古典的劳动要素还是新古典的资本要素,都会导致经济收敛。其根本原因在于理论假定技术外生。内生增长理论循着斯密定律,探求报酬递增的源泉,发现知识和人力资本则具有报酬递增的特征。索罗余值发现了技术进步的作用,库兹涅茨和丹尼森把知识生产率进行了量化分析。

5.1—2 循环经济的主导逻辑产生及扩张

自然资源(环境)作为生产要素在现代经济增长中的地位急剧上升,资源生产率开始受到密切关注。

(一)循环经济的主导逻辑上升的原因。人类社会经济发展到21世纪,资源主导逻辑的上升源于三个方面原因:一是资本强权的结果。发达国家的工业化进程基本结束,生活水平很高,对资源环境和生态的需求增强,他们利用其资本强权形成的政治、经济、军事、科技、文化、外交等力量,提出了超越发展中国家能力的环境生态要求。二是增长压迫的结果。多数发展中国家工业化刚刚开始,少数新兴工业化国家仍处于工业化上升时期,由于本国资源存量难以满足工业化需要,同时国外资源获取能力不足,在国际资源市场缺乏谈判力。在这种条件下,要推动经济增长,提高资源生产率是唯一的选择。三是发展困境的结果。传统工业化模式不仅会终结经济增长,甚至会毁灭人类的生存环境。抑制资源耗竭、环境恶化和生态失衡是全球形成的集体共识。

(二)自然资源在经济学中地位的变化。在古典经济学中,自然资源被视为国民财富及其增长的决定性因素(配第,1662),由于土地的边际报酬递减,经济增长是短暂的(马尔萨斯,1798),最终将进入稳定状态(李嘉图,1817)。作为古典经济学的集大成者,穆勒(1848)在他的《政治经济学原理》的第1章第1节的第一句提出"生产要素有两种:劳动和适当的自然物品",他还意识到环境的休憩价值,对自然资源的局限认识大为拓宽。自从边际革命以后,经济学走向数学化、精致化,资源也被视为外生变量,要素也假定为可以相互替代。这与经济现实是不符的,这种假设与现实的割裂程度到了今天已经到了无法承受的地步。

经济学并不否认所有要素的替代性,而是注意到不可再生资源的稀缺性和不可替代性。正如赫曼·戴利(2003)所言,当各种要素互补时,处于短缺状态的物品是具有限制性的。如果要素是替代性的,就不存在限制性要素。经济学原理告诉我们,我们应当通过以下两种方式关注限制性要素:(1)在短期内将其生产能力最大化;(2)在长期内对其增长进行投资。这对经济政策具有重大启示——充分利用并投资于自然资本。经济学原理没有发生变化,但是限制性要素已经逐渐从人造资本转变为自然资本了。

(三)资源约束与资源生产率。资源约束有三种情况:总量约束、结构约束和阶段约束。对于许多不可再生资源而言,在中国,都存在上述三种约束。因此,像中国这样的新兴工业化大国,提高资源生产率是无法回避的选择。资源生产率是对一个经济活动利用能量和物质效率的度量工具。资源生产率的提升是通过减少废弃物和污染降低成本。资源的可得性实际限制了经济活动,它通过流程和产品创新创造增长机会。

提高资源生产率是我国转变经济增长方式的重要方面。经济增长方式是指推动经济增长的各种生产要素投入及其组合的方式,其实质是依赖什么要素,借助什么手段,通过什么途径,怎样实现经济增长。[1] 在资源约束和工业化语境中,这些要素、手段、途径集中起来体现为提高资源生产率。在要素方面,通过更多的知识、技术和信息替代物质资源,或通过技术创新更新、替代不可再生的资源,在实现同等效用的情况下,减少进入经济系统的物质流;在手段上,大力发展循环经济;在途径上,促进产业结构升级,技术进步,推进信息化,发展现代服务业等。

(四)分析范式。传统经济学的方法论不能反映可持续发展的要求,亟须创新。传统经济学主要指马克思经济学和西方经济学。在方法论上,马克思经济学坚持唯物史观和阶级分析的方法,认为经济运动就是资本运动,经济循环就是资本循环和劳动力再生产。资源的再生产以及物质循环并没有被考虑。西方经济学的方法论基础是机械力学,运用静态分析、边际分析的方法考察经济现象。因此,其研究思维是线性的,分析的结果是静止的、局部的、孤立的。循环经济是一个动态的、始终处于不断发展变化的经济形态,构建循环型经济不仅是物质流动形式的转变,而且是一场经济运行方式的革命和人类生存方式的深刻变革(叶文虎,2002)。因此,在方法论层面需要相应的创新。

---

[1] 马凯:"科学的发展观与经济增长方式的根本转变",载《求是》,2004年第8期。

循环经济的研究更多地运用系统论、演化论的分析方法,以生态学为理论基础,对生态-经济复合系统进行整体的、动态的、系统的分析,把经济系统视为整个生态系统的一部分,同时,资源环境也是经济系统的内生性因素。在分析范式上,舍弃传统经济学的单一分析工具,即价值分析,注重物质流、价值流和信息流的分析,以三者的协同运行为宗旨。传统的价值分析是以单纯的成本收益比较进行分析,这种方法的结果是很难考虑到经济活动生态后果的。循环经济在方法论方面既考虑研究客体的全面性,也注意运用更多学科的成果。对于价值流和信息流的分析,离不开信息范式、博弈论和制度分析;对于物质流和价值流的分析,需要借助能值分析、物质流分析、演化论等工具。

5.1—3 循环经济的基本经济理念

(一) 基础性概念创新

循环经济作为新型经济形态要求新的价值观、效用观、要素观、资源观和资本观。价值理论是一些经济学的核心和基石。新型价值观是循环经济理论的关键和循环经济逻辑展开的起点。

新的价值观。价值理论是一些经济学的核心和基石,新型价值观是循环经济理论的关键和循环经济逻辑展开的起点。传统经济学只关心商品的交换价值,认为交换价值是由价值决定的。循环经济的价值论是复合决定论,认为商品的交换价值是由价值和使用价值共同决定的。[1] 所谓价值,就是商品的消费功能对于消费者的需求

---

[1] 分别参见王恒君、孙晓娜:《复合价值论》,西安交通大学出版社,1999年,第127页;大岛茂男,2000年;诸大建,2005年;谭顺,2005年。

意义。循环经济不仅关心交换价值,更关注使用价值,这种使用价值包含以下内容:由以往劳动所积累的社会共同资本、关系价值、自然价值、连锁劳动产生的价值以及经济活动的衍生效应。商品交换的目的是获取使用价值而非交换,消费者购买商品最终是为了它的使用价值以便使之进入消费过程;经济增长从基于交换价值概念的传统线性经济向基于使用价值的新型的循环经济转变。

新的效用观。所谓效用是指消费某种商品产生的欲望满足程度。传统西方经济学的效用观是建立在个人主义、享乐主义和物质主义基础上的,因此,这种效用上通过感官刺激以及对物质的占有和支配来实现。奚恺元认为,"为了最有效地配置各种有限资源达到全民主观幸福感受的最大化,我们应该对主观幸福感进行客观的研究"。[1] 循环经济是一种追求人与自然和谐共生的经济模式,这种经济模式下的效用观显然是不同于以往的,它是以功能为商品效用评价对象,以适度消费为行为模式,在实现物质需要满足的同时得到精神愉悦,在个人需要得到满足的同时促进社会整体福利的增进。因此,科学的效用观的主要特征是功能、适度、和谐。建立科学的效用观,需要对财富观、幸福观、金钱观有一个新的认知。陈惠雄[2](2005,2006)对金钱与效用的关系、快乐的本质、经济行为的终极目的等问题作过深刻而全面的论述。这些研究从经济哲学的层面丰富了新型效用观的内涵,为新的经济学理论创建奠定了基础。效用观是经济学的核心概念之一,可以说,什么样的效用观就有什么样的经济学。尽管这些研究带有意识形态学或心理学的痕迹,但是正是这

---

[1] 奚恺元从行为经济学角度对幸福感作量化研究,受到 2000 年诺奖得主卡尼曼的赞扬。由奚恺元主持的"2005 年中国城市及生活幸福度调查",2006 年 1 月 17 日。

[2] 与国内其他学者不同的是,陈惠雄较早地关注科学的效用观并探索人本经济学。参见陈惠雄:"快乐最人化:对经济人概念的终结性修正",载《财经科学》,1999 年第 6 期。

种学科交叉才可能催生新的经济学革命。秉持人与自然和谐、人与人和谐的价值诉求循环经济学、幸福经济学将会以其理论魅力和现实需求从边缘走向主流。

新的要素观。在人类经济史上,资本、劳动、土地、科学技术、管理能力已经被认为是生产活动不可或缺的重要因素。新古典经济学以及20世纪80年代以来出现的新增长理论在其理论模型中都把这些因素视为生产要素而纳入其中,通过数量刻画显示其经济贡献。在宏观研究方面,制度的重要性也受到关注,有学者尝试建立包含制度要素在内的增长模型。随着经济活动的信息化和生态化,信息和自然资源(环境和生态)的重要性凸现出来,并成为生产活动的关键要素。传统的资本、劳动和科技属于扩张性要素,资源环境和生态属于约束性要素。信息要素的作用是对物质要素具有替代性,而资源要素则从约束性方面对经济系统起到稳定和延续的作用。

新的资源观。在考虑自然资源时,不仅视为可利用的资源,而且是需要维持良性循环的生态系统;在考虑科学技术时,不仅考虑其对自然的开发能力,而且要充分考虑到它对生态系统的维系和修复能力,使之成为有益于环境的技术;在考虑人自身发展时,不仅考虑人对自然的改造能力,而且更重视人与自然和谐相处的能力,促进人的全面发展。[①]

新的资本观。可持续发展的经济学所研究的资本不仅仅指人力资本和财务资本,还应包括自然资本和社会资本。可持续发展是指经济、社会和自然三个维度的可持续发展,因此,自然资本和社会资本的再生产是自然和社会可持续发展的基础。循环经济作为符合可持续发展理念的经济形态,作为生态经济的高级形式,要求物质流、

[①] 朱铁臻:"循环经济的理论基础是生态经济",2005年4月19日。

价值流和信息流的协同运行,其基础就是要求人力资本、财务资本、自然资本和社会资本循环再生、和谐运转。

(二) 新的经济系统

建构可持续发展的新型经济体系是当今经济学的一个重要努力方向。斯邦根伯格(Joachim Spangenberg,1997)建立了一个包含人造资本、人力资本、社会资本和自然资本四种资本在内的经济活动模型(见图 5.1)。这四种资本之间各自的关系是不同的,人造资本和人力资本即资本和劳动之间存在一定的替代性,这种特征是新古典经济学的一个重要理论假定;人造资本和自然资本之间是一种互补关系,这种互补性意味着二者不能相互替代,两者共同形成人类经济活动的物质基础;人力资本和自然资本之间具有复合关系,可以形成共生和谐的状态。大岛茂男(2000)则提出创造以生态系的物质循环为基础的"与自然体系共生的社会体系"。这种经济体系要求以稳定型使用状态为基本、由以物质为中心转变为人与自然为中心的关系价值、由以 GDP 为中心转换为以社会共同资本[①]为中心的储备活用型经济。在实现机制上,推行"生产消费协作",实行订货生产与预约联合购买,推行消费共享模式,建立消费合作社。大岛把他的理论称为"环境保全的经济学体系",这一理论的基础就是综合有效性原理、双轨主义和合理消费论。

上述两人的经济学新论为我们研究循环经济提供了新的视角,两者的共同点就是对社会经济系统的基础性要素的认识具有相似性,看到了经济社会可持续发展需要人、经济、社会、自然的协调,因

---

① 宇泽弘文把社会共同资本分为三类:自然资本、社会基础设施和制度资本。见宇泽等编著《市场、公共、人类——社会共同资本的政治经济学》,转引自人岛茂男:《可持续经济发展的道路》,2000 年,第 87 页。

此，要对人力资本、人造资本、社会资本和自然资本进行系统的、综合有效的调节。

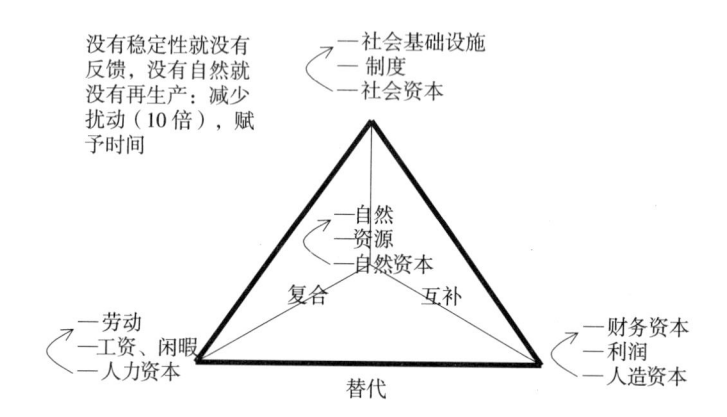

```
                        ─社会基础设施
   没有稳定性就没有    ↗─制度
   反馈，没有自然就      ─社会资本
   没有再生产；减少
   扰动（10倍），赋
   予时间
                        ─自然
                      ↗─资源
                        ─自然资本
                 复合        互补
   ─劳动                                ─财务资本
  ↗─工资、闲暇                        ↖─利润
   ─人力资本                           ─人造资本
                        替代
```

图5.1　工业生产中资本、劳动、自然和社会的生产与再生产
资料来源：斯邦根伯格，1997年。

　　国内学者对循环经济的经济逻辑也在进行深入的探讨。诸大建（2005）在经济增长与生态稳定之间提出循环经济的中国C模式。首先，经济发展必须高度重视土地、能源、水以及重要原材料的资源生产率，中国经济发展的核心问题就是要用有限的自然资本来提高人民的生活质量；其次，需要考虑中国经济社会发展所需要的自然资本供给规模问题，要在经济社会发展目标与自然资本承载能力相适应的情况下提高资源生产率；第三，应考虑社会公平，对于外部来说，需要在自然资本需求方面争取合理的发展权利；对于内部来说，需要考虑自然资本在不同发展水平地区的合理分配。中国C模式的实现需要通过科技创新和体制整合来提高资源生产率。提高资源生产率的科技创新一般有四个阶段或四种方式，即过程创新、产品创新、产品替代和系统革新四个阶段，前两种方式属于一般性的技术改进，

后两种方式属于系统性的结构改进。对中国经济社会发展来说,必须更多地关注"产品替代"和"系统革新"两种方式。而在制度方面,由于政府往往会代替市场制定很漂亮的循环经济规划或资源节约规划,但却难以被市场和社会接手,所以需要从以往的政府单一主体方式,转变到依靠政府、企业和公众的联动机制上来。[①] 谭顺(2005)从使用价值论入手,分析了传统经济理论对使用价值论的错误理解导致在经济运行中宏观失调和微观错位,还指出:社会资本的运动应该是价值补偿和物质补偿的统一,社会再生产受到价值构成比例和使用价值构成比例的共同制约,只要二者都与社会需求相协调,社会总产品才能最终实现。[②] 罗丽艳(2005)提出自然资源代偿价值理论,资源的价值替代和价值补偿与物质循环协调是经济持续发展的基础。徐大伟和王子彦(2005)则认为,循环经济的经济学基础应该是兼具微观、宏观和宇观思想的、以"生态-经济-社会"三维复合系统的矛盾及其运动和发展规律为研究对象的可持续发展经济学。张录强(2005)提出循环经济的三个循环:一是自然生态系统中污染物的循环净化和可更新资源的循环再生;二是经济系统中非更新、可回用资源的循环利用;三是人类复合生态系统中自然生态子系统与经济子系统有机联系的复合循环。在这三个循环中自然循环是依托、是基础,经济循环是关键、是途径,复合循环是目标、是结果。

笔者在此基础上,引入信息要素,建立以价值为中心,包含信息、制度、人力和物质四大要素在内的生态经济系统,寻求价值流、信息流和物质流的协同运行机制。在循环经济体系中,人力资本、人造资本、社会资本和自然资本构成生产活动的基础,其中,人力资本和人造资本是生产

---

① 苏庆先."发展循环经济要谨防误区",载《新民周刊》,2005年11月25日。
② 谭顺,《使用价值论》,中国经济出版社,2005年,第5页。

活动的基本要素,社会资本以信任和制度预期提供社会基础设施,自然资本则为经济活动提供持续的发展基础;公共信息的畅通和透明、人际信任可以使人力资本和人造资本充分结合,减少经济系统的过剩和盲目生产,经济活动价值得以体现,从而减少不必要的环境扰动;合理的制度安排和稳定的人造资本扩张,使自然资本得到循环再生。

5.2 循环经济中经济主体的理论假定

5.2—1 经济人假设的理论演进

经济学是研究人的经济行为的科学。理论假设是一个理论体系建构的出发点,主流经济学是以经济人为假定条件,这种假定暗含稳定偏好、理性选择和最优化,基于功利主义的经济哲学,经济人是唯利是图的,以追求利润(效用)最大化为目标。

新古典主义以古典经济学合法继承者自居,通过边际学派数学化的"精耕细作"和马歇尔的综合,"经济人"在边际分析、均衡分析和静态分析的框架里成为一个具有完全理性、完备信息、偏好一致、只有效用最大化唯一目标的万能决策者。新古典主义确立了经济学研究的坐标,同时也成为后来者的"靶子"。首当其冲的便是对完全理性、完备信息的挑战。[①] 奈特(1921)和西蒙(1975)分别各执"不确

[①] "经济学家在使用'理性'一词时比其他社会科学家更为傲慢。可是稍稍浏览一下其他社会科学,尤其是社会学和人类学,就会发现'理性'这个词的复杂性和悬而未决的问题"。引自 G.M.霍奇逊:《现代制度主义经济学宣言》,向以斌等译校,北京大学出版社,1993年,第88页。

定性"和"有限理性"的钥匙钻入人性假设的"黑箱"。人性的"黑箱"一被打开,里面的问题就像万花筒一样变得缤纷多彩了。

当经济学越来越多地介入不确定性的研究,越来越多地关注企业决策所面对的复杂的现实时,分析方法的转变是不可避免的。从心理学角度描绘理性的限制及其对人的经济行为的影响,将取代环境约束下的万能决策者这一极端假设。不确定性问题的提出,是对新古典理论的根本性的颠覆。从这里开始,新古典的三大假设("利润最大化"、"完全理性"、"完全信息")面临着全面挑战,演进主义、新制度主义、信息经济学分别对其轮番发难。

演进主义对人性假设的研究。演进经济学在放弃"价值最大化"假设的同时,引入"物种"基因延续的最大化假设,即所谓自私的基因[①];强调人的决策行为比决策目标更重要,决策行为要受环境和习惯的制约,与目标没有关系。新古典演化经济学的开创者阿尔钦(Alchian,1950)认为,由于环境的不确定性和不完全预见,企业要生存只能追求正利润;经济当事者可以通过模仿、试错和创新来适应环境。这可以说是对"利润最大化"假设的致命一击。纳尔逊和温特[②]则指出,具有适应环境甄选机制的某种"基因"的人(经济当事者)才能在经济世界中幸存,这种"基因"就是习惯和常规。新自由主义的旗手哈耶克也认为"使人类脱离野蛮的是道德与传统,而不是理智和精干计算"。"人类进化表现为一种不断适应难以预料的时间、未曾预见的意外环境的过程"。[③] 所以在演进主义看来,理性和最大化简直不值一提。由阿尔钦(1950)开创的演进主义掀起了一场经济学方法论的革命,但是由于其过于接近现实,虽声若洪钟却是响应者寡,

---

① 参见汪丁丁:"演进,均衡,理性",载《通向林中空地》,山东教育出版社,2000年。
② 参见纳尔逊、温特:《经济发展的演化理论》,商务印书馆,1996年。
③ 哈耶克:《致命的自负》,东方出版社,1991年,第30、34页。

以至于后来淡出主流经济学的视野。

新制度主义①承继了新古典的部分遗产(个人主义方法论和效用最大化假定),引入不确定性成果(由此产生的"有限理性"),并增加了新的约束假定:机会主义。制度分析(如产权理论、激励理论和契约理论)是研究防止机会主义行为的重要维度,但制度毕竟是脆弱的,而人性却是鲜活的,因此博弈分析成为很快新的理论需求,并将制度分析数学化。②

信息经济学对人性假设的研究,注重对人的决策约束的外部环境分析,使不确定性数量化,为进一步构建激励理论、契约理论以及产权理论的模型提供了方法论基础。信息的不确定一方面表现为客观的环境约束,另一方面使人的理性出丑。不确定信息改变了新古典主义的理论前提,击中了新古典经济学的致命伤,从而开创了经济学理论的新空间。

经济学不同方法论的人性假设构成了人性百景图,使经济学变得既有理论严密性,又具现实解释力。理论的价值在于与具体对象的结合,西方学者的理论贡献为我们研究问题提供了多样化的视角,搭建了更高的理论平台,而对中国现实问题的求解仍需本土化的努力。

5.2—2 循环经济中经济主体的理论假定

因为循环经济本质上是生态经济,所以循环经济中的人性假设

---

① 新制度经济学仍遵循当代边际主义的一般方法,出于分析目的,引入一些重要变化:方法论的个人主义、效用最大化、有限理性和机会主义。参见 A.G. 菲吕博腾、L. 瑞切特:《新制度经济学》,上海财经出版社,1998年,第45页。

② "博弈论天生就是制度经济学的数学化方法"引自柯华庆:《法律:做蛋糕与分蛋糕》,载《书屋》,2004年,第8期。

必定要满足生态学和经济学的理论要求。有关循环经济的人性假设,如"生态人"假设[1]认为,生态经济系统中的人既受益于经济系统,又受益于生态系统,更受益于二者的协调。他们不仅珍视个体的生命,而且还关心种群的延续;对于他们来讲,货币是价值,生态环境也是价值;当代人的福利要保障,后代人的福利也不可忽视。因此他们在作出一项选择或决策时,会权衡各子系统收益与损失,以整个生态经济系统长期效益最大化为追求目标。"理性生态人"假设[2]认为,一个理性生态人具有双重素质。作为"生态人"他具有充分的生态伦理学素养,具有与其职业生活及生活方式相应的生态环境知识,也作为更高级的经济人,他也是"理性的",能在考量生态环境成本的基础上实现自身效用的最大化。"知识人"假设(吴季松,2005)认为,从传统的、自然经济活动源头节约资源,减少污染的理念,扩展到降低人对物质产品的需求,使之合理化,认为应该满足的是需求而不是"欲望",只有这样,才能做到自然资源供需平衡。王子彦和李雪梅(2005)从环境的视角提出生态理性、法律理性与经济理性三者融合才能有效地克服环境问题。所谓生态理性是一种人类从生态伦理学意义上选择行为模式的理性,它以生态利益即整个生态系统的整体利益为目的,在人类利益与生态利益相冲突时,以生态系统的完整、稳定和美丽为尺度加以权衡。生态理性具有两个特征:第一,以人与自然的和谐为根本目的;第二,以完备的生态环境知识和道德为依据,追求社会、经济、生态效益的统一。具有生态理性的人,其行为不仅仅以个人利益为目的,还要考虑到整个生态环境、社会经济发展等诸因素,来规范和约束自己的行为,他能对一切与环境有关的事物作出符合生态学的评价,用自觉的生态意识来保护整个生态系统,以实

---

[1] 罗丽艳:《自然资源代偿价值论》,经济科学出版社,2005年。
[2] 苏海燕、曾华锋."可持续发展观的形成与经济人范式的演进",载《北京理工大学学报》(社科版),2003年第4期。

现全人类共同的利益。[①]

任何人性假设都不能否定人类趋利避害的本性,它不是一个理想的乌托邦或空中楼阁,而有其存在的现实基础(罗丽艳,2003)。循环经济讲求节约而不是节欲,是要减少浪费而非减少消费,是在满足同样效用的同时减少废弃,或消费同样多的物质资源的同时实现更大满足,而不是片面的抑制需要。

循环经济以非物质化为理念,以功能经济为导向,因此,人的经济活动是在追求福利改善的同时满足资源节约和环境友好的要求。基于此,循环经济的人性假设既不能是纯粹的"经济人",也不应是完全的"生态人",而且,其经济理性也不是完全的。概括起来,人性假设可以界定为"生态经济人",具体说,就是在生态规律和经济规律的支配下,既有经济利益的驱动,又有生态友好的表现,在一定的制度约束下,主观上在追求福利改进的同时,客观上实现了生态效益。

5.2—3 "生态经济人"的理论意义

"生态经济人"的理论假定为循环经济理论研究提供了一个逻辑起点,也为循环经济的内生性奠定理论基础,为研究循环经济中经济主体的行为提供一个参照系。谭根林(2005)认为消费是一个产生负产品(如生活垃圾等)的过程,而生产则是一个既创造产品又产生负产品(如废水、废气等)的过程。利用这个概念,我们可以扩展效用函数的内涵,因为人们在享受产品的同时,也在承受污染的危害。同时将上述两个方面计算入效用函数之内似乎更加能够反映真实生

[①] 王子彦、李雪梅:"从环境的视角看经济理性的转向及其意义",载《大连海事大学学报》(社会科学版),2005年第2期。

活,因为如果人们在享受更多物质的所带来的满足和便利的同时,却不得不忍受更多的污染,他就有动力去寻找一种更加清洁的生产模式,保证在享受生活的同时不至于受到污染的伤害而降低他们的满足程度。于是,循环经济就在现有经济体系中"内生"地产生了。

5.3 循环经济运行机制概述

5.3—1 经济运行机制的定义及内容

(1)经济运行机制的定义。所谓经济运行机制是指一定经济机体内各构成要素之间相互联系和作用的制约关系及其功能。它存在于社会再生产的生产、交换、分配和消费的全过程。经济运行机制概念包括三个方面的含义:①它是协调经济过程的经济机理的总称;②其功能的发挥依赖于经济过程中各构成要素间的相互作用;③从总体上看,它是有规律地按一定方式运行并发挥总体功能作用的。因此,经济机制是特定经济过程中的联系和运行,而不是一个孤立的要素。①

(2)经济运行机制的构成。经济运行机制主要由价格机制、资源配置机制、经济主体的激励约束机制、市场主体的经营机制、利益分配机制和政府宏观调控机制等几方面组成。经济运行机制是经济体制的实现机制,其中主要部分是经济资源的分配和调节机制。社会

---

① 参见马津堂:《大机制——经济运行、产业组织和收入分配》,中国发展出版社,1998年。

经济机体的整体运行中包含着它的各构成要素的局部运行,经济运行过程是一定经济机体内各要素之间相互联系和相互作用的过程。社会经济机体的经济机制便是各构成要素的相应机制间的相互联系和配合。

(3)传统经济运行机制的特征。经济运行机制的功能主要是经济机制在运行过程中的调节功能。一般认为,经济运行机制由自发生成的市场机制和理性设计的政府调控机制组成。传统线性经济是工业经济加市场经济,运行机制以市场调节和政府调控为主,在物质流动的方向和规程上是单向线性的,而且由于物质流与价值流的脱节,导致经济系统过度追逐交换价值而造成物质流动与社会最终需求的冲突,从而导致生产过剩和经济危机,并产生巨大的生产性浪费。其次,工业经济以 GDP 为目标,为加速工业化进程,通过资源替代技术和劳动,获得生产的最大化,资源消耗的速率和规模以及产生的环境压力远远超过资源存量和再生能力,环境负荷和生态阈值也被突破,工业的巨大成就伴随着生存环境的急剧恶化。布朗在其新著《B 模式》中写道:"中国正在帮助我们认识到旧的经济模式气数将尽。很难找到合适的词来形容我们处境的严峻程度,以及我们即将作出的决定的重要性。无论如何,决定将由我们这一代人作出。"

循环经济是一种新型经济形态,以资源存量、环境容量和生态阈值为限度,有节制地发展经济,在实现既定福利目标的同时,尽可能地减少进入经济系统的物质流,最大限度地利用进入经济系统的物质(能量),其具体手段和形式就是集约生产、循环再生、综合利用,这就要求在制度体制、流程管理、组织设计等方面对经济系统进行重组。也就是对传统经济运行机制进行转换。对传统经济运行机制进行转换并不是对其全部推倒完全建立一个新机制,而是对其进行补充完善,尤其是突出生态化特征。从可持续发展的角度看,传统经济运行机制的缺陷主要在于物质流与价值流的分离,即物质消耗没有得到价值补偿,也没有得到有效的物质替代,导致经济增长难以为继。具体到循环经济而言,在物质流与价值流的分离的同时,物质流与信息流也没有协调起来,物质循环和信息传递的脱节导致即使是有价值的物质资源也难以得到循环利用。

5.3—2 循环经济的运行机制

学术界从不同角度对循环经济的运行机理和动力机制等方面进行细致研究。张扬(2005)运用博弈论分析了循环经济的合作机制,曹凤中(2005)从宏观上(包括产业、市场、政府和消费者)提出循环经济链作用机理,叶敏和万后芬(2005)从产品生命周期研究循环经济的实现过程,王虹和叶逊(2005)探讨了生态工业园中企业的动力机制,王兆华和武春友(2002)运用交易费用理论分析生态工业园中企业共生机理,黄建军等(2005)分析产业链构成的可能性,进而探讨其实现形式和发展途径,赵玮(2005)从绿色供应链角度探讨了在循环经济模式下物质流、能量流、价值流、信息流的运行过程与系统集成。上述研究从不同的学科角度出发,选择不同的切入点和研究范围,探讨物质循环和经济活动的协调性。这些文献在循环经济微观领域的贡献对进一步探讨循环经济产业链的生成机理和稳定性问题具有启发意义。缺点是有的过于微观,有的过于宏观,对于循环经济企业间关系、产业链的运行规律还少有涉足。

循环经济的运行机制定义。循环经济的运行机制是指在一定的经济环境中,在一定的经济条件和经济因素的约束和引导下,适应循环经济发展需要的经济资源分配、调节机制。本书探讨了循环经济的运行机制及其形成过程。在国内外学者相关研究的基础上,笔者提出新的运行机制,即价值流、信息流和物质流的协同运行机制。这种运行机制的内容包括经济运行的基础和条件、资源价格形成机制、微观主体的决策行为、企业生产经营机制、循环经济组织利益关系、经济系统的调节机制。在此基础上,本书还探讨了这些因素的变化过程及演进机理,如生态组织关系和组织形态的演化、社会生态转型的制度变迁过程、循环经济的市场化过程等。

首先肯定的是价格机制仍然是基础性的作用,不过,需要改变的是资源价格形成机制和环境生态资源的定价机制。在资源配置机制方面,除了传统的市场和政府外,还要发挥信息、信任、社会资本、集体行动等因素在资源配置尤其是在环境资源配置领域的作用,减少市场失灵和政府失灵。因为,在市场失灵的领域并不必然意味着政府的介入,反之亦然。笔者提出"虚拟交换前置"和基于"生态转型"的公众参与是市场和政府两种方式的有效补充。如果把经济系统的调节活动分为事前调节和事后调节,那么"虚拟交换前置"和基于"生态转型"的公众参与是一种事前调节,而市场和政府对经济活动的调节则属于事后调节。事前调节主要是克服因信息不充分而产生的资源配置不当现象,通过低成本的信息引导自然资源(环境资源)在企业实际经营决策之前进行配置;事后调节主要是克服价格发现障碍而产生的资源配置不当现象,通过有效的制度安排引导企业的资源节约和环境友好活动。

经济主体的激励约束机制包括消费者和生产者两方面。消费者的消费约束不仅仅是预算约束,还有环境成本预算和生态需求偏好的行为约束。同样,生产者的决策约束不仅有直接的成本约束,还有生产者责任约束以及利益相关者参与的治理约束。因此,在微观领域,循环经济就形成了以消费者的生态消费和生产者的生态管理为微观基础的运行机制。

基于生产者责任延伸和生态管理,企业在生产经营领域就要全面全过程地推行循环经济,按照"从摇篮到坟墓"的理念指导整个经营流程。由于规模经济、范围经济、网络效应、互补效应、协作效应等经济规律的作用,循环型企业的发展必然向循环型产业链和循环型产业网络演化,从而实现整体性、结构性、系统性和动态性节约。

在利益分配方面,不同的利益主体在不同的利益关系和循环经济运行的不同环节所承受的收益和责任是不同的。根据物质流和价值流匹配原则,对动态变化中的主体利益进行合理分配。

5.4 本章小结

基于前面章节关于循环经济运行规律的讨论,笔者在本章提出了循环经济的经济逻辑。经济逻辑和运行机制是经济形态的同一问题在思维层面和实体层面的不同表征。经济学的发展历程也是一个关于经济逻辑不断转换的过程,循环经济体现了资源(环境、生态)主导的经济逻辑。循环经济作为新型经济形态要求新的价值观、要素观、资源观和资本观。笔者引入信息要素和自然资本新概念,建立以价值流为中心,包含信息、制度、人力和物质四大要素在内的生态经济系统,循环经济的经济逻辑就是寻求价值流、信息流和物质流的协同运行,价值流、信息流和物质流的协同运行机制就是其经济逻辑在微观领域的规律性存在。

根据上述经济逻辑,循环经济中人的经济活动是在追求福利改善的同时满足资源节约和环境友好的要求,因此其人性假设既不能是纯粹的"经济人",也不应是完全的"生态人",可以界定为"生态经济人",即在生态规律和经济规律的支配下,既有经济利益的驱动,又有生态友好的表现,在一定的制度约束下,主观上在追求福利改进的同时,客观上实现了生态效益。

　　本章对循环经济运行机制的构成要素及经济条件进行了论述。循环经济的运行机制是指在一定的经济环境中,在一定的经济条件和经济因素的约束和引导下,适应循环经济发展需要的经济资源分配、调节机制。本书探讨了循环经济的运行机制及其形成过程。在国内外学者相关研究的基础上,笔者提出新的运行机制,即价值流、信息流和物质流的协同运行机制。这种运行机制的内容包括经济运行的基础和条件、资源价格形成机制、微观主体的决策行为、企业生产经营机制、循环经济组织利益关系、经济系统的调节机制。

第 6 章 循环经济运行的经济条件

循环经济的发展是在我国推进市场化进程、走新型工业化道路、全面实现小康社会目标的经济社会背景下进行的。这意味着中国经济在面临经济结构和经济体制双重转型的同时还有要进行第三种转型即生态转型。循环经济是推动生态转型的重要而具有系统性的经济形态，它的发展需要与市场化和工业化（信息化）协调跟进，因此，在产业、产权、信任、价格机制等方面提供物质基础、技术条件、制度保障和社会基础。本章重点从产业支撑、产权制度、合作与信任三方面展开分析，资源价格形成机制既是循环经济的基础，也是循环经济系统调节的主要机制，因此在第 7 章另作论述。

6.1 循环经济的产业支撑体系

6.1—1 循环经济和工业经济的关系

循环经济和工业经济是两个不同层面的概念。循环经济是一种经济发展模式，是以可持续发展理念为指导，以资源节约、环境友好为主要特征，强调经济活动与生态环境和谐共生，在价值增加的同时实现物质能量循环利用；它不仅涉及产业体系、空间经济结构，还涉及社会经济的整体运行;不仅关注物质能量的运动,还对经济运行机制和资源配置方式提出新的要求。与循环经济相对的是线性经济,线性经济只关注经济系统自身的运动,忽视经济活动对自然环境产生的影响,物质能量的流动是单向的,因此,也是不可持续的发展模式。传统的工业经济被认为是线性经济。从发达国家的工业化历史看,从第一次产业革命到20世纪60年代"生态革命"两百多年,经济活动的物质流动方式都表现为一种直线形式,工业化国家的物质财富是建立在对全球资源能源的强取豪夺、大肆浪费的基础之上的,从而也导致全球资源日益枯竭和生态环境的严重恶化。

工业经济是一种经济形态或者说是一种产业形态。其内涵和范围要比循环经济覆盖面窄。判断一种经济形态的主要依据就是主导的生产方式和主导性生产要素。工业经济有两大特征:一是生产的机械化;二是经营的规模化。工业经济明显区别与其他经济形态在于它是以社会化大生产为主导性生产方式(即社会化生产组织形式、现代化大机器生产),以资本为主导性生产要素(第一次产业革命是"铁和煤的革命",第二次产业革命就是"钢和电以及石油业的革命",因此主导性要素实际上是自然资源的资本化)。生产的机械化和经营的规模化必然需要以自然资源的高消耗和物质资本的高投入维持经济增长。与工业经济相对的是生态经济,生态经济是以生态学和系统学为指导,改变传统的以机械学为指导的生产和消费方式,遵循经济规律和生态规律,兼顾时间性(代际平衡)、空间性(区域平衡)和效率性(低耗高效)的统一,实现经济、社会、自然的和谐发展。

由此可见,循环经济与生态经济是一致的,而工业经济与线性经济是一致的。

当然工业经济的内涵自身也是不断发展变化的。随着信息化对工业经济的提升,人力资本要素的地位加强,经济活动生态化诉求的强化,传统工业经济概念需要更新和改造。正如在本书的开篇指出,工业化和生态化分别是结构变迁和系统变迁的范畴,工业经济是从产业形态层面体现出经济的结构性,循环经济则是从发展模式层面体现出经济的系统性。

6.1—2 循环经济的产业支撑体系构成

循环经济要求经济生态化,[①]其基础在于产业的生态化。与其他生态经济不同的是,循环经济具有显著的减物质化特征,在产业模式和经济形态上要求经济活动的"三化":绿化、轻化和软化。这"三化"分别对生态经济、知识经济和服务经济的发展提出了新的要求。循环经济的产业支撑体系由三部分构成:新经济产业、生态产业和废物回收产业。新经济产业主要是以知识经济和服务经济为主体的产业形态,它们具有渗透性、提升性和导向性。在更广泛的意义上,循环经济的产业支撑体系还包括生态化的"动脉产业"以及"静脉产业"。"动脉产业"是指开发利用自然资源而形成的产业;"静脉产业"是指围绕废物资源化而形成的产业。它们的典型形态分别是生态产业和废物回收产业。生态产业经济主要是指按照产业生态学规律组织规划经济活动,对传统经济和传统产业进行改造和升级,根据工业代谢和产业生态原理建立产业链和生态工业园区。废物回收产业主要是指对生产和生活中产生的废弃物进行回收、处理、交换,实现废物资源化。对传统产业进行改造而形成的生态产业也叫动脉产业,废物回收产业也叫静脉产业。周宏春(2005)把循环经济视为一种产

[①] 经济生态化概念最早是山东社会科学院经济研究所研究员马传栋提出的,1991年他先后在《经济研究》等刊物发表了"论生态工业"等三篇论文,开创了我国工业发展的生态化、绿色化研究之路。

业形态,它包括节约型产业/产品体系、资源综合利用产品体系、废旧物资再生产品体系以及环保产业体系。季昆森(2006)把循环经济产业体系分为环境产业和废弃物再生利用产业,其中环境产业不同于一般的环保产业,它包含四个方面,一是面向末端污染控制的产业,二是面向洁净生产技术的产业,三是面向绿色洁净产品的产业,四是面向生态环境功能服务的产业。他的概括包含了动脉产业和静脉产业。这些产业体系既是循环经济的组成部分,又是循环经济发展的支撑条件,是在经济发展中解决资源环境问题的重要力量。

　　循环经济产业体系与传统产业体系存在显著区别。循环经济产业体系是生态产业,而传统产业体系是基于传统工业经济的。我们从传统产业和生态产业的差异可以看出二者的区别。见表6.1。

　　循环经济产业的发展有两个方面,一是产业生态化,通过改变新的组织形式、调整政策来恢复和保持各种形式的社会、经济和生态的调节能力,将人类活动、土地利用、自然循环和功能协调整合为一体的生态系统,即对传统产业进行生态化改造;二是生态产业化,即对具有生态效益和经济效益的产业进行制度创新和组织创新,包括市场化、规模化和社会化。生态产业化和产业生态化,是指把资源的综合利用和环保结合在一起的产业发展过程,它要求所有的产业都要符合生态经济的要求,都要走向生态产业的阶段。循环经济产业的发展要求综合地运用生态经济规律和一切有利于工业生态经济协调发展的现代化科学技术,从宏观上协调由工业经济系统和生态系统结合而成的工业生态经济系统的结构和功能,协调工业的生态、经济和技术关系,促进工业生态经济系统的物质流、能量流、信息流、人流和价值流的合理运转和系统的稳定有序协调发展,建立宏观的工业生态经济系统的动态平衡,并在微观上做到工业生态资源的多层次物质循环和综合利用(包括各类工业废弃物和能量的综合利用),提高工业生态经济系统的各个子系统的能量转换和物质循环效率,建立微观的工业生态经济平衡。①

表 6.1 传统产业和循环经济产业的差异

类型描述	传统产业	循环经济产业
目标	产值、利润	经济效益、社会效益和生态效益的统一
结构	链式、线性,具有刚性	网状、闭合,具有自适应性
规模化	产业单一化、大型化	产业多样化、组合化
系统耦合度	纵向关联,部门经济	横向关联,符合生态系统
功能	产品生产 + 环境扰动	产品生产 + 社会服务 + 生态服务
效益	短期投资收益高,环境外部经济大	长期经济收益高,环境外部经济小,整体效益大
资源利用率	资源利用率低,废弃物直接排放到环境	资源利用率高,强调再循环和资源化
环境保护	末端控制	源头控制和过程控制
经济导向	产品经济	功能经济
效率标准	劳动生产率或资本生产率	资源生产率
物质依赖型	资源依赖型	非物质化
演化策略	孤立、单一演化	协同演化
可持续性	弱	强

资料来源:综合多方面资料整理而成。

国家发改委曾提出,我国将从四个方面加快循环经济发展:推进节约降耗,提高资源利用效率;全面推行清洁生产,从源头减少污染物的产生;开展资源综合利用,最大限度利用资源;发展环保产业,为循环经济发展提供物质技术保障。这种思路实际上就是全方位地发

---

① 参见马传栋:"论生态产业化与产业生态化",载《大众日报电子版》,2003 年 4 月 6 日。

展循环经济,把循环经济与整个经济体系融为一体,既包括静脉产业,也包括动脉产业,还涵盖环保产业。

本节先介绍以知识经济和服务经济为主体的新经济产业及其循环经济的支撑作用。关于动脉产业的生态化和静脉产业的相关讨论将在后面的章节展开。

6.1—3 知识经济对循环经济的支撑作用

据统计,高技术产业每上升一个百分点,高能耗产业每下降一个百分点,能耗就可以下降一点五个百分点。当前发达经济中的可持续发展、竞争力和就业等问题,只有通过面向知识经济和服务经济的急剧变化才可以得到解决。关键点是:作为一种高度创新的模式,非物质化是一个面向知识经济、促进结构变迁的战略。非物质化的目标不管是10倍还是4倍都很重要:后者以目前知识和技术水平就可实现,但它对结构变迁的速度影响是有限的;前者则形成了对新知识新技术的强烈挑战,因此可视为结构变迁的发动机。

知识经济和循环经济是实现可持续发展的两大重要途径。知识经济将信息提升到与物质、能源同等重要的地位,其实质是高效地创造、组织加工、传递和利用非物质化的信息资源;循环经济是对线性经济的提升,它以物质资源的循环利用和能源的高效利用为主要特征,包括生态工业、生态农业、生态消费和静脉产业子系统。

信息为循环经济的发展提供了技术支撑。信息有助于降低能耗,信息控制技术使自然资源得到节约,信息技术加强了信息的替代功能,减少了由物流所造成的资源浪费。信息技术、信息产品和信息服务可以大大节约国民经济活动中各项基本资源的使用和消耗。所谓生态智能产品不但更轻、更小、更耐用、更美观、更有效、更易于维修,而且大大节约了物质能量的消耗。保罗·汉肯(Paul Hanken)认为,一种以通过提高和增进商品、劳务所含的智力、信息来减少工业和个人物质消耗量的新兴经济,正在取代以规模经济、大量劳动力生产并消费大量商品为特征的物质经济。"轻、薄、短、小"取代"厚、重、长、大"的原因在于物质-信息替代率的变化。塞尔古思·修莱贝尔在《世界的挑战》中指出,"所谓信息社会,就是用信息来取代从前社会中能源所占地位的社会"。据统计,1972~1982年10年间,发达国家汽车制造商通过新的设计,新的工艺和新的材料使每辆车的重量减少了1 000磅以上。

信息产业对国民经济增长的倍增作用。信息乘数(K)是指在其他外生变量不变的条件下,信息投入(M_r)变动将直接和间接引起的其他国民经济增长的倍数(即:$K=dY/dM_r$)。

信息技术的发展为可持续发展带来机遇。但是,信息化程度的提高并不一定意味着资源生产率的提高。在信息技术的推动下,也有可能加剧资源和能源的消耗。从经济增长史来看,在经济增长中,起重要作用的生产要素有劳动力、土地、资本、资源和知识(信息、技术、管理)。在农业经济时代,劳动力和土地占主导地位;在工业经济时代,资源和资本占主导地位;在信息经济时代,知识和信息占主导地位。

根据洛伦茨·M.希尔蒂和托马斯·拉迪(Lorenz M. Hilty and Thomas Ruddy)(2002)的研究,信息技术可能导致两个方向的社会演进:可持续的信息社会和不可持续的信息社会。随着信息密集度的提高同时伴随着资源密集度的降低,就进入可持续的信息社会;否则,是不可持续的。见图6.1。

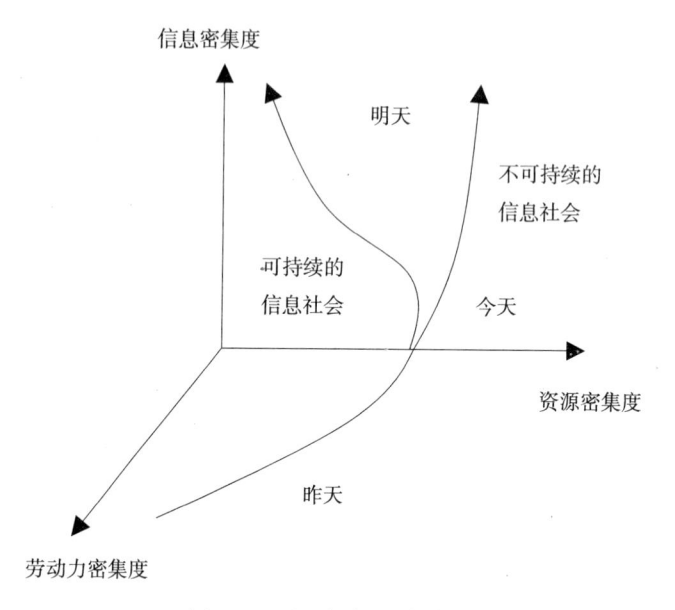

图 6.1 经济发展的路径

资料来源:希尔蒂、鲁迪:"信息时代的资源生产率",载《未来》,2002 年第 2 期。

6.1—4 服务经济对循环经济的支撑作用

服务经济是美国经济学家富克斯于 1968 年最早提出来的。他指出:"我们现在处在'服务经济'之中,即在世界历史上我们第一次成为这样的国家,在其中一半以上的就业人口不再从事食品、服装、住房、汽车和其他有形产品的生产。"[1]霍肯等人(1997)认为服务经济有助于经济的非物质化,魏茨察克等人(2001)则指出,"服务经济的核心是'第二产业的第三产业化'"。

服务经济的发展体现经济活动价值实现能力的提升。经济活动

---

[1] 富克斯(1968):《服务经济学》,商务印书馆,1987 年。

在价值运动中展现为价值创造与价值实现是两个方面。中国经济的高速增长产生的对资源能力的过度需求,导致资源的大量消耗和环境的严重影响,经济系统与生态系统矛盾突出。这种矛盾从根本上解释,就是物质产品的份额和经济价值份额的"大分流",价值创造与价值实现的背离。[①] 2003 年中国生产的产品总价值为 13 000 亿美元,约占世界产值的 3.8%。中国消耗的各种资源份额分别占世界总量比重各有不同,根据加权平均数计算,约为 23%。要维持这样的增长局面,于是,在增长路径上形成一种依赖:要提高价值份额只有拼命地制造产品,要更多地制造产品就拼资源、拼劳动力、拼环境。价值创造与价值实现的背离是产业结构畸形化的结果。也就是说,工业制造能力急剧增加,而产品价值的实现能力滞后,即服务业发展缓慢。这可以在各产业产值在整个经济中的构成比例看出来。2003 年,中国第一、第二和第三产业的产值比重分别占 GDP 的 15%、53%和 32%。同年,美国的三次产业比重分别是 2%、18%和 80%。美国用占其产品价值 20%的实物性产品实现了 11 万亿美元的经济价值;而中国则用占其产品价值 68%的实物性产品实现了 12 万亿人民币的经济价值。美国经济价值总量与实物部门产值之比为 1∶0.2,中国的经济之比为 1∶0.68。这种价值总量与实物部门产值之比就是一个经济体的价值实现能力,由此可知,美国经济的价值实现能力是中国的 3.4 倍。

价值实现能力主要通过服务经济来体现。推动价值实现,主要有两种途径:一是服务创新,增加功能性价值,即在实物消费不变的条件下使消费者福利增进,同时,因功能性价值增加而促使更多的产

---

① 曹和平,林卫斌."企业与市场关系新释:产业链与市场构造",载《经济学动态》,2004 年第 10 期。

品价值实现;二是信息交易,降低交易成本。信息流的加速一方面增强了消费者对商品和服务的选择在时间、空间和偏好等方面的可获得性;另一方面,信息流伴随着物流、能流,加快了价值周转速度,生产费用和交易成本大大降低。以信息交易为主要内容的物流业的发展体现了经济系统的运行对价值实现能力的迫切需要,物流业的发展呈现出多方物流并存的局面。

  服务创新则可以通过为客户节约不必要的支出而创造价值。产品服务增值扩展战略要求企业在相对保持原来产品的基础上,进入产品服务增值区域,为用户和自身创造新的价值,这主要包括五种产品服务增值活动:(1)非保修期服务;(2)产品升级服务;(3)产品综合运用服务;(4)产品派生需求服务;(5)对顾客利用产品的创新活动提供服务。[①] 企业通过提高服务获得包括直接和潜在的收入:一是从服务中直接获得服务收入;二是通过服务收集产品信息,了解顾客需求,建立起良好的客户关系等,为产品以后销售的实现创造条件,实现潜在的产品服务增值。"服务"能为产品用户带来成本的节约。成本的节约并不一定表现为服务的价格低,而主要体现在及时、高质量、能改善产品的性能或进行技术升级等价值创新活动。

6.2 循环经济中的产权与环境责任

  清晰的产权边界、完善的产权保护和顺畅的产权交易是经济活动高效率的制度基础,这一点对循环经济的发展更为重要。因

[①] 叶勤:"产品服务增值扩展战略的兴起与发展",载《商业经济与管理》,2002年第6期。

为循环经济中的资源价格问题、环境责任界定问题无一不与产权息息相关。正如阿尔钦所说的:"在本质上,经济学是对稀缺资源产权的研究……一个社会中的稀缺资源的配置就对使用资源权利的安排……,经济学中的问题,如价格如何决定的问题,实质上是产权应如何界定与交换以及应采取怎样的形式的问题。"

6.2—1 产权制度变迁与循环经济发展

(一) 产权的功能

产权的功能在于帮助一个人形成他与其他人进行交易时的预期。定义良好的产权可以降低交易成本。不同的产权安排具有不同的效率。共有产权的制度会产生"公共的悲剧",因为个人权利不明确,每个人可能会转嫁成本,且获取收益而不付成本,经济决策不能形成严格的约束。从而导致私人边际成本小于社会边际成本。由于投资者无法预期其未来收益,投资激励被削弱。在产权模糊的条件下,竞争压力鼓励短期行为,导致资源的使用成本和长期投资受到忽视。

资源环境问题的核心是产权问题。在共有产权下,资源的价值随时间的推移而下降。产权的缺失会增加资源流动的交易成本,降低资源再配置效率,从而导致资源价值下降。因为在产权清晰且完整的条件下,资源价格能够准确而真实反映其供求状况,交易各方会把资源配置到有价值的方面,最终实现帕累托效率。如果缺乏这种产权制度,价格信号扭曲、失真,资源也就无法流向有价值的方面。对于资源的跨期配置问题,价格反映跨期资源租金流的现值。如果资源现值低于未来值,资源的开发利用会因为竞争压力而减少。但是如果缺乏这种产权安排,也就不会产生这种价格信号,经济主体不会作出资源在现在和未来之间进行合理利用的决策。而且,由于所有权的不确定,资源的价值会进一步恶化。因为,所有权的不确定性和不安全性会缩短生产决策的时间长度,减少投资,并鼓励过于快速地掠夺性开采。[1]

有效产权制度的经济绩效表现在两个方面:一是对经济行为的激励,即通过分配转让有价值资产的所有权和指定从资源利用的决策中获得收益并承担成本;二是通过配置决策权,主导性产权安排决定了谁是经济系统的主角。

(二) 循环经济中的产权问题

资源约束和环境恶化的本质是经济关系的矛盾凸现,经济关系的矛盾主要在于高交易成本,高交易成本主要源于产权结构的不合理(权责和损益不一致),而交易成本的克服需要结构上的变革,尤其是制度结构的调整。中国经济转型包括两个方面,一是经济增长方式的转变,二是经济运行机制的转换。从资源的角度来看,经济增长方式是指推动经济增长的各种生产要素投入及其组合的方式,其实质是依赖什么要素,借助什么手段,通过什么途径,怎样实现经济增长[2],因此经济增长方式是资源的利用问题,即技术经济学问题;经济运行机制是指资源如何在不同的利益集团、个人进行分配,其实质是以产权为基础的体制调整和制度变革,涉及利益格局的变化,因此经济运行机制是资源的配置问题,也是个制度经济学问题。

---

[1] 利贝卡普(1989):《产权的缔约分析》,中国社会科学出版社,中译本,陈宇东等译,2001年。

[2] 马凯:"科学的发展观与经济增长方式的根本转变",载《求是》杂志,2004年第8期。

循环经济的生态经济学意义在于把可持续发展理念落实到实际的社会经济生活之中,力图系统性减少人类经济活动对生态环境的影响,即对经济流程从输入端到输出端进行全程控制。传统的生态经济学只是对经济活动的物质流进行分析,忽视价值流和信息流分析。循环经济基于生态规律,关注价值流和信息流,注重从经济学角度对经济流程的前后两端管理。输入端控制资源的过度消耗,输出端控制环境过度扰动。控制机制具有技术和经济可行性的方法之一就是产权的重新安排及相应权责的重新配置:重点是自然资源产权和环境使用权设计。

拥有产权以及为此而展开的一切经济活动都是为了获取产权的收益。有一点被人们所忽视的是在实现产权收益目标的过程中,也会伴随着成本的产生。科斯(1960)因为发现了这一问题而开创了法经济学的先河。他在《社会成本问题》一文的结尾指出,"如果将生产要素视为权利","行使权利(使用一种生产要素)的成本,正是该权利的行使对别人产生危害"。"当在各自为改进决策的前提下,对各种社会格局进行选择时",将会导致其他决策的恶化。因此,在设计和选择社会格局时,应考虑总的效果。[①] 传统经济增长是基于传统产权结构形成的,我国长期以来的经济高速增长积累了大量的物质财富,但是由于产权的收益和成本的非对称性,造成严重的资源环境和生态问题,危及当代人的生命健康和后代人的生存条件。

有效而相对稳定的产权结构本质上应是各种利益和谐共生的格局。经济主体为改进自身福利状况而进行理性决策,边际改进的过程既是利益博弈和反复交易的缔约过程,也是决策的主体根据公共利益代表(政府)所提供的制度不断调整和选择的过程。均衡的产权

---

① 科斯:"社会成本问题",载《法律与经济杂志》,1960年,第3卷,第1~44页。

构成应止于产权的边际收益等于边际成本。现行的产权结构需要进行改进以适应循环经济发展的需要,既对循环经济中各种经济活动和各个环节所产生的成本和收益进行划分,为循环经济提供一个内生化的机制和制度结构。

有效的产权与制度安排是市场机制有效发挥对资源基础性配置功能的前提。在健全的市场机制下,资源的稀缺性能够得到正确的反映,进而体现资源利用的效率。

在循环经济中,资源生态价值的市场化配置体现于三个互动层面,即企业内部、企业之间以及整个社会。不同层面的资源生态价值市场化配置引发的外部性是不同的,因此需要设计不同的政府主导的法律制度。设计这些法律制度的核心是,根据循环经济的不同层面,理性地划分和配置公权力与私权利的界限和功能,构筑良性互动的权利体系。循环经济的立法应侧重于企业之间、社会整体层面资源生态价值的市场化配置,这种变化应体现在两个方面:生产者责任的延伸及责任承担方式的社会化,政府职能由公共管理扩展到公共服务。[①]

循环经济中的产权问题是多层面的,以生态经济效率为核心,以资源减量化为主要原则,需要突出解决的产权问题是与资源价值评估、价格形成、资源循环利用和再生成本收益、生产者和消费者责任划分等方面密切相关的生态经济问题,它涉及自然资源的初始产权界定、生产者环境责任界定、资源循环利用和再生成本收益划分、消费者丢弃权四个方面。制度变迁有诱致性变迁和强制性变迁两种形式。产权的变动意味着一个利益结构的变化。循环经济中的产权结

---

① 王蓉:"循环经济立法的理论分析和实践思考",参见 http://www.sdinfo.net.cn/luntan/content/T4065.htm。

构变动导致经济增长形成的原有利益格局发生变化,利益受损者必然会形成制度变迁的阻力。因此,这种产权结构的调整不仅需要自下而上的交易和缔约来完成(即所谓的诱致性变迁),更需要自上而下的强力改革和强制实施(即所谓的强制性变迁)。

由于资源环境和生态领域产品特征、属性的复杂性,对其产权的归属、交易以及价格显示是很复杂的。根据资源的可分离性,萨缪尔逊(Samuelson)把自然资源分为可分拨的和不可分拨的资源,在运转良好的市场中,前者将被有效地标价,后者具有外部性,并会引发经济问题。

(三) 科斯定律与产权配置效率

根据科斯定律,如果交易成本为零,产权的初始状况与资源配置效率无关。这意味着两层含义:一是若交易成本为零,不管初始产权是谁的,都不影响资源配置效率,或者说都是有效的;二是若交易成本不为零,那么初始产权状况将会决定资源配置效率。这样一来,不同的产权界定方式会产生不同的配置效率。

需要指出的是,传统经济学通常只是讨论资源配置的静态效率,而忽略其动态效率。这对自然资源和生态环境问题来说,是远远不够的。资源环境方面的产权制度不仅涉及静态效率,还包括动态效率。

循环经济中资源环境的静态配置效率。静态配置效率就是符合帕累托最优,即满足以下条件:存在市场交换、完全竞争、完全信息、产权确定且明晰、不存在外部性、不存在公共产品、长期平均成本非递减,资源配置达到最优。[1] 静态效率的产权安排可以通过谈

---

[1] 珀曼等,2001年,第126页。

判和政府强制规定两种方式来进行。前者是主体之间的缔约过程,属于诱致性变迁;后者是自上而下的强制执行过程,属于强制性变迁。

谈判是一个重新缔约的过程。经过谈判,交易各方对交易活动产生的成本和收益进行重新分配。如果存在负外部性,受到侵害的产权持有者以获得补偿为条件,放弃对侵害者行为在法律上的索赔的权利;如果存在正外部性,外部收益的生产者通过受益方支付收益价格而得到补偿。但是即使产权是明晰的且可执行的,谈判的发生仍受到很多制约。制约因素有:谈判各方的数量、谈判各方的可识别性。只有利益主体数目很小,且主体利益边界明确,具有严格的排他性,谈判才可能是有效率的方法。至于自然资源的产权配置,制约谈判方式运用的因素就更多了,比如有(1)公共品问题;(2)谈判方的数量;(3)代际利益主体缺位。

政府有产权界定的公共政策职能。这种方式的事前交易成本低,时间效率高,不容易形成路径依赖。但是,事后交易成本高,且由于信息的不完全和不对称,政府可能会犯决策性失误,加之人的自利性,官员的寻租行为也会使产权的效率降低。

循环经济中资源环境的代际效率。尽管循环经济并非以代际公平为原则,但是在客观上能够实现代际效率。明确资源的使用权并不意味着当代人可以任意处置已知现存的所有资源,资源的代际配置体现后代的资源利用机会平等权。

所谓代际效率:定义一个现存所有人的集合体,并假定有可能界定该集合体在任何时期的效用。对于当前某种给定的效用水平,如果未来所有时点上的效用在经济上都尽可能的高,那么,这种跨期的资源配置是代际有效率的。代际效率的两个条件:一是资产在整个经济系统中的收益率都是相等的;二是投资的实际收益率 δ 等于消

费贴现率 γ①。见图 6.2 和 6.3。

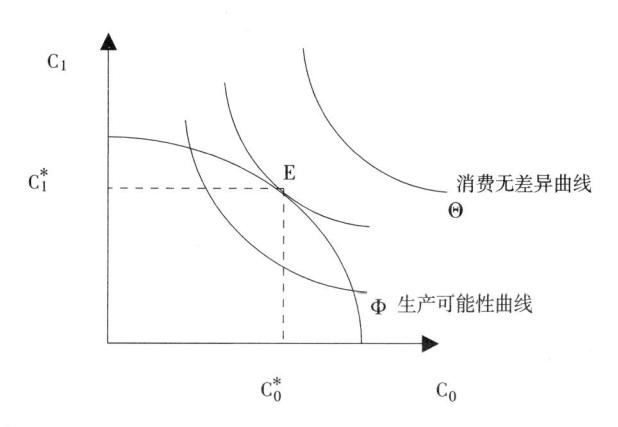

图 6.2 资源的代际有效配置

注：在图 6.2 中，Φ 为生产可能性曲线，Θ 为消费无差异曲线，C_0 和 C_1 分别为当代人和后代人的消费。E 点为当代人和后代人的消费效用相等。要达到 E 点，须满足霍特林规则(Hotelling, H., 1931)，即在开采成本不变时，资源租金增长率等于利息率。霍特林规则仍然是一个静态效率的条件。

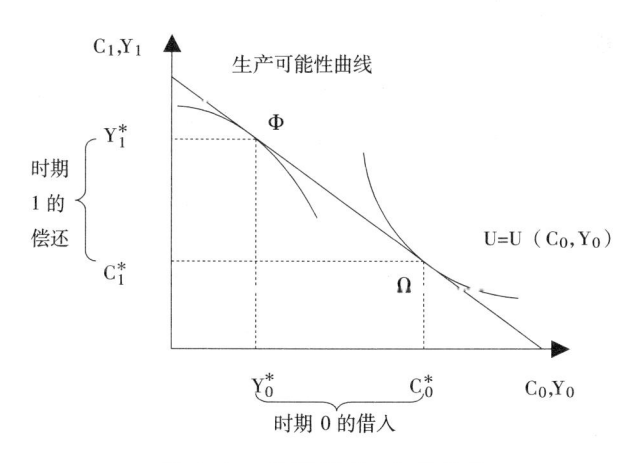

图 6.3 代际消费-生产均衡

---

① 珀曼等，2001 年，第 124 页。

代际效率不仅要考虑消费均衡,还要考虑生产均衡。在图 6.3 中,Φ 为代际消费,Ω 为代际生产均衡。在时期 0 的借入数量为 $C_0^* - Y_0^*$,在时期 1 的偿还数量为 $Y_1^* - C_1^*$。市场利率由整个经济中的所有人的借入和偿还决策所决定。均衡利率是时间序列上总贷出和等于总借入的任何一点。因此,要实现代际消费-生产均衡,须满足哈特维克准则,即从有效率的非再生资源开采活动获取的租金全部用于资本再生产。

循环经济的基础在于从微观上引导和规范经济主体的行为的生态化。循环再生过程中的产权安排有助于给经济主体以有效的经济激励,提供一种稳定的预期。

6.2—2 自然资源产权的缔约分析

自然资源的产权问题涉及三个层面:产权的界定、保护与交易。阿尔钦(1994)认为,是一种物品的物质使用权和条件而非它的价格阻碍了其他人的行动。抑制资源过度消耗和环境恶化的一个有效办法就是对资源环境的产权进行界定和保护。

(一) 自然资源产权界定的缔约过程

资源价格的形成不仅是一个市场化的过程,而且是政府提供产权制度、保证缔约顺利进行的过程。资源价格的形成不能完全依靠市场化过程,需要政府政策调控和法律规范。资源的价格实际上就是资源产权的价格。资源价格形成机制的改革尤其是资源产权制度的改革触及既得利益集团的利益,这个过程将是一个讨价还价的过程。资源产权变革是诱致性变迁和强制性变迁交织、市场选择和理性设计混合的制度变迁过程。过于强调政府的强制性变迁和理性设计会因巨大的障碍和阻力而使改革偏离既定方向,过于强调自愿交易、干中学和市场选择来推动产权结构变化则耗时太久。

根据诺思的观点,有效的制度安排是经济长期增长的关键,制度创新是制度需求和制度供给两个方面共同作用的结果。如果现有的权利结构限制或阻碍了对相对价格和技术的变化作出反应,那么,未被开掘的潜在收益的存在将导致个人采取更合适的产权安排。成功的制度变迁是指促进经济增长的治理结构的变化。有效的产权变革至少要达到两点要求:一是能够获得制度变迁的收益,二是保持生产的增长。但是当经济发展到一定阶段,产权制度的变迁就会从经济总体扩张转向利益集团的分配,进而通过更多的制度安排来固化利益格局。

但是有效的产权制度在历史上并非是通常情况。在新产权达成契约之前,谈判各方的立场取决于他们如何看待自己在新制度安排下的福利变化情况。这样,他们一方面维持自身利益以保证不会变差,另一方面有动力寻求新制度下尽可能大的租金份额。这种因产权变动而可能导致的对有利经济机会的争夺,把更多的资源引向非生产领域,给社会带来巨大的成本。当私人协议无法达成时,政府管制不啻为完成长期缔约的重要机制(利贝卡普,1989)。

这里就产权的缔约过程展开讨论。什么是缔约?缔约是指用来描述个人或调整产权的努力。在创造和调整产权的讨价还价中,不同协商集团的立场,包括私人产权拥有者、官僚和政客在内的立场,总是由他们各自的预期收益以及其他参与者的行为影响所决定。产权制度是政治过程的结果。尽管人们能够认识到通过产权制度的创新可以减少资源作为公共产品在配置效率方面的损失,但是在向预定目标过度的过程中,财富和政治权利的分配总是引起争端的根源。由于资源产权的重新安排具有排他性,会导致一些旧体制下既得利益者因利用划分而遭受损失。因此,在产权的重新界定中,要考虑到那些有影响力的参与者对制度变迁的推动因素和阻碍因素。也就是说,对谈判各方个别偏好的考察和对产权制度背后政治交易细节的考虑对于资源产权创新是很有必要的(利贝卡普,1989)。

如果既得利益在新的产权制度下福利不能改善或至少不能受损,他们会成为反对制度创新的主要力量。由于他们在政治交易中占据优势,他们可以以更低的成本采取集体行动,并且把旧有利益格局下的既得利益联系成为一个相对紧密的谈判集团。这些优势使之成为有效的政治说客,影响决策过程,并可能会使制度变迁偏离原定方向而转为保持现状。

产权缔约的主要动力是"共有资源"的损失。为了避免这种损失而获得预期增加的收益,对于建立或调整产权以限制控制资源的使用成为相关方的制度需求。改变现有产权的压力则来自系统外的变量,如相对价格的变动、生产和操作技术的变化、偏好和其他政治参数的改变。

创新界定产权并非一定能够带来净收益,它还取决于共有资源损失的大小、缔约成本的性质以及确定和巩固产权的成本。产权缔约的核心问题是谈判各方运用策略去最大化其在新界定产权中可能得到的财富份额。围绕这一问题,产权缔约的推进过程取决于以下几个因素:(1)制度变化带来的期望总收益和规模大小;(2)谈判各方的数目和异质性;(3)信息问题;(4)现有的和拟议中的财富份额分配的扭曲或集中程度。

界定和实施产权的成本是资源的物理特征的功能、资源的价值以及关于个人份额性质的政治冲突的函数。就物理特征而言,对稳定的、可观察的资源进行减少资源共有损失的产权安排比流动性强、不易观察的资源的产权安排更完善。

利贝卡普(1989)通过对采矿权、农地产权、捕捞权和原油生产产权的案例分析发现,这四个案例中合同订立的复杂程度和清晰产权的配置程度依次增加,为达成协议而在份额重新调整上作出的妥协,改变了最终采用的制度的性质和所得总收益的性质。要理解产权的多样性,注意力应放在分配冲突和为促进协议达成进行的私下支付上。

(二) 资源产权的交易与明晰产权的关系

产权的经济意义在于它的可获利性。界定产权是为了获取比模糊产权状态下更大的收益,界定产权只是为获取收益提供了条件,收益的实现则依赖产权的可交易性。因此,产权交易既是产权明晰的目的,又是产权明晰的手段。产权结构的优化常常是在产权交易过程之中完成的,而不是等到已经选定了合适的产权结构再进行产权交易。产权交易过程正是进一步优化产权结构的方式(巴泽尔,1997)。只有在市场上进行产权交易,我们才能发现稀缺产权结构的需求,从而提高供给该稀缺产权结构的动力。有效的产权结构不是人们在产权交易之前设计出来的,而必须通过市场交易来体现它的稀缺性,体现它的需求,从而通过市场机制在多种产权结构中进行选择,推动产权结构的不断优化。[①]

(三) 我国自然资源产权改革存在的问题与产权制度变迁路径设计[②]

(1)问题及症结。我国当前存在大量的自然资源非法开采、采富弃贫、使用浪费等现象,其中非法开采尤为严重,这是在当前我国自然资源公有产权制度和政府审批制度约束下,三种利益集团——上

[①] 马中、蓝虹:"产权明晰和交易是环境资源合理定价的基础,"载《中国物价》,2004(2)。
[②] 参见李胜兰、曹向兴:"构建有中国特色的自然资源产权制度",载《资源科学》,2000年第3期。

级政府、地方政府和资源使用者之间为了各自收益最大化而相互博弈的结果,是一种制度内生变迁过程(代吉林,2004)。因此,根本上是产权问题。要彻底改变这种现象,就必须调整现有的自然资源公有化产权制度和政府审批制度,促使控制权与收益权彼此对称。由于自然资源种类繁多,分布广泛,对于不同的自然资源产权需要作具体的分析。本节主要对矿产资源(非生物性不可再生资源)的产权改革进行探讨。我国矿产资源产权存在的问题非常复杂,产权改革遭遇的阻力也是极其顽固的,问题的根源不是简单地对资源产权一改了之[①]。其根本涉及中央和地方的权力分配、复杂的官商利益、政府管制的界定等方面。笔者运用委托代理理论对其作简要分析。

在现行的自然资源产权体制下,中央政府拥有资源的所有权和控制权,地方政府作为代理人获得控制权,但是中央政府获得的仅仅是税收,而没有所有权和控制权收益;地方政府也没有获得控制权收益,但是可以利用审批和管制寻租,收取租金,这种租金既可以由小团体支配,也可以由官员独占。由此可见问题的关键在于不同产权属性的权利和收益不对称。

(2)产权改革的原则。根据归属明确、权责对称、保护有力、流转顺畅的原则来推进自然资源产权改革。体现几点要求:①自然资源产权关系明晰,责、权、利对称合理;②自然资源产权结构多样化、多层次化;③根据不同的资源状况,促进起产权的商品化、市场化。

产权制度变迁路径。①建立完善的自然资源产权分属体制,明确划分中央和地方各级政府资源所有权和控制权;②建立和健全具有权威性的自然资源管理机构,依法确定其控制权收益;③建立不同的自然资源产权制度;④规范自然资源产权市场,促进资源产权流转。

---

① 从近几年频发的矿难事件和"官股"明退实进可以看出这一点。

6.2—3 循环经济过程中行为主体的产权与责任

(一) 基于动态产权的环境使用权与生产者责任

首先介绍动态产权理论。产权结构又分静态结构和动态结构。产权的静态结构是指一定时点上或特定时期内的产权的微观结构和宏观结构。稳定性是产权制度的一种内在属性,而产权的静态结构是对某一时点或时期内产权关系的定格。对产权静态结构进行分析是必要的,一个时点或时期的产权结构,就是一个资源配置、收益分配的基本格局;但是,如果只注重静态产权结构的分析,就会把产权关系固定化、封闭化,忽视其发展和变动性。产权的动态结构是指产权结构所具有的动态性和由一种结构向另一种结构的转变过程,包括其中某些因素的变动,因为一种因素的变动实际上在一定程度上改变了原有的结构。产权的动态结构显示,各种产权的分离组合关系都在改变,单个产权主体也总是在不断调整其内部权利结构。

前一部分分析了资源产权问题,更多的是对产权界定和保护进行分析,因此描述的是产权的静态结构。产权一旦界定并非一劳永逸,随着交易技术、交易制度和当事人理性程度的变化,产权结构会发生变化。巴泽尔的度量理论和张五常的合约理论构成了动态产权理论的核心内容。张五常(1996)认为,产权合约是选择的结果,而产权结构的绩效是与现实约束条件密切相关的。巴泽尔(1997)认为,卖方责任不仅在交易过程中,还存在于交易的后续责任;由于信息的不对称,商品品质信息的占有量决定交易方的收益大小;合约不仅界定参与者的权利,还界定其责任,权利和责任的分配状况决定资源配置的效率谁更有能力影响交易的效果,谁就应承担更多的责任。

其次,讨论环境使用权与环境影响主体的责任变化。首要的是环境使用权的界定与保护。环境权是指全体社会成员所享有的在健康、安全和舒适的环境中生活和工作的权利。最早由美国学者 J. L. 萨克斯提出这一概念,后由日本律师仁藤一和池尾隆良作了有具体法律依据的论述,把环境权规定为要求预防或者排除环境破坏的权利。1972年斯德哥尔摩的联合国《人类环境宣言》中,以"人有在保持尊严与福祉的环境中享受自由、平等以及幸福生活的基本权利",这表明了环境权的观点。1992年联合国环境与发展大会全球首脑会议发表的《里约环境与发展大会宣言》中宣布"人类拥有与自然协调的、健康的生产和活动的权利",表明环境权已为国际社会所公认。我国从《宪法》到《环境保护法》,从各种资源保护法到污染防治法,都体现了"人人享有生活在健康、安全的环境中的权利"。

对于生产者而言,生产产品是收益;但是在产品的整个生命周期中,会产生对环境的压力,对于社会和环境而言,生产产品也是成本。环境是一种公共产品,对这种公共品的消费是一种权利,即环境使用权。当在总量或速度上,对环境的消费超出环境产品的供给(即资源存量、环境容量和生态阈值)时,必须购买这种权利。因此,企业在开采、生产、流通的过程中要支付环境使用的成本。阿尔钦(1994)认为,私有产权的可分割性、可分离性和可让渡性为现代企业组织展开大规模合作性联合生产提供了可能。因为这为团队生产中绩效考核及收益分配提供了产权基础和度量依据。他是从产权-收益来认识产权的经济意义。严格的产权边界是能使产权的收益和成本内部化。产权的上述特征同时也为确定生产者参与经济流程产生的成本提供了条件。在整个经济流程中,产品全生命周期产生的环境成本是不断变化的,不同阶段、不同环节和不同状态下,环境成本的责任主体也不尽相同,生产者仅仅是其中之一。需要通过对环境产权特性的研究来确定环境责任主体,划分经济责任。

最后,建立以生产者责任为主的环境成本补偿机制。根据科斯定律,如果交易成本为0,产权的初始状况不影响资源配置效率。根据科斯定律,在产权确定的条件下,如果存在外部性,交易各方可以通过谈判消除外部性,资源配置达到帕累托效率。但是,交易成本的存在,即使产权是明晰的,也会影响资源配置效率。因此,必须确立一个前提,就是产权是可执行的,即不存在事后的交易成本或交易的执行成本为零。产权的可实施性是指在个人权利受到侵害时法律将对侵害行为给予足够的惩罚。

即使经济流程中不同环节产生的环境责任是明确的,但是由于责任承担的代价和管理成本很高,在成本支付方式和支付时间方面也会面临诸多技术性障碍。比如尽管法律责任很明确,但执行成本很高时,可以寻求替代性方式,来协调利益矛盾。为了提高经济系统的运转效率,在保证生态效率的同时,可以根据不同的状态,以不同的方式履行各主体的相应的经济责任。可以通过合约方式、谈判协商方式、组织关系变更、非正式规则等来支付各自的环境成本。这些方式的选择取决于双方的交易成本。

在生态经济系统中,主要的行为主体分为生产者、消费者和分解者。无论是从环境影响力度(环境成本),还是从环境使用权收益看,生产者的环境成本是主要的。不过从公共利益的角度看,政府应是环境责任的主体。然而经济活动是复杂的,为减少环境成本补偿的交易成本,经济责任可以集中在生产者。政府可以在确定经济活动各个环节发生的环境责任的情况下,通过财政、税收、投资、信贷、规制等手段,调节责任的损益状况。最终使生产者的环境成本收支平衡。对于生产者责任的具体问题将在第6章讨论。

(二) 丢弃权与消费者环境责任

首先定义丢弃权。所谓丢弃权,就是消费者拥有丢弃消费品垃圾的权利。这种权利的大小取决于消费者所承担成本的多少。获得丢弃权的过程就是消费行为外部成本内部化的过程。传统经济学认为消费是满足人的需要的经济活动,因此,可以给人带来正效用,只有当商品消费达到一定程度,效用才会为负值。传统经济学没有考虑到消费活动负外部性,因此,在传统的效用函数中只有商品的数量和价格,而没有环境生态等要素。马歇尔曾经提及消费活动的外部性,但没有展开论述。当考虑到消费的环境成本即负外部性时,人的消费行为就可能会发生变化。影响消费行为变化的因素主要来自两个方面:一是改变消费偏好(包括消费习惯、价值观念、消费伦理等),这个过程是缓慢的;二是改变预算约束,这个因素的作用立竿见影。鉴于环境生态问题的严重性,改变预算约束是现实可行的思路。改变预算约束的办法有事前和事后两种,事前是通过征收消费税,使消费者用于消费的实际支出减少;事后是通过收取垃圾处理费,使消费者的效用减少(总效用减去支付垃圾处理的费用)。从而约束了不合理的消费行为。这些办法通常叫"为丢弃付费"。

其次,分析消费者环境责任及成本支付。国外通常对消费者垃圾回收和处理意愿进行调查,以此来确定环境成本的支付愿望。组织"绿色消费"结构调查,对各收入阶层的"不可再生资源"消耗量及垃圾丢弃量进行统计,中央政府依此改革个人所得税制度,即按"边际资源消费倾向"(MRC)对不同收入阶层的收入分配进行再调节,MRC越小,适用的边际税率越小,MRC越大,适用的边际税率越大,为此,应实施综合所得税;地方政府根据各收入阶层的平均垃圾消耗量建立城镇垃圾处理费和危险废物处置费征收制度。[1]

(三) 循环再生过程中的责任主体、产权配置及损益调整

前面论述了循环经济中生产和消费活动形成的环境责任,这里再对资源再生、废旧回收等领域的环境责任进行分析。由于循环再生过程中责任主体变换频繁、经济关系复杂、责任划分界限模糊,因此所承担的责任划分也是高成本的。根据动态产权理论和产权结构理论,可以对此问题作较清晰的解释。

产权结构、主体责任的不同导致不同的经济绩效。产权的可分割性、可分离性和可让渡性是从不同侧面界定产权的内涵。产权的可分割性是针对产权结构(包括数量、类型)的,可分离性是针对产权的功能和用途而言,可让渡性是指产权在不同主体之间的流动。产权的这些属性有助于分析产权结构的状态和变化导致的主体损益变动。

所谓产权结构,是指在特定考察范围内,产权的构成因素及其相互关系和产权主体的构成状况。任何特定资源的产权都是一种权力,由不同权项组成,因此,都有一个内部权力结构。产权结构包括两层含义:一是由哪些权项组成,相互间是什么关系;二是不同权项的分离组合情况。也就是说,特定资源的产权从理论上是可以划分为很多项目的,而且在不同条件下根据不同需要,可以作不同划分。现实中的产权劈分程度和权项多少,是随着社会分工和发展而变动的。社会分工越发达,产权行使的分工就越细,产权的劈分越细,权

---

[1] 刘萌芽,张长元:"简论用分配机制驱动循环经济的实现",载《社会科学》,2002年第8期。

项就越多,其结构也就越复杂。① 不同的产权结构具有不同的功能,一种产权结构就有一种功能状态。人们对经济关系和经济运行往往有许多目标,可以很大程度上依据产权的功能及其变动规律,使功能按照人们的期望而达到所要实现的目标。

产权结构的绩效是与现实约束条件密切相关的(张五常,1996)。产权理论的研究者们认为,交易成本、商品(或资产)的属性、稀缺性等影响产权结构分化程度的经济绩效。产权问题的重要性在于正的交易成本(科斯,1960)。巴泽尔(2002)认为,产权方法在最少使用市场价格、最少允许调整价格的制度中最有用处;在价格足以有效配置资源的瓦尔拉模型中产权的用处最小,制度也是多余的。当存在交易成本时,趋向均衡的价格调整是缓慢的。由于交易的复杂性,交易各方都有很多机会从一个交易到另一个交易中改变其行为。也就是说,产权分析方法对市场机制不完善的经济最有效。市场经济愈发达,交易成本愈小,产权问题的价值愈小。产权是不断产生并不断放弃的,因此需要一种适合于不断变化的情形(巴泽尔,2002)。产权是一个权利束,资产是收益权只是其中一部分。当某种资产的收入流受到外部的影响而没有得到相应的补偿时,资产的价值就会减少。因此,资产价值的最大化需要最有效的约束对所有权的影响形式,这种形式的出现则取决于该种资产的易变性。马中和蓝虹(2004)则认为,在决定产权结构的所有现实的约束条件中,最为重要的是资源的稀缺程度,它在很大程度上决定了产权结构的一些基本特征。但是,稀缺性是动态的,某种资源是否稀缺,稀缺程度如何,在不同地区不同时段,其状况是不同的。

---

① 马中、蓝虹:"约束条件、产权结构与环境资源优化配置",载《浙江大学学报》(人文社会科学版),2004年第6期。

企业是一个合约集合。商品的买卖也是一种市场合约。这种合约承载着交易双方的权利和责任。多数交易在买卖活动结束后卖方的责任仍要继续(巴泽尔,2002)。比如卖方对销售提供担保,通常还对产品故障负有责任。也就是说,商品的不同属性产生不同的问题,并受到不同的约束。这些责任是合同的组成部分,该合同具体说明了每一方同意向对方作出的让与。约束的存在意味着资源并非仅仅根据价格进行配置。因为由于市场交易中存在大量的成本,所以市场价格只是传递交易条件和交易标的物的部分信息。更多信息的传递还需要通过其他合约或非正式合约来完成,或者是通过各种制度安排或机制来揭示交易信息。

明确的产权界定会使任何经济行为的收益成本内部化,最终使私人边际成本(边际收益)与社会边际成本(边际收益)一致。亦即经济主体的权利和责任是完全对称的。不过由于合约内容是不完全的,而且在一个延续一定时期的交易活动中,交易条件的变化以及商品属性的配置变化会导致交易各方权利和责任的变化,这种变化最终会影响到交易的结果,即收益的大小。

合约在对权利进行界定的同时也是对责任的特定分配(巴泽尔,2002)。权利和责任的分配状况决定资源配置的效率。这两者任何一点的变化都会影响未来的收益。根据产权合约的权责对等原则,随着一方对产出价值的影响上升,如果该方承担更大部分的产出变化性,那么权利就将更好地界定。反之,如果一方的经济行为对交易活动产生更多的成本,就应承担更多的责任。

由于交易的复杂性以及监督其属性的成本很高,所以并非全部属性都有定价。未定价的属性往往被过度利用并且供应不足。未定价或定价过低的属性实际是就是把一种资源变成公共物品。要减少相关损失,就需要交易者对自己的经济行为和经济决策加以约束。

产权的分割与对所有者的约束,形成行为主体对交易活动责任。许多产权理论学者反对对产权的约束,因为产权约束可能会稀释产权。实际上,财富最大化与所有权约束之间的矛盾是虚假的。各种商品都可以看做是多种属性的综合,不同的商品包含着不同数目的属性,各种属性统归同一人所有并非总是有效率。因此,可以把某一商品的各种属性的所有权进行分割,配置到不同的个人。同时对分割后的所有权作出排他性规定,避免相互发生侵权行为(巴泽尔,2002)。

由于同一商品不可能被分解成若干份,某些未被充分界定且价值较高的属性可能会成为交易各方争夺的领域。由于度量成本或监督成本过高,部分属性将被置于公共领域(未被清晰界定的属性)。交易各方会进行过分度量以降低支付成本,或度量不足以谋求更多收益。要实现交易收益最大化,可以通过利用规模经济和防止重复度量来降低度量成本。降低把属性置于公共领域所产生成本的另一种方法是诱使当事人把属性当作是已被拥有的而行动,即使这种属性并未被实际拥有。

环境和生态领域的责任划分最终要体现为成本的支付和价值的补偿。在产权界定清晰的领域,市场能够起作用,这种经济责任可以通过谈判和交易来落实;在产权模糊或是公共领域,政府通过庇古税进行调节。税种包括资源税、环境税、生态税等,由于我国经济正处于发展阶段,生态脆弱地区多为不发达地区,因此,征税依据为:谁是生态环境好转的更大受益者,谁缴税的原则。[①] 廖卫东(2004)以生

---

① 韩凤芹:"中国开征生态建设税的必要性",载《中国经济时报》,2005年4月19日。

态产品为研究对象,在明确其属性的基础上,对其产权的制度设计(包括产权界定、市场建立、交易机制、规制结构)进行分析。他认为,生态产品是一种兼具公共品、外部性产品和私有品属性的混合性产品。因此,在其价值补偿方面,应由私有品价格补偿和公共品税收补偿相结合的混合补偿机制来实现。

以电子产品回收过程的责任为例。[①] 生产者责任及其延伸的理论问题在第 5 章作详细论述。这里仅讨论回收过程中的经济责任划分问题。回收体系的费用支付问题是整个回收利用体系建立运行的关键,延伸生产者责任原则将废物的回收处理成本纳入到生产者的成本计算中去,最终将反应在产品价格中。费用的具体支付办法却存在不同的模式。主要有两大类,一类是以欧盟条例为代表的"价格附加模式",也就是在产品出售时,在原来的产品价格中增加产品废弃后回收处理的费用;另一类是以日本的《家电循环法案》为代表的"废弃时付费模式",产品的最终使用者在决定丢弃废物时交纳一定数量的回收处理费用。

不同形式的费用支付办法主要体现在费率计算上的差异。"价格附加模式"的费率计算分两种情况,(1)"预先支付模式",在产品价格中包含该产品未来废弃后回收处理所需要的费用。在这一模式中,厂商需要在出售产品的时候能够准确计算出未来回收处理需要的费用。不过,对于一些耐用电器,使用寿命在 10 年以上,这个过程中可能存在很多变数,技术创新、处理费用的变化、自然资源的价格变动,都可能导致未来回收处理的成本和收益发生很大变化,因此准确的预测几乎是不可能的。再有由于回收率的

---

① 董昕:"论电子废物管理中的延伸生产者责任原则",载《中国环境管理》,2003 年第 2 期,第 1~7 页。

影响，厂商能够回收处理的废弃产品可能远远低于实际产生的电子废物总量，而在预先支付模式中，厂商可能将全部电子废物的处理成本分摊到所出售的产品价格中去，从而使消费者承担了额外的经济负担。另外，各个厂商只负责自己产品的回收处理责任，对于立法前生产销售的产品，以及生产厂商已经倒闭的产品废弃物，则无法解决。(2)"补贴模式"，即生产者在销售产品时为当时的电子废物收取回收处理费用。在这种模式中，厂商只要收取足够回收处理当前电子废物的费用即可，因此不会使消费者承担额外的经济负担。这种方法通常需要不同厂商根据市场份额分担市场上全部电子废物的处理费用，可以有效解决立法前遗留的电子废物和生产厂商已经倒闭的产品废弃物回收处理问题。不过，由于厂商的市场份额会不断发生变化，计算厂商应该承担的处理费用是一件非常复杂的事情。

在"废弃时付费模式"中，消费者购买电子产品时不需要增加额外的费用，而是在需要抛弃电子产品的时候才需要支付回收处理费用。在这种模式下，零售商将在消费者购买电子产品时告知将来回收时需要支付这一费用，但消费者并不知道届时具体需要支付多少费用，只能参考购买时市场上废弃家电回收处理需要支付的费用进行购买决策。以日本的《家电循环法案》为例，消费者在将废旧产品送还零售商的时候支付回收处理费用，零售商负责将回收的废弃产品送还给生产者。而消费者最终支付的费用还需要加上销售商将废物返还给生产者所需的运输费，这一部分则因销售商的不同而有差别。目前日本主要的电子产品大企业设定的费用标准都是一样的。由于延伸生产者责任原则的一个重要目的在于鼓励产品生产者采用技术革新，降低再生利用成本，从而提高其产品的市场竞争力，因此市场上不同企业的处理费用应该是有差别的。这种模式可能难以影响消费者当下的购买行为,但是可以促进消费者在使用过程中尽量延长产品的使用期限。这一模式最主要的缺陷在于,可能导致大量非法丢弃行为的出现,为了保证消费者在丢弃时能够将废物交到指定的回收点,并依法交纳回收处理费用,需要增加相应的管理和监督成本。

"价格附加模式"和"废弃时付费模式"分别是对环境成本的事后支付与事前支付方式,从表 6.2 可以看出回收过程中各个环节的成本分布。

表 6.2 事后支付与事前支付的比较

	事后支付	附加费	
		事前支付	补贴模式
对丢弃的限制	√	×	×
可回收性的设计	√	√	×
原有的产品	√	×	√
单独的产品	√	×	√
处理量的削减	√	×	×
公平性	√	√	×
防止非法倾倒	×	√	√
回收能力的保有量	×	√	√
成本支付者及权益	无区别	无区别	×
处理成本的可计算性	√	×	√
生产者破产	√	×	√
收集成本	高	低	低
技术创新的适用性	√	√	√
社会及政治可行性	√	√	√
垃圾的产生量与收集量的区别是否存在问题?	×	√	×

6.3 循环经济中的信任机制

信任是现代市场经济的社会基础,更是微观主体开展经济交往的心理前提。根据交易成本理论的研究结论,如果交易一方为交易关系进行了专用性投资,另一方可能会采取机会主义行为,进行"敲竹杠",挤占专用性投资的准租金(威廉姆森,1979;克莱茵、克劳夫德、阿尔钦,1978)。因此,交易中信任问题就具有经济价值了。

6.3—1 信任经济的研究概况

关于信任经济问题的研究主要有四种观点:文化的、社会交往的、制度的以及系统的(伍德、布鲁斯特,2005)。在文化论者看来,文化是一个可以控制的变量,它内生于经济系统。特定水平的经济活动,产生一定的规范和信任关系,成为市场运行的润滑剂。制度学派认为,信任和权力是协调组织间关系的重要手段,二者在人际层次和组织关系层次上的主导性是不同的,制度环境是影响组织间关系质量的关键因素(巴克曼,2001)。社会交往论者认为,一定的社会规范和价值观有助于特定的经济活动,信任有助于提升社会资本,维持良好的"关系质量"(阿里罗、托里、瑞英,2001),克服机会主义风险。系统论者认为,社会经济组织的部分和单元是经济系统的构成要素,信任是大规模经济活动的产物,源于系统运行的信任由各种经济和非经济的交换形式所构成(巴克曼,2001)。

从信任的演进来看,有三种发展模式:基于计算的信任、基于了解的信任和基于认同的信任(莱维茨基、斯蒂文森,2003)。这三种模式是递次演进的,关系的建立始于基于计算的信任,直至基于认同的信任。从一个阶段转移到另一个阶段要求关系中的"结构变化",即从较多的了解转向较多的认同。

6.3—2 信任与事前交换

笔者在拙文"节约型经济流程的基础与条件"中曾讨论了为实现事前交换的信任问题(张卫东、杨雪锋,2005)。由于虚拟交换前置的交易标的是合同(书面的或口头的)而非实物,这就赋予信任更高的价值。在购-销关系中,一般来说,卖方具有信息优势,更容易采取机会主义,剥削关系交易中的准租金。因此,转向以虚拟交换为核心的经济流程,很有必要研究卖方信任问题。这里主要从信任治理和机会主义控制两个方面进行探讨。

(一) 卖方信任及其治理

信任有已觉察的交易伙伴可信性和来自信任对象的善行两个维度(甘尼桑,1994;库玛、斯奇尔、斯廷坎普,1995)。所谓交易伙伴的客观可信性,是指对所依赖的伙伴的语言或书面表述的一种期待(林德斯科德,1978)。所谓善行,就是某个伙伴对其他交易伙伴的福利和激励再次参与合作的真实兴趣的程度。买方企业在购买状态下面临某种风险时,会转向他相信能够有效且可靠地开展业务的(可信的)以及对客户的最大利益感兴趣(善行)的供应商或销售人员。

这里探讨事前交换过程中的信任条件、买卖互动与交易结果(见图 6.4)。对卖方的信任是买方意欲延续交易关系的核心,也是影响购买决策的决定性因素。在购买决策过程中,可能会出现三种情况:A.信任:虚拟交换前置;B.信任不足:实物交割;C.机会主义:交易关系终止。

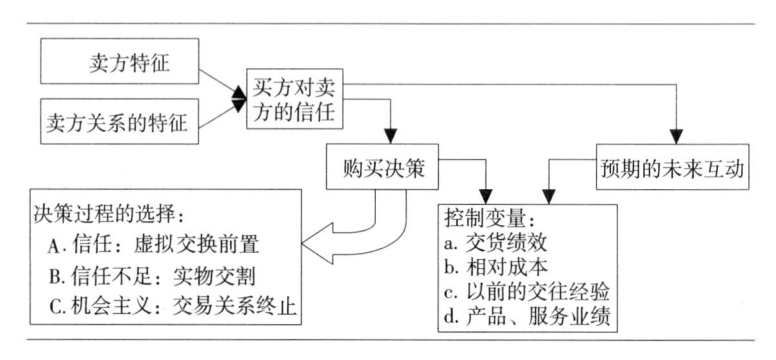

图 6.4 事前交换过程中的信任条件、买卖互动与交易结果

信任条件包括卖方企业特征和卖方与买方关系的特征两个方面（唐尼、坎农,1997）。前者由卖方企业的声誉和企业规模来反映；后者则由用户化（定制）的意愿、充满信心的信息分享、与买方关系的持久性来体现。对卖方企业信任的治理主要把握几个影响信任的控制变量。重要变量有卖方企业的绩效和与卖方的购买经历。（1）对当前供应商选择决策和未来购买意图的标准均涉及供应商绩效。供应商绩效的三个方面：交货绩效、相对价格/成本、产品/服务绩效。供应商对竞争条件和供应能力作出反应,绩效的这些维度随着不同的交易而变化,故,供应商绩效测度集中于供应商相对于竞争对手的产品。（2）与卖主的购买经历。许多商业购买需要重复购买和变更重复购买条件。而且,许多企业削弱对供应商依赖的基础并倾向于和多个供应商的业务交往。信任的结果表明：信任的作用结果是甄选出"订单合格者"而非"订单胜者"。

因此信任治理可采取的策略有：用户化（定制）,卖方企业提供给买方更多的隐秘性信息；致力于长期关系的各种政策。

(二) 卖方机会主义的管理与控制机制

信任与合作伙伴终结交往关系倾向负相关。任何倾向与损害共同利益的行为都将降低双方的信任。基于信息不对称和买方的专用性投资,卖方机会主义行为的概率很高。诱发机会主义的条件有锁定和信息不对称两种。前者由于交易专用性投资而产生,它增加了对机会主义的容忍度;后者因交易关系中的客观位置决定,它提高了识别机会主义的难度。经验证明的某些机制包括双边 TSIs 中的保证,显性的、正式的合同,关系准则,资格程序,监督等。买方因专用性投资产生交易障碍,对此问题的解决之道在于运用合适的控制机制以抑制机会主义行为,或诱导能够促进关系持续的行为。可通过三种控制机制进行:卖方企业的 TSIs,关系规范的发展以及显性合约的运用(桑迪、甘尼桑,2000)。针对不同的目的可采取不同的治理策略(华特尼、海德,2000):(1)为减少信息不对称和增强激励,对机会主义进行监督;(2)为减少来自机会主义的支付和达致利益相容,设计激励的合约结构,提供一定风险贴水;(3)为减少信息不对称和顾及自我选择,通过不同类型的甄别机制和资格程序进行选择;(4)为促进目标一致和共同利益,消弭机会主义风险,采取参与、互惠的社会化策略,形成交易嵌入性利益关系。

6.4 本章小结

循环经济是推动生态转型的重要而具有系统性的经济形态,它的发展需要与市场化和工业化(信息化)协调跟进,因此,应在产业、产权、信任、价格机制等方面提供物质基础、技术条件、制度保障和礼会基础。循环经济的本质是经济生态化,基础在于产业的生态化。循环经济的产业支撑体系由三部分构成:新经济产业、生态产业和废物回收产业。新经济产业主要是以知识经济和服务经济为主体的产业形态,它们具有渗透性、提升性和导向性。在更广泛的意义上,循环经济的产业支撑体系还包括生态化的"动脉产业",以及"静脉产业"。"动脉产业"是指开发利用自然资源而形成的产业;"静脉产业"是指围绕废物资源化而形成的产业。

循环经济的根本问题是产权问题。资源浪费、环境破坏、生态恶化本质上是产权不明导致的资源价格缺失和使用者成本外部化。有效而相对稳定的产权结构本质上应是各种利益和谐共生的格局。均衡的产权构成应止于产权的边际收益等于边际成本。现行的产权结构需要进行改进以适应循环经济发展的需要,即对循环经济中各种经济活动和各个环节所产生的成本和收益进行划分,为循环经济提供一个内生化的机制和制度结构。真实而准确资源(环境)价格会产生对使用者决策行为的有效约束。在健全的市场机制下,资源的稀缺性能够得到正确的反映,进而体现资源利用的效率。在循环经济中,资源生态价值的市场化配置体现于三个互动层面,即企业内部、企业之间以及整个社会。不同层面的资源生态价值市场化配置引发的外部性是不同的,因此需要设计不同的制度和机制。核心是,根据循环经济的不同层面,理性地划分和配置公权力与私权利的界限和功能,构筑良性互动的权利体系。

循环经济中的产权问题是多层面的,以生态经济效率为核心,以资源减量化为主要原则,需要突出解决的产权问题是与资源价值评估、价格形成、资源循环利用和再生成本收益、生产者和消费者责任划分等方面密切相关的生态经济问题,它涉及自然资源的初始产权界定、生产者环境责任界定、资源循环利用和再生成本收益划分、消费者丢弃权四个方面。

信任经济问题的研究主要有文化论、社会交往论、制度主义和系统论四种观点。本章主要探讨买卖双方中的信任治理和机会主义控制问题。这种信任对后面论及的事前交换有支撑作用,也有助于循环经济产业链的形成和稳定。

第7章 循环经济中资源价格形成机制

7.1 资源价格形成问题的循环经济意义

7.1—1 循环经济与资源价格的关系

价格既具有信息功能,又具有配置功能。它为经济主体进行经济决策提供决策信息,并引导资源和要素向效率更高的方向流动。资源价格的形成既是循环经济运行的市场基础,同时也是调节循环经济系统运行的重要方式。可以说,研究资源价格形成机制对循环经济理论的发展具有重要理论意义。

资源的耗竭问题根本上是一个价格问题。当一个经济体能够承受资源的高价格时,资源耗竭的速率会下降;当经济体对资源价格变动的适应能力很脆弱时,资源耗竭的速率倾向于更快。中国经济增长正处于工业化的上升时期,产业结构出现明显的重型化倾向,也就意味着对资源的需求还会加剧,但是这又受制于资源瓶颈和环境容量的约束。如何协调好工业化进程与资源适度消耗的关系,是一个非常重要的课题。其中的关键所在就是建立一个科学合理的资源价格形成机制,真实反映经济增长与资源需求之间互动关系。布郎

(Brown,2001)曾援引埃索公司总裁达尔的话说:"社会主义因不允许价格表示经济的真相而崩溃,资本主义可能因不允许价格表示生态而崩溃"(张晓,2004:483)。这句话虽有过激之处和价值偏见,但也精练地指出传统工业化对资源价格的漠视。

丽丝(1990)认为,为有效配置资源而开具的各种传统经济学处方都有严重的局限,特别是对传统公共所有并可自由利用的资源赋予价格的任何措施,都不得不面对如下三个问题:(1)实际计算有意义的价格度量绝不是一个轻松的任务。(2)更为重要的是,用"支付意愿"作为分配资源流的标准,就会产生至关重要的公平问题。(3)对以前免费或花费不多的资源,现行价格的引入不可避免地要遭到各既得利益集团的反对,正是这些利益集团以前把资源退化及耗竭的社会成本转嫁给别人而受益。如果采用价格机制,可能会不利于穷人;但是如果不采用价格机制,则肯定有利于富人。

资源价格是资源价值的货币化表现,是资源市场供求作用的结果。关于资源价格的形成,不仅涉及资源价值核算、资源稀缺性表征的显示,还要考虑到资源环境的变动产生的后果。由于资源环境具有公共品性质和外部性问题,资源价格的决定不单是一个在市场机制中体现供求关系的信号,还与资源环境的产权界定、外部成本内部化等问题紧密相关。

资源价格形成理论是循环经济研究的重要理论基石。如果说资源经济学是研究自然资源如何在经济中进行合理配置(包括横向和纵向的),实行资源可持续利用的问题,那么,循环经济理论就是研究资源如何节约使用、循环再生和无害处理的问题。前者侧重于原始资源在宏观上和代际之间的开发利用和优化配置,后者则侧重于微观层面和系统性地对资源进行减量、循环和再生。

如果资源价格形成理论能较好地解决资源价格偏离资源真实价

值的问题,那么也能使经济活动中副产品的价值通过市场得到真实反映。比方说,如果某种矿产资源的价格没有被扭曲,它的机会成本也会被生产者正确估价,在要素的选择上,生产者就会在该资源和可替代的某种非旧资源之间作出选择。如果这种价格信号不明确,为减少信息成本,生产者多数会选择前者;如果价格远远低于其价值,理性生产者会只会选择前者。因此,一个合理的资源价格形成机制是循环经济运行的前提和条件。当前我国所谓的"资源约束"只是表象,它背后的真实问题是"价格失效",价格所带动的增产、节约和创新功能没有充分发挥出来。[①]

7.1—2 基于循环经济的资源价格形成机制:影响因素及其相互关系

资源价格形成机制是指影响资源价格的决定性因素以及这些因素之间的相互关系和作用过程。价格是价值的货币表现,价格由使用价值和交换价值组成。资源价格的决定性因素主要包括五个方面:使用价值、生产成本、交换价值、环境成本和产权特征。

(一) 影响因素

影响因素包括价值构成和决定性因素。一般的说,使用价值是基础性的,是商品的物理属性,是一切经济活动和交易关系的物质基础。资源的使用价值也就是资源的经济功能所体现出的价值,比如一棵树的使用价值不仅表现为作为木材的价值,主要还应体现在生态方面的价值,如美化环境(观赏和愉悦,夏日阴凉,挡风沙)、平衡生

[①] 刘世锦:"中国经济增长模式转型的'真问题'",见搜狐财经,2006年4月19日。

态(保持水土,光合作用)等。

生产费用是原始资源从自然系统进入经济系统的必要投入。它包括勘探和开采技术的研发投入、勘探和开采活动的固定资产和流动资产的投入、资源加工的生产费用和人工费用、运输费用以及其他相关的物流费用。资源的生产费用是人类劳动在初始资源中的凝结,是资源的人工化。

交换价值是资源价值的市场发现价格,它由资源的稀缺程度、市场供求关系变动、替代性资源的替代弹性和交易成本决定。这里的稀缺程度不是主流经济学中所说的相对稀缺,而是指绝对稀缺,就是指资源的已探明储量、可开采量,即相对于一定技术条件下资源的长期生产能力和供给量。资源的绝对稀缺最终需要通过资源未来价值的贴现率来体现,贴现率高,现值就低;反之,贴现率低,现值就高。现值高,资源消耗的速度就会减缓,节约动机就强烈。

资源的相对稀缺是由市场供求关系决定的。它是一种短期现象。相对稀缺与绝对稀缺几乎没有关系,它主要取决于供求双方的策略行为、市场结构等因素。资源的替代弹性在一定程度上反映资源的机会成本,替代程度与技术进步紧密相关。交易成本也是资源交换价值的重要决定因素。均衡的市场价格出现在边际生产成本和边际交易成本相等之时。相对价格的发现需要支付一定的信息成本、谈判成本、签约成本和执行成本。因此,资源价格的交换价值部分受制于一定的制度安排。

环境成本是可持续发展逻辑下资源价格的重要组成部分。它不仅包含资源使用产生的环境问题,还涉及这种环境影响对其他消费者的效用损失和其他生产者的产量损失。而这种影响的长期效应也将随着人类对生态需求的提升而日见显著,并因技术进步被量化评估。

资源价格实质上是产权的价格。产权特征也是资源价格形成的决定性因素。资源价格会因不同的产权安排而形成不同的价格,产权明晰、归属明确、保护得力、流转顺畅的资源价格能够较好地反映其价值,反之,资源的价值会下降;具有增值潜力的资源会得到更多的专用性投资,因而变得更有价值。

(二) 相互关系

从上述分析可以看出,真实的资源价格要得到正确反映,必须依赖完善的市场机制和可持续的发展模式。在资源价格构成中,使用价值、交换价值和环境成本占主要成分。不同的资源,它们分别占的比重又是不同的,而且随着社会发展、经济增长和技术进步,相对重要性是不断变化的。其中使用价值是基础,具有相对稳定性;交换价值作为资源的社会属性,反映经济主体交易关系的本质,具有阶段性和短期性特征;环境成本是经济增长中的一种约束性因素,从可持续发展来看,均衡的经济增长路径,应该是边际环境成本等于边际增长收益,因此,环境成本具有向上倾斜的趋势。在价值构成的四者之间,环境成本增加了资源利用的机会成本,会从相反的方向影响资源的使用价值和交换价值;生产费用作为人工价值,可以提高资源的使用价值和交换价值。

从时间上看,资源价格的变化,在短期需求方面的因素是主要的,在长期供给方面的因素是主要的。需求方的作用更多地体现在交换价值上,供给方的作用较多地体现在使用价值上。

至于在价格的形成过程和数量构成中是使用价值占主导地位还是交换价值占据主导地位,取决于不同的价值理论解释、制度框架和主导的经济活动方式。因此,价格问题是制度安排的结果,也是技术经济阶段的经济现象。需要指出的是,不同产权安排,对资源价格的影响是至关重要的,同样的资源,会因一种产权制度身价百倍;也会因另一种产权制度分文不值。

循环经济潜在的收益包括两个方面:一是废弃物转化为商品后产生的经济效益,二是节约的废弃和排污成本。但目前普遍存在原材料价格障碍和循环过程成本障碍,使这两方面的效益难以显现。首先是价格障碍。一是初次资源和再生资源的价格形成机制不同;二是在国际分工中存在对原材料和能源提供国明显的价格不利因素;三是以大规模、集约化为特征的现代生产体系使得多数原材料的开采和加工成本日益降低,再利用和再生利用原料的成本常常比购买新原料的价格更高,由此构成了推进循环经济的价格障碍。其次是成本障碍。目前我国的环境容量尚没有作为严格监管的有限资源,企业和大众消费者支付的废弃和排污费不仅远低于污染损害补偿费用,甚至也明显低于污染治理费用,这就使循环型生产环节的成本很难收回。本节在阐述资源价值决定的基础上,揭示资源稀缺性的构成要素,并考虑到引入污染税后资源价格的变化,最终试图理顺资源价格的形成机制。下面分别就上述几个方面作深入的讨论。

7.2 资源价值论一般

资源价值是资源环境经济学的基础性问题。珀曼等人(1999)把效率、最优和可持续性作为贯穿资源环境经济学研究的三个主题,体现出把主流经济学与可持续发展理论进行融合的意图和努力。因此,在他们看来,资源环境经济学的实质就是关于经济如何避免自然资源和环境利用及配置上的无效率。要实现这一理论使命,首先不可回避的问题就是对资源价值的判断。

7.2—1 自然资源的经济价值

(一) 资源价值界定

经济学中的资源价值一般指资源的经济价值,它可以定义为资源提供的所有服务的价值的贴现。经济价值是新古典福利经济学的范畴。对资源的经济价值进行核算的理论依据是资源服务及其变化对人类福利所产生的影响。因为有关资源的所有成本收益的变化(不管是市场的还是非市场的),最终都会以福利的增减表现出来。因此,"经济价值"和"福利变化"在一定程度上是同义语。

有些资源的价值可以直接通过市场机制反映出来。但是大多数资源所提供的服务产生外部性和公共品,市场这个时候就无法起作用了。资源的服务也就不能依赖市场力量使之达到效用最大化,同时也不能通过市场来揭示真实社会价值的价格。市场机制不能正确地给资源服务定价,更不能有效地对资源进行配置。因此,需要建立新的价值评估方法,为资源管理公共政策提供依据。而公共政策要在资源管理中发挥作用,需要资源方面的真实信息,这些能够反映资源服务的价值。

可替代性是价值理论的核心概念。可替代性反映资源的价格。以可替代性为基础的价值评估用支付意愿(WTP)和补偿意愿(WAC)来表示。支付意愿是指人们为了得到某种物品而愿意支付的最大货币量,它是以没有改进为参考点。补偿意愿是指人们要求自愿放弃本可体验到的改进时获得的最小货币量,它是以存在改进为效用基准。

(二) 价值论基础

关于价值决定的基础理论有四种：劳动价值论、边际生产力价值论(或效用价值论)、供求价值论(也叫均衡价格论和稀缺价值论)和生产成本价值论。主流经济学的资源价值论是均衡价格论。传统的资源定价法是通过市场调节形成的价格，即供求决定价格($P=MC$)，其理论依据是稀缺性理论，但是这种方法不能反映资源生产和消费的外部性成本，包括代内外部性和代际外部性。劳动价值论的缺陷在于不能反映资源的稀缺程度和市场供求变化。边际生产力价值论是一种效用决定论，过于强调需求的作用，没有考虑到供给的约束。

循环经济模式下资源价值论不能简单地用某种价值论为基础，它所追求的目标是可持续发展，在利益主体方面，不仅指当代人中的不同利益主体，还包括后代人。这样，资源价格除了补偿当代人内部社会成本和私人成本的差额，还要能反映对后代人造成的外部性成本。因此，理论上循环经济中资源价值可分三个层次：一是以劳动价值论为基础，按照投入在资源或环境上的物化劳动和活劳动的价值确定资源的基础价格。同时结合稀缺性理论，利用市场机制调节资源价格，使之成为既由劳动价值决定又反映供求关系的市场价格。这点在操作上与市场价格等于边际私人成本的方法是一致的。二是按社会成本给资源定价。要使环境成本纳入私人生产决策中，资源价格在反映可持续性上就比仅按边际成本定价的价格要进步得多。三是引入循环经济模式下的可持续发展目标后，对资源的定价还要考虑对于后代人产生的外部性，对于非再生资源，其价值的估计应建立在资源的延续使用和替代发展上，即一方面进行技术创新，研究资源的减量使用和回收利用技术以延长现有资源的使用寿命，这可以反映在研发费成本中；另一方面对因现代人开采利用资源而产生的对后代人资源使用的影响进行补偿,用于更新被消耗的资源,或用于开发替代资源。这两种投入都可以通过征收资源税来筹集,这部分税收就称为可持续价值,是为保持资源基础的完整迟早要投入的人类一般劳动,这应该是资源价值的组成部分。

(三) 资源环境价值的构成

资源环境价值由如下四种价值构成:(1)使用价值(UV)指个体实际或计划使用的服务;(2)存在价值(EV)指认识到服务存在或将继续存在的价值;(3)选择价值(OV)指为保证服务将来能被利用而愿意支付的价值;(4)准选择价值(QOV)指避免现在进行不可逆转的开发活动而愿意支付的价值。

有的学者把资源环境价值分为使用价值和非使用价值,或直接使用价值和间接使用价值。由于信息的不完全性,非使用价值涉及风险和不确定性。

由此可见,现行的国民收入核算体系存在很多缺陷:一是对自然资源的损耗缺乏补偿,二是对环境舒适性服务的降低缺乏调整,三是把由破坏环境换来的收益算做收入的一部分。

但是,由于上述价值构成中不仅包含了非市场价值,还包含了非经济价值。有学者认为,资源价值核算主要考虑经济价值,这种经济价值不是指资源的功能价值,而是指资源和资源产品功能的服务价值。这样的话,就便于进行市场化评价和货币化核算。用货币衡量生态系统提供的产品和服务基于如下理由:[①](1)成本-收益的比较通过货币来体现,货币作为价值度量工具是节省交易成本的结果。

---

① 张晓:环境价值:"非市场物品与服务价值计算",载《中国环境发展评论》(第2卷),社会科学文献出版社,2004年,第486~487页。

(2)货币能够较直接地反映社会支付意愿。(3)在货币化的基础上可以进行传统经济学意义上的成本-收益比较。

(四) 资源价值评价方法

按照市场信息的完全程度可以把价值评价方法划分为三种：市场价值法、替代市场法和假想市场法。对于部分资源(环境资源)很难显示足够的市场信号。如何把生态系统提供的产品和服务的价值体现在市场信号中？挑战来自两个方面：一是大多数环境物品和服务不能通过市场交易而进行定价，因为其性质是非市场的；二是描述非市场物品的评价结果的工具是市场，因为对生态服务之类的非市场物品的价值评价要以市场的信号(货币化)来描述。更详细的划分如下：价值量评价方法主要包括市场价值法、机会成本法、影子价格法、影子工程法、费用分析法、人力资本法、资产价值法、旅行费用法和条件价值法等。其中对非市场性的资源服务的价值核算方法一般有影子价格法、机会成本法、条件价值法等。

表 7.1　资源价值评估方法

	观察行为	假定
直接的	直接观察	直接假定
	竞争性市场价格	投标博弈
	模拟市场	支付意愿问题
间接的	间接观察	间接假定
	旅行费用	权变排列
	内涵资产价值	权变活动
	防护支出	权变投票
	复决投票	

资料来源：弗里曼,2002 年,第 28 页。

多数资源具有强烈的公共品特征,环境资源更是因显著的外部性而导致市场失灵,所以常用的价值评价方法是影子价格法,所谓影子价格是指资源增加对最优收益产生的影响,故又成为边际产出的资源的机会成本,它表示资源在最优产品组合时所能具有的潜在价值。在其他条件不变时,针对某一具体约束条件,影子价格就是目标函数最优值对资源的一阶偏导。简言之,影子价格的资源配置效率是约束条件下的帕累托最优。这些约束条件中有部分因素是由外生变量决定的资源服务。这些资源服务的经济价值体现为约束因素的影子价格。资源价值并非固定的参数,而是由他们在改进个人福利状况中的作用及其稀缺性和有用性决定的(弗里曼,2002:23)。影子价格是指在高度竞争的市场上可以通行的某种商品价格的估计数。它是项目分析人员根据某种资源的机会成本,按国际市场供求关系可能择机牺牲的代价估计的。影子价格反映世界范围内资源的稀缺程度和经济中的真实价值。运用影子价格进行项目的经济分析,可以使有限的资源得到最佳的分配,从而提高项目的社会经济效益。

7.2—2 基于资源最优耗竭理论的资源资产价值

根据资源最优耗竭理论,自然资源的优化利用需满足两个条件:一是欲使资源存量收益净现值最大,则资源价格等于资源边际成本加上影子价格(即资源租);二是资源租与利率增长速率相同。该理论说明,资源产品生产效率最大化条件是:资源产品价格等于环境成本+生产成本+时间成本。如何对资源性资产进行价值核算?首先要搞清资源的价值构成。资源价值包括三个部分:天然价值、人工价值和稀缺价值。资源的天然价值主要取决于资源的丰饶度、质量及其区位;资源的人工价值主要来自人的劳动和加工成本;资源的稀缺价值完全由资源失常的供求状况决定(劳成玉,2004)。

霍特林规则(Hotelling, H., 1931):在开采成本不变时,资源租金增长率等于利息率。根据简单霍特林法则,建立资源最优利用模型并求出资源最优价格。当不考虑环境价值和开采成本时,资源资本价值的增长率必须等于贴现率。此时,所有者才会对把资源保存在地下和开采出来这两种选择没有偏好。

首先,建立资源产品需求函数:

$P(t) = D[R(t), t]$

其中,$P(t)$为资源产品的价格,t为该期由于技术进步与社会经济发展而引起需求方面的变化。

建立社会福利函数:

$SB(t) = \int_0^{R(t)} \{D[y(t), t]dt + A[s(t)]\}$

由需求形成的 $D[y(t), t]dt$ 和自然资源的存量所提供的环境价值 $A[s(t)]$ 两部分构成。因此,可以得出社会最优开发利用模型:

$\int_0^\infty \{\int_0^{R(t)} [D(y(t), t)dt + A(s(t))] - WL(t)\} \cdot e^{-rt} dt$

约束条件为:

$s(t) = s(0) - \int_0^t R(t)dt, s(t) \geqslant 0$

其中,W 代表劳动和资本的机会成本(可以理解为价格),r 表示时间的贴现率。

所以,资源最佳利用的基本条件是:

根据汉密尔顿函数(Hamiltonian Function),得到以下函数式:

$H = \int_0^{R(t)} D[(\eta(t), t)]d\eta + A[s(t)] - WL[t] - q(t)R(t)$

其中,$q(t)$ 表示自然资源的稀缺租或边际使用者成本。

因此,可以求出资源最优利用条件下资源的价格。

7.3 自然资源稀缺性及其价格表征

经济学是研究如何对稀缺性资源进行最佳配置和利用的科学。稀缺性与所有权的实现是自然资源形成资产的必要条件,也是自然资源具有价格的充要条件。国内外文献中资源稀缺性研究:主要是对自然资源的动态配置效率(最优消耗)、资源价格路径、对霍特林规则的讨论以及对自然资源资产产权的评估研究。其中国外对最优消耗、价格路径、霍特林规则的研究与相关文献较多;国内对资源价值、产权评估研究的文献较多。对自然资源可持续利用的研究,这方面研究的重点是资源代际配置问题。该方面研究成果与文献往往并不以研究资源稀缺性的名称出现,而是以资源代际财产转移、资源代际公平、资源代际补偿或是从代际角度考察资源消耗的机会成本等形式出现。

7.3—1 资源稀缺性的含义

有必要澄清稀缺性的含义。传统经济学关于资源价值反映资源稀缺性的论断还有一个经常被忽视的假设,就是以交易成本为零为条件。当交易成本为零,市场机制自动实现最优均衡。价格与价值完全一致,资源价值也就包含了资源稀缺性的所有信息。在交易成本为零的世界里,自然就不存在外部性问题。不同群体之间的利益配置以及代际之间的利益配置会在价格信号的指挥下,自动达到均衡。

现实世界远不是一个交易成本为零的世界。市场失灵现象很多,在环境、资源和生态领域,尤为突出。产权与制度安排问题的解决是市场机制有效发挥对资源基础性配置功能的前提。在健全的市场机制下,资源的稀缺性能够得到正确的反映,进而体现资源利用的效率。

资源稀缺与资源短缺有很大的区别,稀缺是指经济社会中资源的一般内在性质,是指一般的、所有的资源而言。短缺:是资源的一种个别性状,是相对于其他资源而言的一种市场上相对供不应求的现象,反映着某种资源在市场上供应的程度和供求状况。两者之间存在联系但变化不总是一致的。稀缺是永久的而短缺是暂时的。资源稀缺是动态的。

资源的稀缺具有相对性,有绝对稀缺和相对稀缺之分。绝对稀缺是指在一定的经济条件和技术条件下按照经济活动的资源消耗速度某种资源的存量无法满足需要且难以替代。很多不可再生资源又为工业所必需的资源具有绝对稀缺性。比如几种重要的矿产资源在中国还未完成工业化就已经表现出绝对稀缺特征。[1] 从中国矿业联合会获悉,近年来中国矿产资源紧缺矛盾日益突出,石油、煤炭、铜、铁、锰、铬储量持续下降,缺口及短缺进一步加大,中国45种主要矿产的现有储量,能保证2010年需求的只有24种,能保证2020年需求的只有6种。相对稀缺则是指短期经济波动表现出对某种资源的过度需求。绝对稀缺是整体性、总量的稀缺,也是长期的、根本性稀缺;而相对稀缺是局部的、结构性的,不具有决定性。

稀缺性与价值之间的关系需要澄清。在哲学意义上,前者是本

---

[1] 中国矿产资源紧缺,能保证2020年需求的只有6种,参见中国网,2005年6月21日。

质,是具有客观性的物质存在;后者是表象,是虚拟的符号形式。稀缺性是对在满足人类的需要时,资源数量的有限性与人类欲望的无限性之间差距的一种客观存在进行描述。价值则反映人类在满足自身需要时,所索取的资源在需要满足方面的重要程度。作为货币表现时资源价值转化为资源价格,反映出交易意愿。传统经济学认为:资源自身价值越高,就表示其稀缺程度越高,资源稀缺信息完全反映在该指标里。这种观点容易引起误解,是资源稀缺性决定了资源的价值,还是资源的价值决定资源稀缺性?

7.3—2 资源稀缺性表征

(一) 霍特林法则及其缺陷

霍特林法则认为,当不考虑环境价值和开采成本时,资源资本价值的增长率必须等于贴现率。此时,所有者才会对把资源保存在地下和开采出来这两种选择没有偏好。这是1931年霍特林发表在《政治经济学》上的"自然资源经济学"一文的核心思想,并成为后来资源经济学价值决定论的主要依据。霍特林法则具有严格的假设条件,如完全竞争条件,矿产资源的开采成本不变,不考虑环境价值等。这些条件在今天都是不容忽视的因素。因此,这个法则过于简单地处理资源价值问题,无法反映资源的稀缺程度对资源价格的影响。而且,霍特林法则以及霍特林法则估价原理所表达的资源稀缺的信息并不与实际吻合。如交易成本、垄断等现象对价格机制的影响,会扭曲稀缺性的信号。霍特林的资源稀缺性租金受到产权问题、成本构成问题、未来不确定性的三重约束也使其实践意义大打折扣。边际开采成本则因为其建立的基础是现有的开采成本,从而缺乏前瞻性。

(二) 资源稀缺性表征评价

什么是稀缺性表征？传统经济学中资源的稀缺性表征指标有：资源价格、租赁价格、使用者成本、边际开采成本、边际发现成本等。其中，资源产品的相对价格反映资源相对于劳动力和资本而言的稀缺状况；资源开发费用或开发成本方面，资源产品的单位成本随生产规模的增加而增长，即所谓的李嘉图效应，因为较好开采的已被开采，开发品位较低的资源的成本随之上升，能反映资源的稀缺程度。另外也有技术和规模经济的问题存在。租金是资源产品现价与边际开采费用之差，也称原位资源价格、矿区使用费或使用者成本，租金实际上是存量资源的影子价格，所以该指标可以成为度量资源稀缺的较适当指标。边际开采成本难以观察，常用资源的勘探成本衡量稀缺程度。

资源价值、资源价格和边际生产成本的变动都会反映稀缺程度。传统经济学认为资源自身价值越高，就表示其稀缺程度越高，资源稀缺信息完全反映在该指标里。实际情况并非如此，因为资源自身价值的计算结果取决于资源的价格与资源的边际生产成本。当资源价格与边际生产成本的变化规律与变动原因还不明确，或是受到干扰而不真实时，资源自身的价值便不可能真正反映资源的稀缺。因此，应同时研究这三者的变动及其原因，并指出这三者都可能反映资源的稀缺程度，他们之间的互动关系、各自的影响因素及其所隐含的经济含义值得进一步研究。考察资源的价格，还是资源自身的价值，讨论最多的是资源的品质、资源的自然赋存条件对资源价值的影响。实际上资源勘探活动导致资源存量的增加以及生产能力的约束，另外，矿业投资的不可逆性及技术进步对资源稀缺性指标值的变化也有着重要的影响。达尔文·霍尔和简·霍尔分析了美国自然资源贸易的实际价格变化趋向,认为价格和成本趋向不能支持资源稀缺性假说,他们运用两种衡量稀缺的办法(一种是生产成本法,另一种是实际价格法)得出结论,认为20世纪70年代能源变得更加稀缺,而同时期的有色金属却变得更加充裕。见表7.2。

表7.2 美国自然资源稀缺性的成本和价格变化

资 源	单位成本变化		比价变化	
	60年代	70年代	60年代	70年代
煤	下降	上升	……	……
石油和天然气	下降	上升	下降	上升
电力	下降	上升	下降	上升
有色金属	上升	下降	—	—

注:……表示可以忽略不计;—表示没有数据。
上升意味着稀缺性增加,下降意味着稀缺性减弱。
单位成本法采用开采过程中投入成本的指标,比价法采用实际最终价格。
资料来源:达尔文·霍尔和简·霍尔(1984),转引自戴维·皮尔斯和杰瑞米·沃福德,1996年,第196页。

如何度量稀缺性?资源稀缺性的度量,资源稀缺性表征指标的基本要求在表征资源的稀缺性时,对于指标有以下几个最基本的要求:[①](1)前瞻性:不是指准确、具体的描述稀缺额度,而是指能较好地描述资源稀缺的发展状况。(2)可比性:能够在不同种类资源中表现出稀缺状况的轻重缓急。(3)可操作性:能够从权威易得的统计资料中获得数据源,并在此基础上能计算出需要的结果。

市场失灵现象如外部性、垄断、信息不对称和交易成本等问题以及由此产生的产权扭曲直接影响到资源拥有者对保持资源与未

---

① 陈德敏:"循环经济理念下的资源稀缺性探讨",载《生态经济》,2005(7)。

来收益的预期,从而影响资源的稀缺性度量。研究资源的最优开采和利用,是在市场经济框架内处理的,但是要超越简单霍特林法则。市场机制与国家干预,无论哪种手段都要交易成本——了解信息、进行谈判、订立和执行合同法规的成本。一般说来,市场机制解决环境问题的交易成本过高。在某些条件下,市场机制根本无法发挥作用,这就需要国家干预。国家干预包括行政的、法律的和经济的手段。只有污染者在经济上为自己行为负责的前提下,才能用经济手段。

7.3—3 资源稀缺的价格传导机制

经济学的一个基本任务,就是在资源约束的条件下实现其优化配置。在有效的市场机制中,资源约束的强弱将表现为价格的高低,也就是说价格变动真实地反映资源稀缺程度。现实生活中出现的怪现象,一方面资源供给紧张,另一方面浪费严重的情况,是因为资源的价格扭曲了,资源靠市场来配置不能起作用,当事人利益与资源节约缺少相关性。价格起作用,一是刺激供给,在开放条件下,既包括国内供给,也包括国际供给;二促进节约,少花钱、多办事;三是鼓励技术创新,发展各种替代品。当然,也有价格"失灵"的地方,需要政府管制加以补充,如在能耗、环保等方面实施强制性规定,但价格起作用还是基础性的(刘世锦,2006)。资源的稀缺性靠价格反映出来,是通过价格传导机制体现的。丽丝(1990)的资源稀缺的市场响应模型可以给我们很好的解释。见图 7.1。

以能源产品和能源技术的开发为例来看资源稀缺度对资源价格以及替代性资源技术的影响。

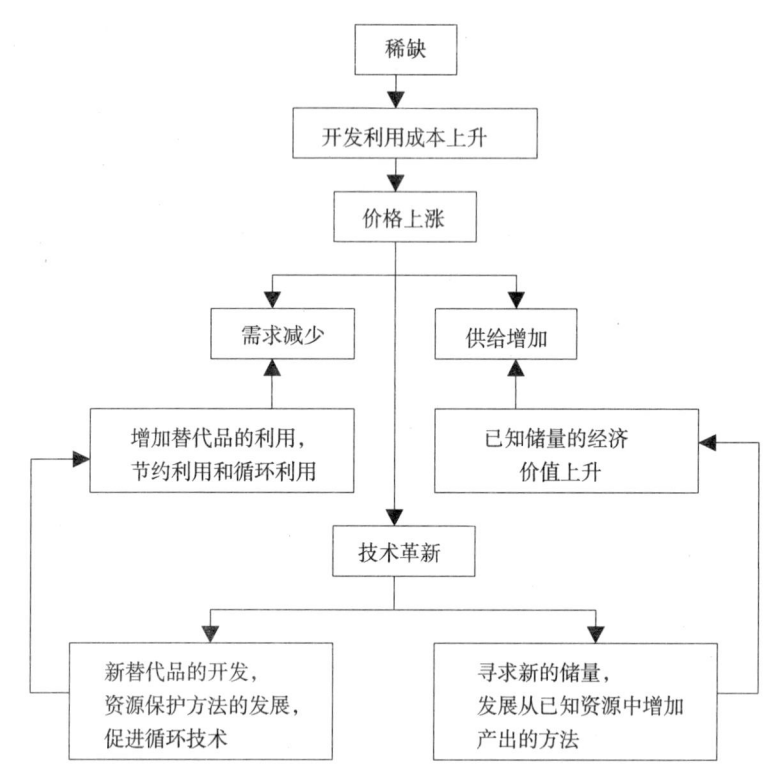

图 7.1　资源稀缺的市场响应模型

资料来源：丽丝，1990 年，第 57 页。

7.4　外部性内部化与资源价格形成机制

7.4—1　资源价格形成的基础

自然资源的价值核算只是给资源价格形成提供了一个基础。价值仅仅是一个理论上的概念,资源价格是其价值的货币化形态,是通过市场交易反映出来的。在资源价值得到正确核算后,资源价格能否真实反映其价值,就需要严格产权界定和完善的市场机制。

那么,资源价格如何体现经济增长的真实需求和资源环境的稀缺程度呢? 交易是市场经济的本质特征。在市场经济条件下,大凡有价值的资源,都会通过交易而寻求其最大价值,只有交易,才能使资源从低效率的用途流向高效率的用途,更重要的是,只有通过交易,资源才能形成价格;而只有在价格信号的引导下,资源才有可能实现合理的配置和有效使用。因此,交易及其价格的形成是市场机制优化资源配置的基本过程。

简单霍特林法则下资源最优利用和资源最优价格不能反映稀缺性问题,稀缺性理论从资源的供给和需求方面为资源价格的真实显示提供了基础,但是对于环境成本对资源价格的影响也未考虑,资源价格的形成还要包含环境价值。要研究资源价格形成机制,理顺资源及加工链条中的价格关系,逐步用"需求为导向"的价格形成机制取代现行的"成本加成"的价格形成机制,让市场价格充分反映"资源稀缺状况";同时还要完善自然资源有偿使用机制和价格形成机制,建立环境生态、环境保护和生态恢复的经济补偿机制。①

7.4—2 科斯定理与外部性问题

经济学家喜欢用价格作为解决问题的手段。在处理外部性问题时,只要清晰地界定了产权,剩下的任务就可以交给价格去完成,也

---

① 韩保江:"2005年经济工作重点研判",载《瞭望新闻周刊》,见中国宏观经济信息网,2004年12月6日。

就是"让市场自运行"。这是科斯定理的经济含义。对于污染的外部性问题,可以假定:如果能够确定每一单位废物所产生的社会成本,而且一个理性的生产者被要求付费的话,那么废物排放将不再增加,直到减污成本与社会危害成本相等为止。

价格机制在解决外部性问题方面的优势是:(1)收费制度给污染者施加压力,促使其改善排放技术或减少排放量;(2)收费制度使厂商能够自由地选择在减少废物排放方面成本最小的方法;(3)收费制度使厂商比较废物治理和降低排放的不同成本,并在排放数量上具有灵活性;(4)可以使污染控制成本全部由生产者承担;(5)它是代价最小的一种控制方式,因为它只需要较少的信号,并且是自我执行(丽丝,1990:380~384)。

运用定价制度解决环境问题,需要考虑三个因素:(1)定价成本,即为有效囊括特殊的污染问题,制定价格的容易程度,因为信息的不对称和技术上的难度会使定价成本很高;(2)企业对收费的实际反应方式,这实际上是委托代理关系中激励问题,作为代理人的企业对于委托人的环境要求会采取很多手段;(3)企业的反应给产品价格、实际收入、地方发展以及就业等带来的后果。这一点涉及利益上的变化,由此而产生的阻力是难以估计的。

我们来分析以下作为代理方的企业如何应对作为委托方的政府在环境管制方面的政策,即企业的反应。一是对收费系统缺乏了解的企业反应。由于大部分排污收费包含不同的组成部分,系统越复杂,污染者越难以清楚地理解收费的含义。二是对收费系统太了解的企业的反应。他们会把废物处理工程保持在远低于其处理能力的情况下运行。三是一部分企业对污染处理方法和费用以及对能改变产品、程序或投入而减少排放物浓度和体积的潜力所掌握的信息很不完备。四是由于企业内部责任分散而造成的信息限制。五是资金市场的不完备而产生的治污融资的困难。由此可见,在短期内,仅仅依靠价格还不能提供足够的刺激来减少污染物,因此,环境质量也难改善(丽丝,1990:387~390)。

对资源和环境的使用征税是减少供给的措施,要维持经济活动的持续进行,还须对资源和环境的价值进行补偿与恢复。根据哈特维克准则(即从有效率的非再生资源开采活动获取的租金全部用于资本再生产)。对所有化石燃料进行差别征税所得的收入使用去向(丽丝,1990:403):补偿所有执行和加强排放特许以及产品质量标准的费用;资助减污技术的科学研究以及污染旱造成的环境损害;资助大气污染基金,为因此遭受损失的个人或厂家提供补偿;为一部分面临高额减污费用的吵架提供津贴或为那些因得不到排污特许而受限制的厂家给予补偿。

7.4—3 外部性内部化的资源定价

由于资源类型千差万别、资源的未来预期收益的不确定性、不同利益集团对资源价值的认知迥异,以及价值构成的度量工具和手段随着科技进步而变化,关于资源的价格估算方法还没有形成统一的认识。资源定价方式的多样性体现出循环经济理论基础的不稳定和不成熟。

戴维·皮尔斯和杰瑞米·沃福德(1993)认为,纠正资源价格需要做两个方面的工作:一是要能反映资源的全部经济价值(包括开采成本和环境成本);二是要考虑可耗竭资源的"使用者成本"[①]。其中,"使用者成本"是指通过对未来消费者必用资源的重置成本的估算来衡量(有时被称为替代技术成本)。边际使用者成本(MUC:

[①] 罗默(2001)把资本的使用者成本分为三个部分:资本的真实市场价格(由真实利率决定)、资本折旧(由折旧率决定)、资本的跨期损益变化。

marginal user cost)的计算公式为:$MUC=\dfrac{P_b-C}{(1+r)^T}$,其中,$P_b$为重置技术的价格,$C$为开采成本,$r$为贴现率,$T$为重置技术发生的时间。

因此,自然资源的定价原则是资源价格应反映:①资源的开采成本;②与开采、获取、使用相关的环境成本;③由于今天使用单位资源而放弃的未来收益。如果从自然资源定价所要求的完备性、可持续性、区位性和动态性原则出发,综合影子价格法和机会成本法的优点和长处,目前一般采用以自然资源利用的边际社会成本法对自然资源进行定价。均衡的资源价格应该是资源的边际收益和边际成本相等时的价格。边际社会成本(MSC),是整个社会从事某种活动时因消耗自然资源所付出的总的机会成本。它表明人类使用自然资源所应付出的代价,可用此来表示自然资源的价格。边际社会成本应等于边际生产成本(MPC)和边际外部成本(MEC)之和。其中,边际生产成本(MPC)是收获自然资源所必须支付的生产成本,如原材料、动力、工资、设备等。边际外部成本(MEC)主要由两部分构成:边际环境成本(MEC′)和边际使用者成本(MUC)。这两部分的定量是人为规定的。边际环境成本指自然资源的利用对生态环境的影响,边际使用者成本是指现在使用自然资源而不是留给后代使用所产生的成本,它反映了自然资源的稀缺性对资源价格的影响。自然资源的价格用公式表示为:MSC=MPC+MEC′+MUC。中国环境与发展国际合作委员会提出的关于自然资源边际机会成本定价结构比较有代表性。其价格公式是:P=MOC=MPC+MUC+MEC,其中,P是自然资源价格,MOC是资源边际机会成本,MPC是边际生产成本,MUC是边际使用者成本,MEC是边际外部成本。两种定价方式本质上是一致的,只是在对外部成本的理解上有细微差别。

在政策操作上,价格主管部门要调整资源型产品与最终产品的比价关系,完善自然资源价格形成机制;建立生产者责任延伸制度和消费者回收付费制度,在流通领域,行业主管部门(或行业协会)应明确生产商、销售商和消费者对废弃物回收、处理和再利用的义务。通过利用这些政策手段,初步解决推进循环经济的价格障碍。环保部门可以通过提高排污标准和制定消费环节的废弃物收费标准,加强环境监管,提高生产环节的废弃成本、排污成本和消费环节的废弃成本,初步解决循环型生产环节的成本障碍。

7.4—4 案例:海地的薪柴价格

根据霍希尔和伯恩斯坦(Hosier & Bernstein,1989)的研究资料发现,在海地,薪柴被送到市场上去出售,但是,其市场价格并没有反映薪柴砍伐的真实成本。至少有三种外部成本同薪柴利用有关。第一,树木对土壤营养成分的贡献。在海地,每吨干柴可以产生760公斤的干树叶,这相当于17公斤的氮肥。氮肥的市场价格为每吨150~250古德。把它转化成吨油当量的话,则同肥力贡献相关的薪柴价值为每吨12~19.8古德。由于砍伐薪柴,这一部分的价值就丧失了,表现为下面所估算的肥料的外部性。第二,树木可以减少土壤侵蚀。在海地,土壤侵蚀大约相当于农场收入减少的2%。如果把农场上的树木都作为薪柴(以重量计)的话,其土壤侵蚀的外部性为每吨45古德。第三,土壤侵蚀同水库淤积有关。水库的淤积减少了具有直接市场价格的发电量。在这种情况下,大约10古德/(吨油当量的薪柴)要计入淤积外部性。除了外部成本外,如果某种资源是可耗竭而不是可再生的,则还存在着使用者成本。见表7.3。

一个用于估算边际使用者成本的公式是:$MUC = \dfrac{(P_b - C)}{(1+r)^T}$。

式中，P_b 是替代技术的价格（例如煤油），C 是薪柴砍伐成本，r 是贴现率，T 是薪柴耗竭的时间。这个公式就是每吨薪柴值 10～290 古德的基础。

如果只考虑边际外部成本的话，边际机会成本同边际采伐成本的比率是 1.6∶5.0，但如果在考虑边际使用者成本（对于这一成本是有争议的）的话，上述比例会更高。所有估算都会受不确定性的影响，但是该分析说明了价值评估程序的其他作用。

表 7.3　海地 1985 年薪柴的真实使用者价格（古德）

边际机会成本	农村家庭	农村工业	城市工业
市场价格	18.5	37.3	129
外部性			
肥料	20	20	20
土壤侵蚀	45	45	45
淤积	10	10	10
使用者成本	69.5	66.2	50
总计	163	178.5	254

资料来源：戴维·皮尔斯、杰瑞米·沃福德，1996 年，第 73 页。

7.4—5　环境成本与资源最优价格

珀曼等人（2001）认为，社会最优总价格可以反映资源环境成本，应包括：资源净价格（即资源所有权收益）、资源开采成本和污染的损害成本（包括流量的效用损害、流量的产出损害和存量损害）。由于在竞争性市场中，损害成本无法内部化，价格一般不包括污染损害成本。因此需要进行制度的重新安排，逐步使损害成本内部化。这就需要通过实施污染税把外部成本引入企业成本函数。

在定义良好的市场经济，不存在市场失灵，所有成本和收益都完

第 7 章 循环经济中资源价格形成机制

整而准确地计入市场价格。图 7.2 反映了资源总价格的形成。资源的市场总价格将沿着 WQ_R 曲线上升而变化。这个社会最优总价格通过最优污染税来实现。

资源的价格不仅仅体现为其自身的价值,从社会成本的角度考虑,它还应包括资源使用造成的环境损害。我们可以通过建立一个污染模型来确定资源的净价格。把污染损害引入生产函数和效用函数,得到存在污染的生产函数和效用函数。定义 C 为消费,E 为环境压力指数。可以得到效用函数:

$$U=U(C,E) \tag{1.1}$$

其中,可以假定 $U_C>0,U_E<0$。

E 与资源使用率 R 和污染物存量 A 有关,因此,可得环境影响函数:

$$E=E(R,A) \tag{1.2}$$

所以,$E_R>0,E_A>0$。把(1.1)式代入(1.2)式,可得:

$$U=U[C,E(R,A)] \tag{1.3}$$

定义 K 为资本,A 为污染水平 Q。由此可建立生产函数:

$$Q=Q[R,K,E(R,A)] \tag{1.4}$$

其中,U 和 Q 都包含 A,A 的变化路径为:

$$\dot{A}=M(R)-\alpha A \tag{1.5}$$

其中假定污染物在时间上衰减比率不变,为常数 α,而污染水平与资源使用量相关,对(1.5)求积分,可得污染总量函数:

$$A_t=\int_0^t [M(R_\tau)-\alpha A_\tau]d\tau$$

所以,对于非完全持久性污染物来说,任意时间 t 的污染物存量等于过去所有污染排放量减去衰减量之和。

设污染存量治理费用为:

$$F=F(v) \tag{1.6}$$

把(1.6)式代入(1.5)式,得污染存量函数:
$$\dot{A}=M(R)-\alpha A-F(v) \tag{1.7}$$
污染存量随 R 增加而增加,随 α 和 F 减少而减少。

建立社会总福利函数:
$$W=\int_0^\infty U[C_t,E(R_t,A_t)]e^{-\rho t}$$

s.t. : $\dot{S}_t=-R_t$

$\dot{A}=M(R)-\alpha A-F(v)$

$\dot{K}_t=Q[K_t,R_t,E(R,A)]-C_t-G(R_t)-V_t$

其中,S_t 表示 t 时期的资源存量,其影子价格为 ρ;A_t 表示 t 时期的污染存量,其影子价格为 λ;K_t 表示 t 时期的资本存量,其影子价格为 ω。

通过对控制变量 C_t,R_t,V_t($t\ 0$,…)的选择,可以求出社会福利的最大值。我们可以利用当期值的 Hamilton 函数得出模型的最优解。符合静态效率条件的资源净价格为:
$$P=U_E E_R+WQ_R+WQ_E E_R-WG_R+\lambda M_R \tag{1.8}$$

(1.8)式就是环境资源的影子净价格,它表示资源净价格等于环境资源的边际净产出价值(边际产出价值 WQ_R 减去开采成本 WG_R)减去三项损害成本(包括流量的效用损害 $U_E E_R$、流量的产出损害 $WQ_E E_R$ 和存量损害 λM_R)。

要实现污染损害成本内部化,须对资源开采征税,税率为边际污染损害值,即:

$U_E E_R+WQ_E E_R+\lambda M_R$。

由(1.8)式可得出资源总价格:

$WQ_R=P_t+WG_R-U_E E_R-WQ_E E_R-\lambda M_R$。

即:资源总价格=净价格+开采成本+流量损害效用值+流量损害产出值和存量损害值。见图 7.2。

污染税由流量损害效用值、流量损害产出值和存量损害值构成，最优税率由边际社会成本和边际私人成本的差额决定。见图 7.3。

边际社会成本 $MSC = P + WG_R - U_E E_R - WQ_E E_R - \lambda M_R$；

边际私人成本 $MPC = P + WG_R$；

边际收益 $MB = WQ_R$。

所以，最优污染税为 $(-U_E E_R - WQ_E E_R - \lambda M_R)$

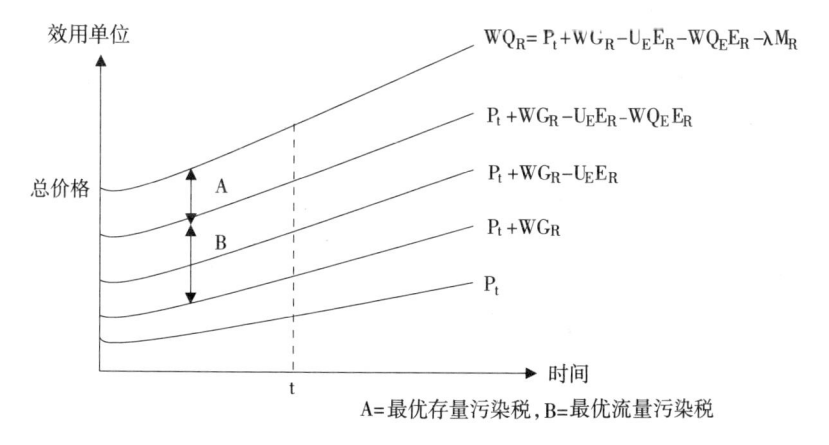

图 7.2 最优污染税

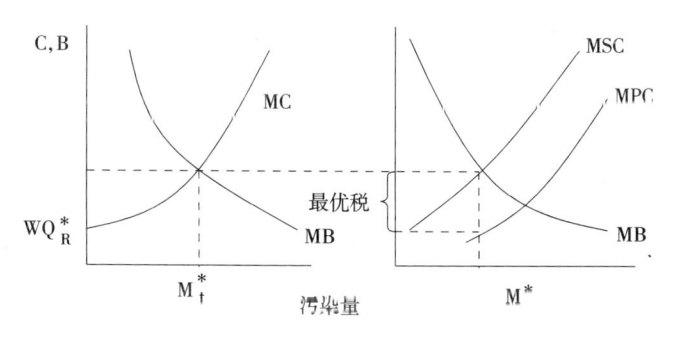

图 7.3 最优污染税率的决定

7.5 循环经济的资源均衡价格与经济分析

循环经济追求生态效率和经济效率的统一,有效的资源价格机制是实现两个效率的基础。适应循环经济需要的资源价格形成机制要能够反映资源价值、稀缺程度、市场供求、生产成本和环境成本。前面已经对这几个方面分别作了深入讨论,本节试图把这几个变量纳入一个统一的资源价格模型,并结合中国的资源价格改革进行具体分析。

7.5—1 循环经济中资源价格模型和均衡价格

循环经济的一个主要特征就是资源的节约使用和高效利用,包括减少进入经济系统的物质流,并对经济系统中的资源充分利用。节约要求减少物质资源进入经济系统,高效要求对进入经济系统的资源要提高资源利用效率,包括初次利用的持久性和集约性,增加循环次数,提高再生利用率等。其中,节约利用是基础,是前提,是主体部分;循环再生利用是补充,是延伸部分。

如何增强资源节约、高效利用的动机呢?最终还是需要通过价格和成本进行引导与约束。节约的动机源于初始资源的机会成本高昂,循环再生利用的动机起于副产品和废旧产品的价格,其价格取决于替代程度、处理成本和交易成本。因此,资源价格形成问题实际上是经济系统内初始资源与循环再生资源的竞争和替代问题。基于此,我们可以描述一个均衡的资源价格模型。

表 7.4 日本京都生协包装容器的循环利用成本(单位:日元)

	回收费	包装费	配送费	搬运费	委托费	销售收入	合计	1996 年费用
牛奶袋	102 400	8 725	1 078 229			−319 940	869 414	1 741 654
盘子	312 000	370 969	3 154 988				3 837 957	5 758 600
PET 瓶	468 000	46 734	571 834		3 397 110	−409 258	4 819 694	4 887 330
空罐		27 289	176 917		339 000	−169 500	543 206	910 520
空瓶								232 200
鸡蛋箱	46 800	12 811	286 001				345 612	395 320
合计	929 200	466 528	5 267 969	336 016	3 736 110	−868 698	10 415 883	13 925 674
1996 年明细	1 351 200	549 554	6 930 300	463 380	4 926 000	−294 760	13 925 674	

注:①空罐销售收入主要是铝罐销售收入。
②回收箱按 5 年折旧计算。包装费指回收费及封口费。配送费指往返的物流费用。委托费指委托有关机构进行清理、压缩、捆包等作业费用。
③PET 瓶及铝罐销售收入作为 PET 瓶机器处理的有关费用交京都高龄者事业团使用、管理。

资料来源:[日]京都生活协同组合,1997 年度环境报告书,1998 年 4 月 18 日。转引自自序:《环境成本论》,中国财政经济出版社,2002 年.第 322 页。

完善的市场机制(具有可持续发展价值观、有效的产权安排和信息充分),资源价格真实反映其基础价值、稀缺程度、市场供求和环境成本。在资源价格构成中,资源的基础价值主要是指资源使用价值和生产成本,稀缺程度可由贴现率调节(一个社会的可持续发展价值观决定资源的贴现率),市场供求则以交易成本体现。对于企业而言,资源价格作为成本而存在,企业所能获得的资源价格一般由三个部分构成:生产成本、交易成本和环境成本。这里的生产成本是广义的生产成本,对于初始资源来说,主要指资源的使用价值和开采成本,对于再生资源来说,主要指废弃物的使用价值和处理成本。废弃物的处理成本就是循环再生需要投入的必要成本,根据废弃物处理方式的不同,肖序(2002)把处理成本的计算分为两种方式:分散循环再生成本模式和集中循环再生成本模式。表7.4以日本京都生协为例显示了不同废弃物循环再生的成本,表7.5则反映了因废物循环再生导致的生活垃圾量减少及垃圾处理成本的削减。

表7.5 日本京都生协废物循环再生活动带来的社会垃圾处理成本削减

	项 目	重量(kg)	垃圾处理量	削减费用(日元)
循环再生	盘子、牛奶袋等回收利用	241 600	50 013	12 083 141
	循环再生	53 228		2 662 092
	牛奶架、箱	32 234		1 612 119
资材削减	架、箱、袋使用量的减少	30 681		1 534 449
	盘的使用量减少	2 730		136 535
	合 计	360 473		18 028 336

注:垃圾处理费采用1997年京都每公斤的一般废弃物处理费为标准单位。
资料来源:同表7.4,第323页。

交易成本是指发现相对价格所支付的信息成本、谈判成本、签约成本和执行成本,广义的交易成本还包括物流成本。废弃物的使用价值是指对初始资源基础价值的折扣。[①] 因为经过一个生产流程，资源价值发生了部分转移，这种转移相当于人造资本的折旧，折旧率取决于资源利用技术和生产管理能力。

根据上述对资源价格构成及其影响因素的分析可以得出资源初始价格和再生利用价格。设资源初始价格为 P_1，再生价格为 P_2。

因此，可以得出如下命题：

(1) 初始资源的价格 $P_1 = PC_1 + TC_1 + EC_1$

(2) 废弃物再生的价格 $P_2 = PC_2 + TC_2 + EC_2$

(3) 从可持续发展来看，均衡的经济增长路径，应该是边际环境成本等于边际增长收益，均衡的资源价格为：$P^* = P_1^* = P_2^*$。均衡条件为：$MR_1 = MR_2$，即当两种可替代资源的边际收益相等时，二者之间无差异。图 7.4 揭示了循环经济中循环再生资源价格的形成机制。

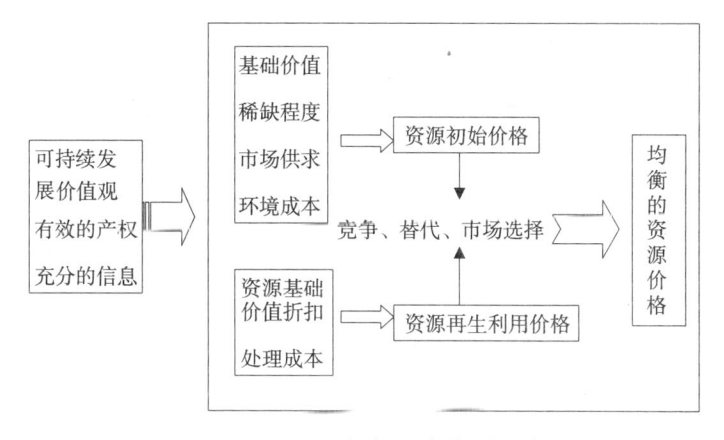

图 7.4　循环经济资源价格形成机制

[①] 据统计，进入经济活动的大多数资源价值的利用程度都很低。国外资料显示，自然资源被采掘后作为原料制造成社会最终产品，其产品只占原料消耗总量的 20%～30%，最少的只有 1%～2%，这说明 70%～80% 甚至更多的资源在其生命周期的各个阶段被排放到环境中。这种低效率的资源利用形成巨大的资源供给压力，同时作为废弃物排放到环境中造成大规模的生态环境恶化。引自洪紫萍、王贵公：《生态材料导论》，化学工业出版社，2000 年，第 82 页。

如何实现资源价格的均衡,还需要深入探讨两种资源的价格构成之间的关系。因此,又可以得出如下几个命题:

(1)由于初始资源的使用价值大于废弃物的使用价值,而初始资源的开采成本与再生资源的处理成本之间的关系不确定,所以,PC_1 和 PC_2 的关系难以确定。当初始资源的开采成本大于再生资源的处理成本时,有 $PC_1 > PC_2$。

(2)由于初始资源在交易制度、交易技术、质量识别等方面已经成熟,交易成本较低;再生资源在信息不对称、质量不确定性等方面存在劣势,相关交易制度和交易技术不够成熟,交易成本较高。因此可以得出:$TC_1 < TC_2$。

(3)由于对初始资源征收资源税或环境税,并对企业实现强制性环境管理制度,而再生资源的生产和使用政府给予一定的扶持,因此初始资源利用的环境成本大于再生资源的环境成本。即:$EC_1 > EC_2$。

在资源价格构成中,对于企业来说,环境成本是不可控制的,而生产成本和交易成本是可以改变的。企业可以通过降低生产成本和交易成本来实现资源价格的均衡。

降低再生资源的生产成本主要取决于技术进步;降低其交易成本主要取决于产权制度安排和信息揭示机制。相关讨论将在下一节和后面章节展开。

7.5—2 产权交易与资源价格

产权明晰为资源价格的形成提供一个基准。明晰的产权使环境资源相对价格在市场交易中反映出来,推动资源的市场价格逼近相对价格,从而使外部边际成本内在化,纠正价格扭曲,使价格机制发挥正常的作用。

产权交易则是相对价格的发现过程。因为,稀缺资源优化配置的过程,就是稀缺资源在价格机制的调节下不断地在各经济部门、经济主体间流动的过程,只有通过产权交易,才能实现这种稀缺资源的有效流动。产权交易就是在市场中对各种产权结构进行选择的过程,也是资源市场价格不断调整的过程。正是基于自由竞争、自由选择的原则,才能保证通过多次交易重复博弈后所选择的产权合约具有竞争优势,所形成的市场价格具有合理性,即与相对价格相一致。没有一个中心权威可以正确评定资源向哪一种方向流动才是正确的,或是资源确定于什么价格才是合理的。资源合理定价最有效的途径就是通过产权交易,通过产权合约的自由选择。只有通过产权交易,在重复多次的博弈过程中,才能获取做出正确决策所需的各种信息,才能克服市场的不确定性,从而不断地对产权合约进行纠正,对市场价格进行调整。价格机制有效配置资源的基础,就是产权主体对不同产权合约拥有自由选择的权利,从而使资源的市场价格在不断选择中被不断纠正,在重复多次的产权交易中逐渐向其相对价格靠近。因此,产权交易是纠正环境资源市场价格与相对价格偏离的重要途径。

在我国,自然资源产权结构十分不合理,所有权的公共性、使用权的模糊性、交易权的残缺性,导致资源价格无法真实反映其价值。在具体的权属划分方面,勘探权、开采权、经营权都普遍存在政府垄断现象,其结果是有效供给不足、效率低下,而且在基础性投入方面都是公共财政,导致资源获取成本低廉。以探矿权为例,与国民经济高速发展的要求相比,中国矿产资源勘查有效投入仍严重不足,钻探工作量逐年下降,需要培育矿业市场尤其是探矿权市场,实现矿产勘查商业性运作,推动中国矿产勘查由公益性向商业性转变。探矿权市场化必将资源开采成本真实化,从源头解决资源价格失真问题,增强资源利用的内在约束。

7.5—3 资源税、价格变动与宏观经济效应

在资源价格形成过程中,为减少市场失灵现象,需要政府的作用。其中,以资源税的形式介入资源价格是一个重要的措施。罗丽艳(2005)从资源的经济功能(提供资源基础、消化生产生活垃圾以及舒适性服务)的角度,界定了资源税的征收范围,即资源所提供的前两种服务需要给予补偿,是征税的主要范围。由于资源的价值是随资源储量及其生态经济功能而不断变化的,因此,不同产业、不同产品以及不同资源的税基和税率也是不断变化的。资源税的征缴改变了原来的资源价格形成机制,大幅度调整了产业结构和利益分配格局。在政策实施过程中,考虑到企业和消费者的承受能力以及经济系统的缓冲弹性,可以根据各类自然资源的特点,需科学计划、分类展开、逐步实施。

资源税的实施直接提高了资源的价格,这将会对整个物价水平产生怎样的影响呢?根据价格弹性理论,资源税的税额分别有消费者和生产者分担。由于需求弹性和供给弹性不同,二者税额分担的比例不同。一般地,消费者的税额/生产者的税额=供给弹性/需求弹性。因资源税而引起的资源价格变化,在整个产业链条中的各个环节是不尽相同的。罗丽艳(2005)运用"阻尼波效应"理论解释资源税引起资源价格变化的衰减趋势。笔者认为,资源价格变化的衰减趋势实际上是由产业或产品的资源依赖程度决定的。在整个产业链条中,假定供给弹性一定,资源依赖愈高,对资源是需求弹性就愈小,资源需求者对资源税的反应就愈灵敏。反之,资源依赖程度低,对资

源税反应就愈迟缓。一般而言,一个产业链中,起点多是资源密集型产业,中间环节多是资本密集型或劳动密集型产业,末端产业的技术含量相对较高。由于产业水平越高,产品加工深度越强,技术含量越高,对资源依赖程度就越小,那么,资源税的价格变动从起点到终点就会呈递减趋势。

资源品价格波动会不会导致成本推动型通货膨胀呢?在短期,可能会引发通货膨胀;但是在长期,将会推动产业结构的调整,促进有关新能源、新产品的技术创新。因资源税引起的价格上升不是真正意义上的成本增加,而是价格上的结构调整,即把原来进入私人利润或当前消费的部分收益转变为资源耗费的补偿或推迟为未来消费,这将更有利于经济的长期增长。如果为了暂时降低成本,低廉的资源被听任消耗,将会在长期形成对经济增长的供给约束,过早地给经济增长划定了极限。

在我国当前经济增长背景下,资源税还有上调的空间。据测算,资源税提高30%,对GDP总的影响很微弱,不会超过0.3个百分点,[①]而这一调整的结构性效应则是显著的。它将对减少资源消耗、推动技术进步、产业结构升级、环境保护和鼓励绿色消费产生明显的促进作用。

7.6　本章小结

资源价格的形成既是循环经济运行的市场基础,同时也是调节

---

① 高辉清、钱敏泽、郝彦菲:"国外促进绿色消费的政策法律及其对我国的启示",载《经济预测分析》,2006年3月23日第8期。

循环经济系统运行的重要方式。研究资源价格形成机制对循环经济理论的发展具有重要理论意义。

作为循环经济运行机制的重要组成部分,价格机制是以市场为基础的循环经济运行的关键。传统经济活动中资源的开发利用只承担了资源的生产成本,忽略了资源价值的其他部分,导致资源因价值低估而大量消耗。适应循环经济需要的资源价格形成机制要能够反映资源价值、稀缺程度、市场供求、生产成本和环境成本,因此,资源价格的决定性因素主要应包括五个方面:使用价值、生产成本、交换价值、环境成本和产权特征。其中,资源的基础价值和稀缺性反映在使用价值中,运用霍特林规则对资源利用的未来值进行贴现;市场供求反映出交换价值,这对产权安排和市场结构、交易制度提出相应的要求;根据哈特维克准则,为保证资源的可持续利用,运用自然资源利用的边际社会成本法,对自然资源进行定价以使外部性内部化,同时引入环境成本,抑制资源使用产生的环境影响。

资源价格形成问题实际上是经济系统内初始资源与循环再生资源的竞争和替代问题。循环经济均衡的资源价格应是当两种可替代资源的边际收益相等时的资源价格,此时初始资源的利用与再生资源的利用无差异。资源价格均衡是以产权清晰为前提的,故需建立低成本的产权交易制度。资源价格的微观局部均衡对宏观经济的影响具有积极作用和负面影响,在看到资源价格改革带来的积极作用的同时,必须克服其负面影响。

第8章 循环经济中消费者行为

8.1 循环经济下消费者行为的本质

布朗(Brown,L.R.,1981)告诉我们:"我们不是继承父辈的地球,而是借用了儿孙的地球。"[①]这意味着地球在为我们同时也为后代人提供生存基础,只考虑当代的需要是狭隘的、自私的。基于这样的生存理念,我们应改变传统的消费伦理和消费模式,寻求符合可持续发展的消费方式。循环经济是一种包括可持续生产、消费在内的新型经济活动方式,研究循环经济,从微观角度来看,需要从理论上研究消费者行为的变化。

8.1—1 循环经济中消费者行为

传统工业化模式产生的环境生态问题不仅在生存条件方面对人们的生活产生压力,而且直接影响到人们的日常消费活动。比如农业生物化学技术的过度使用以及食品加工过程中的不当技术运用带来的食品安全问题,家用电器的生产和制造过程非环保标准产生的

---

① 布朗:《建设一个持续发展的社会》,科学技术文献出版社,1984年。

耗能、辐射问题,家装建材有害物质严重超标等问题。这些问题直接危害居民的生命和健康,降低人类生存质量。优质的环境生态不再是遥不可及的高尚追求,已经成为一种现实的需求。当这种需求转化为有效的产品需求时,这种消费活动就成为推动经济增长并变成可持续发展的一种持久的原动力。基于这样的逻辑,本节主要讨论循环经济模式下消费者生态消费的形成过程以及生态消费行为的经济过程。

传统经济模式中的消费者的消费决策依据是预算约束下的效用最大化,其目标是通过在不同的商品组合之间进行比较、选择,寻求消费的最大效用。这种决策过程是假定不存在消费外部性的,尤其是不考虑消费的负外部性。一旦把消费决策的环境成本纳入决策范围,消费者的经济行为就发生了根本的变化。

循环经济假定经济主体能够节约资源,通过资源循环使用和再生利用,减少对资源的过度消耗和浪费,使经济活动产生的环境污染最小化。循环经济与传统经济中消费者行为的区别有以下几点:

(1)循环经济中消费者的消费决策约束条件与传统条件有所不同,在预算约束和环境约束两种约束条件下,决策目标也不再是单一的效用最大化,而是考虑到因消费活动产生的环境影响会减少总体效用。

(2)预算约束和环境约束通过一定的制度安排是可以互相转化的,这样,消费的外部性会改变原有预算约束下的实际效用。

(3)对环境影响的考量实际上显示出循环经济中消费者的偏好。由于这种生态偏好(资源节约、环境友好)导致效用函数的变化。即使环境约束不改变预算约束,消费者会因感觉到其不适的消费活动将会削减其生态效用,从而改变其消费决策,或减少该种消费,或寻求更符合其生态偏好的消费。

8.1—2 适度消费概述

(一) 适度消费的内涵及本质

适度消费的定义。适度消费包括生态消费和合理消费。它从数量和质量两个方面对消费界定,即消费商品和服务的品质是生态型的,数量和标准是合理的。其中,生态消费是主体,是本质,合理消费是数量表现。适度消费体现了与经济发展阶段和资源环境状况相适应的消费方式,它是对消费者行为在考虑资源存量、环境承受力、生态阈值的条件下以一定的经济发展水平为限度的界定。它体现科学发展的思想,是将可持续消费理念与中国工业化进程和全面小康社会目标相结合的、符合中国国情且保持经济社会环境协调发展的一种消费方式。

适度消费及其相关概念。在循环经济的发展动力中,居民的适度消费是一个不可或缺的重要因素。与适度消费相关的概念还有可持续性消费、绿色消费、生态消费、合理消费。所谓可持续性消费是指:"提供服务以及相关的产品以满足人类的基本需求,提高生活质量,同时使自然资源和有毒材料的使用量最少,使服务或产品的生命周期中所产生的废物和污染物最少,从而不危及后代的需求。"[1]可持续性消费不仅是一种消费理念,也是一种消费模式,它和可持续生产一起构成了可持续发展的经济系统。可持续性消费概念在理论研究上,更正式地反映可持续发展的思想。绿色消费主要是一种生活

---

[1] 联合国环境署在1994年于内罗毕发表的报告《可持续消费的政策因素》中提出了目前较公认的可持续消费的定义。

方式,是一个大众化的概念。二者实质上所指的是一个意思。生态消费则比绿色消费有更多的含义,它不仅是消费的产品具有环境友好特征,而且包含消费行为的生态化以及视生态环境本身就是一种稀缺的产品,其效用函数的变量比绿色消费的效用函数变量要多。大岛(2000)在其环境保全的经济学体系中提出了合理消费是基础的观点,但是他并未对此作深入研究。合理消费是指在一定的经济发展阶段,依据一定的消费伦理,而采取的健康的消费行为,它反对奢侈性消费、超前性消费和过度消费。后面将对生态消费作详细论述。

(二) 生态消费

生态需要是生态消费的动力。生态需要是人的本性。任何人对优美的环境、和谐的生态、健康的食品、安全而便捷的生活用品都会产生需要。生态需要是指人类为了获得包括维持可持续生存和满足发展需要等方面内容在内的最大福利而产生的对生态产品的需要(柳杨青,2004)。生态需要有狭义和广义之分,前者指人类为满足自身再生产而产生的对生态产品的直接需要,也是最终需求;后者还包括引致性需求,即生产过程对生产产品的需要。实际上,生态需要还应包括第三个层次的需要,即精神层次的生态需要,这种需要的客体是整个生态环境。作为一种深层次的精神活动,生态需要反映了人的趋利避害本性,但是这只是心理学或哲学层次的范畴。它只构成经济学研究的一个基础,并不能直接转化为经济行为。因此,只有把生态需要转化为在一定的预算条件下为满足自身再生产而产生的对生态产品的直接需要时,这种需要就变成了有效的需求,即生态需求。由此可见,生态需求是与收入水平密切相关的,因此而具有经济学意义。

所谓生态消费,是指消费者意识到环境恶化已经影响其生活质量及生活方式,要求企业生产、销售对环境影响最小的绿色产品,以减少危害环境的消费。根据生态需要的定义可知,这种定义是一种较窄范围的定义。生态消费在本质上反映出可持续的和承担社会责任的消费,它是一种适度消费,即追求最适生活质量、自然资源消耗最少,消费过程中产生的废弃物和污染物最少(熊文强等,2002)。因此,生态消费也叫绿色消费。主要包括三个方面:消费无污染的产品,消费过程中尽量避免对环境造成污染,自觉抵制和不消费那些破坏环境的产品。绿色消费在欧美日发达国家以成为一种时尚,企业在生产活动中,必须了解消费者对绿色消费的态度,引导消费者进行绿色消费,从而提高企业的形象,增加用户对其产品的忠诚度。

循环经济模式下的消费方式应该是适度消费,尽量缩小生态足迹,减少环境代价。这种消费方式可以用 5R 生活方式来概括:Reduce(节约资源、适度消费);Reevaluate(绿色选购、品质消费);Reuse(废物减量、复用消费);Recycle(垃圾分类、循环消费);Rescue(保护自然、人文消费)。这种绿色时尚与中国古老的生存智慧相融:珍惜资源、简约其行;修心养性、高尚其志;关爱生命、强健其身;天人合一、和谐其境。[①]

生态消费的显著特征在于这种消费方式在满足既定效用目标的同时保证环境扰动的最小化,欲达到这种要求,须在消费品品质的选择、消费品数量的决策以及消费品垃圾的控制方面与传统消费行为的有所不同。根据消费品生产过程的差异,生态消费品可分为三种类型,即直接处理型、系统单元型和低环境负载型。见图 8.1。根据显示性偏好理论,生态消费行为直接体现在消费品的消费决策上,而且,不同类型的生态消费品产生的环境影响是不同的。这样生态消

---

① 廖晓义:"绿色生活适度消费",参见首届环境与发展中国论坛,2005 年 4 月 22 日。

费品的类型和生态消费行为共同构成生态消费模式。

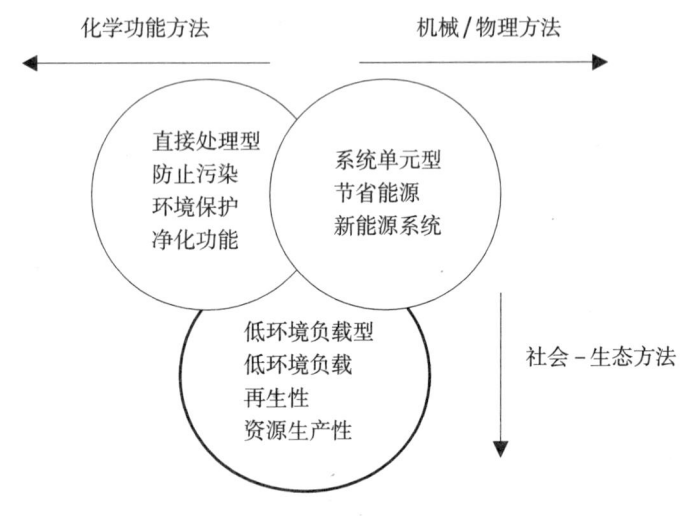

图 8.1　生态消费的三种类型

资料来源：原田幸明,1999 年。

生态消费偏好是如何形成的？根据消费者行为理论,稳定性偏好与预算约束决定消费者理性选择。对商品的偏好和货币支付能力分别影响所购买商品的类别和数量。消费者的生态需求是绿色消费行为产生的终极目的和原动力。环境生态意识、生态服务效用以及对反生态现象的厌恶形成消费者的绿色偏好。这种偏好在经济活动中表现为生态需求。

新古典微观经济学是以消费者完全理性、同质性和偏好稳定性假设为前提来推导消费者均衡的。这一假设具有高度的抽象和一般,适合于静态分析,它给出了研究消费者决策优化的参照系。现实经济中的消费者是异质的、个性化的,信息是不充分,其偏好也是随时间而变化的。偏好的改变影响消费决策过程和结果。由于绿色消费是因偏好变化带来的效用函数改变的结果,因此欲研究绿色消费,须把握新偏好的形成过程。新偏好的形成机制是:(1)不同群体之间存在的鸿沟使有的群体没有某种新商品的信息,从而商品集中没有该商品,随着时间推移,信息越过鸿沟,使该商品进入商品集;(2)对新商品的消费带有示范功能,展现了商品的特征和效用,克服了由于信息不对称导致的消费迟疑;(3)对特定主体的向往推广到其消费行为。[①]

8.2 生态消费的微观经济分析

8.2—1 生态消费的福利分析

(一) 消费外部性

消费外部性理论综述。经典的外部性理论是由马歇尔提出来的,他主要阐述的是外部经济性;现代外部性理论则应归功于庇古,其思想涉及经济活动的负外部性,即外部不经济;科斯(1960)则进一步提出社会成本理论,并提出克服外部性的产权安排。关于消费活动的外部性的研究兴起于20世纪90年代后期,国外学者施雷奇(Joachim Schleich,1997)探讨了贸易政策与消费外部性的关系,黎建新(2001)对消费外部性的表现形式和作用机理进行了研究,俞海山(2005)考察了消费外部性实践形式,并以轿车消费为例,系统分析轿车消费中各种

---

① 刘怀德等:"发展中国家绿色消费的经济学分析",载《消费经济》,2002(1)。

形式的外部性以及中国轿车消费中的外部性问题。①

消费外部性的含义及表现形式。消费外部性包括正外部性和负外部性两个方面。消费的正外部性,指个人或集体的消费行为使他人产生收益,或有助于社会福利增进、环境改善。比如使用资源节约型、环境友好型产品有助于减少环境压力,还比如健康的文化消费和教育消费有助于道德与社会。所谓消费的负外部性,是指个人或集体的消费行为对他人或社会、环境产生危害而没有承担相应的成本。具体表现为以下几种形式:②

(1)消费、使用危害他人健康的产品。

(2)消费、使用或处置产品时损坏环境、耗费过多的资源。

(3)消费包装过度、产品标准过高或使用寿命过短的产品而造成资源的浪费。

(4)使用、消费来自濒危物种或可能恶化环境的材料加工的产品。

(5)上述消费行为通过与相应生产活动的互动影响进一步加剧环境与资源问题。

(6)一国消费行为对其他国家的环境产生影响。

(二) 生态消费的效用函数

微观经济学中效用理论,假定同种商品是同质的,数量越多满足的效用就越大。效用是用来反映偏好的,偏好的特征具有完备性、传递性、无餍足性。这些都是相当强的假设,"关于效用函数所作的假定是相当有道理的,之所以说有道理是因为它们极大地便利了经济分析,否则经济分析是很难进行的。然而,经济学家对那些不符合这

---

① 俞海山:《消费外部性:一项探索性的系统研究》,经济科学出版社,2005年。
② 黎建新:"消费的外部性分析",载《消费经济》,2001年第5期。

些假定的现实情况,应当随时保持警惕"(阿兰·兰德尔,1989)。在传统的经济学模型分析中,效用的代表物是商品数量,设效用函数为 U=F(x,y). 消费者均衡为:

max$U$

s.t. $P_A \cdot X + P_B \cdot y \leq M$

其中 x,y 表示不同商品的数量组合。这种代表物只是方便了经济现象的数学分析,却忽视真正给消费者带来的福利和享受。另外,消费者自身的消费行为所造成的负外部性,也很难通过效用函数体现出来。这种负外部性表现为在消费者消费活动给自己带来便利的同时,没有承担废弃物处理成本,把这种成本转嫁给社会或他人。循环经济是一种新型的生产方式,其核心是减物质化。在消费领域,讲求消费的绿化和轻化,因为"消费者最终感兴趣的不是商品本身,而是这些商品所能够提供的服务"(艾利斯,2001)。

新的效用函数由改变后的偏好决定,消费者的偏好源于绿色需求。绿色需求是一种前瞻需求,是一种先进需求。这种需求是建立在较高的环保意识和绿色消费意识的基础上,基于人们的生态道德观和社会责任感而产生,它包含了消费者的多种消费预期。新型消费方式要求尽可能地消费绿色产品,并自觉承担生活垃圾的成本。新型消费方式的经济学基础是实现效用代表物的转变:即由商品数量转向数量基础上的质量和功能,效用评价依据由数量满足转为功能满足。

根据上述思想,构造新的效用函数。假定预算约束为 m,q 表示商品数量,价格为 p,仅考虑商品数量时的效用为 $U_1 = F(p,q)$. 当引入环境成本时,导致两种效应,一是通过征收消费税 t 使预算约束减少,预算约束由 m 变成 m−t,t 也表示消费者应该承担的环境成本,可用于环境治理等相关费用;二是通过向消费者收取废弃物处理费

(单位垃圾的费用为 f)等使消费者消费行为的事后总支出增加,消费者的总支出为 $p \cdot q - f \cdot w$,其中 w 为垃圾产生量。要在预算减少或总支出增加的条件下,仍能获得同等效用,须提高产品的质量,增加产品的功能。这种效用来自生态型商品。其效用函数可改写为 $U_2 = F(p_1, q_1, \varepsilon)$,其中,$p_1$,$q_1$,$\varepsilon$ 分别表示生态型商品的价格、数量和功能(质量)。与前面的普通商品效用函数不同的是,增加了一个新的变量:商品功能 ε,其中,生态型商品的价格一般要高于等于普通商品价格($p \leqslant p_1$),由于功能增强(ε),在获得同等效用的情况下,对前者的消费量要少于对后者的消费量($q > q_1$)。这就意味着在资源使用量减少的条件下,由于产品的质量提高或功能增加,消费者的效用是相等的。或者是,若两种商品消费量相等($q = q_1$),由于更好的功能和质量,消费者可获得更多的效用($U_1 < U_2$)。这就达到了资源节约的目的,同时由于垃圾量的减少,环境影响也减弱了。

8.2—2 我国消费者生态消费的动态分析

(一) 生态消费行为的决定

生态消费效应的滞后性和跨期不均衡性决定了大众消费方式的变化具有不确定性和复杂性。消费方式的选择,与人们对于当期和未来福利的认识有关。它取决于消费行为的时间偏好和未来消费的贴现率。在一定意义上,生态消费的成本是当期的,也是确定性的,而收益是未来的,需要贴现,相反"反生态消费"的收益是当期的,而很大部分成本是未来的、不确定性的,从人的基本特性来看,追求确定性收益而接受不确定性的成本往往更常见。因此,"反生态消费"反而成为一种主流选择。

在私益型绿色消费选择中,消费集为由两种商品组成,即绿色消费品和反绿色消费品,$X_{it}=(i=1,2)$为 t 期消费商品集合。由于我国处于经济转型和快速增长期,为更加符合我国的现实,与新古典的模型不同,我们假设收入 M 是不确定的。我们可以建立一个跨期的生态消费模型。

消费者效用函数为:

$$U(X) = \sum [U(X_{1t}) + U(X_{2t})]/(1+\sigma)^t$$

其中 X_{1t}、X_{2t} 分别为消费的生态型商品和反生态型商品的数量。

预算约束为:

$P_1 \sum X_{1t} + P_2 \sum X_{2t} \leq M$,其中 M 为消费者在其生命周期中的收入。

由于不同收入层次的消费者对于生活质量的要求不同,高收入者更加倾向于生态型消费,而低收入者更加倾向于反生态型消费。

(二) 生态消费行为的演进路径

(1)路径依赖的自增强机制。生态消费行为会产生路径依赖和习惯性依赖。路径依赖主要源于消费行为的自增强机制,初始消费行为在循环累积性作用下,产生适应性预期、学习效应、协调效应,这些效应强化对初始行为的选择,从心理学角度,行为的长期重复会产生习惯,习惯和经济理性混合导致消费行为的路径依赖。

(2)生态消费需求与厂商绿色供给的良性互动机制。从市场供求的角度看,消费者的生态需求与厂商的生态型产品供给之间存在着互动关系。这种互动如果是持续的、稳定的,且有良好预期,那么,生态性产品市场将会健康发展,否则,这种市场将被扼杀。这种市场的发展需要一系列的制度安排,包括对生态消费的鼓励和对环境友好型企业与产品的激励。

(3)生态消费的反复性。路径依赖是一种频率依赖,它与初始条件是十分敏感的。初始条件虽然是偶然的,但是对生态消费的发育却至关重要,适宜的条件会引致一个有效率的路径依赖,否则会陷入一个低水平均衡陷阱或发生经常性反复。不过,强制性外力作用也会引导良性轨道,但是短期收益产生巨大长期成本。因此,生态消费形成的路径有两种可能:P1 和 P2。见图 8.2。①

从图 8.2 可以看出生态消费形成的路径。在生态消费发育期(t1 期),生态型商品消费量的增长是缓慢的,意味着生态消费行为是稀少的,没有形成大众消费,但是在这个过程中,由于涓滴效应、累积效应和路径依赖,生态消费行为在蓄积力量,同时生态消费和非生态消费以及反生态消费在争夺消费市场和消费者群体。在生态消费变动期(t2 期),生态型商品消费量的急剧增长,形成规模效应。最终在 t2 期生态消费成为成熟的消费模式。也有可能反复曲折,形成成熟消费还需更多时间,或需要更多的制度创新。

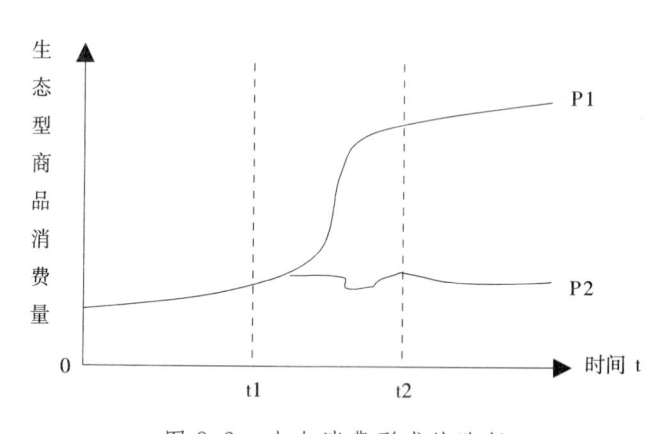

图 8.2 生态消费形成的路径

(0,t1)期为生态消费发育期,(t1,t2)为生态消费急剧变动期(繁荣期或反复期),(t2,∞)为生态消费稳定期。

---

① 参见刘怀德等:"发展中国家绿色消费的经济学分析",载《消费经济》,2002 年第 1 期。

8.3 生态消费的经济效应及其模式培育

8.3—1 生态消费的涓滴效应

生态消费对生产方式和经济增长方式的转变具有"涓滴效应"①。收入分配的涓滴效应能够带动经济增长和分配公平,其重要因素就是需求和市场的作用,这一机制在生态消费方面也有意义。生态消费的重要性不仅在于这种消费本身具有资源节约型和环境友好型特征,而且它可以产生市场需求,带动循环经济进入良性运转的轨道。经济发展到一定阶段,人们的生态需要产生了;作为一种深层次的精神活动,生态需要在一定预算条件下会转化为对生态型产品的需求,直接的生态消费活动形成了生态型产品市场。根据斯密定律,分工取决于市场规模。随着消费需求的大众化,市场规模扩大,推动环境友好型产业分工加深,生态产业就逐渐形成。见图8.3。但滴流效应能否出现取决于需求结构能否发生变化。因此,需要解决影响需求结构变动的阻止因素。

---

① 涓滴效应(Trickle-down effect,又译作渗漏效应、滴漏效应)也称做"涓滴理论"(Trickle-down theory,又译为利益均沾论、渗漏理论、滴漏理论),指在经济发展过程中并不给予贫困阶层、弱势群体或贫困地区特别的优待,而是由优先发展起来的群体或地区通过消费、就业等方面惠及贫困阶层或地区,带动其发展和富裕,这被称做"涓滴效应"。里根政府执行的经济政策认为,政府救济不是救助穷人最好的方法,应该通过经济增长使总财富增加,最终使穷人受益。由此里根经济学有"涓滴经济学"之称。

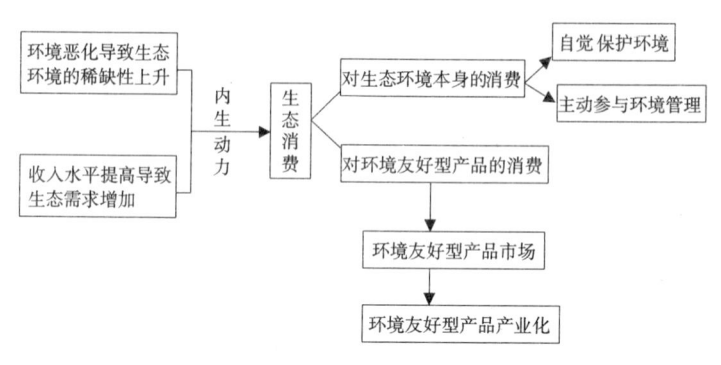

图 8.3　生态消费的涓滴效应

8.3—2　影响消费者生态消费行为的因素及其对策

(一) 影响生态消费的因素

俞海山(1999)从宏观上指出,构建中国可持续消费模式必须依据中国的经济发展状况、人口状况、自然资源状况、生态环境承载能力、传统消费文化、社会制度等基本因素;构建中国可持续的消费模式必须以可持续发展价值观为指导,以可持续生产为基础,以合理的分配格局为保障,以政府各种调控措施为手段,以"绿色消费者"为后盾。他勾画了一幅生态消费的美好图景,但是在当前消费的发展阶段,还存在许多制约生态消费的因素。这些因素有:

(1)市场分割,价格离散。由于不存在统一规范的市场,产品价格分布复杂,生态型产品价格难以形成竞争优势。

(2)柠檬市场,信息严重不对称,出现逆向选择。生态型产品的质量与信息。克服绿色商品中的信息不对称问题。如按照我们通行的绿色食品的划分,绿色食品可以分为有机食品、绿色食品和安全食品三种,不同层次的绿色食品,产量、生产成本不同,从而平均成本不同(刘怀德等,2002)。这样的细分对于众多消费盲目的消费者而言只能增加选择成本,从而使劣质产品大行其道。

(3) 缺乏生态型产品的认证标志。尽管有一些绿色标志,但对于产品性能、质量、环境影响等方面的认证是远远不够的。而且大部分产品都还没有相应的认证标准。

(4) 经济增长处于急剧变动时期,收入层次多,对商品的生态需求有不同层次。而且,低收入者在整个消费群体中占大部分,这为低档、非生态型产品提供了生存空间。

(5) 时间序列上,收入的变动幅度较大,难以形成稳定的产品市场。这意味着开发生态型产品的利润是极不确定的。由于变动快,也会导致产品市场生命周期短,加大经营风险。

(6) 消费者权益保护不力,购物合同执行成本高,增加消费者对新的产品消费的畏惧心理。

(二) 生态消费及其规制

(1) 价格政策。生态型消费品的生产成本要高于普通消费品,而且其品质差异性强(功能和质量要强于一般产品),因此,在价格制定方面,政府可赋予其一定的定价权。

(2) 补贴和税收。包括对消费者和生产者的补贴,或税收减免。

(3) 标识。制定生态型产品目录,提供生态标识,以减少信息不对称。

8.3—3 基于支出节约的消费共享模式及其启示

产品属性、消费外部性与消费共享。大部分消费品属于私人物品,具有明显的排他性和独占性。由于这种特征导致了对资源的浪费性占有和严重的资源利用不足。但是有些消费品因其特定的使用方式,可以采取一定的共享形式。这样既节省了家庭的消费支出,又能为私人的需要提供足够的服务,对于社会而言,节约了资源,资源的配置也更趋优化。汽车便是这样一种消费品。当经济发展水平不高时,人们拥有私人汽车,除了满足正常的交通需求以外,更多的是满足其炫耀性消费心理的需要。这种消费在一定程度上无疑是一种浪费,不过这种需要是暂时的,它会随着私人汽车的普及而淡化,同时,对于理性消费者而言,过度炫耀的消费行为是不会持久的。在经济发达的阶段,私人汽车消费纯粹是交通的需要,因其效用仅仅满足家庭的交通需求,单个家庭交通使用量很有限,而对于汽车这样的高额消费支出来说,效用是不足的。

近年来西方发达国家兴起的汽车共享系统较好地解决了这种矛盾。20世纪90年代欧洲一些城市推出汽车共享系统,即一些人共同购买一辆或多辆汽车共同使用。通常采用会员制,会员支付一定的入会费,同时还需支付一定的汽车购买成本分摊费用。在具体使用过程中,根据燃油消耗和使用时间进行收费。在这种消费模式下,大多数人的交通量增加了,同时实际交通支出比以前拥有私人汽车大大减少了。这种消费模式还具有其他方面的正外部性,比如,由于汽车俱乐部会员用车时间在一定程度上能够较好地协调,私人交通时间有一定的计划性和规律性,减轻了城市交通拥挤程度,对汽车车位的需求也减少了。还有,就是个人不再为汽车的防盗问题发愁,也不用为汽车的简单维修维护和保养以及办理各种缴费手续而浪费大量时间。

据统计,目前在德国柏林,在加入汽车共享俱乐部之前,有21%的会员自己拥有汽车,7%的属于无车族,25%的人与亲戚朋友共用,有43%的人有一段时间无车。入会后,有一半的会员声称只想使用俱乐部的交通工具,不再拥有个人汽车。

以汽车为例分析产品属性、消费外部性与产权安排。汽车的产品属性与交通状况、土地稀缺度、大气质量状况有着密切关系。在交通拥挤和城市用地紧张的情况下,原来作为纯粹私人物品的汽车变得不再重要。早期消费者为追求交通便利和舒适等效用而购买汽车,汽车作为私人物品表现出显著的排他性和独占性。由于汽车消费产生大量的负外部性,在一定的区域空间内,当汽车数量增长到一定规模时,这种负外部性凸显出来,最终对消费者个体的效用产生影响。这也是"囚徒困境"中个人理性与集体理性的冲突产生的不合作结果。当这种汽车消费的个人效用受到严重削弱时,汽车的产品属性开始由纯私人品向具有一定共享性物品转变。一种新的产权安排也就产生了,即由原来的个人独占模式转向俱乐部式或社区式的共享模式。

8.4 本章小结

循环经济中人的经济活动是在追求福利改善的同时满足资源节约和环境友好的要求,因此其人性假设既不能是纯粹的"经济人",也不应是完全的"生态人",可以界定为"生态经济人",即在生态规律和经济规律的支配下,既有经济利益的驱动,又有生态友好的表现,在一定的制度约束下,主观上在追求福利改进的同时客观上实现了生态效益。

以"生态经济人"为理论假设,可以对循环经济中消费者和生产者的行为进行有效的解释。循环经济中消费者的消费行为是生态消费,基于这样的逻辑,本章主要讨论了循环经济模式下消费者生态消费的形成过程和生态消费行为的经济过程。

以生态消费为主要内容的适度消费,从数量和质量两个方面对消费的界定,即消费商品和服务的品质是生态型的,数量和标准是合理的。适度消费符合资源节约型、环境友好型社会的要求,其作用机理是适度消费的外部性和生态消费的涓滴效应。

消费具有外部性,包括正外部性和负外部性。传统的消费模式是基于产品经济导向的消费,产生大量的负外部性。因此需要从政策方面进行规制。由于我国经济处于结构急剧变动、总量不断扩张的阶段,消费行为具有不稳定性,在这样的经济环境中,生态消费模式的形成路径比较复杂。生态消费行为的演进路径表现出路径依赖性、生态消费需求与厂商绿色供给的互动性和反复性特征。

生态消费具有涓滴效应,从需求方引导产品市场和厂商供给向生态化方向转变。但是,生态消费行为的形成不仅受市场特点的影响,还受经济结构的变动和收入水平变化的影响。因此,需要相应的规制进行引导和培育。

最后,以汽车消费为例,分析了产品属性随消费外部性程度变化而改变并引发相应的产权安排。汽车共享消费模式便是适度消费的一种表现形式。

第9章 循环经济中生产者行为

循环经济方兴未艾,生态竞争日益激烈。一些国际先进企业,遵循可持续发展原则,纷纷进行企业的"生态转型"和"绿色再造",将生态经营理念融入企业的经济决策和日常管理活动中,增加管理的生态内涵,在追求经济效率的同时兼顾生态效率,大大提升了企业的生态竞争力,夯实了生存基础,拓宽了竞争力的范围和内涵。根据循环经济发展的实践要求,企业推行循环经济的主要任务是实行清洁生产。清洁生产是技术和工程学科的范畴,不是本课题的任务。本章主要是从经济学的角度探讨循环型企业的经济逻辑、推行循环经济对成本收益的影响、对企业竞争战略的改变以及生产者责任的经济含义。

9.1 循环型企业的经济逻辑与现实背景

9.1—1 循环型企业的经济逻辑

(一)阿尔钦的企业演化理论

该理论的核心思想是:企业目标不是利润最大化。在理论假设上对新古典作了较彻底的批评:(1)引入了奈特(1921)的不确定性和西蒙(1987)有限理性两大假设来取代新古典的确定性和完全理性。他开篇就说,"本文提出一种经过改进的经济分析方法,以将不完全信息和不确定预知作为不言自明的客观存在引入经济分析。这一分析方法扬弃了'利润极大化';同时放弃了个体行为的可推测性",由此否定了动机和最大化目标的重要性。(2)以"实现的正值利润"作为经济个体的生存动机和行为目标,而"'利润极大化'不是行动指南"。(3)环境具有甄别功能。他认为,这种分析方法吸收了生物进化和自然选择原理,把经济体系解释为一个甄别机制,这一机制具有甄选那些试图追逐"成功"或"利润"的适应性行为的功能。这些假设搭建了一个非均衡分析框架的基础,这也正是运用演化经济学分析经济行为所需要的。

阿尔钦认为"实现的正值利润"既是决策目标,也是检验生存能力的标准。由于不确定性的存在(因为不完全预知和人不具备解决含有一系列变数的复杂问题的能力,而且每一可能选用的行动均有一个含有多种潜在结果的分布且有相互重叠的部分,所以只能选择具有较好潜在可能分布的行动),利润极大化没有丝毫意义。同时,从经济史的角度看,只有实现正利润,企业才能生存;而那些长期生存下去的企业并没有实现利润极大化,而是正利润。

新古典经济学的利润最大化假设在实践中产生的危害是企业变成唯利是图的经济人。把社会责任和环境责任看做是企业的包袱,从而造成企业与社会的对立。

根据生态学的最小风险原理,系统发展的风险和机会是均衡的,大的机会往往伴随高的风险。强的生命系统要善于抓住一切适宜的机会,利用一切可以利用甚至对抗性、危害性的力量为系统服务,变害为利;善于利用中庸思想来避开风险、减缓危机、化险为夷。阿尔钦企业演化论认为企业只是追求正利润,并不是利润最大化,这种观点具有现实解释力。而且,企业在资源节约和环境友好方面作出的努力即使在经济意义上并非完全是成本,也是有收益的。对于企业正利润的理解应该是收益超过企业生产成本和环境成本,即除了承担私人成本,满足正常生产需要外,还应支付外部成本,补偿环境损害(或支付环境使用的费用)。

(二) 利益相关者理论

该理论认为,企业是多个主体的利益共同体。在可持续发展的进程中已经担当一角,或者可以成为其中一个"演员"的,就是这些利益相关者:

(1)企业,他们可以提供服务、产品和技术给予社会(同时也平衡了经济利益与业务的长远可持续性);

(2)投资者,他们掌握着投资款项的去向,所以也潜藏着强大的能力;他们可以在投资条件中增加生态和社会方面的要求;

(3)各种社团、消费者协会等;政府,它能利用法律强制可持续发展进程中的其他角色去行动,并在众多"演员"中寻找最理想的平衡;

(4)非政府组织,他们献身于环境和人权问题,并得益于广泛的公众支持;

(5)媒体,他们的力量就是报道消息;

(6)大众,在媒体所接受到的信息强烈影响他们的意见。

作为利益相关者,商界在社会中起着非常重要的中心作用。企业的存在是基于他们透过提供商品与服务而满足了需求。同时,他们服务顾客、提供就业机会、为股东带来利益、为政府带来税收、推动改革和运转当地的资源与资金。商界应该在社会中以企业公民的身份,在经济上的成就外,去承担责任和任务。企业的任何行为和战略决策都应综合考虑各利益相关者的需求和权利,考虑生态系统的整体利益与发展。企业战略管理就是要处理企业与利益相关者之间的协同进化行为、企业与政治环境之间的政治生态行为、企业与自然环境之间的环境生态行为、企业与技术环境之间的技术生态行为,以及企业与社会环境之间的社会生态行为(包括社会责任、社会伦理等)等。表9.1从生态学的角度分析了企业经营生态环境、社会生态环境和自然生态环境,勾画了企业作为生态经济系统的子系统与大系统协调进化的框架,反映了系统各单元作为利益相关者的整体协调性和相互依赖性。

表9.1 利益相关者与公司生态行为的框架及其动力来源

利益相关者	对应的公司行为	公司生态行为产生的动力来源
核心利益相关者、战略利益相关者	公司协同进化行为	公司生存与发展的需要;政府立法与执法的强制性压力;社会对企业承担社会责任与遵守商业伦理的要求。
政府部门、政治法律环境	公司政治生态行为	公司生存与发展的需要;政府决策行为与立法的压力。
自然环境、自然资源、环境压力集团、环境政策	公司自然生态行为	公司生存与发展的需要;政府环保立法与执法的压力;社会期望与公众的绿色消费行为的要求。
科技创新与发展环境	公司技术生态行为	公司生存与发展的需要;政府的立法与执法的压力。
社会文化环境与社会大众	公司社会生态行为	公司生存与发展的需要;社会共同的伦理行为、道德观和价值准则的要求。

资料来源:张焱、张锐、姚薇:"生态公司论",载《科技管理研究》,2005年第6期。

(三) 社会责任(CSR)理论

企业的责任是随着社会进步而变化的。CSR 是指在市场经济条件下,企业的责任除了为股东追求利益外,也应当考虑相关利益人,即影响和受影响于企业行为的各方利益。

关于企业社会责任认知的发展历程:

第一阶段:20 世纪 30 年代以前,企业的责任是实现所有者和股东利益最大化;

第二阶段:30~60 年代随着企业主体多元化的股份公司迅速发展,在消费者主权运动推动下,政府通过立法迫使企业对其顾客、贷款人、供应商等企业关联者承担更大责任;

第三阶段:60~80 年代,经济迅速发展导致的环境问题引发环保主义运动,环境保护成为企业必须遵循的基本准则;

第四阶段:80 年代至今,经济全球化以及市场经济的内在矛盾导致的劳工权益保障成为一个世界性问题。

1953 年,霍华德·R. 鲍恩出版了《企业家的社会责任》一书,使公司社会责任(CSR:Corporate Social Responsibility)正式走进人们的视野。近 30 多年来公司社会责任成为理论界和社会舆论关注的焦点,上世纪 90 年代中期开始,全球开始兴起声势浩大的"企业社会责任运动"。1997 年,全球第一个关于企业道德的自愿性国际标准——全球社会责任标准体系(SA8000 标准)出台;1999 年,美国推出"道琼斯可持续发展指数";2001 年,澳大利亚推出社会信誉指数;2002 年,联合国推出呼吁全球企业界遵守社会责任的《联合国全球协约》。

我们定义企业社会责任(CSR)为"企业、商界对可持续经济发展的贡献的承担,与雇员、雇员的家属、当地社区和广义的社会携手改善他们的生活素质"。一个以正直、可信的价值和长远手段为基础、前后一致的企业社会责任战略,肯定能为企业带来业务上的利益,并同时为社会的福祉作出贡献。承担社会责任的公司有处理社会变迁方面的优势,因而更可能成功。可持续发展为企业提供了经营的"执照"、创新的机会、各层面上的成长及生意运作的步伐。世界可持续发展工商理事会主席斯蒂格森(Bjorn Stigson)认为,"企业逐渐意识到企业社会责任不仅仅是在社会中做好事。商业与社会的其余是没法分开的。企业在社会中营运,他们也是社会中不可或缺的一部分。而且,如果企业身处的社会不能制造财富的话,企业本身也根本不可能这样做"。①

9.1—2 企业推行循环经济的现实背景及动因

从循环经济实践来看,生产循环多于消费循环,利益驱动下的企业自觉性大于社会公众的绿色意识。即循环经济实践的主要领域在企业乃至企业生产过程,而且循环经济的微观收益也主要体现在企业。这说明企业推行循环经济具有现实必要性和潜在可能性。

(一) 宏观背景

企业推行循环经济是转变生产方式、适应新的经济环境的必然选择。中国政府确立了科学发展观,制定了节能降耗的长远规划和近期目标,并分解成各个环节和技术指标进行落实与监控。在这样的发展环境中,循环经济是大势所趋。

企业推行循环经济是社会发展的必然要求。企业的社会责任要

---

① 《中国可持续发展的未来:一份关于中国未来领导人想法的报告》。

求企业必须超越把利润作为唯一目标的传统理念,强调再生产过程中对人的价值的关注,强调对消费者、对环境、对社会的贡献。"社会责任"已经成为发达国家的商业惯例和企业家精神的重要内容。

(二) 微观动机

企业在循环经济方面大有可为。企业是经济运行的微观主体之一,既是大部分物质产品的直接提供者,又是绝大多数废弃物和污染物的直接生产者,因此在整个经济发展模式的转变过程中,企业行为的转变具有基础性作用。企业发展循环经济的外部压力主要有:(1)来自政府的倒逼机制和诱导机制。(2)绿色消费的需求拉动。(3)来自社会公众的舆论压力。(4)国际绿色壁垒。

企业推行循环经济有其内在的利益需要。在市场需求中绿色消费的引力和环保压力驱动下,循环型企业的声誉价值是巨大的;而且,节能降耗本身就是降低成本的一种途径。另外,在资源价格日益上升的趋势和环境成本内部化程度加深的背景下,发展循环经济是变相地节约成本。

9.1—3 循环型企业的内涵及特征

(一) 循环型企业的定义

循环经济型企业是以物质闭环流动为特征,以"减量化、再利用、再循环"为原则的生态经济型企业。即运用生态学规律把经营活动组织成"资源——产品——再生资源"的反馈式流程,使物质和能量在整个经济活动中得到合理和持久的利用,最大限度地提高资源环境的配置效率,实现生态化转向的企业。物质闭环流动的循环在企业内部完成的循环经济型企业、物质闭环流动的循环在一组企业中完成的循环经济型企业、物质闭环流动的循环在一定区域内完成的循环经济型企业。循环经济型企业应具有的特点：以可持续发展为企业的战略思想；以追求经济效益和生态效益作为企业双重战略目标；以"三R"为企业的经营管理原则；以建立物质闭环流动循环作为企业经营管理的手段。①

企业内部资源再生循环包括三种情况：一是将流出生产系统之外的资源回收后作为原料返回生产流程中；二是将生产过程中生成的废弃物经适当处理后作为原料或原料替代物返回原生产流程中；三是将生产过程中生成的废弃物经适当处理后，作为厂内其他生产流程中的资源。

（二）循环型企业的特征

第一，循环型企业首先是节约型企业。即资源消耗少、成本水平低、科技含量高、经济效益好的企业。从这个意义上来说，加强成本管理是建设节约型企业的重要目标。控制成本不意味着限制发展，而是用更少的资源创造更大的价值，就是所谓的"以更少耗费获取更多价值"。节约首先是资源的节约。控制住生产领域的浪费，就在节约型社会建设中占据了主动位置。

第二，循环型企业是生态型企业。即按照生态经济规律和生态系统的高效、和谐优化原理，运用生态工程手段和各种先进技术，建立起来的对自然资源充分合理利用、废弃物循环再生、能量多重利用、对生态环境无污染或少污染的现代化企业。其主要特征是企业按生态规律组织生产，采用集约、高效、无害化的生产方式，运用物质

---

① 王杰："循环经济型企业环境成本核算探析"，载《财会研究》，2004 年第 11 期。

循环的新工艺以及节能、节材、节水的新技术,生产出更多的绿色产品。其评价指标是资源生产率,包括物质消耗强度、废弃物排放强度、资源综合利用率,企业的工艺流程符合生态经济系统的物质循环利用、能量合理流动和价值逐级增值的规律。在生产模式上,实现"自然资源——清洁生产——绿色产品——再生资源深加工——绿色产品"的循环过程。

第三,循环型企业是知识型企业。作为现代化的微观生态经济有机整体和生态工业的基础单元,循环型企业需要在资源节约和综合利用、资源循环技术、废物处理技术以及产业生态的规划、控制等系统管理技术方面提供技术支撑。这样的企业不仅是生产领域存在巨大的技术需要,即使在管理和决策领域也需要大量的信息化手段。因此,循环型企业是知识经济和生态经济相互作用共同发展的产物,是一种先进的企业形态。

最后,循环型企业的经济行为具有两重性。循环型企业不仅遵循市场经济规律的要求,还遵循自然生态规律的要求,在追求利润的同时兼顾生态效益。企业的决策约束条件由原来的单一的成本约束转变为成本约束和生态约束,因此企业管理"要从纯粹的经济型管理向经济型管理与生态型管理结合转变,在管理的对象、目标、任务、职能等方面体现出生态与经济的两重性,实施生态化管理"[1]。

(三) 循环型企业与可持续生产

可持续生产是一种协调生产活动与生态环境关系的新型生产方式,它与循环经济在微观层面上有着共同的含义。循环经济在企业层次表现为清洁生产,清洁生产一般是从技术上、工艺上对生产活动

---

[1] 李蓉丽,"循环经济中的企业生态管理",载《经济日报》,2005年12月18日。

提出相应的规范和标准,具有可操作性。可持续生产则是一种生产模式和企业理念,需要通过技术、制度、流程来体现。威尔夫德等人(Welford,et al., 1998)对可持续生产的解释有助于我们对后者的理解,即在创造可接受的利润和剩余的前提下,以更小的环境影响、更高的就业水平生产更高质量和耐用的产品。洛维尔可持续生产研究中心对可持续生产的定义则更严格,即产品和服务的生产流程与体系无污染,资源和能源节约,使用的经济性,关心员工、社区和消费者的安全和健康,对社会的回报。这个定义不仅强调了企业生产的环境后果,还要注意员工和社区的生活质量,体现利益相关者思想和生产者责任观念。可持续生产实际上是经济、社会、自然的全面可持续发展在企业的体现,而循环经济在企业层次一般不涉及这么宽泛的领域。它只是以可持续生产的理念来指导生产,通过生产者责任来规范生产行为。因此,从这个意义上讲,可以对可持续生产作更具体的定义。

企业的可持续生产就是以最低限度使用自然资源、有毒物质和丢弃废物与污染物来满足人的基本需求和提高生活质量的制造产品和传递服务的途径。它遵循下列原则:(1)通过测量和评价生产过程中全部投入、产出和副产品,将政策和生产活动中的经济和环境目标结合起来;(2)通过确定和估算全部环境投入,使环境资产得到适当的评价,以确保销售价格反映了生产和传送的全部价值;(3)通过重新设计产品和生产过程减少投入的消耗,为当代和代际间提供平等机会;(4)确保在决策中考虑生产的长期影响,谨慎对待风险和不确定因素。可持续生产具体内容包括:迈向清洁生产;提高资源生产率;制造更耐用、更适于循环使用和修复的产品;减少废物;加强清洁生产技术的传播和转让等(俞海山,1999)。

循环型企业通过可持续生产实现"内外兼修"。要使企业能够自觉协调经济与生态环境的发展关系,实现社会效益、经济效益和生态效益的"三赢",还需把生态约束内化为成本约束,把环境生态责任压力转化为生态文化和环境意识的内在信念,这样才会减少实施生态管理的监督成本、信息成本和执行成本。因此,需要创造政府与市场相结合的新的环境管理机制,使发展循环经济的外部效益内部化。

9.2 循环型企业的微观经济分析

9.2—1 循环经济模式下生产者均衡

假定企业在不考虑生态因素的条件下收益为 R1,成本为 C1;由于引入生态因素的约束,企业推行循环经济,政府给予补贴 R2(包括政府相关制度安排带来的收益),企业成功的生态管理和资源管理带来的收益为 R3;同时,由于推行循环经济增加了预算支出,增加的成本为 C2。

在没有生态约束条件下,利润 Π = R1－C1,企业的最优决策为:

当 Π 最大时,MR1＝MC1。

引入生态约束条件后,利润 Π = R1＋R2＋R3－C1－C2,企业的最优决策为:

当 Π 最大时,MR1＋MR2＋MR3＝MC1＋MC2。

所以,循环型企业的均衡条件是:MR1＝MC1 和 MR2＋MR3－MC2。

在短期,企业的资源节约和循环利用等措施降低能耗和物耗,节省了成本。同时,企业推行循环经济增加了成本,利润有减少的趋势。但是,在长期,循环型企业的收益是递增的。收益来源于以下几个方面:

(1)随着政府扶持的增加,表现为政府的直接补贴、节能节材技术研发投入、环保型企业的税收减免等,导致利润回升。

(2)企业的生态管理树立了品牌形象,增强了消费者的忠诚度,也增加了消费需求,带来收益增加。

(3)从长期看,根据干中学理论,企业在不断的循环经济实践中,增加了相关知识,学习曲线呈下降趋势,成本也随之下降。

(4)循环经济在全社会的推行,会推动循环技术的普及,进而导致技术应用成本下降,全社会的资源节约导致资源价格波动幅度趋于平缓,这些都给企业带来外部经济,从而降低行业的平均成本。

最终,企业的净利润不会低于传统企业的正常利润。见图9.1。

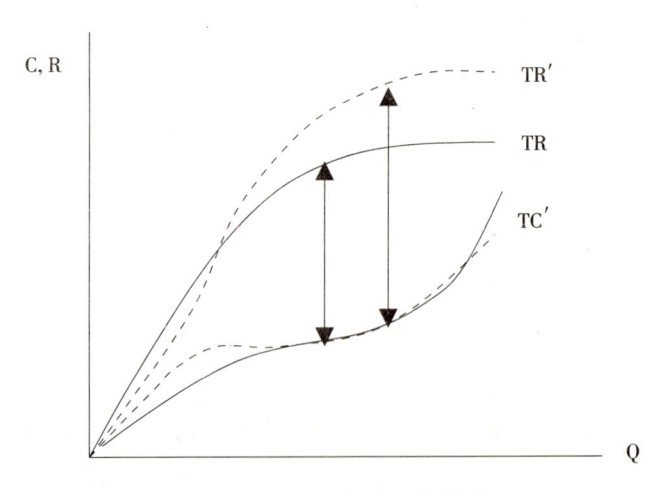

图9.1 循环型企业的均衡

9.2—2 循环型企业的环境成本与环境价值

首先定义环境成本。企业的环境成本是企业在使用环境方面的支付。如果不存在外部性，那么企业的环境成本就可以反映资源环境的真实价格。环境成本的核算是一个复杂的工作，从社会最优总价格的角度来看，珀曼等人(2001)认为，资源环境成本应包括：资源净价格(即资源所有权收益)、资源开采成本和污染的损害成本(包括流量的效用损害、流量的产出损害和存量损害)。但是在竞争性市场中，损害成本无法内部化，价格一般不包括污染损害成本。因此需要进行制度的重新安排，逐步使损害成本内部化。

环境成本是指为防止、控制、回避环境负荷的发生，消除对环境的负面影响，恢复环境生态平衡的成本，包括投资额及费用额两部分。生产服务活动环境成本可以分为与环境保护范畴有关的防止公害成本、地球环境保护成本和资源循环成本三个部分。管理活动成本包括：环境管理体系的建设运行成本，环境情报的公布以及环境广告的成本，监控环境负荷的成本，从业人员的环境教育成本，企业及企业周边的自然保护、绿化美化景观保护等环境改善对策的成本。研究开发成本包括：环境保护产品的研究开发成本，为控制产品生产过程环境负荷的生产工艺研究开发成本，为控制物流过程和产品销售过程环境负荷所进行的研究开发成本，社会活动成本、环境破坏对应成本等。

其次，分析绿色价格与环境价值。传统价格是指生产企业在制定价格时，仅考虑企业自己的生产、销售成本。即是仅以马克思的劳动价值论中论及的"凝结在商品中的无差别的人类劳动"为定价基础，没有考虑生态价值、自然环境资源的价值，没有考虑人与自然交换过程中,作为消费者的人应做到"环境消费付费"。传统价格不能反映出自然资源、原材料和制成品对健康和环境的影响,企业应树立"环境有偿使用"和"污染者付费"的观念,把用于环境保护的支出计入成本,让环境成本成为价格构成中的一部分。绿色价格是一种与绿色产品性质相适应的价格形式,是指附加了绿色价值而高于传统产品价格的价格,通常包括与保护环境和改善环境有关的成本支出。具体增加的绿色成本为:开发中因增加或改善商品的环保功能而支付的研究费用;因研制对环境无污染、对人体无伤害的清洁生产技术而增加的成本;因使用新的绿色原材料、辅料而增加的成本;企业实施绿色营销增加的销售费用等。[①] 因此需要建立绿色会计账户,进行绿色核算。其内容包括自然资源损耗成本、环境污染成本、企业资源利用率和产生的社会环境代价的评估。

9.3 循环型企业的战略分析

循环型企业就是在生态化理念指导下,按照循环经济的基本原则,从战略管理、生产流程到企业伦理进行全面的转型。王冰冰等(2005)在把握企业循环经济的运行规律和特点的基础上,从循环经济的一般原理切入,按照企业环经济的运行过程,从产品生产的源头到末端,从投入到产出,从企业内部小循环到企业间中循环,对企业循环经济运行的形式、内容、方式与技术进行分析。具有较强的应用价值和操作性。本文主要从企业战略生态管理和企业环境责任两个方面作详细论述。

---

① 赵云君、于文祥:"构建绿色价格机制的理论分析",载《生态经济》,2004年第1期。

9.3—1 循环型企业的战略分析

(一) 企业的环境战略和环境目标

所谓战略管理是指企业在一定的市场环境中,对外部条件和自身状况作出分析,制定相应的对策。循环型企业的战略管理就是指企业在整个社会推行循环经济模式的背景下,根据经济环境的变化,结合企业内外条件,制定企业循环经济战略,包括企业的目标、措施、路径及绩效评价。根据企业推行循环经济的意图是注重改进自身行为,还是影响市场变化,国外有学者[①]把企业循环经济战略分为三种类型:遵循战略、竞争优势战略和可持续战略。遵循战略是一种最普通的环境战略,它反映了企业在推行循环经济中的被动性;竞争优势战略重视企业内在实力的分析,注重利用或培育自身有价值的资源(或资产、组织能力等),获取竞争优势,这是一种积极主动的环境战略;可持续战略体现出企业在发展循环经济方面的长远性、持久性和坚定性,因此它需要企业在资源利用、环境管理方面更加注重系统化和创新性。从以上分析可以看出,遵循战略性企业是较低层次的循环型企业,可持续战略性企业则是理想状态的企业。值得研究的是把大多数企业都能引导到竞争优势战略上来。正如杜邦公司总裁 E.S.乌拉德在1990年说过,"未来10年及下个世纪的最大的商业机会,就看你有没有点绿成金的本事了"。

企业环境管理战略的确立需要企业价值观的转变,即从企业价

---

① 福斯特·莱因哈特和理查德·维尔特.《企业管理与自然环境》,东北财经大学出版社,2002年。

值转向环境价值。基于这样的理念,环境目标和企业目标就能够统一起来(见图9.2)。这是企业环境战略成败的关键。

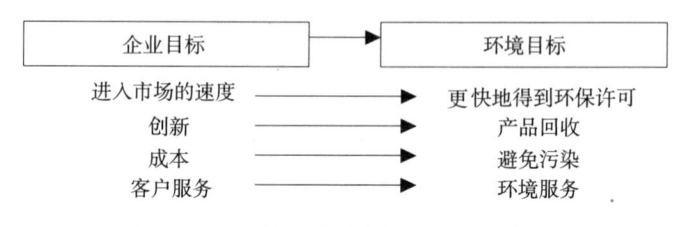

```
企业目标                    环境目标
进入市场的速度  ——————→   更快地得到环保许可
创新           ——————→   产品回收
成本           ——————→   避免污染
客户服务        ——————→   环境服务
```

图 9.2 环境目标和企业目标的统一

(二) 循环型企业价值转向:从环境成本到环境价值

传统的企业环境成本仅仅是指管制成本和税收成本,实际上并非就这些。污染者所负担的全部成本包括:损失的机会成本、"道德"成本、损失的社区信任成本、损失的企业形象成本、损失的原材料和

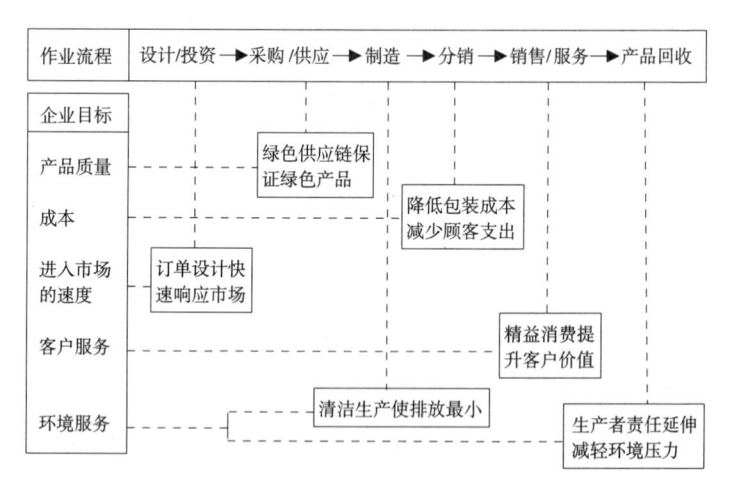

```
作业流程  设计/投资→采购/供应→制造→分销→销售/服务→产品回收

企业目标
产品质量          绿色供应链保
                 证绿色产品
成本                          降低包装成本
                              减少顾客支出
进入市场    订单设计快
的速度     速响应市场
客户服务                              精益消费提
                                    升客户价值
环境服务             清洁生产使排放最小    生产者责任延伸
                                    减轻环境压力
```

图 9.3 环境/企业的价值链分析

资料来源:托兹克(Torzyc K.S.P):《创造环保型企业价值》,孙海龙译,机械工业出版社,2002年,第7页。

能源成本、污染者分担的污染危害以及服从管制的成本。不过,有些成本很难量化,而它们对于企业价值变化是重要的。

对环境目标和企业目标一致的价值链分析见图 9.3。

(三) 循环型企业竞争优势的源泉:企业绿色竞争力

企业生态转型在很大程度上源于竞争力源泉的变化。所谓竞争优势,"来源于企业为顾客(消费者)创造的超过其成本的价值。价值是客户愿意支付的价钱,而超额价值产生于以低于对手的价格提供同等的效益,或者所提供的独特的效益补偿高价而有余"。经济生态化趋势推动产业结构转型和需求结构转型,进而引导产品和市场的生态化。来自政府的环保压力和消费者的需求驱动,形成强大力量促使企业寻求新的竞争优势,发展循环经济是企业必经之路。发展循环经济,承担一定的环境成本,在短期看起来影响企业的竞争力,在长期有助于企业竞争力的培育。迪安(Dean,1991)对有关竞争力的文献作过研究,其结论是:过去和现有的环境法规对竞争力只有很小的影响。[1] 循环型企业竞争优势的源泉发生新的变化,由四要素[Q(质量)、C(成本)、T(时效)、S(服务)]转向五要素[Q(质量)、C(成本)、T(时效)、S(服务)、E(环境)]。波特是较早提出绿色竞争力概念的一个人,所谓企业绿色竞争力是指在竞争的市场环境下,企业为了环境保护和自身利益的需要,采用可持续发展战略,通过配置和创造企业资源,并与外部环境交互作用,向市场提供比竞争对手更具吸引力的绿色产品和服务,从而在占有市场、创造价值、保护环境和可持续发展等方面获得竞争优势的能力。

---

[1] 转引自皮尔斯和杰瑞米·沃福德:《世界无末日——经济学、环境与可持续发展》,中国财政经济出版社,1996 年,第 375 页。

企业绿色竞争力来源于两个方面:一是企业内部经营系统,二是企业外部环境系统。前者是根本性因素,是决定企业竞争优势的主体变量;后者是辅助性因素,是保障变量。内部经营系统形成的竞争力决定企业与竞争对手的能力差异,表现在产品、价格、标志、包装、服务等方面具有差异化的绿色优势。因此,影响企业绿色竞争力的因素主要来自企业内部。从企业内部角度看,重要的影响因素有企业环境管理体系、绿色技术、绿色企业文化和企业家等,它们之间的有机结合形成了企业的绿色核心能力,其中环境管理体系是结构要素,绿色技术是基础要素,绿色企业文化是能动要素,企业家是整合要素,这些因素形成企业绿色竞争力的重要来源。[1]

提高企业绿色竞争力的主要途径包括生命周期管理与设计、生态工业与生态服务、清洁生产与循环经济、ISO14000与环境标志产品、生产者责任延伸、用户友好与环境友好、社会责任与企业绿色形象、4S(节材、节能、节水、节地)等方面。衡量企业绿色竞争力的主要手段是企业环境会计,包括企业环境报告、企业绿色会计、企业环境审计、资源效率审计等。

9.3—2 循环型企业的管理策略

(一) 企业的生态化管理策略

(1)确立环境友好的经营理念。在企业整个经营活动中体现出资源节约和环境友好的特征和精神,把它融入企业文化之中,并以此

---

[1] 吴晓玲、纪超:"企业绿色竞争力的五大直接来源",载《企业改革与管理》,2005(2);吴晓玲、薛秀娟:"企业绿色竞争力的内部影响因素",载《企业改革与管理》,2005(5)。

为基调向企业员工进行灌输。

(2) 选择以生态为中心的经营方式。原料采购、技术运用和管理方式在进行成本收益分析的同时考虑其环境影响和生态后果,并通过环境审计来量化其环境负荷。

(3) 制定以环境效益为基本要求的经营目标。传统的企业目标的制定是根据企业、市场需求和竞争者三者状况作出判断,循环经济条件下企业的经营目标还要把环境与三者相结合。

(二) 循环型企业的绿色供应链管理

供应链是一个由获取原材料,并将其转化为成品和半成品,再将产品送到客户手中的设施和分销渠道组成的网络,该网络由原材料供应商、制造商、分销商、零售商、用户组成的链状结构、通道而形成的网络。

绿色供应链又称环境意识供应链,是一种在整个供应链中综合考虑环境影响和资源效率的现代管理模式,它以绿色制造理论和供应链管理技术为基础,涉及供应商、制造商、销售商和用户,其目的是使产品既具有优良的预定功能,又有利于环保生态环境,促进经济与环境的协调发展。

循环经济模式下供应链管理系统,新的供应链管理是由多个循环系统构成的良性循环系统,不仅包括顺向的物质流,还包括逆向的物质流、能量流、商务流和信息流。绿色供应链管理是实现循环经济的基础,绿色供应链管理的内容包括绿色设计、绿色材料选择、绿色包装、绿色营销、绿色消费、绿色回收,绿色供应链就是一条环境优化价值链。通过"1E3C"(Environment, Customer, Competition, Change),实现绿色供应链的全局最优。

(三) 绿色产品的营销策略

(1)循环型企业的产品细分与差别定价。在绿色产品的营销方面,要关注哪些因素决定消费者对环境偏好产品的选择所愿意支付的风险贴水(朗甘、克拉默,1992;朗甘等,1996)。根据消费者的"绿色消费弹性"("绿色"消费量变动百分比与绿色价格变动百分比之比)实行"绿色差别定价"。比如在我国北方城市,如果采用分散处理污水技术来设计居住区,将回收中水灌溉绿地,再将小区绿地的灌溉成本打入物业管理费,那么,不同住宅小区的这种"绿色"差价将更加有效地促进污水循环利用。

(2)定价策略。绿色产品是指有利于人体健康、环境保护和资源合理利用的产品。绿色产品与一般产品的主要区别是:它从材料的选择、生产技术和工艺的运用都严格遵循无毒、无害、无副作用的原则,并且有一套严格的检验标准和程序,因此对人类是最安全、可以放心消费的产品;它在生产过程中不用或少用有毒有害的原材料和中间产品,产品废弃物最少且易于回收处理,因此是对环境没有污染或污染最小的产品;它具有节能、节水、耗料低的特点,是对资源利用最合理的产品。因此,在定价策略上,基本原则是一要反映其产品品质提高的幅度以及在原材料选择、生产工艺和技术改进等方面所增加的成本,二是要考虑消费者对绿色产品的理解和接受水平。对于竞争性不强的绿色产品可采取就高不就低的"撇脂"策略,反之采取低价位的"渗透"定价策略。① 从消费心理来看,消费者具有绿色偏好,绿色价格符合消费者"优质优价"的观念。因此在定价策略上可

---

① 姜曙光:"关于绿色产品及其定价若干问题的理性思考",载《商业研究》,2003年第7期。

采取理解价值定价、利用需求价格弹性定价、市场"撇脂"定价、特色产品定价和随行就市定价等方法。[①]

9.4 本章小结

阿尔钦的企业演化理论、利益相关者理论和社会责任(CSR)理论为循环型企业的存在和发展提供了理论注脚。从企业的成本收益分析和战略管理分析来看,企业发展循环经济是符合经济效率的。企业发展循环经济既有宏观背景,又有微观动机。理论与现实推动了企业循环经济的发展。

循环型企业既是资源节约型、环境友好型和生态和谐型企业,也是知识型、创新型企业。循环型企业体现出可持续发展的要求,是按照可持续生产原则进行生产经营活动的企业。

循环型企业在短期成本和收益处于不均衡状态,但在长期将能够获得绿色垄断收益。企业环境管理战略的确立需要企业价值观的转变,即从企业价值转向环境价值。基于此,环境目标和企业目标就能够统一起来。其次,循环型企业要实现价值转向:即从环境成本到环境价值。确立了目标和价值取向后,需开拓循环型企业竞争优势的源泉,即企业绿色竞争力。因此,企业在制定竞争战略时,要考虑企业、消费者、竞争者和环境四方面的因素。绿色供应链管理和营销策略的生态化是企业进行生态管理的重要手段。

---

① 张国华,"绿色产品的定价策略",载《企业活力》,2003 年第 12 期。

第 10 章　企业循环经济理论与实践

10.1　基于 PLM 的企业循环经济

10.1—1　产品的生命周期管理(PLM)

循环经济是对资源利用从源头到过程再到末端全方位进行管理的生产方式,这种整体性、系统性和动态性表现在微观层面的产品上,就是产品生命周期管理。产品生命周期实际上就是资源生命链的加粗或拉长,产品的生产和消费过程就是资源对环境的负荷不断累积的过程。因此,从产品生命周期角度考察循环经济,可以对经济活动的环境成本细分到每一个具体的生产消费环节。

(一) 产品生命周期的环境负荷

一个产品从资源开采到制造成产品再到产品的使用和废弃整个过程不仅包括产品自身的加工和使用,还涉及产品的包装、运输、产品的废弃处理等环节。每一个环节都会消耗资源和能源,并对环境造成影响。以工业通用材料制造产生的 CO_2 为例,从图 10.1 可以看出，制造 1 公斤材料排放的 CO_2 存在不同程度的数量，制造金属和塑料材料排放的 CO_2 几乎是其自重，聚酯树脂、不锈钢和铝甚至达到自重的数倍。

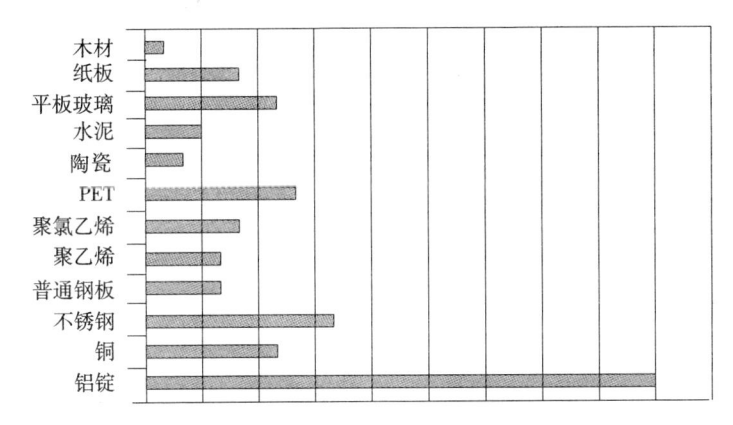

图 10.1　制造 1 公斤材料的 CO_2 排放量
资料来源：洪紫萍、王贵公：《生态材料导论》，化学工业出版社，2001 年，第 31 页。

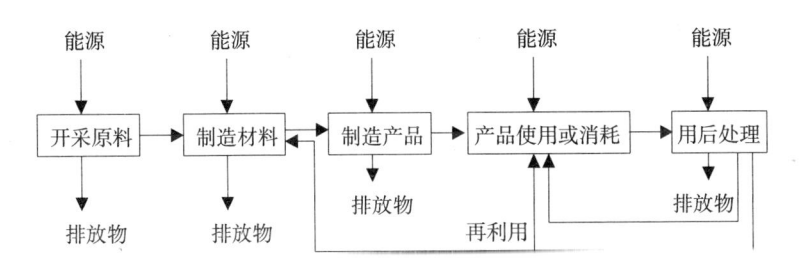

图 10.2　产品生命周期及其与环境的关系
资料来源：肖序，2002 年，第 163 页。

一个生产性企业的各个生产环节乃至整个作业流程都会产生一定的环境负荷。企业的环境负荷包括两个输入和输出方面：输入方面体现为原料、能源及包装材料的耗用；输出方面包括企业在生产经营过程中向环境排放废气、废水和废渣。见图 10.2。可以根据环境负荷发生的数量按点或面进行成本核算,进而按环境负荷的责任主体确定成本承担者。

(二) 生命周期分析:"从孕育到再现"——产品生命周期再造

所谓生命周期,ISO14021-99 环境标志和环境宣言的定义为"一个产品或服务体系的连续和相互联系的阶段,从天然资源的提取到最终处理"。传统的产品生命周期是指产品"从摇篮到坟墓"的全过程,即产品的"生产——销售——消费——废弃物"这一线性过程。以循环经济为指导来重新审视产品生命周期,就不仅仅要考虑产品的生产、销售、消费问题,还必须考虑生产前的原材料、能源的开发和获取,以及消费以后的废弃物的处理问题。因此,产品的生命周期应扩展成"从孕育到再现"的所有阶段,即"资源——生产——销售——消费——废弃物转化为再生资源"的一个循环过程。该过程应包括以下五个阶段:[①](1)产品生产前的资源安排阶段。产品的生命是从孕育开始的,在产品形成之前,必须作好构成产品所需的资源准备,包括能源与原材料的选取,必要时还必须进行新兴能源或原材料的开发。(2)产品形成阶段。包括产品的设计过程和生产过程。(3)产品的市场销售阶段。包括产品进入市场的包装、运输、销售和服务过程。(4)产品消费阶段。包括企业对消费者的消费分析与指导,以及消费者对产品的使用过程。(5)产品废弃物的处理阶段。包括对废弃物的分类、回收及资源化过程。以循环经济

---

① 叶敏、万后芬:"基于循环经济的产品生命周期分析",载《中南财经政法大学学报》,2005 年第 3 期。

为准则再造产品生命周期,还必须作好市场调研,在调研基础上作好对产品生命周期各个阶段的"减量化、再使用、再循环"设计。

产品生命周期评价是循环经济的具体实施过程中针对产品系统的一种环境管理工具,是对产品从原材料的获取,产品的制造、销售、使用、回收以及最终处理的生命周期各个阶段的物质与能量的输入输出情况进行分析,评价其对环境的影响,以选择决定最佳产品生产方案,目的是为了节约资源,预防污染,实现工业生产的生态化,最终实现可持续发展。它着眼于从产品的生命周期的全过程实行环境管理,是更为理性的对产品从摇篮到坟墓的各个环节对环境的负荷进行最小化设计,它的这种理念具有全面、系统、全过程、定量化、重视产品的生态设计、提供环境改善的机会等特点与优势;作为面向产品的环境管理工具,它具有引导企业生产和消费的生态化并对政府决策提供支持等作用,不仅可以应用于企业产品的开发与设计,也可以运用于政府环保部门的环境政策的制定,更可以提供产品环境标志认定指导消费者的消费行为,因而是促进循环经济发展的重要方式。[1]

10.1—2 产品生命周期管理与环境成本核算

(一) 产品生命周期的环境成本分布

循环经济作为一种新型生产方式,关注产品的生命周期成本,即追求目标是保持在高程度的可持续性下实现生命周期环境损害最小

---

[1] 杨国志:"论生命周期评价在循环经济中的应用",载《2005年全国环境资源法学研讨会论文集》。

化,这是一种主动性的环境响应。所谓生命周期成本,是指在产品生命周期各个阶段的环境成本之和。它包括企业支付的货币化的内部环境成本和产品使用者(或社会)支付的外部环境成本。从图10.3可以看出,在生命周期不同的阶段环境成本的决定程度和实际发生展开是不相同的。产品生命周期环境成本的实际发生状况,实际上就是资源在其生命链中不同时期所产生的环境负荷累积程度。在一定的技术水平和产业结构条件下,资源在关联企业之间流转因不同的物理、化学、生物等变化产生一定的环境负荷。主要表现为能源的耗减和环境污染两个方面,并出现耗减负荷累积性递增特点。这种环境累积成本包括三个部分:资源消耗成本、耗减污染成本和废弃物回收再利用成本(肖序,2002)。生命周期不同阶段环境成本的决定因素则取决于经济主体或(社会)对经济活动所可能产生的环境影响采取应对措施的有效性。

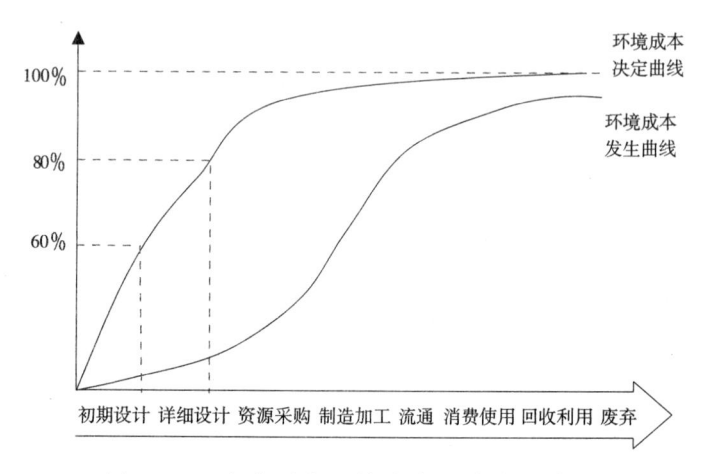

图10.3 生命周期环境成本的决定与发生

资料来源:肖序,2002年,第233页。转引自国部克彦:《环境会计》,东京,日本新世社,1998年,第57页。

根据巴泽尔(1980)的产权理论,谁对交易结果的影响最大,谁就获得交易中产权的支配地位,同时也承担相应的责任。从图 10.3 可知,在产品设计阶段,环境成本的决定程度最大,高达 60%~80%。因此,企业在产品设计阶段就应承担相应的环境成本。通过对生产者责任的严格界定,保证企业外部环境成本内部化。

(二) PLM 的经济意义

企业发展循环经济的主要目的是节约资源、提高资源利用效率、减少环境负荷。从经济学的角度来说,就是要降低企业的环境负外部性,或使企业环境负外部性内部化。外部性内部化的手段和方式有很多,如界定产权、合并企业或进行谈判达成补偿协议等。这些方式在生态环境领域的绩效存在一个问题,就是虽然导致行为主体环境成本内部化,但是不可避免的是仍会产生一定的环境负效应。因此,如何尽量减少这种负效应才是治本之策。

产品生命周期管理是一种以产品为对象的循环经济管理工具,通过对产品生命周期的全过程、全范围管理,对每一个阶段的环境负荷进行环境审计,精确核算其环境成本,这样才形成对产品的总体环境影响有准确的认识,从而为企业决策提供会计信息依据。而且通过制定相关标准和标识,强制性把这些信息披露给消费者,也成为消费决策的重要依据。这些微观层面的信息,通过汇总和加工,可以形成对区域性环境负荷变化的认识和判断,从而为环境政策的制定提供参考。以日本宝酒造公司为例,图 10.4 反映出企业生产流程中的环境成本分布。这为企业、消费者和政府对产品生命周期中环境负荷的产生提供清晰的认识。

日本宝酒造公司"绿字决算报告"（1999年）的基础流程

从地球环境到宝酒造（环境负荷）

- 原料消耗：共计 44.5 ECO
- 能源、水消耗：共计 3 ECO
- 工厂废弃物（非再生资源化）：共计 163.5 ECO
- 向大气层排气，排水：共计 27.4 ECO
- 向大气层排放：共计 27 ECO
- 容器和包装排放：共计 35.3 ECO
- 大气排放：0.0 ECO

（对社会贡献）
社会贡献支出：75.279千日元，−20 ECO

宝酒造活动

资源调动 → 产品设计 → 生产 → 物流 → 销售 → 消费

从宝酒造到地球环境（环保活动）环境成本：1 258 250 千日元

企业环境问题的反应
- 提高原材料利用比例又容器再利用率
- 提高酒的生态程度；包装物再资源化
- 省能蒸馏、废弃物再资源化
- 优化车辆运送，采用塑料箱回收实现同业配

企业产品在社会中的环境问题对策
- 计量无包装销售、酒瓶回收、提高包装容器的利用率
- 社会贡献活动：保护河流、植物；支援海洋环境保护；环境宣传等

2 048 千日元
241 868 千日元
674 344 千日元
264 360 千日元
75 279 千日元

1999年环境负荷削减绿字 +25 ECO

等于

自然增收 2ECO（产量98%）

+

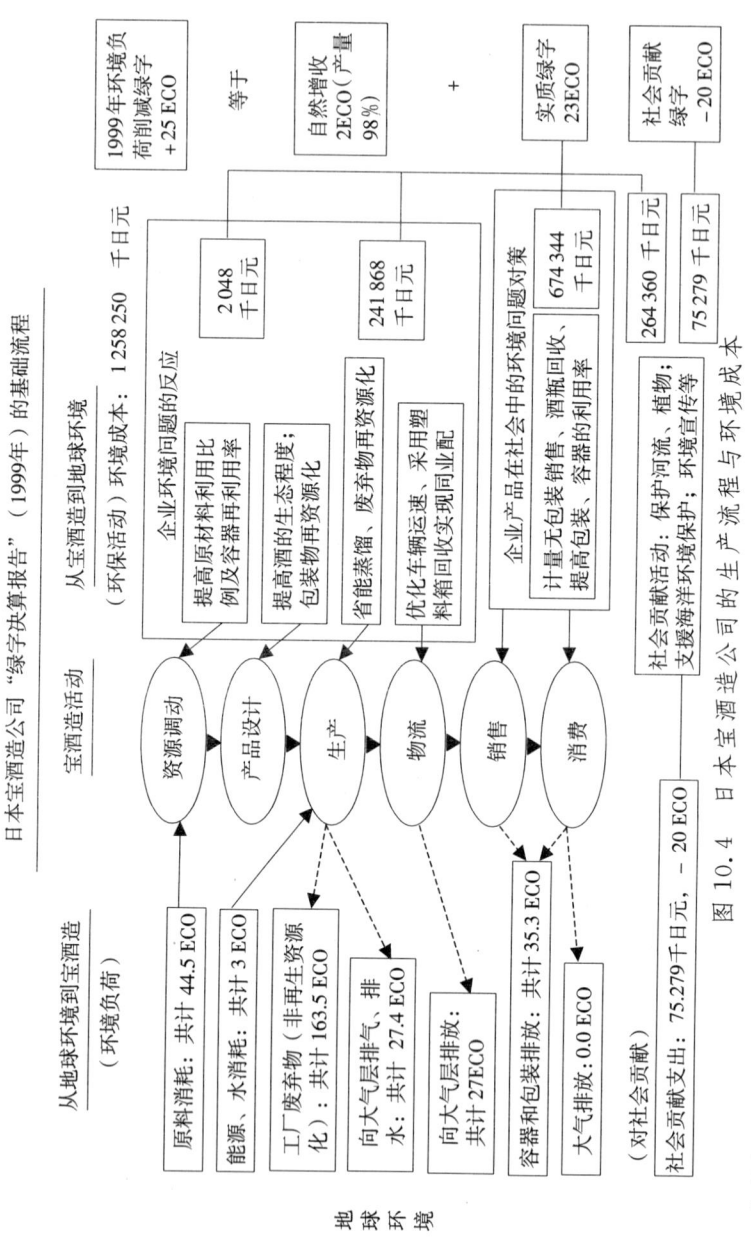

实质绿字 23ECO

社会贡献绿字 −20 ECO

图 10.4 日本宝酒造公司的生产流程与环境成本

资料来源：日本宝酒造公司网站，转引自自序，2002年，第209页。

10.2 基于 EPR 的企业循环经济

10.2—1 产品的末端管理与企业社会责任

产品生命周期管理(PLM)强调的是前向管理,与 PLM 不同的是企业社会责任延伸(EPR)侧重于后向管理。生产者的环境责任不仅体现在生产过程中,还应延伸到产品消费之后的整个生命周期。PLM 研究的是生命周期的环境成本。根据污染者付费原则,企业应当承担产品生命周期中的污染责任,包括内含在产品中的上游材料选择的影响,来自制造商自身的生产流程的影响,产品在使用和处理中的下游产生的影响。生产者可以通过改进设计减少产品生命周期的环境影响,但是其在环境方面的物质和经济上的责任是不可推卸的。企业社会责任理论则主要关注产品的末端管理中环境成本分布。早期的生产者责任只包括从原料采购和产品设计到产品销售与使用过程中的环境责任,从日益严重的产品废弃物产生的巨大的环境压力来看,仅仅把生产者责任限定在这个范围是不够的,要真正实现环境成本内部化,还需扩大生产者责任的范围,把产品使用后废弃物的回收、处理也纳入其中,从而削弱其环境影响。图 10.5 反映的是传统生产者责任范围,产品的回收、清理及处置责任被分解给社会其他责任主体承担,这样会弱化生产者所应承担的环境责任,其他各责任主体则会因承担不适当的责任而极力规避责任,最终导致环境责任缺失。从本书第 6 章 6.2 节关于循环经济过程中各利益主体的环境责任的产权配置分析来看,这样的责任划分使权利和责任不对等,激励不能相容。因此,把后续的环境责任也界定为生产者责任更合理、更有效,同时也更具操作性。见图10.5。

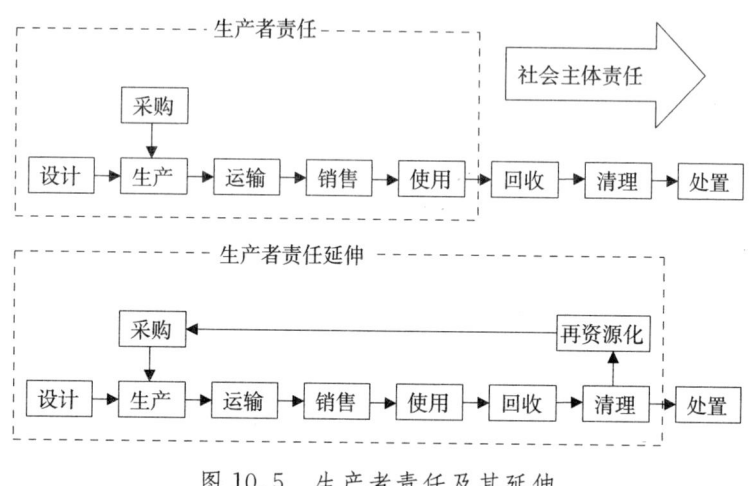

图 10.5 生产者责任及其延伸

10.2—2 生产者责任及其延伸(EPR)的含义

(一)基本概念。传统上的生产者责任往往只考虑生产过程中的环境责任,而不考虑消费后产品的环境责任。生产者责任延伸观念改变了这一观念,延伸生产者责任是指通过将产品生产者的责任延伸到其产品的整个生命周期,特别是产品消费后的回收处理和再生利用阶段,促进改善生产系统全部生命周期内的环境影响状况的一种环境保护政策原则(林德奎斯特,2000)。这种转变体现在三个方面:环境保护的重点从以限制厂商行为为中心的生产阶段控制转向了以降低整个生产系统环境影响为中心的综合产品政策,体现了可持续发展系统变革的思路;其次,在管制方法上,环境保护政策从"末端处理"向"源头控制"转变,通过综合利用各种法律和经济手段,激励生产者在生产过程中采用符合环境保护目标的技术工艺和材料;第三,就城市废物处理问题而言,从单纯依靠政府公共支出向更多元化的费用分担模式转变,以促进生产者和消费者共同参与废物减量化和再生循环利用的事业(经合组织,2001)。

(二)生产者责任延伸的内涵。其主要思想包括:产品回收责任,减量、恢复和回收目标,行业协会在代表单个企业承担责任时的条件。这种责任包括经济责任、行为责任和信息责任三部分。所谓经济责任,就是生产者需要承担其产品的全部或部分回收处理成本,这些成本可以由生产者直接支付给回收处理者,或通过向特定的基金组织缴费,实现集中管理。所谓行为责任就是规定生产者在哪些阶段需要采取一定的行动参与产品的物质管理,及其应达到的目标。例如在设计阶段规定一定的回收比率,生产阶段限制使用一些确认的有毒有害物质等。所谓信息责任就是要求生产者通过不同方式提供产品及其生产过程的环境影响特性信息。包括绿色标签制度,以及在产品的不同部件上清楚地表明所使用的原料和物质组成,以利于回收处理。如挪威2003年修订的《废电子电机产品管理法》扩大了回收者的信息通报义务,以利政府确实地把握回收数量。[①]

(三)生产者责任延伸概念的意义。①技术创新环境问题带来严峻的挑战,呼唤社会各个层面的"生态复兴",问题涉及产品的范围、环境问题的复杂性和不确定性等。生产者责任延伸概念的核心就是寻求整合工业生产激励技术创新。也被称为"生态现代化"的一种途径,或者是正在兴起的"生态发展"阶段,这个阶段基于自然、谨慎、可

---

① 常纪文:"欧盟循环经济立法的经验及其对我国的启示",载《国际借鉴》,2004年第8期。

持续性、生命周期框架和产品政策。生产者责任延伸预设现代社会的能力：运用技术性知识改变生产模式并减少有关废弃物的环境问题。因此，日益关注"物质脱钩"和生态系统的物质流平衡问题。②市场扩展。如果市场经济可以内化行为的成本，就能形成生态友好型产品的激励。通过这种成本内化机制，生产者将有动力强化产品消费后的废弃物管理，通过改进设计和生产来减少环境影响。在很多方面 EPR 可以解决有关废弃物产生的公共品问题。在市场的制度制度设计方面以及制度作用方式方面产生变化。通过注重产品而不是流程，EPR 把政策制定者的注意力从交易规制理论的经济学黑箱转移到市场的主要阶段和市场的政策需求满足方面。产品政策不仅为解决经济问题提供基础，还有助于更基本的问题诸如企业生产、消费者购买，甚至包括消费者是应该拥有产品，还是租借产品或购买产品服务。这对业已存在的处理各种前景和危险的策略来说，是一个潜在而广阔的规范性问题。

10.2—3 生产者责任延伸的对策

主要从制度学习和技术创新两个方面考虑。制度学习主要是指通过制度改进、组织设计和系统优化确保企业环境责任得到落实；为提高垃圾分装效率，新的分类技术得到发展。这里对制度学习作详细论述。

（1）传统的废弃物管理政策通常只关注地方当局和消费者的关系，EPR 则意味着政府和产业之间的复杂的制度性互动，甚至包括制度设计过程。德国 1991 年的一项法律是根据 1986 年法律，实行自愿途径，没有授权，也无法达到可持续的目的。新法律指出，如果生产者有责任保证已使用过的包装品回收，个体责任将被免除。这也促进了当局和包装链之间为建立回收体系而合作。在优先处理废物流方面,荷兰的产业界和政府于 1988 年开始谈判,1991 年签署自愿协议。

(2) EPR 在单个企业的制度变迁方面提供一种激励,不仅涉及一般性的产品回收设施和能力,更多地包括生产者自我评价,产品和流程中的新投入,还有商标、信息、报告义务等。这些将导致商业中的设计有责任作出生命周期考虑。如果在法律框架内没有进一步的详细说明,这种制度和技术创新的程度将取决于相应的潜在收益。生产者责任的显见和项目的设计是必要的,这将对产品设计者产生有效的反馈以鼓励清洁生产设计。对于单个的消费者,为废弃物管理付费产生环境意识。支付成本的不同在购买产品时就要顾及产品的环境影响。如果把 EPR 成本简单地隐含在产品价格中,对于前面的管理方式,激励效果则差多了。EPR 还导致社会结构的变化,如生产者责任组织(PRO)的成立用来管理该部门的集体性责任。德国的双元回收体系(DSD)就是这样一个完全自由的进行生态管理的私人部门,荷兰的包装与环境基金(FPE)就是一个慈善机构。PRO 作为 EPR 框架中的组织形式,要承担很多工作:和当局的定期会谈,争端处理机制,举办当局和消费者协商论坛。在传统废物管理体制下,这种系统的生态考虑是不可能的。

(3) 克服搭便车问题。搭便车问题有:①产品进入回收体系的生产者没有付费;②生产者共同逃避收集和回收;③生产者从消费者收取费用而没向 EPR 系统付费;④对 EPR 系统的误解。EPR 系统对生产者的覆盖能力是产业和政府关心的主要问题,搭便车将危及 EPR 系统的成效。这种影响取决于系统的类型、产品的类型和可治理性。

(4) 旧产品及追溯问题。在新的 EPR 系统中旧产品的回收付费需要追溯原来制造商。

10.2—4 企业环境责任的制度安排及机制设计

(一) 国内外企业环境责任制度建设现状

发达国家通过立法建立完备的生产者责任履行制度,尤其是产品设计生产和回收环节加强无害化处理,2003年欧盟发布了《关于报废电子电气设备指令》(简称 WEEE)和《关于在电子电气设备中限制使用某些有害物质指令》(简称 ROHS)是强制落实生产者责任的两个制度。WEEE 的核心内容是生产厂商对列入指令管辖的电子电气产品进行回收并要求生产商加贴回收标志。于 2005 年 8 月 13 日实施,生产商对进入欧盟的电子电气设备将加贴回收标志,并负责回收报废的电子电气设备。ROHS 指令于 2006 年 7 月 1 日实施,其核心内容是在电子电气设备中限制使用毒害物质,保护环境,提供绿色消费,实现生产和消费两个领域的灭害化、无害化,届时使用或含有重金属以及多溴二苯醚(PBDE)、多溴联苯(PBB)等阻燃剂的电气/电子产品将不允许进入欧盟市场。

以前,企业在中国可持续发展中所扮演的角色仅仅是遵守基本法有关环境影响的规定,取得并达到有关在大气、水体中废物排泄的指标及如何使用能源。但是现在,中国的企业也面临着和政府一样的挑战。企业的"社会合同"并不仅仅与那些可以给予经营许可证或处罚的当地政府有关,它的标准正在逐步提升,因为地方甚至一些全国性团体通常很重视对环境的可能的或实际的影响,他们对企业的标准要求更高,甚至比法律要求还要严格。公民逐渐开始反对那些对他们生活造成负面影响的企业,甚至将他们记入"黑名单"中。在过去的一年发生的很多事件中,企业因中国民众对土地获得程序和费用不满而无法进行开发,也有很多工厂因为水污染和其他环境问题造成的民众的愤慨而被迫关闭。这些工作的中断给生产和投资带来了巨大的损失。

可持续发展对中国的商业企业来讲,并不仅仅意味着达到一定的法律标准或最低环境生产标准,更意味着对企业利益相关者的理解,与之沟通,帮助他们理解企业在一定时限内可以完成和不可以完成的项目,通过对标准达成共识和他们建立良好的合作伙伴关系,因为如果他们不满意,将会对企业的运作造成实际的影响。可持续发展,曾经仅是一个环境运动的问题,而现在却成为那些希望在中国高效安全的运作的企业的核心问题。企业社会责任感是一个过程,通过这个过程,公司建立起员工的可持续发展理念,它也是一种和利益相关者的关系,通过这种关系可以减少风险并将机遇转化为财富。

(二) 我国生产者责任延伸制度存在的问题与对策

在我国生产者责任的制度化也初步形成,但是立法进程与废弃产品的管理现状相比是滞后的,而且现有法律法规政出多门、缺乏协调。

废弃物的急剧增加衍生出大量的回收企业,但是鱼目混杂,市场失序。据不完全统计,2001年全国有回收企业6 000多家,而2004年底达到了7万多家。废弃物随着经济总量的增长也在快速增加,其中蕴藏着巨额的利润空间,很多企业涉入回收行业。以家电产品为例,我国现使用的电冰箱、洗衣机和电视机等家电产品大多是20世纪80年代末和90年代初走进千家万户的,按正常的使用寿命10~15年,大多已到了报废期。预计今后几年内将迎来一个家电新旧更迭的高峰,即产生家电垃圾的"旺盛期",废旧电子产品带来的环境压力非常大,预计到2010年,我国的废旧家电的处理量将达到1亿件(见表10.1)。废旧电子产品中含有许多有色金属、黑色金属、塑料、橡胶、玻璃等可供回收的有用资源,废旧电器中还含有相当数量的如金、银、铜、锡、铬、铂、钯等贵金属。如果能够有效利用,不仅节约大量珍贵资源,而且节省生产成本。

表 10.1 我国电子废弃物的现状

	社会保有量(亿台)	平均寿命	年均报废数量(万台)
电冰箱	约 1.3	约 10 年	400
洗衣机	约 1.7	约 8~9 年	500
电视机	约 4	2~3 万小时	500

资料来源:根据"中国家用电器研究院:中国家电行业发展概况和国内外电子废弃物及回收处理标准动态",北京,2006 中国电子废弃物论坛,2006 年 4 月 24 日整理。

电子产品回收行业出现正规军和游击队并存争夺市场的格局。缺乏规范的废旧家电及电子产品回收处理体系产生了一系列问题:一是报废电子产品中含有很多可回收利用资源,但因拆解方式落后,只能回收塑料、铁、铜、铝等易于回收的资源,一些宝贵资源没有得到充分回收利用;二是有毒有害物质没有得到专门处理,污染环境;三是有些旧电子产品已经超过安全使用年限,有的不法经销商利用废旧家电零部件非法拼装和销售质量低劣的电子产品,损害消费者利益;四是产业规模小,缺少技术研发,对贵重金属的回收利用率低,造成很大的浪费。①

由于电子垃圾进入简单处理的手工作坊,或以高于正常回收价格进

---

① 格兰仕集团新闻发言人赵为民用 3 个"没有"归纳旧家电回收业的尴尬:"中国废旧家电的回收渠道没有建立、没有规模、没有量产。"中国家用电器协会废旧电子电器再生利用分会会长刘福中用"四无"(技术无支撑、政策不配套、回收体系无着落、政府部门职能无协调)来概括我国废旧家电的回收处理现状。引自:家电回收产业断链 厂家花钱回收难敌"游击队",见 http://news3.xinhuanet.com/fortune/2006-07/06/content_4799705.htm,2006 年 7 月 6 日。

入消费者手中,导致规范的回收机构缺乏足够的加工原料。据中央电视台(2006年8月8日)报道,随着电子垃圾的增多,处理电子垃圾的市场也越来越大。然而记者在调查中发现,很多大型的电子垃圾处理厂目前却都面临着开工不足的困难。苏州同和资源利用有限公司是江苏省规模最大的一个电子垃圾处理厂,主要收集来全国各地的电子废料,然而走进厂房,只有一个工人在一小堆废料旁工作。从电视画面和记者介绍可以知道,电子垃圾的处理车间所有的设备都属于停滞状态。由于原料不足,这些设备每个月只需要很少几个人来维护运行。

针对电子垃圾回收处理存在的问题,政府也出台系列政策,信息产业部、环保总局、商务部、工商管理总局、海关总署联合会签的《电子信息产品的污染防治管理办法》,国家发改委的《废旧家用电器及电子产品回收利用管理条例》和环保总局的《废弃家电与电子产品污染防治技术政策》等法规政策之间既有职能交叉重叠,又存在管理真空地带。

针对上述问题提出如下对策建议。首先要建立废物回收的行业规范,包括行业准入制度(对企业进行资格审查和分类管理)、从业人员登记和培训、基本技术规范和作业标准等。其次,政府的政策扶持,比如在投资、税收、城市用地等方面的优惠,同时防止冒回收之名骗取优惠政策。第三,理顺行业监管职能,统一废物回收处理行业管理的政策和法规。

最后,建立生产者责任延伸与废物回收机制。地方政府和相关管理部分与企业之间在废弃产品的回收管理方面,进行大量的实践,积累了一些经验,形成可行的回收机制。随着企业环境意识的增强,生产者责任制度也在很多地方和企业建立起来,主要体现在产品回收领域,在政府和社会中介机构的共同努力下,产品回收体系在部分地区开始形成。见图 10.6。

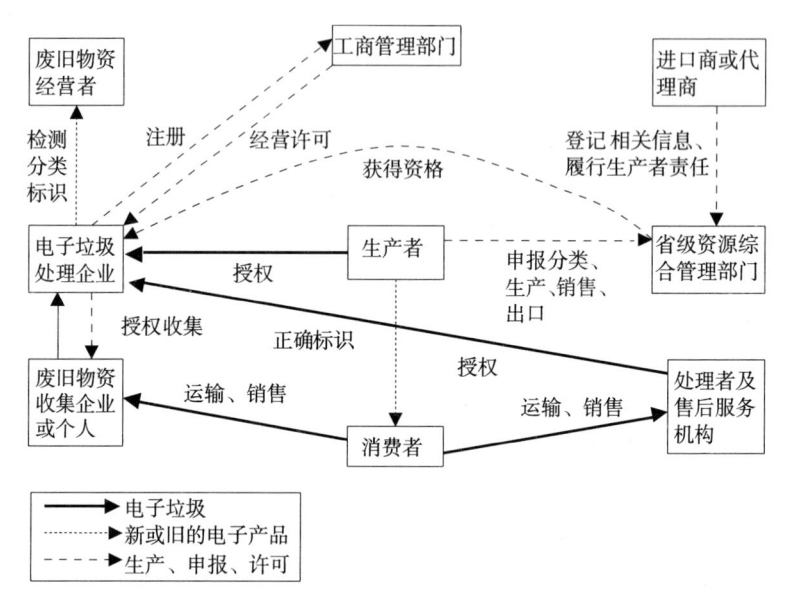

图 10.6 以生产者为中心的电子垃圾收集回收机制

资料来源:塔克什:"中国的电子垃圾与生产者责任延伸现状",北京地球村,2006 年 6 月 19 日。

10.3 企业循环经济的思路与实践

10.3—1 企业循环经济的基本思路

(一) 我国循环经济的重点领域

在整个经济体系中,循环经济体现在生产、流通、消费和废弃等各个领域。世界各国在经济规模、产业结构、生产力水平、资源状况等方面存在巨大差异,因此,发展循环经济的重点也不尽相同。日本、德国等资源紧缺的国家注重废物循环利用,故在消费和废弃领域加大力度;北欧各国注重生态环境的保护,故关注物质流总量平衡,生产和流通是其重点;美国幅员和资源都具有优势,生产规模大,因此在清洁生产方面做得比较先进。基本完成了工业化的发达国家的循环经济多数是静脉经济。

中国的产业结构正处于中等工业化向高级化迈进的阶段,伴随着经济规模的扩张,对资源消耗的增加不可避免,环境压力也随之增加。但是中国自身的资源状况和环境承载能力对这种扩张提出了限制,这样,中国的循环经济重点在动脉产业即生产环节而非静脉产业上。中国则处于工业化中期,既无足够的废物量也缺乏合理的市场价格形成机制,国家的约束性指标更强调节能和污染物排放量,因此更看重产业生态化和污染治理生态化,看重在资源开采、生产加工的过程中贯彻循环经济理念,所以中国的循环经济以动脉产业为重点,而且应该小处着手、大处着眼,即我国应该以动脉产业为主,推广小循环、试点中循环、研究大循环;但如果对提高整个社会的循环效率有显著效果,某些静脉产业也会得到优先扶持。[①]

(二) 企业循环经济的基本思路

根据不同的产业特点和企业实际确定循环经济的思路。对于资源依赖型企业,应通过技术改造、成本管理、员工培训等方式提高资源利用效率,包括节能降耗、循环使用等;对一般加工制造业,应注重材料的选择、生产过程的清洁化、产品的耐用性和环境友好性;对于

[①] 苏扬:"循环经济在我国'节约资源'基本国策中的地位及其发展路径、机遇",载《中国科技成果》,2006年第19期。

高端制造业,应在生态化设计、减少产品的环境负荷方面下工夫。

10.3—2 企业循环经济的主题:生产流程的生态化要求

生产流程的生态化创新体现"从摇篮到摇篮"的循环经济理念,即从生态设计、绿色采购、清洁生产、绿色包装到废料循环利用、产品回收和再制造。见图10.7。

首先在起点上,进行资源节约型、环境友好型技术研发和设计。包括绿色研发和生态设计。其中生态设计是关键,是指把环境因素纳入设计之中,考虑到产品整个生命周期减少对环境的影响,最终引导产生一个可持续的生产和消费系统。产品的生态设计包括材料的生态设计和可循环再生设计以及产品的可拆卸设计。材料的生态设计要求对材料整个生命周期进行综合考虑,减少原料使用量,尽可能使用可再生原料,尽可能使用再生原料,生产和使用过程能耗低,使用后易于回收、再利用,使用安全、寿命长。ISO14021-99环境标志和环境宣言对"可拆卸设计"的定义为"可使该产品在其有效寿命终结时以一种允许其零部件再使用、再循环、能量回收或以某种方式由废物流转移的方式进行拆除"。发达国家的实践经验表明,生态设计可减少30%~50%的环境负荷。

清洁生产是企业推行循环经济的主体部分,它包括清洁的资源能源利用、清洁的生产过程和清洁的产品。它要求在实施生产活动之前制定科学完备的方案,生产过程中根据规定的程序进行操作、对生产工艺和技术进行清洁化改造,采用绿色制造工艺。政府主管部门要加强对企业生产的环境审计。绿色制造工艺是根据制造系统的实际,尽量规划和采用物料及能源消耗少、废弃物少、对环境污染小的工艺方案和工艺路线。衡量标准是：① 生产环境和产品使用中不应存在安全隐患，不对操作者和产品使用者造成健康威胁，不对环境造成污染。②减少不可再生资源的使用量，尽量采用各种替代物质和技术。③应使生产过程中出现的废弃物尽量回收利用，最终废弃物应易于处理。④应尽量简化工艺系统，优化配置，提高系统运行效率。⑤有助于降低成本，具有高的经济和环境效益。

绿色采购、绿色包装、废料循环利用和产品回收则是在流通环节减少环境扰动。在原材料的选择方面，循环经济要求在经济生产中尽可能地选用可回收的、能再生的以及高效低耗特性的材料，减少或避免对可能产生污染的材料的选用。绿色采购指企业在采购阶段就将环境因素和预防污染的措施纳入供应商选择、绩效评估、元器件认证之中，力求使产品中的原材料使用对环境的影响为最小。绿色采购要求选择购买绿色材料。绿色材料选择要求在产品设计中尽可能选用对生态环境影响小的材料，即选用绿色材料（Green Material, GM）。绿色材料是指具有良好使用性能，并在制备、加工、使用乃至报废后回收处理的全生命周期过程中能耗少、资源利用率高，对环境无污染，且易回收处理的材料。所谓"再循环材料"，ISO14021-99环境标志和环境宣言的定义为"通过一个制造过程由回收的材料加工而成并制成最终产品或构成一种产品的一部分的材料"。

绿色包装是对生态环境和人体健康无害，能循环复用和再生利用，可促进国民经济持续发展的包装。对于企业来说，就是从包装原材料选择、制造、使用、回收和废弃的整个过程均应符合生态环境保护的要求。

绿色产品回收就是考虑产品及零部件的回收处理成本与回收价值，对各种方案进行分析与评估，确定出最佳的回收处理方案，从而以最少的成本代价,获得最高的回收价值。

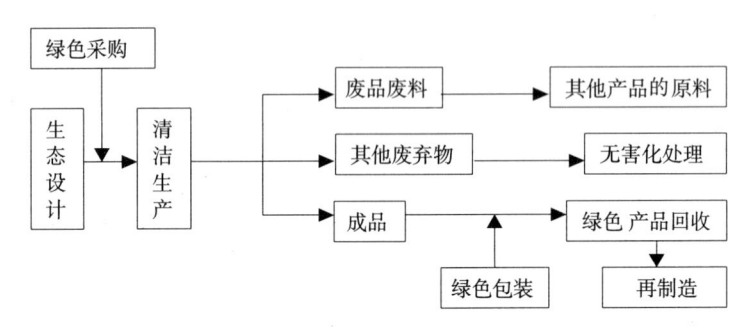

图 10.7　企业循环经济流程图

10.3—3　我国企业发展循环经济的现状以及存在的主要问题

根据我国经济发展所处的阶段和基本国情,我国发展循环经济的重点在于降低资源消耗,提高能源利用率。为促进企业发展循环经济,我国制定了多项法律,先后了颁布了《固体废物污染环境防治法》、《清洁生产促进法》以及多项促进循环经济发展的行政法规,并制定了新的关于循环经济的企业行为准则、产业产品目录、产品标准标识等。据统计,目前我国已经在20多个省(区、市)的20多个行业、400多家企业开展了清洁生产审计,建立了20个行业或地方的清洁生产中心,有5 000多家企业通过了ISO4000环境管理体系认证,几百种产品获得了环境标志。[①] 但是与日益严重的生态环境状

---

　① 中国企联雇主工作部循环经济课题组:"中国企业循环经济的实践及发展对策",见中国环境资源网,2005年4月1日。

况相比,这些成绩显得无足轻重。可以说,问题是主要的,可概括为三个不足:一是企业自身的问题,二是政府规制不足,三是行业和市场发展不足。

第一,企业能力不足。就企业自身而言,有主观和客观两个方面。主观上,一是企业发展循环经济的动力不足,认识不够,多数企业决策者缺乏长远眼光,追求短期效益;二是部分企业管理水平低,产品竞争力不强,利润率低,无力发展循环经济。客观上,多数企业在循环经济方面缺乏足够的信息和技术支持,资源再循环和再利用成本偏高。

第二,政府规制不足。政府规制包括激励和约束两个方面。地方政府无法给企业以足够的动力诱导企业发展循环经济,也没有给企业以足够的压力迫使企业发展循环经济。尤其是,在一些地方,作为纳税大户的企业被政府宠爱有加,在环保方面放任自流。在立法方面也显得滞后。目前还没有具体明确企业责任和义务的法律法规,也缺少更加具体的专项法律法规,应针对单个企业制定关于废弃条件的设置、强制回收和回用名录的建立、回收和回用率的确定、工艺标准及技术性规范的设立等法律法规,另外,在循环经济信息化建设、技术服务及重大技术攻关方面提供支持。

第三,行业和市场发展不足。市场是一个网络,企业是网中的一个节点。外部经济性告诉我们,行业的外部性可以降低企业生产成本,市场的外部性可以降低企业的交易成本。循环经济的发展需要一个行业的支撑,只有不断的市场化和产业化,循环经济才会顺畅发展。当前,从部门来看,只有钢铁、化工、石油等一些大型国有企业循环经济有所进展,多数中小企业无所作为。主要原因是循环经济的关联产业没有发展起来,尤其是对废物产量小、废物利用量小的企业,在循环经济中难以形成规模效应。在诸多中小企业之间进行的中循环,涉及不同利益主体、不同行业以及工业园区的规划布局等,变量显著增多,难度自然大得多(苏扬,2006)。关于废旧回收行业存在的问题参见上一节的论述。

10.3—4 现阶段企业循环经济的障碍与对策

(一) 我国企业循环经济与国际先进水平的差距

从总体上看,我国经济发展成本高于世界平均水平,其中环境因素占主要部分。据有关资料,中国的发展成本高于世界平均水平25%,其中管理不善占到4%,结构不合理占到4%,环境污染占到7%,环境先天脆弱则占到10%。环境因素占主要部分,粗放型的快速经济增长模式造成了严重的环境损失。在主要资源消耗方面,中国1 000美元GDP的能源消耗效率只有日本的1/12,中国1万美元GDP的水资源消耗量仍高达1 407立方米,而英国只有77立方米,加拿大为652立方米,以色列为168立方米。从污染物排放绩效来看,中国单位GDP的氮氧化物、二氧化硫排放量是OECD国家的8~9倍。粗放的经济增长方式不仅导致资源的过度消耗,急剧增加环境负荷,也削弱了经济竞争能力和持续发展能力,使我国企业的整体水平在国际经济生态化潮流中差距越拉越大。

大中型国有企业是我国国民经济的主体,技术水平普遍较高,节能降耗工作做得比较扎实;但是与国际先进水平相比,仍然存在不小的差距。中石油2004年共节能96.5万吨标煤和节水9 108万立方米,分别完成年度目标的125.9%和130.1%,仅能源和新鲜水的节约价值就达9.14亿元。从表10.2可以看出,炼油单位能量因数能耗与国际水平的差距较小,原油加工综合能耗和乙烯综合能耗则高出国际水平的1.6倍和1.8倍,而原油加工新鲜水单位耗和乙烯新鲜水单位耗差距更大,分别是国际水平的2.4倍和3倍。

表10.2　中国石油天然气集团公司生产水及能耗指标与国际先进水平比较

指标类别	指标比较	炼油单位能量因数能耗(千克标油/吨)	原油加工综合能耗(千克标油/吨)	原油加工新鲜水单位耗(立方米/吨)	乙烯综合能耗(千克标油/吨)	乙烯新鲜水单位耗(立方米/吨)
国家节能中长期专项规划目标	2005年	13	—	—	700	—
	2010年	12	—	—	650	—
国际水平		10.00	50.91	0.5	440.29	1.58
中石油	2004年	11.98	82.09	1.26	733.86	6.09

注:国家节能中长期专项规划的节能目标是主要产品(工作量)单位能耗指标在2010年总体达到或接近20世纪90年代初期国际先进水平,其中大中型企业达到本世纪初国际先进水平,在2020年达到或接近国际先进水平。

资料来源:国资委业绩考核局:"6户中央企业开展创建节约型企业活动的调研报告",见国资委网站,2005年。

从表10.2可以看出,炼油单位能量因数能耗与国际水平的差距较小,原油加工综合能耗和乙烯综合能耗则高出国际水平的1.6倍和1.8倍,而原油加工新鲜水单位耗和乙烯新鲜水单位耗差距更大,分别是国际水平的2.4倍和3倍。国有大中企业的状况如此,至于其他小企业,资源利用效率则更差,下面对企业在循环经济方面发展遇到的困难作简要分析。

(二) 企业层次的循环经济主要面临三大障碍及对策

推行循环经济,在很多环节需要强制实施法定的标准和规范,因此在部分生产领域和部分产业中,一些技术落后、经济效益不佳的企业将面临灭顶之灾。以欧盟的两个指令为例,这两项绿色环保指令对电子、电气产品的产业将产生巨大的冲击。这种影响表现为:(1)一些不能满足欧盟指令要求的生产商、零配件供应商、原材料供应商,将可能失去市场,逐渐被淘汰。(2)零配件的供应将转移到国外,使家电生产国产化比率大大降低,利润向国外供应商转移,行业整体的实力将大大削弱。(3)部分 OEM 企业,如不能实现全面替代,将可能失去欧盟市场,生存的空间将会更加困难。(4)家电出口短期内可能因此出现下滑。产能过剩导致国内市场价格战,产品的利润也会降低。

我国经济发展处于成长期,企业规模普遍不大,技术水平参差不齐,因此,在发展循环经济中面临很多困难。归纳起来,有三点:

一是成本障碍。由于企业把一部分社会成本转化为私人成本,企业的经济压力较大;另外,循环型在工艺流程创新、技术改造、产品设计、逆向物流管理等方面都需要投入大量成本。这些投入在初期处于边际成本上升阶段,只有达到规模经济才会形成成本优势和价格优势。为减少企业的成本压力,政府对不同企业采取针对性措施。对于那些经济效益很差、环境问题又十分突出的中小企业要进行强制性关闭,对于那些经济效益较好、有一定竞争力、就业量较大的企业可以给予一定的扶持,采取包括减免税收、提供补贴、政府采购等措施。

二是技术障碍。循环经济生态技术尚未成熟,企业独自研发、应用、推广循环经济技术,所需资金投入大,风险大,影响企业构建生态企业内部循环的积极性。因此,有些投入风险很大的生态化技术领域,需要政府扶持(如环保技改贴息)或在投融资方面提供帮助,还要形成投入风险分担机制。

三是市场障碍。市场障碍来自两个方面:一是制度性因素,推行清洁生产和循环经济的企业多为经济效益较好者,但是由于环保违规企业的违规成本低、市场不规范以及违规产品的监管不力,会削弱循环型企业的市场竞争力;二是信息性因素,由于当前企业环保信息披露机制不健全,在整个市场信息不对称和信息噪音很大的情况下,循环型企业的企业形象、产品形象很难在短期通过自身的品质得以确立,为此又需投入大量广告宣传费用,增加成本。而且在没有制度化的企业品质甄别机制情况下,这种投入效果也是不佳的。

10.4　本章小结

如何发展循环经济,企业层面的产品生命周期管理(PLM)和生产者责任延伸制度(EPR)从理论上提供了解释。PLM是在循环经济的具体实施过程中针对产品系统的一种环境管理工具,它具有引导企业生产和消费的生态化并对政府决策提供支持等作用,不仅可以应用于企业产品的开发与设计,也可以运用于政府环保部门的环境政策的制定,更可以提供产品环境标志认定指导消费者的消费行为,因而是促进循环经济发展的重要方式。

生产者责任及其延伸(EPR)从经营理念和行为约束两个方面体现企业的资源节约与环境友好特征,生产者经济责任是根据废旧产品在回收再生利用过程中各个环节的成本分布决定的,"价格附加模式"和"废弃时付费模式"是对环境成本进行支付的两种方式。

因此,企业发展循环经济,主题就是进行生产流程的生态化创新。体现"从摇篮到摇篮"的循环经济理念,即从生态设计、绿色采购、清洁生产、绿色包装到废料循环利用、产品回收和再制造。最后,结合中国实际,分析了企业发展循环经济的基本理念、存在问题、发展的障碍与对策。

第11章 循环经济产业链的运行机理

循环经济是一种新型经济运行方式,共生和协同是其根本特征,因此,发展循环经济不是靠企业单打独斗能够实施,而是需要若干企业围绕相关资源进行合作形成产业链条。循环经济产业链的良性运作,是以关联企业长期合作为前提,故又离不开市场机制的健全和政府的适当干预。不确定性是市场经济中存在并危及交易活动的常见问题。在循环经济中,由于信息不充分或信息不对称以及系统和环境的动态变化,市场失灵表现尤为突出。由于市场的不完善,企业与企业、企业与市场、企业与政府之间的交易活动和规制活动会受到抑制,并导致市场失灵或政府失灵。本章分析循环经济产业链的演进过程及微观运行规律,针对不同类型的循环经济产业链提出不同的发展路径和制度结构。

11.1 循环经济产业链的形成

关于循环经济研究的文献比较丰富,基于产业的视角,周宏春(2005)把循环经济视为一种产业形态,黄贤金(2004)研究了循环经济不同产业模式与政策体系,曹凤中(2005)认为产业生态链是推行循环经济的必要条件,张天柱(2004)认为,循环经济的基本任务是沿着新型工业化方向建立生态产业系统,借以不断改进经济体系的生态质态;其核心内容就可归结为产业的生态化。但是这种产业形态和产业链如何构造和演化还有待深入研究。本节将详细讨论循环型产业链的运行机理。

11.1—1 循环型产业链的生成机理

(一) 产业链理论

所谓产业链,是指由构成一个产业相互关联的所有要素形成的、带有该产业普遍特征的多层次结构。它通常以两种形式表现出来,一是以生产某种具有同类使用功能的产品和服务的产业贯穿始终,各种要素环环相扣而组成"链";二是建立在产业内部分工和供需关系基础上的,以若干个企业为大节点、产品为小节点纵横交织而成的网络状系统。产业链即从一种或几种资源通过若干产业层次不断向下游产业转移直至到达消费者的路径,它包含产业的耦合度、关联度、专业化程度和市场化程度四层含义:(1)产业链是产业结构和层次的表达。一个产业链可以是不同产业的耦合,也可以是同一产业不同环节的连接。(2)产业链是产业关联程度的表达。产业关联性越强,链条越紧密,资源的配置效率也越高。(3)产业链是资源加工深度的表达。产业链越长,表明加工可以达到的深度越深,专业化程度就越高。(4)产业链是满足需求程度的表达。产业链始于自然资源、止于消费市场,但起点和终点并非固定不变,产业化程度愈高,市场化程度亦高,为消费者创造的价值愈大。因为产业链建立在产业内部分工和供需关系基础上的网络状系统,所以表现出纵横交错的状态。在空间形式上,产业链可分为两种类型:一种是垂直的供需链,另一种是横向的协作链。垂直关系是产业链的主要结构,一般把垂直分工划分为产业的上、中、下游关系,横向协作关系则是产业的服务与配套。

(二) 循环经济产业链的生成机理

产业链是市场规模扩展和分工细化的结果。经典文献的论述为我们理解市场、分工和产业组织的关系提供线索。斯密(1771)提出"分工取决于市场规模",杨格(A. Young,1928)揭示了分工自我演进的内生机制即迂回生产产生报酬递增,科斯(Coase,1937)则开创性地指出分工因交易成本受到制约,斯蒂格勒(Stigle)把分工看做是分工演化的结果,杨小凯(1993)则把劳动分工论与交易费用论有机结合起来。本文循着这一思路,对循环经济产业链的形成进行探讨。

(1)市场演进与企业变迁。企业市场规模的扩大,直接的效应就是潜在利润机会增多和利润空间的扩展。早期,处于完全竞争状态的企业,规模小,业务简单,企业之间合作的可能性小,不存在超额利润。随着市场的扩展,个别企业因为技术、工艺或者是管理方面的革新,获得经济利润,占据"先行者"优势。为争夺超额利润,企业通过核心业务的开发获得技术垄断优势,或通过企业并购(一体化)控制供给获得市场力量。一方面,分工越来越细;另一方面,企业规模越来越大。分工的细化,导致交易成本的增加,对企业之间的合作和协调的需求增加,企业间组织形式出现多种形态,不再是单个企业简单存在。企业规模的扩大,导致组织成本(管理成本)增加,对企业内部的过程控制和信息沟通需求增加,企业内组织结构、业务流程等都会发生变化。

(2)专业化分工与产业链的形成。市场演进实质是交易机制的进步(即制度性知识增加),专业化和分工意味着专业性知识和技能(即技术性知识)的增加。两种知识的叠加与耦合促进了产业的规模化和一体化。初始的分工出现在各大产业之间和主要产业内部的企业之间。这个阶段因为物质流、信息流的量很小,交易数目小和交易频率低,价值流量也很小,产业(企业)之间的关系是松散的。随着分工的细化,交易增加,企业间关系日趋紧密,产业链就形成了。因此,普通产业链可以看做是分工和市场共同作用的结果,产业(企业)之间具有高度的产业关联性和紧密的市场关系。

(3)循环经济产业链的形成不仅遵循一般产业链的共同规律,还具有一定的特殊性。循环经济产业链属于生态产业链的一种情形,它指一系列企业试图相互利用对方的副产品(能量、水和物质),而不是把副产品作为废物来处理。其利益基础是:从供给方来看,企业希望借此从副产品和减少废物最终处置成本中受益;从需求方来看,客户就近购买原材料或买进其他企业的副产品进行再利用而降低成本。因此,循环经济产业运作的一个前提,就是对二次资源的再生处理成本不能大于再生利用的收益。也就是说,循环型产业链企业合作的基础是存在正利润。如果完全靠市场调节,其中可能会出现零利润或负利润情况,这时政府就有必要提供激励,或直接进行补偿,或通过制度创新间接进行利益调整,为企业合作提供利润空间。另外,循环经济产业链的关系纽带是资源,而非产品,基于资源的产业关联并非天然存在,因此需要通过技术创新和组织创新,使产业关联度加强,为产业链的稳定、延长和深化奠定基础。由此看来,对于循环经济,不能简单地理解为实施某一个工程、运用某一种技术或兴办某一个企业,它应该被视为制度性知识和技术性知识共同增加的过程。作为循环经济的高级形态,循环型产业链更加体现为物质循环在交易机制和生产过程优化和提升的经济运行方式。

(三) 循环经济产业链形成的逻辑过程

循环经济产业链的作用过程是不断市场化、产业化和生态化的过程,体现出制度、结构和生态三维变化。(1)循环经济产业链的运行首先应理解为制度变迁的过程,也就是资源和环境的外部性内部化,即资源环境的相对价格上升导致产权界定的制度需求增加;通过明晰资源产权,让市场上资源价格反映其价值和稀缺性,导致资源利用机会成本增加,因此资源配置和资源利用的外部性减少。(2)其次是结构性变化,即产业化过程。资源相对价格的上升使废弃物的利用成为可能,当废弃物机会成本足够高时,对废弃物的回收处理会产生利润空间,同时也使资源再生活动日益增加,价格的作用引导各类资源(包括再生资源)配置效率提高,具有帕累托效率的资源交易增加,资源再利用和再循环流量增加,推动废弃物资源化、市场化,并促进资源利用和资源再生活动的专业化,在产权等制度安排引起的信息成本降低和市场规模扩展带来的潜在收益增加的条件下,导致循环经济产业化。(3)企业经营理念和战略管理的生态化取向是循环经济产业链的微观基础。生态需求和环境压力形成的巨大的政府治理责任、公众舆论压力,从利润诱引、竞争压迫和生态约束三方面促使企业在经营管理、技术革新和制度变迁方面做出回应,在战略是表现为竞争力的定位生态化,价值链的提升日益偏好于资源节约和环境友好型行为,微观主体行为的生态化倾向进而加快循环经济产业的分工细化。分工细化和市场规模的扩大相互促进,共同推动循环经济产业链的形成;相应地,政府必要的制度供给、信息传播机制和风险担保机制的完善促进循环经济产业链稳定、协调运行。

(四) 循环经济产业链的价值基础

这里从价值链的角度对循环经济产业链进行分析。

循环经济不仅仅是一个需要投入的经济活动,还存在巨大的利润空间,主要的收益来自两个方面,一是废弃物转化为商品后产生的经济效益,二是节约的废弃物和排污成本。在价值活动属性和价值构成方面,循环经济的产业活动可以解释为价值发现过程和价值创造过程。价值链是指为完成一个产品的价值创造和价值实现的组合,它不仅包含初始资源(要素投入)的价值转移,同时也包括活劳动的价值创造。传统价值链着眼于创造价值,着眼于利润,而不考虑资源的节约。循环经济产业价值链则是一个价值发现过程,即从废弃物中发现资源的残留价值。循环经济产业价值链则是始于自然资源(原材料、水、能源)在投入生产过程以及主产品制造完成(资源价值的大部分转移)之后,通过对副产品进行合理配置和利用,实现资源残值在另一产业中的转移。所谓"吃干榨尽"就是对资源价值转移的最大化。以此为基础的产业链,通常不会自发地形成产业关联,因为,技术、信息、交易关系等因素制约着上游副产品自发转化为下游的原材料,即供给与需求的市场纽带比较脆弱。但是,这种价值链是极其具有价值的,它在资源价值的充分转化方面实现了对资源的最大限度的利用。传统价值链理论的含义在于通过专业化分工培育核心竞争力,循环经济价值链的意义在于通过对副产品的充分利用降低成本、增加经济收益和环境收益、履行生态责任,最终提高绿色竞争力。

对于循环经济价值链中的资源(或中间产品)价值可以划分为外显价值和潜在价值两个部分。前者是传统价值链理论所研究的,后者存在于循环经济价值链之中。潜在价值通过一定的制度安排、技术创新和组织创新才会发现,循环经济的任务就是使资源的潜在价值显性化。可以建立一个循环经济价值链模型,如图 11.1,可以看出,由于传统经济是线性经济,传统价值链是外显价值的创造过程,所以表现为一个线性过程;循环经济则是呈闭合状,循环经济价值链由发现潜在价值的各个环节组合而成,价值发现活动贯穿整个物质流动过程,因而也是一个价值循环过程。

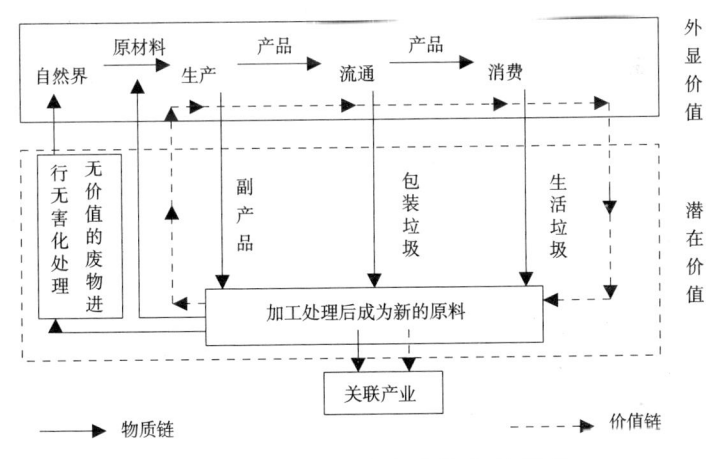

图 11.1 循环经济产业价值链模型

循环经济产业价值链与传统价值链有着显著的区别。

首先,在价值活动属性和价值构成方面,前者可以解释为价值发现过程,而后者可以理解为价值创造过程。价值链是指为完成一个产品的价值创造和价值实现的组合,它不仅包含初始资源(要素投入)的价值转移,同时也包括活劳动的价值创造。传统价值链着眼于创造价值,着眼于利润,而不考虑资源的节约。循环经济产业价值链则是一个价值发现过程,即从废弃物中发现资源的残留价值。循环经济产业价值链则是始于自然资源(原材料、水、能源)在投入生产过程以及主产品制造完成(资源价值的大部分转移)之后,通过对副产品进行合理配置和利用,实现资源残值在另一产业中的转移。传统价值链理论的含义在于通过专业化分工培育核心竞争力,循环经济价值链的意义在于通过对副产品的充分利用降低成本、增加经济收益和环境收益、履行生态责任,最终提高绿色竞争力。

对于循环经济价值链中的资源(或中间产品)价值可以划分为外显价值和潜在价值两个部分。前者是传统价值链理论所研究的,后者存在于循环经济价值链之中。潜在价值通过一定的制度安排、技术创新和组织创新才会发现,循环经济的任务就是使资源的潜在价值显性化。由于传统经济是线性经济,传统价值链是外显价值的创造过程,所以表现为一个线性过程;循环经济则是呈闭合状,循环经济价值链由发现潜在价值的各个环节组合而成,价值发现活动贯穿整个物质流动过程,因而也是一个价值循环过程。

从城市垃圾的组成成分可以看出,循环经济活动中对资源回收利用、废物循环再生存在巨大的利润空间。在整个城市垃圾的构成中,材料废弃物占主要部分,约占 50%～60%。表 11.1 反映的是美、欧、日发达国家的城市垃圾组成成分。

表 11.1　部分国家和地区的城市垃圾组成成分(%)

成分	美国(1988)	西欧(1987)	日本(东京,1988)
纸	40	25	45
聚合物	8	7	8
金属	8	8	1.5
玻璃	7	10	15
家庭垃圾	25	30	30
其他	12	20	14

在我国,每年垃圾总量约 5 亿吨,其中,生物垃圾占 32%,塑料垃圾 18%,废纸 8%,纺织品 4%,废金属 3%,玻璃制品 1.5%。其中 2/3 是可以回收利用的。

其次,在价值链形态方面,循环经济产业价值链具有一般价值链所没有的特征:(1)价值链更长。循环经济生产方式本身拉长了产业链条,深化了资源价值的开发。在这一过程中原来被废弃的副产品由于进行了减量处理、回收加工和无害处理,增加了生产环节,价值链相应得到延伸,同样的资源创造出更大的价值。(2)价值链节点交叉、方向迂回情况增加。传统价值链通常是线性的,即围绕某一种产品进行流水线式的价值传递。循环经济模式下,资源的价值利用更加充分,同样的资源为多个产业所利用,或者被多次利用,物质循环带来生产迂回,资源的多重开发导致资源的使用价值细分,价值链出现多次交叉。因此,循环经济价值链的形状可能会呈现出网状、环型等特点。

第三,在经济活动导向上,循环经济价值链和传统价值链的区别是:前者建立在资源的基础上,后者建立在产品基础上。这种区别源于循环经济以服务为导向,用最少的资源提供最大价值的服务;传统经济则是产品经济,即以产品为导向,为实现最大产量而进行最大的资源耗费;在满足消费者需求方面,如果说传统经济是为消费者创造价值(实际上应为最大限度地获取消费者剩余),那么,循环经济则是为消费者节约成本,减少不必要的货币支出和资源浪费。

最后,循环型产业的价值链形成机制是循环型产业链持续发展的关键。循环经济产业链的生成不同于一般产业的市场演化,更不同于基于分工的产业集群和以价值链为纽带的产业关联。它首先是在遵循生态规律条件下产业演化、市场作用的结果。循环经济是以物质循环为表象的价值循环和利益互动,是在生态规律支配下的经济循环活动。循环经济价值链的形成是以其利润大于零为前提条件的,也是循环经济持续发展的经济动力。价值链是一个高度整合、相互依赖、始于用户、终于用户的系统。经济价值链一旦形成意味着对经济价值、社会价值和生态价值的整合。循环经济的价值链可以通过三个不同阶段来进行分析:即价值投入与资源配置、价值物化与价值增值、价值产出和价值实现。当价值链的运行处于增殖状态时,循环经济才是持续发展的,而且此时的物质流、能量流、信息流、人力流和价值流处于良性循环的状态,从而在经济价值的基础上实现经济价值、社会价值和生态价值有机统一。

11.1—2 规模经济、范围经济与循环经济

(一) 规模经济与循环经济

规模经济是指生产或销售单一产品因规模扩大而减少生产或销售的单位成本时而导致的经济。它表现为在一定的技术条件下,随着生产规模的扩大导致平均成本下降且平均成本小于边际成本(见图 11.2)。规模经济的主要来源是:(1)专业化分工和协作的经济性,这是规模经济的基础。(2)采用大型、高效和专用设备的经济性,这在重化工行业表现尤为突出。(3)标准化和简单化的经济性,这为批量生产提供技术基础。(4)大批量采购和销售的经济性。(5)大批量运输的经济性。(6)大批量管理的经济性。前三点是技术因素,后三点是交易因素,都有助于降低企业的生产成本和交易成本。

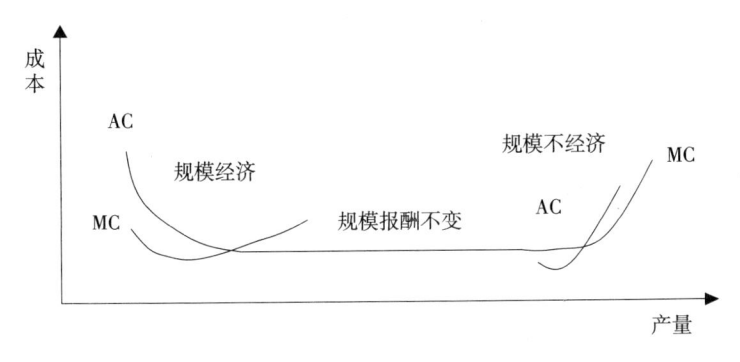

图 11.2 规模经济与规模不经济

由于循环经济在微观层次涉及多个生产流程、多个生产环节,也需要跨部门协调,因此,规模经济对循环经济的持续发展具有重要意义。首先,循环经济的资源消耗减量化本身必须建立在规模经济的基础之上,因为成本最低本身就必须实现单位产出的资源综合消耗最低。没有规模经济就不可能实现单位产出的资源消耗最小化。其次,循环经济要求实现地域化规模经济网络。中小企业在生产中都会产生各种废弃物,由于废弃物的量不足以达到规模化处理的最小规模,它们在内部独立循环利用资源在经济上没有可行性。在这种情况下,需要实现循环利用资源的社会化,要求有专业化的、达到规模经济要求的废弃物收集、分类、加工处理、再利用的专门企业。这就是说,循环经济要求企业在一定空间内集聚,实现循环利用资源的区域性规模化,从而实现循环经济在地域上的规模经济。①

规模经济在层次上分产品规模经济、工厂规模经济、企业规模经济和产业规模经济。循环经济主要体现在企业规模经济和产业规模

---

① 齐建国等:"中国循环经济发展的实践问题",见中国环境与发展国际合作委员会网站,2005 年 3 月 5 日。

经济。

(二) 范围经济与循环经济

范围经济是指通过多产品生产,可以充分利用现有的资源,达到平均成本降低的作用。范围经济的来源是:(1)生产技术具有多种功能,可用来生产不同产品,从而提高生产技术设备的利用率;(2)许多零部件或之间产品具有多种组装性能,可以用来生产不同的产品;(3)企业研发的某一种技术可以用来生产多种产品;(4)对企业无形资产的充分利用。循环经济过程中,生产工艺方面与多个产品有关,或者是生产同一产品会产生多种废弃物,这些废旧资源的处理可以通过范围经济降低成本。

(三) 案例分析

以河南省的"煤-电-铝-建材产业链"为例分析循环经济的规模经济和范围经济。① 河南省新安和伊川两县的煤矿和铝矾土资源丰富,但是煤矿和铝矾土等"一次资源"附加值低,且对资源破坏和浪费严重;二次资源粉煤灰、煤矸石,利用效率低,浪费严重,环境污染大。尽管均有各自的产业链,但是没有形成规模,经济效益和生态效益不显著,而且存在"缺环断链"问题。通过引入新兴、主导性企业,进行企业体制改革与成组布局,增强产业的关联性和互补性,一方面让产业链条衔接起来,另一方面深化、延伸了产业链。两县开展煤、电、铝、建材等产业相关联生产、产业链生产,将其排放的工业废渣和废料综合利用,振兴了地方经济,大幅度提高经济效益和社会效益。直接经济效益有:以新安和伊川两县目前总装机容量 70 万千瓦的能

---

① 刘龙:"洛阳市域'产业链'生产模式的研究",载《中国建材》,2005 年第 9 期。

力,完全可以满足一座 100 万 t/a 氧化铝厂、一座 35 万 t/a 电解铝厂、一座 600 万 t/a 水泥厂等的供电需求。还可以综合利用各种工业废渣、煤矸石和尾矿的各类建材制品企业的用电量需求。而所需总的投入资金约为 42 亿～45 亿元即可建成以上各厂(未除去伊川县和新安县已有投产的各类规模企业)。按目前市场销售各类产品销售估算,这种超大型煤-电-氧化铝-铝-建材区域性高新技术产业链的生产模式,每年可以创造 121 亿～130 亿元的产值(注:这里并未考虑原有电力、煤炭、矿山、其他建材产品和相关引发其他产业的经济效益)。间接经济效益是:产业链的延伸带来对新产品、新品种的需求,为产业链的深化创造了物质基础和市场条件;产业链的延伸与深化增加对劳动力的需求,增加了就业机会;废弃物和副产品的综合利用缓解了替代性产品和资源的供需矛盾,优化了资源配置。

11.2 循环经济产业链的合作机理

循环经济的生态学基本原理就是共生,共生的本质就是基于生态经济系统稳定的微观经济主体之间的合作机制和关系。分工、信息沟通和共同行动推进合作机制的形成与扩展,进而推动生态经济系统的整体演化。循环经济不是在分工极其简单的农业经济条件下进行的,更不是在交换极其微弱的自然经济条件下进行的,而是在高度市场化和工业化背景下展开的。循环经济学研究的核心问题是在可能的发展路径上,选择循环经济效用函数增长速度最大化的路径以及与此相关的如何选择、如何实施、如何避免信息不对称的问题。因此,高度的分工和专业化程度以及市场厚度形成信息的大量分割与专用,对增进企业之间的合作很重要。合作的重要基础就是信息沟通,形成共同知识,达成共同行动。

11.2—1 循环经济的合作机理:静态分析

循环型产业的价值链为循环型企业之间的交易和合作提供了价值基础,从博弈论角度就是存在正和博弈。由于利润机会空间的存在,也为双方的经济行为变化(预期和决策)提供了可能。信誉是交易长期化的基础。产业链的形成和运行是一种长期行为,"囚徒困境"对合作问题给出了博弈论的解释。本章从信誉供求的角度探讨循环经济产业链的合作机理。

(一) 循环经济产业链中信誉的供给与需求

信誉的取舍主要体现为长期利益和短期利益之间的替代性(如图 11.3)。失信的根本原因在于短期收益的增加及长期收益的不确定性,维护信誉的基本动机是交易重复所能带来长期收益超过短期机会主义收益。由于短期利益的边际替代率递减,当短期利益在较小范围内时,理性参与人有动机放弃短期利益建立良好的信誉;而当短期利益较大时,理性参与人则有动机追求短期利益而放弃信誉。因为理性人树立信誉维护信誉的机制依赖于对长期利益的稳定预期,而短期利益的增加会影响理性人对于长期利益的稳定预期,从而降低短期利益对于信誉的边际替代率。长期利益不稳定影响因素的增加将增加风险规避型参与人的风险成本,从而减少其对于长期利益的理性预期。声誉机制作为一个筛选机制比较容易建立,但它不是制度化的。尤其是在交易对象和交易边界不确定的情况下,要通过博弈形成信誉机制将是非常漫长的过程。

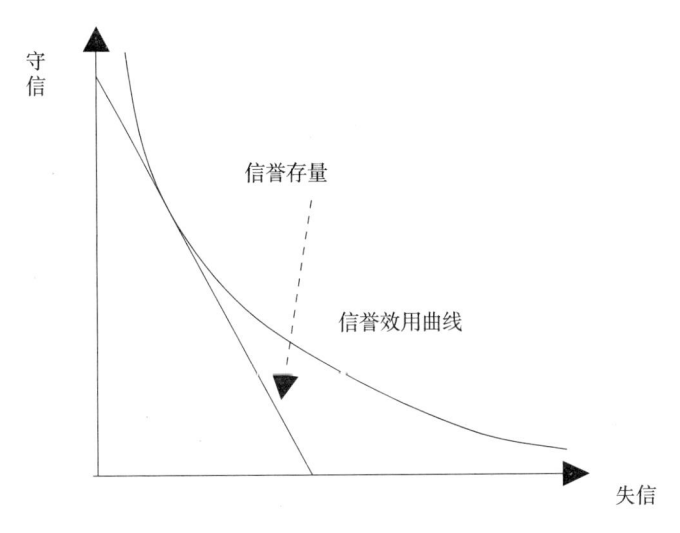

图 11.3　信誉与收益之间的关系

信誉是一种稀缺性产品，通常有三个特点，即正外部性、公共性、积累的长期性。信誉作为一种无形资产，具有报酬递增的性质，但是这种报酬是分期获取的，这些特点决定了信誉供给的不足。尤其是在市场机制不完善的经济环境中更为突出。循环经济作为一种新型经济形态，在其初级阶段，对产业链中企业信誉的建设很重要。由于产业链上企业之间的交易关系是市场交易而非组织内交易，多是靠自我实施机制完成，第三方约束和非正式规则很难起作用。企业在信誉的供给与需求上，可以看做是一种单方面行为。如果把信誉视为可以带来效用的商品，效用可分为长期收益（因守信而得）和短期收益（因失信而得），企业就会在长期收益和短期收益（或守信和失信）之间进行选择，均衡状态就是企业信誉的长期收益和短期收益的边际替代率相等。

（二）循环型产业链中信誉的治理

首先,把合同在时间上进行分解。一次博弈变成重复博弈,至少在风险上降低了。如果合同谈判的交易条件具有在时间上可分解的特征,则处于劣势的一方可以要求将合同分解为以时间顺序划分的若干个合同。这样在一次性合同的优势一方会顾及对以后的影响,从而理性地选择帕累托有效公平的条款,只有在最后阶段才会将自己建立起来的信誉利用尽。

其次,建立企业信用机制。如建立企业联合征信、信用评级、信用披露等制度,引入信息中介机构,在行业建立企业信息数据库进行信息化管理。由于产业链是一种自我实施行为的交易关系,信用约束能力是有限的,要形成有效的惩罚机制须嵌入循环型产业网络或共生系统。

最后,加强及时沟通,形成稳定的关系网络和社群意识。这些活动有助于增进社会资本,社会资本的专用性和报酬递增特点能够起到激励行为者守信。

11.2—2 循环经济的合作机理:动态分析

经济中存在的也是原生型市场机制所常见的某些缺陷,如信息不对称、交易成本高、机会主义、外部性等问题,导致产业生态系统出现市场失灵现象;同时,产业生态系统中还存在自身固有的问题如系统不稳定、环境不确定性、二次资源(废弃物)的产量、质量、市场供求及价格等。这两个方面的因素相互作用,对循环经济产业网络的形成产生很大阻力。概括起来,多方面的因素产生四个问题阻碍循环经济产业网络的形成:一是价格信号问题,二是激励相容问题,三是信息不对称问题,四是合作博弈问题即声誉机制。这些都是循环经济产业网络运行过程中的实际问题,前三个问题都会影响到第四个问题。因此,产业网络中企业之间的合作是核心问题,合作的基础是声誉。罗必良(2002)把声誉看做是影响分工的一种深化机制,分工和专业化会直接导致两种结果:一是职业的依存度提高;二是大规模生产。因此,信誉为个人参与分工的深化提供了预期保证。在缺乏诚信的环境里,人们的市场需求会受到约束,从而大规模生产就会受到限制,结果是分工与专业化受到约束。因此,信誉为分工的深化提供了人格化的市场保证。这种对声誉和分工的分析有利于我们对循环型产业网络的研究。

因此,通过信号博弈分析方法,讨论产业链中的声誉机制,对研究循环经济产业链具有经济含义。这里运用信号博弈解释产业链的形成机理。

(一) 不完全信息动态博弈

首先假定循环经济产业链中有两个企业,即上游的废料供应商和下游的废料需求商,供应商为信号发送者(记为 S),需求商为信号接受者(记为 R)。可以定义一个不完全信息动态博弈。博弈过程如下:

(1)自然按照概率分布 $P(t_i)$ 为发送者 S 从可行类型空间即策略集 $T=\{t_1,\cdots,t_I\}$ 中选取类型 t_i,其中 $P(t_i)>0$,且 $P(t_1)+\cdots+P(t_I)=1$。

(2)发送者 S 观察到策略类型 t_i 后,从可行信息集 $M=\{m_1,\cdots,m_I\}$ 中选取一个信号 m_j。

(3)接受者 R 观察到信号 m_j(而不是类型 t_i),从可行行动集 $A=\{a_1,\cdots,a_k\}$ 中选取行动 a_k。

(4)发送者 S 和接受者 R 的收益函数分别为 $U_S(t_i,m_j,a_k)$ 和 $U_R(t_i,m_j,a_k)$。

这里需要指出的是：自然是以概率 $P(t_i)$ 选取的类型 t_i，概率大于 0 且和为 1，类型让 S 知道；R 不知道 S 的类型 t_i，但根据信念知道类型概率 $P(t_i)$；S 发送的信号 m_j 是类型 t_i 和行动 a_k 的函数。

利用完美贝叶斯（Bayes）均衡的概念进行分析。在信号博弈中，达到完美贝叶斯均衡的要求是：

(1)信念。即信息集在节点上的概率分布 $p(t_i|m_j)$。其中，$p(t_i|m_j)>0$，$\sum p(t_i|m_j)=1$。

(2)序贯理性 1。给定 R 的判断 $p(t_i|m_j)$ 和 S 的信号 m_j，R 的行为 $a^*(m_j)$ 能使其预期收益最大，即满足：

$$\max_{a_k}\sum_{t_i}p(t_i|m_i)U_R(t_i,m_j,a_k).$$

(3)序贯理性 2。给定 R 的策略 $a^*(m_j)$，S 的选择 $m^*(t_i)$ 能使其收益最大，即满足：$\max_{m_j}U_S[t_i,m_j,a^*(m_j)]$。

(4)判断符合均衡策略和 Bayes 法则。即对于每个 $m_j\in M$，$m^*(t_i)=m_j$，则 R 判断符合 S 的均衡策略和贝叶斯法则。

（二）声誉模型

对声誉机制的经济含义解释。克里普斯（Kreps，1984）认为声誉可以带来垄断租金。法玛（Fama，1980）则把声誉看做是一种隐性激励机制。循环型产业链中企业之间不仅需要利益共享机制作为合作的基础，还需要建立风险共担机制，以降低因个别企业生产经营活动的突然性变化对关联企业的原材料供应的冲击。市场的不确定性和循环经济的复杂性容易给败德行为制造借口。研究循环经济产业链中的声誉问题显得尤为必要。

在定义不完全信息动态博弈之后,来看看循环经济产业链中上游的废料供应商 S 和下游的废料需求商 R 各自的收益情况和供应商的行为变化。假定存在两期博弈,可以运用 KMRM 的声誉模型进行讨论。在第 1 期,供应商也就是信号发送者 S 拥有私人信息,其产品(即废料)存在好坏两种类型,其类型 $T=\{t_g,t_b\}$,t_g 为质量好的类型,t_b 为质量差的类型,概率 $P(t_g)+P(t_b)=1$。在第 T 期,需求商 R 不知道供应商的类型,供应商 S 先行动选取类型 t_1,发送信号 m_1 给需求商,发送前供应商 S 预测到需求商将采取什么行动。需求商 R 接到信号 m_1 后,根据信念判断供应商的类型 $P(t_1) \times t_1$,然后采取行动 a_1。

在 T 期,供应商 S 的收益函数为:

$$U_T^S(t,m_1,a_1) = \alpha_1 a_1 - \beta_1(t)m_1^2 - \lambda_1 m_1 \tag{1.1}$$

其中,$\alpha_1>0$,等式右侧第一项表示 R 采取行动 a_1 时 S 的效用为正,即 R 的行动 a_1 越大,S 的效用就越大;$\beta_1(t)>0$,且 $\beta_1(b)>\beta_1(g)>0$,第二项表示发送信号的效用为负,且边际负效用递增,即信号越大,负效用越大;$\lambda_1>0$,第三项也发送信号的效用为负。

在 T 期,需求商 R 的收益函数为:

$$U_T^R(t,m_1,a_1) = \delta(t)m_1 a_1 - \vartheta a_1^2$$

其中,$\delta(g)>\delta(b)>0$,等式右侧第一项表示 R 更偏好于 g 类型的供应商,采取行动 a_1 效用为正;$\vartheta>0$,第二项表示 R 的行动 a_1 效用为负,且边际负效用递增,即行动越大,负效用越大。

在 T+1 期,供应商 S 的收益函数为:

$$U_{T+1}^S(t,m_1,m_2,a_2) = \alpha_2 a_2 - \beta_2(t)m_2^2 - \varphi m_2 + \lambda_2 m_1 \tag{1.2}$$

其中,$\alpha_2>0$,$\beta_2(b)>\beta_2(g)>0$,$\psi>0$,$\lambda_2>0$,$\varphi>0$,等式右侧第三项表示在 T+1 期发送的信号在当期具有负效用;$\lambda_2>0$,第四项表示:在 T 期供应商 S 发送的信号 m_1 在 T+1 期具有正的效用。

若供应商 S 知道声誉具有价值,则 b 类型供应商 S 会在 T 期建立声誉,在 T+1 期获得收益。由于 b 类型 S 在 T 期发送了优质的信号 $m_1^*(g)$,在 T+1 期 R 就把 b 类型 S 当做 g 类型,并采取行动 $a_2(g, m_2)$,因此,在 T+1 期,b 类型 S 的收益函数为:

$$U_b^S[b, m_1^*(g), m_2, a_2(g, m_2)] = \frac{1}{2}\alpha_2 \delta(g)\phi^{-1} m_2 - \beta_2(b) m_2^2 - \varphi m_2 + \lambda_2 m_1^*(g) \tag{1.3}$$

要发送一个信号让 R 判断并采取的行动使 S 收益最大,对于 b 类型 S 来说,并非是件容易的事,需要付出一定的成本(即负效用)。对于声誉在后期的收益,b 类型 S 须在二者之间作出选择,即寻求均衡的信号发送。

求均衡解,可得 b 类型 S 的最优信号:

$$\overline{m_2^*}(b) = \frac{1}{4}\alpha_2 \beta_2^{-1}(b) \delta(g) \phi^{-1} - \beta_2^{-1}(b) \varphi \tag{1.4}$$

由此可知,b 类型 S 在 T 期发送了优质的信号,在 T+1 期建立声誉。因此,在 T 期损失部分收益,而在 T+1 期通过声誉获利。要在下一期维持声誉,须在 T+1 期继续发送优质的信号。声誉的收益是延期支付的,分期收益的大小取决于贴现率和风险偏好,b 类型 S 是否维持声誉要根据不同情况的贴现值和风险类型来决定。

(三) 信号显示均衡

前面讨论了两期博弈中 S 的行为,现在讨论 R 的行为。R 如何甄别不同类型的 S 呢?由于声誉收益是延期支付的,b 类型 S 在无限期博弈中维持声誉是非理性的,而 g 类型 S 则不存在问题。因此,R 可以设计不同的合约形式,供 S 选择。一种合约可降低违约金,且在未来利润分成中,提高 S 的分成比例;另一种合约则相反,违约金提高,未来利润分成降低。b 类型 S 通常会选择后一种合约。

11.3 循环经济产业链的稳定性与治理

11.3—1 影响循环经济产业链稳定性的因素

产业链的稳定运行是物质流、信息流和价值流的和谐匹配,是企业间利益分配和要素配置的均衡;同样,循环经济产业链的稳定性和协调性是链上企业以及相关的链外企业利益博弈均衡的结果。循环经济是经济-社会-生态复合系统,循环经济的发展既有生态的考虑,又有经济因素和技术因素的作用。循环经济产业链的稳定性既涉及市场层面,也关系到产业生态系统内技术层面。研究循环经济产业链的稳定性须对产业生态系统外的市场性因素和系统内技术性因素作出分析。笔者把影响循环经济产业链稳定性问题概括为两个方面:交易的不稳定和非交易性不稳定(如技术的不稳定、质量的不稳定、系统的不稳定等)。

(一) 影响产业链稳定性市场性因素:交易成本

交易的不稳定主要原因是交易成本过高。为什么会存在交易成本呢?除了信息不对称,威廉姆森进一步解释为人的有限理性和机会主义。交易成本包括高昂的信息成本和谈判成本,导致合约的不完全,再加上执行成本。对于循环型产业链上的企业来说,形成稳定的交易关系在交易成本方面,主要是信息成本,副产品需求企业在供应的数量、质量、稳定性和连续性方面满足其生产的要求才具有进行交换的可能。对于这些企业来说,要在市场上从无数的企业中寻找到完全满足要求的大批量、连续性和质量稳定性强的交易伙伴要付出巨大的信息成本。

威廉姆森把交易的维度分为三个方面:交易数目、交易频率和资产专业性程度。交易成本对交易活动影响通过三个维度表现出来。交易成本使交易数目变小、交易频率减少和资产专业性程度降低,这三个方面的恶化最终导致交易的不稳定。在完全市场中,交易各方拥有包括价格、质量、数量等交易的共同知识,因而交易的收益与成本对等,权利与义务责任对等,没有哪一方可以获得超额收益。由于有限理性和环境的不确定性,合约不可能是不完全,拥有信息优势的一方会利用这种优势攫取租金;而信息弱势一方则在没有可靠机制保证的情况下,在合同谈判中处于弱势的一方会尽可能让合同完备。如果交易之前,这种预期过于强烈,就会因为谈判成本过高,导致交易无法达成。如果交易达成,将面临合同后的执行成本。若执行成本过高,通过第一次博弈各自获得了交易收益或成本,利益受损将不会再续前缘。博弈终止,交易活动减少,从而导致产业的规模萎缩。在循环经济发展初期,有关再生资源的交易数目小、交易频率低,不足以让参与者形成稳定而长期的合作预期;资源再生和循环利用是一项社会收益大、私人收益小的产业,预期收益不稳定且不显著,也不足以令企业增加专用性投资;废弃物、再生资源等类型的资源(或产品)在质量检验、标准标识等方面缺乏完善的制度性信息显示,很容易复制"柠檬市场"的交易特征,诱发部分企业的机会主义行为。

(二) 循环经济产业链的非市场性因素

循环经济系统存在不确定性,这种不确定性会影响到循环经济产业链的稳定性。苏明山(2005)从三个方面对资源管理系统的不确定性进行探讨,它同样存在于循环经济系统之中。循环经济系统由于科学技术的不确定性、经济活动的不确定性、政策实施的不确定性,导致企业经济行为缺乏稳定预期,也容易诱使企业采取短期行为。前面对来自市场因素产生的交易不稳定作了论述,这里讨论循环经济特定的一些因素对产业链的影响主要来自系统自身的复杂性、制度的不完善性、技术运用的不成熟和收益的不确定性、产业规制的滞后性。

(1)循环经济系统的复杂性。生态系统内部各个要素之间是一个共生共存的关系,循环经济产业是生态产业或具有生态友好特征的产业,系统共生要求产业的经济活动符合生态学规律。在生态工业系统中各生产过程不是孤立的,而是通过物料流、能量流和信息流互相关联,一个生产过程的废物作为另一种过程的原料加以利用。这种相互依赖、共生作用的关系对产业活动产生制约作用,从而影响到产业的成本和收益的变化。

(2)制度的不完善性。循环经济的兴起是一个新生事物,它到底是权宜之计,还是长远战略,还需要观察和验证。要让循环经济的参与者对未来产生稳定的预期,需在法律法规方面作出明确规定,并在政策设计和制度安排上对循环经济的激励在近期能够反映出来。即使这样,许多企业仍然在观望和徘徊。毕竟愿意和敢于做第一个"吃螃蟹"的人是少数。

(3)资源利用方面,存在技术运用的不成熟和收益不确定性。生态工业追求的是系统内各生产过程从原料、中间产物、废物到产品的物质循环,达到资源、能源、投资的最优利用。从每一物质资源都有物理、化学、生物等不同性质和多种用途出发,提高加工深度和加工层次,生产深加工产品,提高产品的附加值,搞好资源的综合利用,主要取决于科学技术的发展水平。科学技术的不断进步,使资源利用的范围不断拓宽。采用先进的分析化学手段、井采提取技术和冶炼加工工艺以及现代化的生产装备,可以用较少的资源消耗取得更多的物质财富。

(4)产业规制的滞后性。主要源于体制障碍及信息阻塞。由于我国现有的资源综合利用方面市场统计信息供给体制存在法律的缺位与错位、统计指标体系整体性滞后、管理及统计体系转型滞后等一系列问题,从体制上形成了资源市场统计信息供给严重落后于资源综合利用产业化要求的现状,需要从加强立法、规范管理、确立系统完备的指标体系并将其纳入国民经济统计体系等各方面的改革来突破信息瓶颈。

11.3—2 循环经济产业链的治理

(一) 基于交易成本的企业治理机制

交易成本理论为解释市场结构的变化和企业间组织关系的演化以及企业组织结构和组织形态的变动提供了一个有解释力的分析工具。威廉姆森、克莱茵、梅纳尔德等人为此作出较多贡献。一般认为,企业在哪种情况下选择长期合约、在哪种情况下选择一体化、在哪种情况下选择战略联盟,均取决于交易成本的大小。这种交易成本来源于四个方面:专用性资产;不确定性;有关信息的交易;广泛协调。通过一体化具有如下优势:①确保投入品的稳定供给;通过外部经济内部化以纠正由外部化引起的市场失灵;避免政府限制、管制和税收;可以增强或创造市场力量;为消除其他厂商一体化造成的损害

---

① 丹尼斯·卡尔顿、杰弗里·佩罗夫:《现代产业组织》(下册),上海三联书店、上海人民出版社,1998年,第733~759页。

而一体化。不过,垂直一体化也可能会产生内部交易成本即组织成本(或管理成本):自己生产或销售的成本高于其他厂商生产或销售的成本;厂商规模扩大导致管理难度和成本的扩大;与其他厂商合并的筹办费用以及所需的法律费用。因此,垂直一体化需要权衡市场交易成本和企业组织成本的大小。

实际的经济活动是复杂的,一体化的动机也是有多种因素。斯蒂芬·马丁①把垂直一体化的动机概括为五点:①对垂直一体化的其他市场力量的解释:提高价格,形成进入威慑,进入壁垒。②投入选择的变形。通过与最终产品厂商的前向一体化,中间品厂商能够根据最终产品水平上的相对边际成本确定投入选择,以提高效率和自身利润。③信息和不确定性。阿罗(1975)表明:如果投入物的供应是随机的,并且上游生产商对于实际供应拥有更多的信息,那么,下游的生产商会产生一体化的动机,以改善其有关投入品市场信息的质量。卡尔森(Carlton)则提出了一个最终需求不确定的模型。不确定的最终需求转化为不确定的投入需求,于是产生这样一种使投入品的生产总量和由最终需求所致的投入品需求总量并不同步变化的可能性:要么是投入品的生产不足,从而意味着投入品供给的短缺和对最终产品产量的限制。投入品供求之间的潜在的不同步性产生垂直一体化动机。④价格歧视。⑤交易成本。斯蒂芬·马丁进一步把实行垂直约束的动机概括为六个方面:①寡占条件下的市场力量。雷和斯蒂格利茨(Rey&Stiglitz,1998)提出一个模型指出,制造业中的双寡头垄断者通过授予经销商排他性的地区经销权并征收特许费以谋取分销阶段所有利润的方式,运用更强大的市场力量,获得

---

① 斯蒂芬·马丁:《高级产业经济学》,上海财经大学出版社,2003年,第390~393页。

利润的快速增长。②搭便车。亚梅(Yamey,1954)、鲍曼(Bowman,1955)和波克(Bork,1966)提出的销售服务市场失灵说源于提尔瑟(Telser,1960)的搭便车说。提尔瑟(Telser,1960)认为,在消费服务和购买产品可以分离,而且服务成本高昂的条件下,如果某些零售商提供了这样的服务,消费者可以从该零售商处获取服务,而从不提供这些服务的零售商处购买产品。这样提供这种服务的零售商就要遭受损失。这样可以通过建立一个转售价格控制(RPM)来消除产生搭便车问题的零售商之间的价格竞争。③质量证明。产品在质量上的差别化导致零售商之间也因质量声誉而出现分化。④不确定性下的垂直约束。有两种情况:一是需求不确定性的结果:转售价格控制和非一体化的私人收益和社会收益是均等的,且更适合与排他性市场的运用。二是成本不确定性的结果。原因在于:a.由于每个零售商在其半个零售市场是垄断者,故排他性销售会促使零售商充分考虑需求和成本动荡;b.当产销彼此独立时,零售商赚取零利润,而制造商承担了需求和成本波动的冲击;c.在转售价格控制体制下,制造商承担了需求波动的压力,而零售商承担了成本波动的压力。⑤排他性交易。⑥搭售和捆绑销售。①

(二) 循环经济中不同产业链的治理

循环经济健康运行的关键在于三点:一是企业之间、企业与市场之间如何解决因信息不对称等问题而造成的交易成本过高问题;二是循环产业网络因副产品价格、产品品质、废料产量以及外部市场冲击等因素产生的系统稳定性、协调性、持久性问题;三是政府在宏观调控和微观规制方面的创新。由于循环经济系统的高度复杂性,在

---

① 引自丹尼斯·卡尔顿、杰弗里·佩罗夫,1998年,第406~426页。

产业链的治理方面,需要对其进行分类和讨论。

传统产业链理论通常是根据关联要素的不同对产业链类型的划分,可分为:资源关联型、价值关联型、风险关联型。也就是说关联企业之间是在分工的基础上,基于市场需求,以关联要素为纽带而形成产业链条。由于产业链形成初期市场发育程度的差异,政府干预力度的不同,根据形成动力源,产业链又可分为:自生自发型、组织设计型和混合型。多数产业链属于自生自发型,不过,在中国,由于政府的作用,组织设计型也存在,特别是对于那些有潜质且与区域产业政策协调或配套的产业链兼具两种类型的特点,即混合型。

循环经济的核心在资源节约和环境友好,其产业链的形成是紧紧围绕资源的开发利用情况而展开的,包括对资源的减量使用、资源的充分利用和资源的循环再生利用等。与传统产业链不同的是,循环经济产业链由于先天性地存在诸多公共品特性和外部性特征,在其形成初期,可识别的价格信号和可预期的潜在利润微弱,因而靠市场配置资源、形成产业关联的动力和功能不强,根据产业组合的方式和联系纽带的不同,循环型产业链可分为市场关联型、资源关联型和生态化技术关联型三种。在产业链的形成动力方面,在不同阶段市场和政府的作用不同,而且不同类型的产业链也不相同。

(1)所谓市场关联型,就是遵循传统产业链运行规律而发展起来的以市场为基础,存在巨大的潜在合作利润的循环型产业链。如"煤-电-冶产业链",其成功的关键,在于协调三个方面的关系,即企业与用户相互影响、企业与供应商联盟、产业链内部的结构和关系变化。由于相互依赖性极强,资产专用度高,合作收益巨大而失信风险也大,这种产业链最终可能会演变成战略联盟。产业链的优势组合是长期战略联盟的体现,特定企业间长期战略联盟的稳定性,是建立在共同利益基础上的,即相关企业间价值分配和与利益协调的结果。

当更具优势的合作者出现时,或有更大预期收益存在时,产业链上的参与者会发生变动。

市场"关联"型的循环经济产业链稳定运行的核心问题是合作利益的合理分配和风险分担问题。保证产业链稳定运行的有三种机制:即竞争定价机制、利益调节机制和沟通信任机制。[1]

①竞争定价机制。产业链内均衡是一个活动区间,而不存在最优。只要能够使产业链上各企业经营的收益大于成本,其价格水平就是可以接受的。在一个区间范围内定价,考虑因素有产品成本、竞争者的价格和代用品的价格,以及产品在顾客心目中的价值,用多个价格水平进行试算、平衡,然后协商确定。②为了适应环境的变化,适当的利益调节可以保证公平和风险的分担。在产业链运作过程中,建立一种利益调节机制,使成员企业的额外贡献或因产业链偶尔运行失衡所遭受的损失得到适当的补偿。这种利益调节机制,可在产业链企业之间通过合约(契约)安排或由成员企业共同的产权纽带单位来决定。③在产业链运作过程中,需要建立一种沟通信任机制,包括成员企业之间相互尊重,相互开放,信息相互公开,适当地彼此深入到对方的价值链管理中去,特别是要让上游企业更多地了解最终产品的生产经营状况,树立"产业链整体效益优先"的共同理念。

(2)所谓资源关联型,就是围绕某一种自然资源而形成的若干产业,或者是对资源的深加工,或者是对资源的综合利用。在产业组织形态上,对资源的深加工,产业的发展更多可能在一个大型企业或企业集团内部;对资源的综合利用,主要出现在多个企业之间。以磷化工产业链为例,研究磷化工发展战略必须树立科学发展观,走循环经

---

[1] 蒋国俊、蒋明新:"产业链理论及其稳定机制研究",载《重庆大学学报》(社会科学版),2004 年第 1 期。

济之路,在元素循环和过程工程两个层面提高资源利用率,磷资源的转化要走"减量化"的路子。在发展路子上:①通过深加工,发展磷精细深加工产品和精细化工产业,延长磷化工产业链,提高产品附加值。国外磷化工产品已达2万多种,国内不足200种。黄磷、磷酸深加工产品发展前景很好,企业在调整产品结构、延长产业链时,应该发展精细磷制品、精细磷酸盐以及为国家支柱产业服务的专用磷化工产品。②通过资源综合利用,提高伴生矿的利用率。磷矿是不可再生的宝贵资源,磷矿伴生的碘、氟、重稀土也是国家稀有的重要资源。对这些资源的综合利用需要在技术、制度和政策上给予支持。③通过对能源的逐级利用,整合化工产业,降低能源消耗。如推进"矿化电结合"。关于后两种途径在第一种和第二种产业链类型中较多地体现出来。这里主要对深加工的产业链重点论述。

资源关联型循环经济产业链稳定运行的核心问题是技术支撑体系的完备性和政府产业政策的导向。有了完备的深加工技术和综合利用技术,产业链增值的潜力就大,竞争力就强,从而产业链愈稳定。产业政策的鼓励和引导以及约束机制,对于资源综合利用、防止采富弃贫、破坏伴生矿,在拓宽、延长和深化产业链方面能起到激励和制约作用。

以我国最大的磷化工企业江苏澄星磷化工股份有限公司为例,该企业形成磷化工从"矿山(磷矿、煤矿)——电力——黄磷——精细磷化工系列产品——磷化工产品物流配送"完整的产业链,并确立了:"以磷为主、同心多圆、环状发展、向高向深、两头延伸"的发展战略。这种产业链普遍存在的问题是:①磷化工原料价格起伏不定,加大了企业成本控制和管理的难度。②上游原料市场价格的剧烈变化导致下游产品市场价格相应变化,致使磷化工行业无序竞争更加激烈,从而影响了企业市场策略的有效执行和及时调整。③环境成本的不确定性及其压力。

建议采取如下对策:在规避市场风险方面,①针对原材料价格变动,实现矿、电、磷一体化,并对原料生产单位进行技改扩能,建立稳定的原料生产基地。②为克服原料产地供应单一,在其他地区选择具备一定规模的黄磷生产厂家,建立战略联盟,签订长期战略型供货协议,以平抑黄磷价格的季节性波动,保证黄磷长期均衡供应。③强化控股子公司黄磷生产的管理,节能降耗、挖潜改造增加自供产量。在降低环保成本方面,①大力发展循环经济、清洁生产,依靠科技进步,发展低废技术,提高资源循环利用水平。如磷酸生产过程中产生的余热可用于发电;黄磷生产过程中产生的废气可回收净化再利用,磷渣、煤渣可用于生产水泥等。②进一步加大环保技术改造和环保管理力度,提高环境治理水平,构建环境友好型企业。

(3)生态化技术关联型。这种产业链主要是通过生态化技术对副产品进行循环再生利用或无害化处理。二次资源与初次资源的区别在于经过生产加工,如生产中的废料(也叫新废料),或者是经过消费过程的使用,如废旧家用电器、生活垃圾(也叫旧废料)。经过人工活动之后,资源的物理化学性质、功能等方面与初次资源有很大不同。需要指出的是二次资源的价值并非一定低于初次资源价值,因为二次资源的价值中还包含部分物化了活劳动的价值。循环再生型产业链核心问题是质量标准和数量信息问题,合起来就是信息问题。因此这种类型的产业链最终成功运行的形式主要有两种:其一是一体化,其二是政府扶持。根据产业组织理论,垂直一体化具有以下优势:降低交易成本,确保投入品的稳定供给,通过外部经济内部化以纠正由外部化引起的市场失灵,避免政府限制、管制和税收,可以增强或创造市场力量,为消除其他厂商一体化造成的损害而一体化(卡尔顿、佩罗夫,1998)。循环再生型产业链中存在高昂的信息成本、度量成本和合约执行成本,选择一体化是主要的组织形式。另外一种形式就是政府通过提供相机性租金(青木昌彦等,1998),创造资源再生的市场机会,或者直接投资兴办资源再生产业。最后,需要指出的是,政府要在产品回收、再生资源管理等方面建立标准和标识体系,提供质量评价、信誉保证、品种鉴别等制度化的信息,降低交易中的信息成本,防止机会主义、逆向选择和道德风险,使再生资源市场和循环产业良性运转。

11.4 本章小结

循环型产业链具有一般产业链的运行规律,还带有生态经济系统的特征。其形成是一个制度性知识和技术性知识共同增进的过程。作为循环经济的高级形态,循环型产业链还体现为物质循环在交易机制和生产过程优化和提升的经济运行方式。循环经济产业链形成的逻辑过程是市场化、产业化和生态化的复合作用,体现出制度、结构和生态三维变化。循环型产业链与传统产业链不同的是,它不仅具有一般产业链所存在的市场交易和专业化分工特征,还有产业生态系统特征,其根本区别在于价值基础的不同。本章分析了循环型产业链的微观运行机理,如价值链的特征,产业链的生成、合作和稳定性等方面。

循环经济产业链的形成是共同利益的结果,这种利益源于价值链的特殊性。循环经济价值链中的资源(或中间产品)价值可以划分为外显价值和潜在价值两个部分,前者存在于一切产业链之中,后者存在于循环经济价值链之中。潜在价值通过一定的制度安排、技术创新和组织创新才会发现,循环经济的任务就是使资源的潜在价值显性化。从循环经济产业价值链来看，与传统价值链相比有很大区别：在价值活动属性和价值构成方面，前者可以解释为价值发现过程，而后者可以理解为价值创造过程；在价值链形态方面，前者表现出延长、加深、交叉、迂回等性状，而后者则是单向线性的；循环经济是发现资源潜在价值的经济活动，其价值链的形成应以其正利润为前提条件。总之，循环经济是以物质循环为表象的价值循环和利益互动，是在生态规律支配下的经济循环活动。

循环经济需要规模经济和范围经济起作用，以达到降低成本的作用，河南省的"煤-电-铝-建材产业链"为这一规律提供了实证。

本章从静态和动态两个方面分析了循环经济的合作机理。循环经济产业链中信誉的供给与需求运用静态分析，循环经济产业链中信号博弈是一种动态分析。

循环经济产业链的脆弱性源于制度性因素和生态性因素两个方面，作为市场和分工相互作用的结果，循环型产业链伴随交易成本降低、交易机制不断完善和专业化程度的不断提高；同时作为一个产业生态系统，系统的共生、协调要求和复杂性、非均衡特征也对循环型产业链的形成产生抑制作用。

克服循环经济活动中的信息不对称、机会主义等问题，主要在于建立企业间的信任关系，即信誉机制。由于产业链上企业之间的交易关系是市场交易而非组织内交易，多是靠自我实施机制完成，均衡状态就是企业信誉的长期收益和短期收益的边际替代率相等。

根据产业组合的方式和联系纽带的不同，循环型产业链可分为市场关联型、资源关联型和生态化技术关联型三种。在产业链的形成动力方面，在不同阶段市场和政府的作用不同，而且不同类型的产业链也不相同。那么，在产业链的治理方面，须采取针对性的策略。

第12章 产业生态网络的运行机理

12.1 产业生态网络的形成机理

12.1—1 生态经济组织递次演进的动力

(一)生态经济组织递次演进的内生动力。单个循环型企业的主要任务是:开展清洁生产活动,主要收益是通过减少三废排放,废物回收和无害化处理,取得环境收益和经济收益。但是由于规模经济、范围经济和外在经济的不足,平均成本较高,不利于长期发展。

生态产业链通过企业之间的分工与合作,发挥专业化的优势,降低生产成本(废物处理加工成本),专注于企业核心业务,增强企业核心竞争力;而且产业链作为一个市场化结果,能够在动脉产业和静脉产业之间有效地配置副产品。生态产业网络则引入社会资本因素,具有网络的嵌入性特征,由于具有地理和社会关系的优势,便于沟通,信息成本低;社会资本的嵌入性有利于增进合作,降低交易成本,防止机会主义;稳定的社会交往和人际关系,长期的相互协作和资产专用性,因协调博弈而形成资源互补,网络内各种要素配置效率进一步提高。

市场经济条件下经济组织的利益驱动(包括组织关系变化带来的交易成本的降低以及规模经济导致的生产成本的降低)推动组织之间的关系变化、组织形态的演进。在经济规律和生态规律的支配下循环经济中的企业组织形态不仅有利益驱动,还伴随着生态演化的特征。在经济效益和生态效益双重目标的引导下,生态企业将向产业链以及产业网络的形式演化。

(二)生态经济组织递次演进的外生动力。在第四部分对企业推行循环经济的动因作过简要分析,其中外部压力是重要的动力源,如宏观经济政策的变化,来自政府的倒逼机制和诱导机制,来自社会公众的舆论压力、绿色竞争力成为新的竞争焦点、国际绿色壁垒等。这些针对企业个体的因素同样对产业链的生态化起作用。而且,产业信息化、网络化、集聚化和生态化从技术、制度和生态等方面加剧了循环经济产业组织形态演化进程的速度、深度和广度。尤其是尚处于初级工业化阶段的经济在经济全球化的胁迫下加快了由传统产业向生态产业升级的步伐,循环经济由单个企业向规模化、网络化演变成为不可逆转的趋势。

12.1—2 产业生态网络的构成与路径选择

(一) 产业生态网络的含义

首先弄清产业生态网络与产业集群的联系和区别。两者具有以下相同点:(1)都是由若干产业组成,且存在着紧密的产业链条。(2)地理空间上表现出集聚性。生态工业的空间形式是生态工业系统,产业集群的空间形式是集聚产业系统。(3)在系统内部各种产业、企业以一定的链条为纽带加以联结,紧密配合,发挥系统的组合功能。(4)强调合作、沟通以降低交易成本。(5)在信息技术的支持下都呈现虚拟化趋势。

它们的不同点主要体现在以下几点:(1)核心价值不同:产业集群是纯粹的市场演化的结果,强调产业系统的竞争力、经济效益以及经济可持续发展;产业生态网络则是在生态效益和环境压力的驱动下形成的,注重经济效益与环境效益的协调发展。前者通过追求系统的市场效率,降低企业间的交易费用;后者追求系统的生态效率,降低生产的生态成本,提高资源利用效率,增加生态经济效益。(2)核心企业不同:产业集群的生产围绕产品市场展开,若干企业围绕能够创造核心价值的核心企业展开,成为附属企业;产业生态网络的生产活动围绕资源(原材料)展开,因此其核心企业位于原料供给环节,其他企业则位于副产品消化环节。[①] (3)最终产品不同:产业集群的主要生产业务集中于某个特定的产品或产品系列,其最终产品表现为少品种、大批量;生态工业系统的生产活动围绕原材料展开,对其进行最大限度地利用,因此其最终产品表现为多品种、少批量。(4)经济活动的逻辑不同。产业集群是分工和专业化推动企业组织关系在空间上变化的结果,是一种超越市场和企业的第三种组织形态。产业生态网络首先是基于资源环境目标而产生的共生体系,同时这种共生具有经济意义,并随着网络向高级演化,其经济效应愈加显著。

其次,搞清产业生态网络的含义。关于产业生态网络的概念和特征。产业生态网络是按照工业共生原理,在企业群落的各个企业之间,组成一个稳定高效的系统,通过复杂的"食物链"和"食物网",系统中的一切可以利用的物质和能源都得到充分利用,并从国民经

[①] 王文成:"产业集群与生态工业系统的异同",参见地方产业集群研究网。

济的高度和广度将资源节约、环境保护引入经济运行机制。

产业生态网络具有一般产业网络的特征:①产业关联性。由若干关联产业组成,且存在着紧密的产业链条。②空间集聚性。生态工业的空间形式是生态工业系统,产业集群的空间形式是集聚产业系统。③系统耦合性。在系统内部各种产业、企业以一定的链条为纽带加以联结,紧密配合,发挥系统的组合功能。④交易成本低。强调合作、沟通以降低交易成本。⑤趋势虚拟化。在信息技术的支持下呈现虚拟化趋势,以互联网络为交易平台,节省交通成本和信息成本。

产业生态网络的运行遵循产业共生原理。丹麦卡伦堡公司出版的《工业共生》一书把工业共生定义为:"工业共生是指不同企业间的合作,通过这种合作,共同提高企业的生存能力和获利能力,同时,通过这种共生实现对资源的节约和环境保护。在这里,这个词被用来着重说明相互利用副产品的工业合作关系。"

循环经济的根本思想是资源的最大限度的利用,而单靠企业内部的循环是难以实现资源的彻底完全的循环利用。由于生产规模小,被丢弃的资源质量不多,很难产生在企业内部彻底推行清洁生产的动机。同时,由于企业生产技术能力和专业化的限制,使得很多资源很难在单个企业内部彻底消化。因此,这就需要企业在一定地域的集中,即区域集群。循环经济企业的网络化、区域化和集群化就演变成为产业生态网络。

(二) 产业生态网络的构成及形态

循环型产业的活动层次主要集中在三个方面:即企业、企业群落和整个国民经济。在企业层次,根据生态效率的理念,要求企业减少产品和服务的物料、能源使用量、减排有毒物质、加强物质循环、最大限度可持续地利用可再生资源、提高产品的耐用性、提高产品和服务的服务强度。在企业群落层次,按照工业生态学原理,建立企业群落的物质集成、能量集成和信息集成,建立企业与企业之间废物的输入输出关系。在国民经济层次,实现消费过程减量化和消费后物质能源的无害化、资源化。

一个产业生态系统通常由以下组成部分:①非生物环境,即原材料及自然资源条件;②生产者,包括利用基本环境要素生产出初级产品的初级生产者和进行深度加工和生产的高级生产者;③消费者,不直接生产"物质化"产品,但利用生产者提供的产品,供自身运行发展,同时产生生产力和服务功能的行业;④分解者,把工业企业产生的副产品和"废物"进行处置、转化、再利用等。它们之间存在着竞争、协作的关系,有的以核心体存在,有的以边缘形式存在。产业生态系统具有循环性、群落性和增殖性等特征。

产业生态网络的形态可概括为三种:产业生态系统、循环型产业体系、生态化产业群。

①产业生态系统的生态经济功能就是利用上游产业(企业)的废弃物作为下游产业(企业)的生产原材料,把原本线形的生产过程"循环"起来,从而达到减少环境负担、获取经济利益双重效果(克洪南,2001;库尔卡尼,2003)。

②循环型产业系体系由循环型企业、循环型产业链以及生态产业园复合而成的生态经济系统。其中循环型产业链是其不可或缺的核心部分(黄贤金,2004)。如图12.1。在这个系统中,各个企业之间的关系以两种形式的联结纽带来维持,一种是有形联结,以资源为纽带,即上下游中流动的废弃物;另一种是无形联结,以生态化链接技术为纽带,对不同的有形废物资源,进行物理、化学状态的再塑,从而使得上下游流动的物质在新的生产环节进行使用价值的更新。因此,产业生态系统不仅追求利润目标,也关注环境效益。

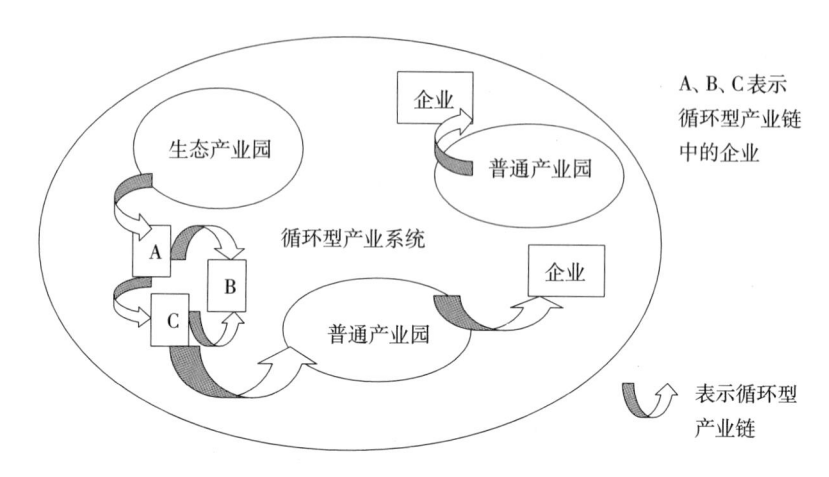

图 12.1　循环型产业链、生态产业园与循环型产业关系示意图

③生态化产业群。它有三种发展模式：①一是零排放的生态工业园(Zero-emissions,EIP)，所有的企业都在同一地方，它们组成的共同体向自然生态系统的排放为零；二是虚拟生态工业园(Virtual EIP)，由不同地域的企业构成松散的联系，或由有关地域的公司构成网络；三是生态发展(Eco-development)，非产业公司应用工业生态学的原理，这种模式可通过团体、地方政府和非赢利组织或公司推动。

（三）产业生态网络的重要组织形式：生态工业园

生态产业园是实践循环经济理念的一种重要经济活动方式和经济组织形式。1996 年美国可持续发展总统委员会给下的定义是：为了高效地分享资源(信息、物资、水、能源、基础设施和自然居留地)而彼此合作且与地方社区合作的产业共同体，它导致经济和环境质量的改善和为产业和地方社区所用的人类资源的公平增加。这种有计

---

① 邓南圣、吴峰："国外生态工业园研究概况"，载《安全与环境学报》，2001,1(4)。

划的物质和能量交换的工业系统,寻求能源和原材料消耗的最小化、废物产生是最小化,并力图建立可持续的经济、生态和社会关系。因此它强调经济、环境和社会功能的协调和共进。生态工业园区是依据清洁生产要求、循环经济理念和工业生态学原理而设计建立的第三代工业园区。它通过物流或能流传递等方式把两个或两个以上生产体系或环节链接起来,形成资源共享、产品链延伸和副产品互换的产业共生网络。在这个共生网络中,一家工厂的产品或副产品成为另一家工厂的原料或能源,形成产品链和废物链,实现物质循环、能量多级利用和废物产生最小化。

表12.1 发展生态工业园区的关键条件

关键因素	内容	
锚定厂商	单核心锚定厂商	靠一个重要锚定厂商可以先迅速地串联起相关成员
	多核心锚定厂商	多样化的产业类别有较多资源化及副产品交换网络可能
实质距离		共生成员间有较短空间距离,有利于节省运输成本(包括道路、管道投资),减少运输(传输)中物质能量损失(如传送热汽及其他物料)
环境价值观和社会资本		(1)整体环境危机意识;(2)私人信息交换网络;(3)所有发展必须是自愿且同时与管理机构保持密切合作关系
奖励诱因与限制		(1)透过法规创造财务奖励诱因
密切合作关系		(2)成员之间空间层级进行协商沟通比通过政府沟通更有效率
法制与契约	私人契约	靠双边基础协商达成私人契约关系的约束
规模尺度		综合大型港市:兼具运输与多样的产业类别、区位 特殊专业型产业特定区如产业本身即有完整物质梯级之石化综合专业区

资料来源:伊兰菲尔德·吉尔特勒(Ehrenfeld and Gertler),1997;罗伊、华尔兰和摩兰(Lowe,Warren and Moran),1997;罗伊、摩兰和霍尔姆斯(Lowe, Moran and Holmes),1998。

一个零排放的生态工业园(EIP)网络化副产品交换需要一些基本的硬件,包括:一个单一的副产品交换网络、一个循环利用的企业群、集中一批环保技术公司、集中一批生产绿色产品的公司、围绕一个单一的环境主题设计的产业园区、必要公共基础设施。发展EIP需要以下构成要素和基本条件。见表12.1。

一个成功的零排放的生态工业园对园区企业提出很高的要求,需要企业及企业间关系具备如下特征(黄贤金,2004):

(1)核心产业和主导性产业链。园区内应有特殊的资源优势与产业优势以及多类别的产业结构,形成核心资源和核心产业,构成主导性产业链,进而以此为基础与其他类别的产业链对接,形成生态产业系统。(2)企业间应具有较强的关联度,以形成互动或互利关系。(3)产业链中的核心资源具有稳定性,核心产业(企业)具有发展前景。核心企业的要求是:技术先进、产品具有一定的市场竞争力、企业发展前景好,具有较大经济规模和副产品流(物质、能量、水)、在当地有一定影响的重点产业中的龙头企业。(4)政府的协调指导。

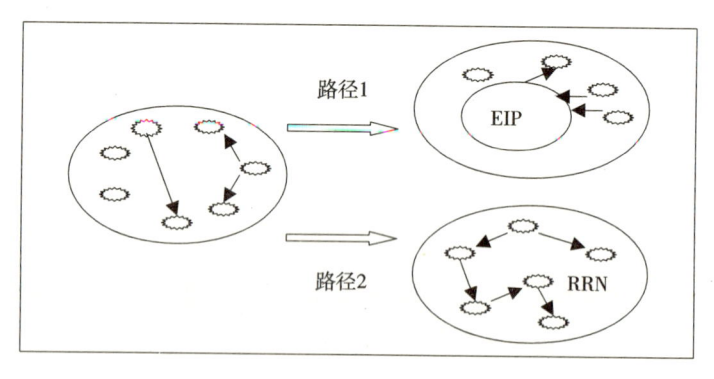

图 12.2 产业生态化发展的路径选择模型

（四）产业生态网络的空间表现形式及其发展路径

主要有两种空间表现形式：生态工业园和区域副产品循环网络（regional by-product recycling network，RRN）。从传统产业群落到产业生态网络是一个产业生态化的过程，由于存在两种形式，产业生态化发展须面临两种选择（如图 12.2）：一是从"线性"生产模式到 EIP；二是从"线性"生产模式到 RRN。

路径 1 和路径 2 存在管理手段、经济效益和环境效益三个方面的差异：[1]

在管理手段上的差异有三点：(1)进入壁垒的高低。在我国，进入壁垒会构成生态工业园建设的障碍，一是由于我国中小企业居多，而中小企业在环保水平和生产规模上与园区准入标准有较大差距；二是一些工业区可能会为经济利益而接受无法与园内企业建立稳定链接的企业加盟甚至放宽准入企业的环保标准，由此损害 EIP 整体的稳定性和环境绩效。而对于区域副产品交换来讲，由于其突破物理空间和成员企业环保资质的严格限制，其管理的可操作性更强。(2)利益相关者的参与程度不同。多数 EIP 强调政府、公众和科研院所的参与；而区域副产品循环网络多源于企业自发的合作协议，利益相关者的参与程度不够。(3)企业创新能力的培养。EIP 内上下游企业的相互依赖性、下游企业对原料质量的严格要求以及副产品交换为企业带来的额外收入，在一定程度上伤害了企业技术创新的积极性；而企业在区域范围建立动态、弹性的共生关系，研究和发展活动一般不受这种共生关系的约束。

---

[1] 郭莉、苏敬勤：《产业生态化发展的路径选择》，载《科学和科学技术管理》，2004 年第 8 期。

在经济效益方面,(1)由于企业选址的不同导致在运输成本、原材料供应关系和销售关系的稳定等问题,使过于强调闭路循环的EIP面临竞争困境。而RRN中的企业不需要在空间上发生大的变动。(2)市场关系。EIP在企业数量和产业类型上的限制以及节点企业的经营状况、技术、政策等因素的变动,会中断原有产业链。这给企业增加道德风险。(3)资产专用性。EIP中企业相互依赖性很强,各方为共生体系进行大量专用性投资,如果某个企业外部市场发生急剧变动,可能会采取不利于共生体系的投资行为,这对其他企业来说,面临的风险是巨大的。

在环境效益上,由于种种限制,EIP的环境绩效非常显著,但是有效范围仅限于园区狭小空间;RRN属于环境无治理状态,不过它能够在更大空间解决废物资源的循环利用。

基于上述分析,产业生态系统的演化最优路径应是充分发挥两者的优势,既能维持良好的市场交易关系和经济效益,又能在更大范围实现环境效益和资源节约的目标。

12.2 产业生态网络的稳定机理

12.2—1 产业生态网络的稳定性因素研究综述

产业生态网络的稳定性在不同的学科背景下有不同的解释,不过在本质上都是一致的。生态学意义上的稳定性包含两方面的内容:①生态系统对于干扰破坏的抵抗能力与避免能力,即"抵抗力"(Resistance);②生态系统在受到干扰破坏后迅速恢复到最初状态的能力,即"恢复力"(Resilience)。工程学角度的稳定性是指系统受力后能维持原有的平衡位置或原有的变形状态、抵抗干扰能力,可以用恢复平衡的速度来测定这种特性。经济学中的稳定性可以有多种解释,博弈论认为是指一种这样均衡状态,经济活动的参与各方都不愿主动采取改变现存状态的策略,就是所谓的博弈均衡;而新古典经济学把稳定视为最优状态,即帕累托状态。本文所研究的产业生态网络的稳定性主要是经济学意义的稳定(或叫稳态)。因此对于稳定性的研究通常运用静态分析的方法。

关于生态系统稳定性研究,在研究方法上,学术界通常采用熵理论、生态物种的指数增长模型和生态系统的多样性理论以及李亚普诺夫稳定性理论进行量化研究[①]。关于影响生态系统稳定性的因素,玛简达(Sumita Majumdar,2001)归纳起来有七个方面:制度、技术、经济、信息、组织、法律、认知,兹拉海(G. Zilahy,2001)通过对 8 个高耗能企业进行的实证研究,显示影响企业群生态化运作的因素。见表12.2。

表 12.2 生态企业群的影响因子

影响因素	因子载荷
财政支持	0.179
高投入低产出	0.214
项目重视程度	0.890
人力资源问题	0.107
认知能力	0.890
市场条件	0.360
技术障碍	0.540

---

① 武春友等:"产业生态系统稳定性研究述评",载《中国人口资源与环境》,2005(5)。

其他因素	0.232
总计	1.000

武春友等人(2005)对影响产业生态系统(The progress in the research of influencing factors of IES)稳定性因素进行了综合,并从结构、技术、外部条件三个维度进行分类。见表12.3。其中,结构维度包括地理位置、成员距离、核心组员、生态链长度、行业多样性、相互依赖、系统关联度七个因素;技术维度包括技术充足、技术革新、信息交换平台、技术机密壁垒四个因素;外部条件维度包括政府支持、市场变动、新能源新材料、公众压力、法律制度和经济支持六个因素。

表12.3 IES 稳定性影响因素研究进展

影响因素		主要观点
维度	因素细分	
结构维度因素	地理位置	IES自身所处地理位置对于招商、获得良好人力资源以及经济支持作用非常显著。
	成员距离	系统内企业的本地化对 EIPs 的稳定运营影响巨大。
	核心组员	关键种企业对构筑企业共生体、对生态工业园的稳定起着关键的、重要的作用。
	生态链长度	生态链的长短直接影响着 IES(EIPs)的稳定。
	行业多样性	增加多样性可以提高恢复力和稳定性;中间协调交换组织的存在会极大地提高系统效率;多样性越强,IES 对变化的外界环境的适应能力就越强;也存在稳定性随复杂性的增加而增加到一定程度后,呈反向变化趋势的可能。
	相互依赖	IES 内部企业彼此依赖程度越大,风险越大。
	系统关联度	生态系统的稳定性很大程度上有赖于系统内部物种的相互联系程度(关联度);IES 系统关联度的提高,未必就伴随着稳定性提高和环境状况的改善。

技术维度因素	技术充足	"生态工程技术与传统工程技术之间的鸿沟"造成生态技术执行障碍;某种废物或者副产品中含有一些无法再用的成分,对废物流转换、净化从而使其为成为可用原材料相关技术的缺乏是 EIPs 实施的重要障碍。
	技术革新	生态化企业技术都是高度嵌入生产过程的成熟技术;然而 IES 系统内下游企业面对上游企业的技术参数变化存在"技术迎合"风险。
	信息交换平台	由于信息系统难以满足作为决策支持工具的要求,使得 IES 进展缓慢;可以对各企业长期利用的物质交换中的物料输入、输出、废物流建立数据库。
	技术机密壁垒	公司对其废物持保密态度,害怕竞争对手通过其副产品推测得到相关商业机密。
外部条件维度因素	政府支持	荷兰的 EIPs 比美国运营更稳定的原因是政府干预少。
	市场变动	作为特殊企业联盟,IES 的运作过程受到市场供需的极大影响。
	新能源新材料	新能源新材料的出现有可能导致当前稳定闭环流动的 IES 快速坍塌。
	公众压力	公众对环境状况和生态保护的要求可能使得 IES 处于一种相对的稳定状态。
	法律制度	一旦某种物质被宣布成为有毒废物,那么对其进行循环利用所面临的制度挑战非常严格,IES 的原料供应必然发生变化;现有法规禁止产生污染型废物的企业进入 IES,从而切断下游企业"粮食"来源。
	经济支持	经济支持对 EIPs 的稳定性至关重要,资金障碍甚至会造成副产品协作时间耽搁。

12.2—2 产业生态网络稳定性因素划分

影响产业生态网络的因素很多,上述划分都未能形成在经济上可以解释清楚的标准。经济活动的稳定性是与风险紧密相关的。风险有系统性风险和非系统性风险,也可以把影响产业生态网络稳定性因素分为系统性因素和非系统性因素。前者就是产业生态网络外部的、所无法预测、控制和改变的因素,或称为外生因素;后者是指产生于网络内部,并在一定程度上可以操控的因素,也叫内生因素。

系统性因素主要有外部市场的不确定性、技术变迁、制度政策变化。非系统性因素主要有网络成员企业的关系和地位、副产品价格及利益分配情况、网络成员的数量和交往程度、关键企业数目、生态位变化等。

外部环境的不确定因素会引起生态工业园的不确定因素,会对其自身的稳定性造成很大的影响。比如,园区原料供应的不稳定会影响产业生态网络稳定性。当今,市场准入制度日趋严格,绿色壁垒越来越高,会影响到对副产品的需求。当制度发生变化时,对园区"食物链"也有很大的冲击。如某园区内一医药厂,其利用黄豆发酵生产抗菌素,发酵副产物加工成鱼饲料出售给下游鱼塘。但后来日本等国家提高了对进口鱼类制品体内残留抗生素的标准,从而使鱼塘不再接受含抗生素的发酵副产物制成的饲料,企业的发酵副产物现只能焚烧处理。

根据系统论,系统的稳定性取决于系统的要素、结构和功能。产业生态系统特殊的内部结构和外部目标导致它比一般工业园区或产业聚集群在内部结构、技术构成和外部影响因素等方面存在更苛刻的稳定边界条件,也导致了更脆弱的系统稳定性(武春友等人,2005)。这里重点讨论影响产业生态网络稳定性的内生因素。

(1)园区原料产品品质的不确定性。利用副产品进行生产对产品的品质也有影响,如丹麦的卡伦堡工业园就出现过:硫厂利用电厂的脱硫装置生成的硫制造硫酸,结果硫酸的品质经常无法得到保障,因为脱硫装置回收的硫的品质经常是变化的。

（2）不能保证共生网络的每个点运转和衔接正常。园区产业链中的每个企业和管理机构就相当于共生网络中的一个点，任何一点的循环出了问题，整个共生网络就不能顺利运行。以日照生态工业园的产业链规划为例，规划中的沼气池要吸纳啤酒厂来的废水糟渣和糖厂来的废水进行生物发酵产生沼气，反过来沼气厂的产品沼气将作为啤酒厂和糖厂的能源，废物污泥将作为有机肥厂的原料，如果沼气厂不能运行或者这个项目没有建成的话，节点处糖厂和啤酒厂的废物得不到利用，就会影响节点的废物循环，供应糖厂和啤酒厂的能源就会不足而影响二者的正常生产。需要通过增加园区企业数量来分散系统风险。①

（3）"关键种企业"应对技术变化的能力。芬兰东部城市约恩苏试图在已有的产业生态系统（IES）中建造瑟卡拉发电厂，逐步将其引导、建设成"关键种企业"，从而把当前已有的小型、零散的生态化链接企业进行整合运营，改变当前系统竞争力薄弱现状。然而，这项工作由于不能在如下技术领域：①提升泥煤燃烧效率；②消除森林钙离子等微量元素流失对森林系统健康的影响；③避免对约恩苏典型北欧寒冷生态现状（结冻的河流、覆雪的土地）的改变；④避免发电厂高压输电线对居民区生态景观的破坏等方面取得生态化技术的突破被迫中止。

（4）系统成员的数量和成员之间的交往程度。系统要素和结构的丰富性和多样性在一定程度上决定系统稳定性。一个生态系统内的要素越复杂，系统就越稳定。生态工业园的稳定性取决于生态工

---

① 白铁焱、葛察忠、杨金田："目前我国发展循环经济的问题及建议，日照生态工业园规划案例研究"，载《化工技术经济》，2005年第11期。

业系统的复杂性,影响园区结构复杂性的因素有:企业的数量、企业规模的多样性、企业之间相互作用的内容及强度等。在生态工业园园区,企业之间构成了原料链,每个企业都是工业生态学意义上的生产者和消费者——将废物作为原材料制造产品,同时又排放新的废物,即企业在园区的结构具有复杂性。

(5)对产业链终端企业数量和规模的要求。园区要做到废物的低排放甚至零排放,就要求处于原料链终端的企业数量足够多,生产规模足够大,以保证对原料的需求量大于前端企业的排放量。这样,整个园区所有企业的废物排放量就近似等于终端企业的废物排放量。因为在终端企业之前,所有企业排放的废物已转化为原料。为了使整个园区经济规模最大,废物排放量最低,就要求在园区的原料链上,从前端到终端,企业的生产规模逐渐增大。同时,扩大园区的经济规模,应从终端企业往前回溯,渐次扩大到各企业的生产规模。

(6)核心企业的人事变动带来的企业发展战略的变化。一旦出现科技的进步和某一产业生产工艺的改进甚至科技革命,而如果生态经济系统中其他的生产单位没有发生相应的变革,那么整个系统的循环将会因断环而中止,它虽然会刺激其他生产单位找到其他替代品,但其中的一些生产单位赖以生存的成本优势将荡然无存,位于生态工业园中可能不再有成本优势甚至只有成本劣势,生态工业园作为一个循环经济系统就会失去了存在的价值。

12.2—3 价值流、信息流与产业生态网络的稳定性

(一) 产业生态网络稳定性的价值流分析

在影响产业生态网络稳定性的内生因素中,最基础的问题还是

利益问题。因此,分析网络中价值流变化是关键。

(1)生态位的重叠容易导致不稳定。生态位是指物种在生物群落或生态系统中的地位和角色。现在普遍接受的是哈钦森的 n-维超体积生态位概念,n 是对于物种存活和生殖有重要关系的环境因子数。通俗地讲,生态位是指各种生物所占据、适应和利用的特定生态环境,也叫"小生境"。比如,阴湿地表,具有丰富的有机质、微弱的光照、疏松的地被物层,这就构成了蚯蚓的理想生态位。生态学有一个理论叫"竞争排斥原理",就是有相同资源需求的两个物种不可能共同生存于同一环境中,如果个体间的生态位重叠,就会引起竞争,竞争的结果一般有两个:一是竞争一方取胜,另一方被淘汰;二是双方的生态位发生分离,各自占据比原来生态位要狭窄的某一部分而共存。在收益空间有限的条件下,产业生态网络中资源需求同类的企业不能太多,否则会导致过度竞争,破坏共生体系的稳定性,造成资源使用的浪费。

(2)企业之间地位和关系的变化会打破原有的交换关系和平等协作关系。在共生体系中,基于初始禀赋企业之间形成稳定、平等、相互依赖的交换关系,随着市场环境以及企业自身条件(技术、资源、能力等因素)的变化,一方的地位会上升,另一方会下降,这种关系出现裂痕,有的企业为了获得更大的发展空间而减少原有关系的投资。

(3)利益分配的不合理会影响到企业间的合作。这种关系的强化会导致产业链的破裂。利益分配的不公平表现为产品(副产品)定价的不合理、合约中谈判力不同导致协议安排的不公平、不同企业竞争力等方面的不同带来的企业间歧视行为等。

(4)成本障碍影响产业生态网络的稳定性。天津开发区生态园建设存在的问题主要是成本障碍:企业会将回收与循环利用副产品及废物发生的费用,以及购买新原料和简单处置废物发生的费用之间权衡,即使废物的再利用和循环技术可行,在高额的再生产费用上,企业也会望而却步。对此,开发区在研究发展生态工业园区特定技术的同时,政府也给为利用再生资源进行生产的企业提供相应的优惠政策,降低其生产成本,促进生态工业园区的发展。

(5)产业生态网络中资源产品的价格因素影响其稳定性。产业生态网络是不同于市场的经济组织,因此,网络内部产品和原料的价格制定与市场中价格制定是有区别的。网络内成员在价格方面会遵循一定的合作规则和分配原则,当网络内价格与市场价格存在很大的差额时,利益的驱动以及失信成本的大小会影响成员合作的强度。

(二) 产业生态网络稳定性的信息流分析

价值流与信息流是同步的。信息流带动价值流的实现,透过利益的纷争,其背后是信息分布状况和信息获取能力的差异。副产品交换网络的形成、稳定和演化是基于一定的信息平台上交易主体互动的结果。一个具体的交换行为涉及副产品交换规划、收集与处理数据、确定交易伙伴,以及搜寻、谈判、签约和实施等过程。这些行为的核心问题就是信息的获取和处理,确保信息有效性需要至少三个方面的因素:一是信息技术支持系统,二是信息沟通的渠道和媒介,三是有效信息的验证。关于信息技术支持系统方面,凌岚和周树明(2005)比较了 DIET 和 Bechtel 两种根据软件,设计了基于数据库技术和浏览器/服务器(B/S)模式的副产品交换信息系统(By-Product Information System,BEIS)。[1]

产业生态网络需要信息集成。产业生态网络的建设与完善是一个长期而复杂的过程,在这一过程中需要大量的信息支持,尤其是生

---

[1] 凌岚、周树明:"生态工业园副产品交换平台网络化的探讨",载《计算机与应用化学》,2005 年第 8 期。

态工业园的建设,信息集成十分重要。园区内企业的生产信息、经营状况、市场信息、污染排放、环境影响等等,对这样大量信息的有序组织、研究,并建立生态工业园信息管理系统,形成数字园区系统,为园区的发展、决策、管理和维护提供支持。需要建立以现代化计算机网络技术为支撑的交流通畅、设施先进的现代化信息网络。

为完成园区内的物质和能量的循环利用,生态工业园还必须建立完善的信息交换平台,它包括信息的收集、处理、共享机制和发布。这是有别于一般的信息系统的地方。信息的收集是以彼此的物质能量循环为目的的,要求企业在保守商业秘密的前提下,尽可能提供原料和废物的详细信息;同时,如何对这些信息进行加工处理,怎样确定企业的信息共享机制,这些都是在信息平台建立过程中要考虑的问题。

12.3 产业生态网络的动力机制与治理策略

12.3—1 产业生态网络的内在动力机制:"嵌入性"视角

在产业生态网络中,作为单个的企业经济行为不仅是理性人的角色体现,还具有网络成员的"嵌入性"特征。这种"嵌入性"特征推动了网络成员行为的集体演化。根据格兰诺夫特(Granovetter,1985)的经济社会学理论,所谓嵌入性,就是经济行为对特定区域环境关系(如制度安排、文化背景、价值观、风俗、隐含知识、关系网络等)的依赖性。这是从生态学意义上探讨经济行为与经济环境的互动关系。产业生态网络不仅具有生态经济的实体性特征,而且这种经济组织形态的变化在理论上具有生态学方法论意义。

(一) 嵌入性的维度

产业共生体系的嵌入性就体现为体系内各种资源、文化、知识、制度和区位等要素的本地化。有学者基于产业集群从认知、组织、社会、制度和地理五个方面讨论了嵌入性。网络理论认为,嵌入性可以把行为者的动机从对经济收益目标的狭隘追求转向通过信任和互惠增强关系的丰富性。尼尔森(Nielsen,2005)讨论了战略联盟的集成创新中知识嵌入性的作用。循着尼尔森的思路,本文从知识的嵌入性、关系的嵌入性和结构的嵌入性三个方面探讨产业生态网络演化过程中经济组织发展的动力机制。

所谓知识的嵌入性,就是一个组织通过大量的协调和其他组织在生产性知识方面进行有效连接的过程。知识的嵌入性包括如下因素:互补性、相容性、默会性、信任、保护性和协调性。它与相容性、信任、协调性成正比,与互补性、默会性、保护性成反比。产业生态网络演化过程中,生态经济组织之间沉淀着大量的网络内部知识。这些知识如:对环境和生态的共识和理解,可持续发展的共同价值观,产业共生体系的共同愿景,有关副产品交换的默会知识(tacit knowledge),这些知识散落在成员企业日常交往之中,并渗透于企业的工作流程和决策过程。这种知识的获得需要时间和交往经验。

所谓关系的嵌入性,是这样一种机制,对一定行为效用的理解发展成为化解强烈的社会化关系中争议观点的结果,达成共识,最终影响到行为者的行为。这种嵌入性有助于消除不确定性,增进行为者之间的信任。它通常以社会资本的形态表现出来。作为一种具有潜在收益的经济资源,这种历史形成的连带关系为成员企业之间的交往奠定信任基础,减少信息成本,并达成一定程度的默契。在这种信任的基础上,信息流动更加畅通,交往活动融入了更多的情感因素,从而加深了合作的深度、广度和频率。空间地理上的近距离在客观上为产业生态网络的发展提供便利,长期交往增进成员之间的信任,共同参与和互惠行为又强化了双方交往的欲望和动机,产业共生体系中企业的合作在规模、范围、频率等方面得到延伸。

所谓结构的嵌入性,就是关注某个组织在整个网络结构中的非正式作用,其分析的维度也由二维、三维转向系统。网络中成员的交往不仅是双边或三边的,而且还是多边的,是系统性的。产业生态网络中成员企业之间的关系超越了产业链的关系,也拓宽生态工业园式的封闭结构,形成多维的关系结构。产业生态网络的自组织过程是一个系统不断丰富化、复杂化过程,在结构上表现为企业之间通过物质流、能量流、价值流和信息流的变化,在这些介质基础上不同企业之间形成错综复杂的交换关系。

(二) 嵌入性绩效

关于嵌入性理论的研究还须提及的是嵌入性绩效。对于绩效的解释有两个"悖论"(郭劲光,2005):①关系嵌入悖论:网络中的强关系与行动者的绩效是正相关的;另一方面,网络中的弱关系与行动者的绩效也是正相关的。②结构嵌入悖论:高密度网络正相关于行动者绩效;另一方面,由于结构空洞的存在,低密度网络与行动者绩效间的关系也是正相关的。网络中的嵌入性能够使交易双方产生一种依赖性结构,这种依赖结构一方面可以便利交易的进行,但也可能使交易双方产生更多的风险,因为交易的结果要取决于交易对方的实际行为。在网络嵌入性中,知识的嵌入性、关系的嵌入性和结构的嵌入性也会产生负面结果,就是产业共生体系中的企业演化有一定的路径依赖性,存在功能锁定、技术锁定和区域锁定等的潜在危险,不能灵活地适应环境的变化。因此,创建和维持利益的可预知状态就极为重要。那么,"减少风险进而产生这种状态的一个有效方法就是将交易转化为相互依赖的结构"(摩尔姆,1994),这种结构也常常被称为互惠性嵌入。

(三) 嵌入性与制度演化

嵌入性不仅体现出经济行为的生态学意义,而且从制度层面更能揭示这一理论特质。当把制度分析和生态学方法相结合时,可以发现,嵌入性的理论价值在对制度演化和生物演化的规律分析中体现出来。[①] 一种新的组织和制度嵌入社会结构环境的过程究竟是怎样发生的呢?对于生态经济组织网络化过程而言,这种新的组织和制度是怎样逐步嵌入到社会的结构性环境之中的呢?首先,如上所述,这种创新与变迁的动力来自于宏观环境的压力,更重要的是人们在对外部环境或群体的示范与模仿的过程中自身改革与创新的动力与方向。要按照自身所处的社会结构环境作出相应的修正和改变。对外部制度移植的修正和改变,我们称之为"制度变通"。其次是制度适应。当这些外部制度成功嵌入本地社会结构之后,人们的行为逐步地适应这些制度或规则的变化过程。

12.3—2 产业生态网络的治理

(一) 产业生态网络的均衡状态

产业生态网络是一个基于资源和生态化技术的合约集合。首

[①] 有关制度演化和生物演化相结合的深入研究可以形成一个新的学科,那就是制度生态学。

先,产业生态网络是一个市场共同体,其中各部分相互合作(共享信息、原料、水、能源、基础设施和自然环境),从而导致经济的增长和环境质量的改善,使市场和区域共同体发展所需资源合理配置。其次,产业生态网络是一个基于共同利益的社会关系共同体。再次,产业生态网络是一个计划好的原材料和能源交换的工业体系,它寻求能源、原材料使用以及废物的最小化,并建立可持续的经济、生态和社会的关系。

(二) 产业生态网络的治理

第一,提高生态网络的丰富性和多样性。生态网络的丰富性和多样性源于食物链的复杂性,同样,可以通过对产业链条的改造和建设增强产业生态网络的丰富性和多样性。具体思路是:①补链。拓展废弃物循环利用渠道,构建新的跨行业的产业生态链,提高废弃物的综合利用水平。②延链。通过上中下游产品延伸,形成资源的闭路循环,提高资源生产率。③扩链。通过技术创新和工艺创新,增加生产环节,提高产品的质量,优化性能。④强链。淘汰改造生产规模小、资源消耗高、污染排放量大的企业、装置和设备,留出发展空间,提升产业的竞争力。

第二,打破地域限制,建立跨区域的循环经济网络。固定的生态园只会桎梏企业发展的灵活性,抑制企业的创造性。通过市场体系整合、制度激励、资源共享和技术支持,让企业更多地在政府的引导下自发合作组织成为兼具双重效益的生态经济系统。根据生态系统信息传递的原理,在园区或者更大区域内应建立一个信息平台,让企业可以交流各种生产信息、技术和知识并及时了解市场的变化,使区域内企业之间具有一种自我调节机制,能克服和消除外来的干扰,保持自身的稳定性。

第三,打造绿色供应链。产业生态网络的运作实际上就是物质流和信息流的时空配置。供应链本身也是一个网络,即信息网络,充分利用信息技术通过绿色供应链建设来优化产业生态网络是一个重要思路。

最后,加强制度创新,提高网络的紧密度。①加大资产专用性投资,增强网络对其成员的锁定。②发挥非正式规则的作用,形成信誉机制和惩罚机制。非正式契约植根于人们的文化传统或生活习惯,这种信誉机制依赖于交易的重复性、小范围交易的信息传播和惩罚机制的有效性,也是制度中的非正式规则,它对于保证契约的公平及有效实施具有重要作用。③通过一系列制度安排,规范网络内成员之间关系,在政府推动下发挥循环型产业系统的自组织功能。④培育中间性组织。可以在区域内协调沟通企业之间的关系,提供信息服务、技术服务。

12.4 本章小结

产业生态网络是经济规律和生态规律共同作用、具有自发性的经济现象。内在的利益驱动和外部环境的促进,推动循环型企业向循环型产业链,进而向产业生态网络演化。产业生态网络的三种形态:产业生态系统、循环型产业体系、生态化产业群。生态产业园是产业生态网络在空间地理上的一种重要表现形式。

产业生态网络是循环经济组织在更高层次上的表现形式,其稳定性影响到循环经济的整体绩效。影响产业生态网络的主要因素可分为系统性因素和非系统性因素,系统性因素主要有外部市场的不确定性、技术变迁、制度政策变化。非系统性因素有产品品质、网络衔接、关键种企业、系统成员的数量和成员之间的交往程度、终端企业数量和规模、核心企业的战略调整等。本章对非系统性因素作了详细论述。接着分析了产业生态网络的价值流和信息流。从价值流的角度看,影响生态网络稳定性的因素主要有生态位的重叠程度、网络成员之间的地位和关系、成员利益分配的公平性、网络运行的成本、外部市场的价格等。

产业生态网络是一个市场、技术、利益和社会关系合成的共同体。欲实现网络的最优状态,需对产业生态网络采取合理的治理对策,比如提高生态网络的丰富性和多样性,建立跨区域的循环经济网络,打造绿色供应链,通过制度创新提高网络的紧密度等。

第13章 循环经济组织的演化机理

13.1 循环经济组织与经济演化

13.1—1 循环经济组织与演化经济学

(一)循环经济的演化理论。循环经济的微观经济理论是建立"生态理性人"人性假设基础上,以此为前提,寻求循环经济中消费者均衡和厂商均衡以及循环经济产业的局部均衡。循环经济中企业决策基础是利润大于零,在生态效益和经济效益的权衡中,企业之间存在博弈。能否形成合作博弈,并克服信息不对称问题,将影响到企业内部的战略生态管理、产业链中企业关系的变化以及产业生态系统的稳定和持续。企业内部、产业链和产业生态系统三个层面的和谐运行最终对合乎生态规律和市场规律的制度安排和政策设计产生需求。从这三个层面对循环经济的微观基础进行研究是基于新古典的静态或比较静态的分析方法。由于生态经济系统是不断变化的,上述三个层面实质上是生态领域经济组织形态的表现形式。新古典的方法能够较好地解释某个组织形态的静态均衡,但无法揭示这些组织形态的演进过程。因此,要考察生态经济领域这些微观组织的演变过程,还须借助演化经济学方法。

演化经济学突破个体主义的局限,探讨经济系统中新奇的创生、传播及其结构变迁规律。如果说新古典是研究存在的科学,那么,演化经济学就是研究生成的科学。演化经济学克服了新古典的稳定性偏好、理性选择、资源禀赋约束和最优均衡的假定,提出满意假说、群体思维和历史重要的新假说。维特(1992)认为,演化经济学的核心思想就是:群体中成员共时性的个体决策,可以被理解为群体中行为相对频率对这个群体产生作用的过程;在任何时候,这个由所有个体行为频率决定的过程都与个体自身的突变(创新)产生交互作用;也只有个体自身的突变可以为群体增加多样性。另一方面,在个体之间也存在着两种不同种类的交互作用。第一种是个体调整的相关性(即频率-依赖效应);第二种是个体主观判断(非故意歧视)带来的相关性(即选择效应)。频率-依赖效应常常用费雪方程这样的生物学模型来刻画;而选择效应一般用"复制动态"的方法来研究。

经济演化论者认为,生物演化是达尔文式的,而社会经济演化则是拉马克式的(贾根良,2004),因为后者系统更为复杂且带有人的因素。社会经济演化的机制包括遗传、变异和选择。尤其是变异和选择显示了社会经济系统的特征。变异意味着新奇的创生,选择则使新奇得到传播。频率依赖效应就是新奇扩散的自增强机制。生态经济系统是生态系统和经济系统的复合生成系统,它的演化又比前两者更为复杂。对于生态经济系统的演化而言,演化经济学无疑是一个富有解释力的理论工具。

从演化的视角考察生态经济组织吸引一些学者的注意。企业集群理论认为,企业集群内的分工、信息交流和共同行动是企业集群进化的重要动力。秦荪涛[①]从共生的系统自组织,信息沟通的系统稳

---

① 秦荪涛:"生态工业园区系统演化机制与对策",载《中国环境科学学会2004年学术年会论文集》,中国环境出版社,2004年。

定运行,能量的传递和转换及资源的循环重复利用推进系统进化三个方面论述了工业生态园区系统自组织演化机制;王兆华和武春友(2002)运用交易成本方法,分析生态工业园共生机理,如有形资产、地理位置、人力资本、优惠政策的专用性以及交易频率等;徐大伟等(2005)运用演化论分析工业生态化的目标和动机,从作为共同知识规则的绿色经营理念、工业共生与路径依赖、技术行为多样性、合作机制与组织模式创新三个方面讨论了工业生态化的制度演进机制。

(二)循环经济组织的演化过程。资源节约需要技术改进、设备改造和人员素质的提高,这些无疑是需要大量的资本投入,对企业来说,在短期无疑是增加了成本压力。资源的高效率利用也离不开技术和人员的大量投入,而且其中还包含着一些不确定因素。可想而知,如果资源的获取是廉价的,资源的节约和高效率利用是缺乏激励的。在自然资源具有半公共品的条件,资源开采和利用就会出现采富弃贫、大肆浪费的现象,负外部性和公地悲剧的结果是必然的产物。因此,资源产权明晰、资源资产化、资源资产货币化,并使资源价格与价值匹配,并让价格准确反映资源的稀缺性程度,并在市场缺位时政府能够及时有效地补位是避免上述悲剧的主要思路。

"垃圾是放错地方的资源。"要把垃圾放对地方,即资源化,不是简单的物质流动问题和空间地理位置的变化,而是涉及产权、价格和市场有效乃至产业链稳定性等基本环节。由垃圾资源,再由资源货币化和资本化,需要一套完善的制度体系。当前,垃圾资源化、垃圾资源货币化存在诸多限制,成本障碍、技术障碍和制度障碍影响资源循环利用的发展。其中资源的产权是基础,资源的价格是关键。如果原始资源的价格比垃圾资源化以后的价格还要低(或者大致相当),后者就不会有存在的空间。只有界定原始资源的产权,提高原始资源的价格,让垃圾资源化有利可图,垃圾才可能产业化,进而资源化。需要澄清的是并非刻意让垃圾变贵,而是让原始资源的稀缺性程度通过市场机制反映到价格上来。资源的真实价值得到体现后,资源利用的机会成本就自然增加了,根据价格机制的一般理论,资源的替代性要素的需求就会增加,价格相应提高。替代性要素的价格提高会推动资源替代技术的发展和资源再循环利用技术的发展,从而资源循环利用产业应运而生。

循环经济的产业化和市场化:产业化的关键在于技术运用于实践中的成本和收益的比较,其中成本分摊是主要的,降低成本的机制有规模经济、范围经济、学习曲线和外部经济;市场化的关键在于找到一个交易双方都愿意接受的价格,这里就涉及交易成本问题,交易成本中一个重要组成部分就是信息成本。构建一个公共信息发布平台,形成循环型产业的信息沟通机制,避免因信息不对称而阻遏交易。

循环经济产业链条要良性运转起来,最重要的问题是如何让废弃物顺利地转化为原材料,实现物质流动的价值转移。由于废弃物不是净资源,需要资金投入和技术处理,其中暗含着不确定性和风险。尽管垃圾资源化有利可图,但是其中的不确定性和风险足以让企业望而却步。在垃圾产业化的初始阶段需要前期大量投资和收益预期的稳定性保证,这种事业已经超出单个企业所能够承受的范围。政府和中介组织的作用在这个领域大有可为。

生态经济组织的演化不仅是一个历史过程和经济生物学现象,而且还是一个社会化的过程。在考察组织演化过程基础上,还须对组织如何嵌入网络,与整个网络协调演化作出解释。因此,新经济社会学的嵌入性视角有助于回答生态经济组织的系统化、网络化现象。本章先对生态经济网络的演化动力进行讨论,再对网络的嵌入性进行分析,最后结合案例作具体说明。

13.1—2 作为复杂适应系统的生态经济组织

生态经济组织的演化不仅具有生物演化的特征,还受经济规律的支配,作为生态和经济两大系统的复合体,产业共生体系从几个企业发展成为若干企业形成的产业生态网络,对这个过程的解释,需要复杂性科学的介入。布里恩纳和格雷夫(Brenner&Greif,2003)应用复杂科学中的自组织理论来研究产业集群动力机制显示出复杂科学理论在这方面具有明显的优越性,突出的是应用复杂科学理论探讨了产业集群内的一个主要机制,就是集群的当地共生互动作用。这种研究范式对研究产业共生体系向网络化、生态化方向发展具有借鉴意义。

(一) 自组织理论

自组织是指一个系统通过与外界交换物质、能量和信息降低自身的熵含量,且由内在机制的驱动下,自行从简单向复杂、从粗糙向细致方向发展演化,不断地提高自身的结构有序度和自适应、自发展功能的过程。生态系统的发展要求系统结构和能够的协调和完善。当经济社会系统的扩张对生态系统的胁迫达到一定程度时,必然要求对生态系统的结构和能够进行协调与优化,同时也对经济社会系统自身的结构和功能的调整提出要求。经济社会系统与生态系统的协调发展在产业形态上就体现为产业共生体系的演化,在经济组织形态上就体现为从单个的循环型企业向循环型产业链以及产业生态网络方向演化。

从循环型企业到产业生态网络是一个自组织过程,它不需外界指令而能自行组织、自行创生、自行演化和自主地从无序走向有序,形成有结构的系统的过程和结果。同自然界中的生物系统一样,产业集群也可以看成社会经济生态系统,它之所以具有极强的竞争力,是来源于系统的自组织能力——内生发展动力。被组织是一种人造系统,一般说来,被组织系统是缺乏自我成长、自我繁衍能力的。

(二) 复杂适应系统

所谓复杂适应系统,是指系统与外部环境交互作用的过程中,通过自适应改变系统本身的组织结构和行为特点,从而不断向前发展和演化。复杂性适应系统理论[1]认为,(1)系统具有学习能力,它可以随着经验的获得,不断修正和重组组织结构模式。有机体的后代通过演化来调整其组织;个人在生活过程中学习,同时大脑根据经验不断增强或削弱神经细胞之间的大量连接,受到强化的连接可以在未来遇到相同情景时作出最及时的反应。(2)系统演化过程也是纠错过程。系统的学习、演化和适应过程就是他们修正和重组的过程。(3)不同的自我评价模式导致不同的结果。由于系统的禀赋不同,其评价能力、评价模式各具特色,他们之间的非线性作用和系统敏感性特征导致系统行为的多样性和个性化。(4)系统内部存在许多小生境。每个小生境可以为一个经济个体开发并占有。(5)不平衡是系统的常态。变化、转换是过程,平衡态非常态,平衡意味着死亡或再生。(6)演化博弈。每个经济个体单方面优化自己的适应性和效用是毫无意义的,必须根据其他单位的行为来改善自己。

复杂性适应系统的运行规律可以概括为:系统演化的过程就是个体不断学习、模仿、纠错的过程,是一个环境甄别和个体适应的自

---

[1] 刘洪:"经济系统预测的混沌理论原理与方法",科学出版社,2003年,第63~64页。

然选择过程,更是一个遗传、变异的基因流变过程。经济系统具有复杂性适应系统的基本特征,并表现在自然性和人工性两个方面:自然性意味着具有有限生命周期特性,生命周期的长短和生命力的强弱取决于生命能力和维持其生存发展的环境条件;人工性意味着由于人的主观能动性而进行更新发展的特性,即通过内部变革来适应环境或寻求新的环境条件满足生存需要,从而避免衰退期并获得再生。基于本文的研究对象,还需要探讨成熟期的经济系统的特点。

成熟期的经济系统(弗罗门,2003)具有如下特点:(1)是一个开放的复杂巨系统。开放性意味着系统不断产生着管理熵的增减;复杂性即系统内部要素之间产生非线性强相互作用;庞巨性表明该系统存在多个子系统。(2)已经成为经济系统中的一个独立的子系统,并与其他子系统相互作用,即呈现出竞合关系。作用的方式主要表现为竞争和联盟,而独善其身是不可能的。(3)裂变。非线性的强相互作用达到一定程度必然会发生裂变。裂变使系统再生或崩溃。

复杂适应系统特征的讨论表明,一个能够在复杂、不确定、快速变化的环境下生存和发展的组织,其关键的特征是内部单位的"自治"、"关联"和"变革",具有比环境更高的复杂性。"自治"就是企业内部的每一个单位甚至个人拥有自主决策的权利,以及因拥有自主决策权力所要求的自身"利益";"关联"就是要使得企业内部每个单位、部门甚至个人相互之间以及他们外部环境之间建立起相互关系;而建立相互关系的关键是他们行为之间是否具有相互依赖性;此外,单位或个人能够根据环境的变化"变革"自己的行为规则,改变与其他行为者之间的关系。变化性可以从多样性、自发性、融合性、适应性、超越性和变形性等角度来衡量。

适应性造就复杂性。所谓具有适应性,就是它能够与环境及其他主体进行交互作用,主体在这种交互作用的过程中能够不断"学习"或"积累经验",并且根据学习到的经验改变自身结构和行为方式。在不断寻找机会、试验新奇事物的过程中,复杂适应系统增加了自身的复杂性,并偶尔发现了一些关口事件。这些事件包括新型复杂适应系统在内的一些全新结构的出现成为可能。当一个复杂适应系统不管是以集聚还是其他方式产生出一种新的复杂适应系统时,这一过程就可以看成是一个关口事件。①

(三) 作为复杂适应系统的生态经济组织

关于卡伦堡工业生态系统的经验,埃尔克曼曾指出:"共生系统的形成是一个自发的过程,是在商业基础上逐步形成的,所有企业都从中得到了好处。每一种'废料'的供货都是伙伴之间独立、私下达成的交易。交换服从于市场规律。"根据工业生态学理论,生态产业须满足四条原则:物质循环、多样性、因地制宜和渐进演化。

制度体系是不能够人为设计的,其本质是一个自发的动态进化与演进体系。工业生态化是工业系统演化的制度变迁的发展趋势和必然结果。在技术创新没有发生重大突破的前提下,工业系统的组织制度发生的演化和变迁才是工业生态化的根本原因。在现有技术水平的基础上,企业作为经济个体在外部规则的制约下是如何自发地对工业组织制度进行内部规则的自组织演化,其内在机制表现为绿色经营理念作为共同知识规则的建立;工业共生是制度演化的路径依赖;技术行为多样性是工业生态化演进的表征;合作机制成为组织模式创新的动因。②

---

① 梅可玉:"论自组织临界性与复杂系统的演化行为",载《自然辩证法研究》,2004年第7期。
② 徐大伟等:"基于演化理论的工业生态化制度变迁分析",载《管理评论》,2005年第8期。

13.1—3 从循环型企业到产业生态网络演化的内生动力机制[①]

市场的演进和组织形态的高级化和复杂化是经济主体趋力动机和参与者各方重复博弈的结果；经济活动的生态化既有趋利动机，也有人与自然博弈的因素。生态经济组织的高级化和网络化体现了这些因素的作用，从个体而言，资源的获取难易程度和技术的可行性与经济性构成企业决策的约束条件。产业生态网络演化的动力机制可以分解为五点：

(1)产业生态网络中企业集聚合乎政府环境保护目的，政府愿意且能够提供基础设施的服务与政策的优惠。

(2)集聚效应导致企业间的交易费用降低。各个企业通过链式或者网络式的方式连接起来，增加了企业经营环境的稳定性，交易的对象和范围比较稳定，企业间交流频繁，这样机会行为将大大减少。企业间长期稳定的合作将会促进企业之间形成共同价值观和经营理念，共同的企业文化有利于保证合作的稳定。

(3)共生体系产生的学习效应引致技术创新。由于地域的接近和交易的频繁相关性，使企业间的交流和学习加强，企业可以进行联合的技术攻关，共同的承担技术创新的风险，实现整个体系的协同进化，保证生态工业园区中的企业相对于生态工业园区外的企业的竞争优势。

(4)绿色经营理念作为共同知识规则的建立。规则的存在可以

---

① 王虹、叶逊："生态工业园中企业的动力机制分析"，载《环境保护》，2005年第7期；徐大伟等："基于演化理论的工业生态化制度变迁分析"，载《管理评论》，2005年第8期。

减少因知识分散化而引致的风险;规则作为一种共同知识,社会成员通过遵守它来弥补理性的不足,从而尽可能减少决策的失误。工业共生系统内成员与内部规则之间的互动实际上是围绕共同知识(绿色经营)的重新理解和交流的过程。而这种内部规则正好满足人类社会可持续发展的预期,企业间的知识交流就可能创造出一种共同优势,即工业系统成员之间依靠统一的规则(工业副产品的循环利用)形成战略互动,从而实现工业系统整体的规模收益递增。

(5)产业共生的路径依赖。路径依赖是通过自增强、不完全市场、交易费用和利益因素四种机制来形成的(诺斯等,1989)。自增强机制也叫收益递增机制,由规模效应、协调效应、适应性预期和学习效应构成。在工业共生过程中所建立的以工业副产品交换为纽带的网络效应,因其提高了资源的利用效率、降低了交易成本、建立了企业间的战略合作关系,而得到了系统内关联企业的认同,进而形成了一致性的规则。不完全市场则通过信息不对称、规模报酬等因素强化这些效应。交易费用和利益因素增加了制度退出的壁垒,否则前期制度变迁的投入变成沉没成本。产业生态的演化进入产业共生的路径依赖。

13.1—4 循环经济组织形态高级化:协调博弈

早在 20 世纪 40 年代,罗森斯坦-罗丹(Rosenstein-Rodan,P. N.,1943)针对发展中国家资本形成问题就提出过经济活动的不可分性,建议实施大推进战略。他主要从宏观经济学的角度分析了投资、储蓄、需求的不可分性,强调社会基础设施建设的重要性。里查得森(Richardson,1972)较早地从企业组织形态来讨论经济活动的互补性,并成为网络分析范式的思想起源。他所思考的是,"把企业联系在一起的合作和隶属网络",企业间合作关系的稳定使需求预测十分可靠,并因此顺利实现生产计划。他把经济活动分为相似性活动和互补性活动,那些需要相同能力的活动称为相似性活动,当活动代表着一个生产过程的不同阶段和需要以某种方式协调时,就是互补性活动。这种互补性主要是技术、能力和知识的互补性。这种观点对后来的企业能力理论和产业集群理论产生很多启发。随着信息经济的来临,经济活动的互补性越来越多地引起学术界的关注。由于互补性源于组织外收益,涉及外部经济活动,协调方式(或治理形式)的选择显得很重要。黑格和奥尔特(1997)认为协作的复杂程度、组织伙伴的差异程度及组织伙伴的独特性是企业间关系和网络结构分析的基础。库珀(Cooper,1999)考察了四种条件下经济行为主体的策略行为:技术外部性,不完全市场竞争,市场密集度,信息不完美。互补性不仅包括技术互补性,还有需求互补性和交易的互补性。这里从三种互补性来探讨产业生态组织演化中个体之间的策略互动(库珀,1999)。王冰冰等人(2005)从经济利益驱动机制、协调机制和合作与参与机制三方面分析了生态产业园的运行机制。这只是比较静态分析。空间上的园区层次在信息技术和社会关系网络的支持下将突破地域限制,形成产业生态网络,这个过程将有更多的因素作用。这里运用协调博弈方法分析产业生态网络的演化机理。

  在循环型产业链中已经讨论了信号博弈,那是一种非合作博弈,是基于市场关系的行为。这里基于网络关系更多的是协调博弈。协调博弈不单限于局中人之间的冲突,更多的是考虑信心和预期在活动中的关键作用。因为,自我强化的悲观预期可能会导致协调失败。在协调博弈中,局中人的行为具有策略互补性,暗示着其他行为主体活动水平的提高,对其他的行为主体提高活动水平产生激励。这种相互作用既可能在时期内也可能跨期存在。

(1)技术互补性。通过投入博弈来分析技术互补性。假定 I 个行为主体努力进行一个联合生产过程,该过程的人均产出为 $f(e_1, e_2, \cdots, e_i)$,e_i 为生产过程中行为主体 i 的努力水平。假定 $e \in [0, 1]$,人均产出也是人均消费,行为主体对联合产出进行平均分配。设行为主体 i 的效用为 $U(c_i)$,付出努力的负效用为 $g(e_i)$.则有净效用:

$$\sigma(e_i, e) = U[f(e_1, e_2, \cdots, e_i)] - g(e_i)$$

假定 $U(\cdot)$ 是严格递增和凹的,而 $g(\cdot)$ 是严格递增和凸的。不管他们是在一个工厂内部还是外部经济,假定他们之间存在关于联合生产过程的博弈。

首先看内部规模经济。假定该生产过程是规模报酬递增的。当所以其他行为主体选择努力水平 E 时,行为主体 i 的反应曲线暗含于努力水平中,它是下式的解:

$$f'[e + (I-1)E] = g'(e)$$

只要 $f''[e + (I-1)E] < g''(e)$,从而生产的报酬递增被努力的副效用所抵消,那么二阶条件就会被满足。如果一个行为主体的最优努力水平对于其他人的努力水平是递增的,会出现策略的互补性,即当且仅当 $\frac{de}{dE} > 0$ 时,其一阶条件:

$$\frac{f''[e + (I-1)E](I-1)}{-\{f''[e + (I-1)E] - g''(e)\}} > 0$$

假如二阶条件被满足,那么策略互补性等于该模型中的规模报酬递增,也就是说,所有其他行为主体增加努力将会增加这个行为主体的生产力,从而诱导他自己更加努力。

努力水平为 e 的对称均衡条件为:

$$f(Ie) - g'(e) = 0$$

假定 $g'(0) = 0, g'(I) = \infty$,条件 $f'(0) > 0$ 和 $f'(I) < \infty$ 将保证一个内部的纳什均衡存在。

再看看外部经济。这种规模报酬来自其他行为主体的效应,他们在内部生产过程之外。假定 $U(c)=c, g(e)=(\frac{e^2}{2r})$ 和 $c=ef(E), E$ 是其他行为主体的平均产出水平。假定单个主体规模报酬不变,且 $f'(\cdot)>0$,存在社会规模报酬递增。单个主体规模选择努力水平的一阶条件为 $e=rf(E)$。利用恰当的函数形式 $f(E)$ 就可以产生多处相交的反映曲线。

以农村秸秆利用为例。① 我国每年可产生秸秆7亿多吨,这是一项巨大的原料资源。由于现在农村地区燃料、肥料及耕牛饲料需求总量和需求结构发生很大变化,产生了巨大的剩余秸秆,而秸秆利用技术没有新的突破,农民处理秸秆成本最低的方式就是焚烧。从目前的利用方式看,存在如下问题:①秸秆机械化还田既不必要,又会影响作物出苗率;②按自然生态循环因其分解过程长,生物化学方法利用效率低;③开展沼气发酵和秸秆气化又存在秸秆转化率低,严重影响产气率和供气质量;而且燃气热值低,焦油问题严重,投资大,运转时间短,成本高。从当前的利用状况看,单纯地局限于农业部门内部要充分利用秸秆是不可能的,需要在工业和农业之间进行转化,而这个产业化的过程关键是利用技术。由于秸秆转化过程的技术体系尚未建立,就影响到秸秆利用产业链条的形成。

(2)需求的互补性。若经济中其他人生产的更多,那么他们支出的也更多,这样就增加对单个生产者的产品需求。生产者的反映是增加产出。在不完全竞争中,这种相互作用更加突出。我们考虑一个多部门的经济,部门之间存在策略互补性。互补性有收入效应产生,即所有其他部门活动水平的扩张将增加其余部门的产品需求,从

---

① 参见陈洪章:"秸秆焚烧不仅仅是农业问题",载《科学时报》,2006年10月23日。

而带来产出增加的激励。部门之间的联系是现有收入和现有支出之间的关系形成的。

假定存在两个部门,一个部门有 F 个生产者,还存在非生产品;所有行为主体初始禀赋为 m 个商品。作为买方,行为主体获得收入并消费其他部门生产的商品,用总收入(收入加上非生产品禀赋)的 α 份额购买另一部门的商品,剩下的收入用于购买非生产品。故,需求函数为:

$$C_{-i} = \frac{\alpha I_i}{P_{-i}} \text{且} m = (1-\alpha) I_i$$

其中,I_i 为行为主体 i 的收入,效用函数用含有产出(q_i)的 $U(q_i)$ 表示:

$$U(q_i) = z(P_{-i}) I_i - k q_i$$

其中,$k < 1$,I_i 等于生产收入和禀赋,即 $p_{-i} q_i + m$,$z(P_{-i})$ 为单位货币购买的商品的效用。生产者最优化条件为:

$$p_{-i} z(P_{-i}) (1 + \frac{q_i}{p_{-i}} \frac{\partial p_{-i}}{\partial q_i}) = k$$

生产者最优化不仅反映策略的相互作用,也反映市场的相互作用。卖方之间存在博弈。

若部门 i 的商品价格满足市场出清,部门 $-i$ 的行为主体的总收入中 α 份额购买部门 i 的商品,那么部门 $-i$ 中每个厂商的产出扩张对部门 i 的商品增加 α 单位的需求。这就是部门之间需求的互补性。

以国内电子垃圾市场为例。目前管理规范、技术达标的废旧电器回收处理商与非法加工商和旧货市场之间存在竞争。缺乏规范的废旧家电及电子产品回收处理体系产生了一系列问题:一是报废电子产品中含有很多可回收利用资源,但因拆解方式落后,只能回收塑料、铁、铜、铝等易于回收的资源,一些宝贵资源没有得到充分回收利用;二是有毒有害物质没有得到专门处理,污染环境;三是有些旧电子产品已经超过安全使用年限,有的不法经销商利用废旧家电零部件非法拼装和销售质量低劣的电子产品,损害消费者利益。

由于电子垃圾进入简单处理的手工作坊,或以高于正常回收价格进入消费者手中,导致规范的回收机构缺乏足够的加工原料。据中央电视台(2006年8月8日)报道,随着电子垃圾的增多,处理电子垃圾的市场也越来越大。然而记者在调查中发现,很多大型的电子垃圾处理厂目前却都面临着开工不足的困难。苏州同和资源利用有限公司是江苏省规模最大的一个电子垃圾处理厂,主要收集全国各地的电子废料,然而走进厂房,只有一个工人在一小堆废料旁工作。从电视画面和记者介绍可以知道,电子垃圾的处理车间所有的设备都属于停滞状态。由于原料不足,这些设备每个月只需要很少几个人来维护运行。如此下去,像同和这样的企业由于需求得不到满足将很难长期维持。

(3)交易的互补性。行为主体之间的联系产生与各方的交易方式,互补性来自"密集的市场",体现出对交易成本和经济活动水平的限制。由于在众多的市场参与者中搜寻交易伙伴存在搜寻成本,市场越密集,交易成本越低。

假定比例为 p 的其他人参与了市场,个人参与市场的回报为 $Z(p)$,假设 $Z(p)>0$,即市场越密集越好。假定行为主体 i 参与市场的成本为 k_i,市场密集度为 $H(k),k\in[0,1]$。再假定 $Z(0)>0$ 和 $Z(1)<1$。当 $Z(p) \geqslant k_i$ 时,行为主体 i 参与市场。均衡点就可以用临界的 p^* 和临界参与成本 k^* 来刻画,即 $Z(p^*)=k^*$ 且 $p^*=H(k^*)$。

如果有 p^* 的人参与,那么所有 $k_i \leqslant k^* \equiv Z(p^*)$ 的人都参与。如果 $H(k^*)=p^*$,那么该参与率自我实现。市场网络是由多个交易关系形成,交易关系的增加导致交易成本降低。在循环经济产品市场和再利用资源市场上同样存在这样的现象。2006年7月11～13日在苏州举办的三个交易会展(循环经济园区展、循环经济企业展、循环经济产品展)为推动循环经济市场体系的建立提供了一个范例。

社会资本理论认为,信任、参与、互惠是社会资本形成的主要机制。当这种社会资本与有形资产结合起来形成互补性资产时,协调博弈的频率和范围都扩大了。

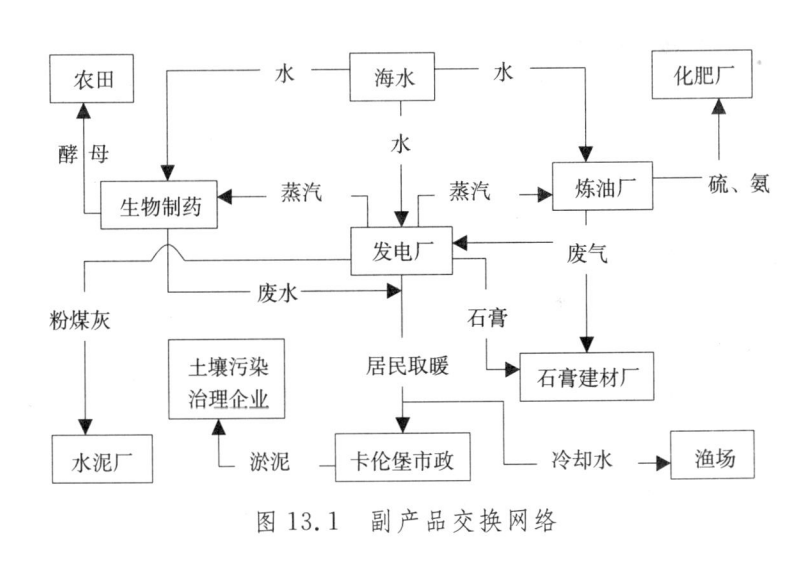

图 13.1 副产品交换网络

13.2 案例分析1:丹麦卡伦堡产业共生体

丹麦卡伦堡产业共生体是一个典型的产业生态系统,也是一个成功运作的产业共生网络。关于该模式的基本情况已广泛见诸国内外媒体和研究文献,这里不想对其在一般层次的信息再作介绍,主要是深入探讨这一模式成功的关键条件、核心要素、运行机理和演化过程,并且从经济学的角度寻找这些现象和过程的逻辑。

13.2—1 卡伦堡产业共生网络的成员构成和副产品交换

整个卡伦堡的产业共生模式中的物质流和能量流包括发电厂燃烧排放的、炼油厂排放出来的废气、发电厂和炼油厂的冷却水、发电厂煤燃烧后的粉煤灰、发电厂产生的余热、制药厂所产生富含养分的淤泥。基于这样的资源基础,该产业共生系统可以确定五个"锚定成员":

(1)阿斯纳伊斯火力发电厂:丹麦最大的燃煤火力发电厂,有1 500百万瓦特4发电量;

(2)斯塔托伊尔炼油厂:丹麦最大炼油厂,每年3.2百万吨容量(正增加至每年4.8百万吨);

(3)吉普罗克石膏板工厂:每年平均生产14百万平方公尺的石膏墙板(约略计算足以建造六个卡伦堡大小般城镇的所有房子);

(4)诺夫诺迪斯克制药厂:每年销售额超过20亿美金的国际生物科技集团,在卡伦堡的工厂是其最大规模且生产制药(包括占世界四成的胰岛素供应量)及工业酵素的工厂;

(5)卡伦堡市:供应地方一万九千居民热能,同时供水给家庭与产业用。

系统成员之间形成复杂的副产品交换网络。随着成员的增加和经济规模的扩大,该系统成员之间副产品的交易数量、交易频率随之增加。交易关系越来越复杂,交易信息量越来越大,就形成了一个错综复杂、互为需求的交换网络。见图13.1。

13.2—2 卡伦堡的物质流、能量流和信息流状况[①]

产业生态系统首先是物流和能流的循环系统,因此,物质流与能量流是生态工业园区研究讨论的重点。根据前面的研究,一个成功的产业共生网络,还离不开畅通的信息流和价值流。卡伦堡模式成功的关键因素之一就是其特殊的非正式社会网络关系发挥了支持作用,社会关系网络的重要介质就是信息流。这种社会关系网络和生态共生网络耦合在一起,造就了产业共生的格局。正如当问及产业共生的实质是什么时,克里斯坦森(Jorgen Christensen,2001)所说,"没有别的奥秘,只是共识而已!"

(一) 物质流状况分析

1976年,诺夫诺迪斯克制药厂开始发展物质流模式,并与逐渐演化中的能量流在卡伦堡展开配对。(1)来自诺夫诺迪斯克制药厂生产过程以及鱼池水处理工厂所产生的废弃污泥为邻近农场提供了肥料,每年交换量超过100万吨,这一部分在卡伦堡副产品交换网络中占。另有一间水泥公司再利用发电厂的去硫化飞灰。(2)阿斯纳伊斯公司利用碳酸钙($CaCO_3$),将二氧化硫(SO_2)放在烟囱中,4兆瓦特瓦斯发生反应,产生出可以卖给吉普罗克工厂的硫酸钙(石膏),这一部分占吉普罗克工厂三分之二的需求量。(3)炼油厂利用去硫过程制造出纯液态硫,再把它卖给一个制造硫酸的公司克米拉。诺夫诺迪斯克生产胰岛素所剩下的酵母则给农夫作为养猪饲料。

[①] 钟国辉:"生态工业园区概念在竹科之应用研究——以积体电路产业为例",台湾成功大学都市计划研究所硕士论文,2004年,见 http://140.112.2.140/~d91544007/thesis_Chung/EIP_Chung_3.pdf.

这种循环利用网络为各参与企业创造了新的收入来源并节省原材料和能源成本,同时减少了该地区的废气、废水和废渣的排放,经济活动对生态扰动和环境影响并没有随着产业的扩展和物质消费增加而加大。据1993年统计该地区在基础设施(运输能源及材料)投资6 000万美元,在年末却获利12 000万美元。

(二) 能量流状况分析

卡伦堡的能量流主要依靠一家火力发电厂与炼油厂为核心厂商,带动整个产业生态系统的能量交换网络。其中阿斯纳伊斯发电厂的煤燃烧,以约40%的热效率运转。斯塔托伊尔炼油厂则是一家能源需求大户。从1970年代起,双方开始进行系列副产品交易。

(1)斯塔托伊尔炼油厂同意提供剩余石油给吉普罗克石膏板墙工厂,因为吉普罗克经营者确认该公司用于闪燃的石油,对于吉普罗克本身是一极具潜力的低成本油料来源。

(2)阿斯纳伊斯公司从1981年开始,为区内新开发地区的加热系统供给蒸汽,并把诺夫诺迪斯克制药厂及斯塔托伊尔炼油厂加入该系统,作为消费蒸汽的客户。由市政府及丹麦政府支持鼓励的地区加热系统取代了约3 500个暖气炉(按照罗伊的比喻,就如同减少了3 500个显著非点状空气污染源)。

(3)基于发电厂的部分冷却系统需求,开始利用来自卡伦堡海峡的盐水,因此就减少对于地方湖泊的净水抽取量。最终副产品是热盐水,而其中的一小部分的比例又可提供给57个渔业养殖池。

(4)1992年,发电厂开始寻找替代燃料,利用炼油厂的剩余石油取代部分燃煤。而这些只有在斯塔托伊尔发电厂建好符合硫化物排放法规标准的硫回收单元后才有可能实现,这些石油的净化程度后来都达到发电厂使用的标准(罗伊、华尔兰和摩兰,1997)。

(三) 信息流状况分析

由于卡伦堡市居民只有 19 000 人,城镇内的一些企业家原本即已相互认识,彼此有许多非正式场合聚会与碰面机会,沟通具有互信基础。虽然整个产业共生体系包括卡伦堡政府部门,但它仅限于负责城市的水、电、热输送等基础设施,并未介入企业间的合作共生协调事务。该地区亦没有工业区常见的管理(服务)中心角色,虽然后来因应各界不断参与而成立一个"共生协会",但其角色较偏向对外"公关"而非管理中心的功能。所以卡伦堡的信息流是以一种非正式的社会网络支持着共生技术、资源等信息交换网。

(四) 卡伦堡产业共生体系的环境和经济效益

根据有关报道,在过去 20 多年间,卡伦堡镇共投资 16 个废料交换工程,投资总额为 6 000 万美元,投资平均折旧时间不超过 5 年,环境效益和经济效益是非常显著的。见表 13.1。该表从副产品回收利用、资源节约和减污三个方面显示出该产业共生体巨大的环境、社会和经济效益。

表 13.1 卡伦堡产业共生体系每年产生的环境和经济效益

副产品/废弃物的重新利用 (单位:吨)		节约资源 (单位:吨)		减少污染排放 (单位:吨)	
粉煤灰	70 000	油	45 000	CO_2	175 000
硫	2 800	煤	30 000	SO_2	10 200
石膏	200 000	水	600 000m^2		
污泥中的氮	800 000				
磷	600				

资料来源:克里斯坦森:"走向下一代",生态工业发展圆桌会议,2001 年卡伦堡圆桌会议简报记录。

13.2—3 卡伦堡产业共生网络演化

(一) 形成过程

卡伦堡的产业共生关系演变过程是一种自生自发、缓慢演化而成的故事。早期的形成并没有生态方面的考虑，是有关的资源紧缺和相关企业又存在大量废弃物的条件出现后，才自发地产生这些企业之间以及与社区间的物质与能源交换。由于该区水源不足，企业为了充分利用水资源，而互相交换废弃物，后来居民也加入进来，由于近距离交换废料，原料运输成本也大大降低了。废弃物的充分利用还产生了正的外部性，环境效益也显现出来。

随着交易频率和交易规模的增加，信息流、物质流和能量流的速度和流量增加，带动价值流的增加，形成巨大的合作空间和潜在收益，园区经济规模扩张的同时，由于资源的循环再生利用，在环境影响和生态扰动方面却大为减弱，复杂的交换关系自发形成合作网络，在强烈的社会网络联系与持续关注下，历经20多年的演化，一个客观上带有生态印记的产业体系就产生了。见表13.2、表13.3。

表13.2反映了不同阶段卡伦堡工业共生体内企业链接关系情况。可以看出，随着新成员的加入，产业链条增加，共生体的经济产值不断增加，伴随的环境扰动却在减少。这是因为，新成员为老成员的生产副产品提供了需求，延长了产业链，新成员同时也为其他成员提供原材料，提高了资源循环利用率，节省了运输成本。

表 13.2　1975、1985 和 1995 年卡伦堡工业共生体内企业链接关系情况

	1975 年	1985 年	1995 年
共生体内成员	斯塔托伊尔炼油厂 阿斯纳伊斯发电厂 吉普罗克石膏板厂 卡伦堡市	斯塔托伊尔炼油厂 阿斯纳伊斯发电厂 吉普罗克石膏板厂 卡伦堡市 诺夫诺迪斯克生物制药厂 阿尔伯格水泥公司、阿斯纳伊斯养鱼场	斯塔托伊尔炼油厂 阿斯纳伊斯发电厂 吉普罗克石膏板厂 卡伦堡市 诺夫诺迪斯克生物制药厂 阿尔伯格水泥公司 阿斯纳伊斯养鱼场 卡米拉硫酸制造公司
工业共生体内成员数目	4 个	8 个	9 个
新增企(事)业数目	0 个	3 个	1 个
工业生态链数目	10 条	16 条	22 条
新增企业链数目	0 条	6 条	6 条

注：以 1975 年企(事)业变化的统计数值为比较基点。
资料来源：徐大伟等："工业共生体的企业链接关系的分析比较——以丹麦卡伦堡工业共生体为例"，载《工业技术经济》，2005(2)。

表 13.3 卡伦堡工业共生体的演进过程

时间	建立链接的副产品	初始动因	收益类型	产业链
1975	吉普罗克石膏板厂使用斯塔托伊尔炼油厂排放的废气丁烷	降低生产成本；管理者之间的沟通	内生有偿	斯塔托伊尔炼油厂→丁烷气→吉普罗克公司
1975~1979	诺夫诺迪斯克生物制药厂与1 000家农场达成合作协议	政府禁止将含有氯和磷的泥倒入海中	内生无偿	诺夫诺迪斯克生物制药厂→污泥→农场
1979	阿斯纳伊尔斯发电厂的粉煤灰卖给波兰阿尔伯格水泥厂	用于收集粉煤灰的先进技术的应用	外生有偿	阿斯纳伊尔斯发电厂→煤灰→阿尔伯格水泥厂
1981~1982	阿斯纳伊尔斯发电厂给居民、炼油厂、制药厂输送余热	取代3 500个煤炉，减少空气污染	内生有偿	阿斯纳伊尔斯发电厂→蒸汽余热→卡伦堡市；阿斯纳伊尔斯发电厂→蒸汽余热→斯塔托伊尔炼油厂；阿斯纳伊尔斯发电厂→蒸汽余热→诺夫诺迪斯克生物制药厂
1987	斯塔托伊尔炼油厂将其生产中剩余的纳炉用水提供给了阿斯纳伊尔斯发电厂	火电厂需水冷却	内生有偿	斯塔托伊尔炼油厂→锅炉用水→阿斯纳伊尔斯发电厂
1989	阿斯纳伊尔斯发电厂把冷却的热海水送给养渔场	冷却后的热海水对鱼生长有利	内生有偿	阿斯纳伊尔斯发电厂→余热→纳伊斯养鱼场
1990	斯塔托伊尔炼油厂把脱硫后的硫磺供给卡米拉公司生产硫酸	脱硫技术出现，新增了脱硫设施，可生产其副产品硫磺，增加收益	内生有偿	斯塔托伊尔炼油厂→硫磺→卡米拉公司

年份	事件	类型	链接
1991	斯塔托伊尔炼油厂将其生产中的生物处理废水提供给了阿斯纳伊斯发电厂	火电厂需水冷却	内生无偿	斯塔托伊尔炼油厂→生物处理废水→阿斯纳伊斯发电厂
1992	斯塔托伊尔炼油厂又将它的副产品燃气供给了阿斯纳伊斯发电厂用于发电	废油废气可燃烧发电,电厂获得低成本能源	内生有偿	斯塔托伊尔炼油厂→燃气→阿斯纳伊斯发电厂
1993	阿斯纳伊斯发电厂脱硫项目建成,将加工后的硫酸钙卖给石膏板厂做原料	政府要求企业减排 SO_2	内生有偿	阿斯纳伊斯发电厂→石膏→吉普罗克公司

资料来源:根据有关资料综合改编而成。①

---

① 分别参见郭莉,苏敬勤:"产业生态化发展的路径选择","生态工业园和区域副产品交换",载《科学与科学技术管理》,2004年第8期;徐大伟等:"工业共生体的企业链接关系的分析比较——以丹麦卡伦堡工业共生体为例",载《工业技术经济》,2005年第2期。

表13.3能够较全面地反映卡伦堡工业共生体演化的总体过程，从时间的角度展现该共生体产业链的变动，详尽地演示了各产业链的物质媒介、经济动因和收益类型。

（二）卡伦堡共生体系最新演变

根据卡伦堡共生协会顾问克里斯坦森在2001年9月的最新简报，整个卡伦堡共生体系其实一直在演变之中。以下分别从共生成员、规划方案、企业负责人变动与沟通方式的变动来说明卡伦堡共生体系的最新演变。

(1)共生成员的变动。2001年有两个新成员加入该体系，分别是索伊尔兰和诺夫兰。其中的一家废弃物处理公司诺夫兰，业务覆盖9个自治城市，每年处理126 000公吨废弃物，其中82%废弃物回收。共生体系中，有一个企业被合并而改变成为恩纳吉，有一个企业被拆分为诺夫诺迪斯克及诺夫齐米斯两家子公司，分开后的两家子公司仍属于共生体系。

(2)规划方案的变动。从共生体系开始至今，在28个规划方案中有8个存在相当程度的改变，其中有2个方案被扩展，4个方案被开发成不同技术，1个方案被暂时保藏起来，1个方案已终结，2个方案在1997年投入共生体系实施。

(3)企业负责人变动。整个卡伦堡产业共生方案中约有25个经理人参与。从1989年开始至今，原来各企业的经理人全部都离开原来的岗位，不是换工作就是退休了，共生体系的公司中有更多的人加入这些方案。

(4)沟通方式的变动。当成员企业发生变动时，需要重新建立新的沟通方式。规划方案实施之初，各方都有强烈的沟通愿望，当方案进入稳定的日常操作阶段时，沟通情况则减缓。因此很多成员企业希望卡伦堡外面的新成员能加入体系,刺激更多的共生机会。

(三) 卡伦堡案例经验总结与评价

卡伦堡产业共生体系始于偶然的合作机会,兴于交易网络的形成,并在自生演化的基础进行理性设计和有意识引导而走向成熟。从卡伦堡案例可以得出以下几点经验:

(1)所有合约都经过基于双边基础的协调谈判而来;

(2)每一份合约都是由于双方计划均有经济诱因;

(3)对于非企业核心业务范围内的机会,即使有环境效益,也不会有吸引力;

(4)每一个企业都力求风险最小化;

(5)每一个企业都独立评估其交易行为。若无系统化绩效评估系统,他们多数感到这是很难达到的理想。

卡伦堡诺夫诺迪斯克生物制药厂前副总裁克里斯坦森认为,理想的副产品交换网络应具备如下发展条件:

(1)产业必须是不同,但彼此有所需求的产业。

(2)合作企业须是基于商业目的,最好是可获利的。在卡伦堡共生体系中,如果某种环境减废技术与机会存在,然而不是相关厂商的核心事业,厂商并不会去利用它。

(3)发展必须出于自愿,并与环保机构密切配合。政府法规的激励和约束均促使厂商利用区内副产品衍生新技术。

(4)上下游企业之间的空间距离要短,才会经济可行。

(5)卡伦堡各工厂的经理人彼此熟识。

产业生态学理论中对上下企业间的空间距离,以及企业间关系网络、共生体的社会资本没有考虑。从学科属性来讲,这已超出其范围。因此,也有学者在总结卡伦堡案例经验时指出,生态工业园区的成功因素包括多样化产业差别、私人信息交换网络、整体环境危机意识、社区意识、私人契约关系约束等。但是,也有学者认为,产业共生的组合方式不存在单一的形态,而应根据各个地区实际情况、产业生态进展阶段以及所处环境条件不同探索适宜的模式。

丹麦卡伦堡生态产业园发展 20 多年的经验和教训表明,一个成功的生态产业园不是由政府或规划师自上而下规划出来的,而是从市场竞争中由相关企业自组织磨合而成,既要有主导产业链、主导产业集团、主导技术、主导资源、主导资金、主导市场和主导人才形成的生长核,以确保产业园的经济活力,又要有工艺、产品、市场和技术的多样性和柔性,以确保园区抵御风险的能力和发展的稳度,要在资源利用效率、环境影响、生态服务功效、原住地居民利益和区域生态平衡等方面长期磨合进化。生态产业园的规划和孵化必须上下结合、内外结合、软硬结合、长短结合,通过工艺改革、产品创新、功能革新和系统更新,通过滚动式的修改和完善逐渐形成,这里自组织自调节是关键(王如松,2005)。

13.3 案例分析 2:天津泰达生态工业园

13.3—1 天津泰达概况

天津泰达生态工业园是国家发展循环经济的试点园区。2005年被确定为试点,2006 年 10 月通过国家验收,园区已由规划准备阶段转向全面建设阶段。试点工作实施方案提出了 7 大类共 17 个项目,涉及水污染防治及水资源化、固体废物资源化、能源、绿化、交通、中空纤维膜组件及系统产业化、服务支援体系等方面,其中的绝大部分重点项目对开发区实现循环经济发展目标有支撑作用。开发区在创造"仿真的国际环境"服务国际跨国公司的过程中,投入大量人力物力,自觉开展清洁生产、生态工业园建设等符合循环经济理念的工作,在体制、机制建设、招商引资、集约利用资源、基础设施建设以及宣传教育等方面进行了大量实践并积累了一定的经验,基本上形成了"政府推动、企业主体、全民参与"循环经济发展格局。

通过10多年的努力,该园区已经形成比较完整的循环经济产业网络,产生了巨大的经济效益、社会效益和环境效益。经过21年的发展,天津开发区已经建立起电子通信产业、生物医药产业、机械制造产业、轻工食品产业四大支柱产业。根据商务部公布的国家级开发区2005年度投资环境评价结果,天津开发区以指数分值758.9分继续位居榜首,赢得商务部自开展该项评比以来的"九连冠"。2005年底,天津开发区完成GDP 642.29亿元,增长25.2%;工业总产值累计完成2 305.19亿元,增长26.5%;财政收入实现141.33亿元人民币,增长23.5%;出口139.71亿美元,增长25.0%;固定资产投资完成180.32亿元,增长15.0%。这些数据均在全国53个国家级经济技术开发区中领先。[①]

在环境效益方面,2004年,开发区内万元GDP消耗新鲜水8.79吨,大大低于全国平均水平的55~57吨;万元GDP耗能323.16千克标准煤,远低于全国2.14吨标准煤的水平。[②] 开发区确立了在未来10~15年间建成以工业共生、物质循环为特征的新型高新技术产品生产基地的目标。

---

① 天津开发区投资网。
② 黄冀军、郭文生:"为工业园区发展画好循环'圈'",载《中国环境报》,2005年5月23日。

13.3—2 天津泰达生态工业园的演进过程

1984年天津经济技术开发区成立。经过20多年的发展,形成电子信息业、生物制药业、汽车制造业和食品饮料业四个支柱产业。

2001年,天津市环保局与天津开发区管委会在泰达联合召开"中日循环经济与零排放研讨会",开发区还通过参加"中国工业园区环境管理试点项目"和"中欧环境管理合作计划生态工业园试点项目"。

2003年5月,天津开发区借助"中欧环境管理合作计划"工业发展之生态工业园试点项目的技术资助,开始建立可持续固体废物管理体系。

2004年4月被正式批准进行国家生态工业园的试点建设。围绕上述四大支柱产业建设循环经济网络,通过招商构建完整的产业链条。

2004年4月成立"废物最小化俱乐部"。

2005年建成"天津开发区突发事件应急系统"。

2005年建成如下循环经济项目:(1)海水淡化项目。泰达控股投资1.6亿元人民币建设2万吨/日海水淡化工程。计划将于2005年投产。(2)垃圾发电项目。泰达控股投资5.4亿元兴建的双港垃圾发电厂正在建设过程中。(3)完善区域水循环系统。以泰达自来水公司为主体的供水系统日供水能力18万吨,以泰达污水处理厂为主体的污水处理系统日处理能力10万吨,以新水源公司为主体的中水回用系统连续微滤产水量达到3万吨/日,RO反渗透法产水量达到1万吨/日。(4)引进电子废物和其他废物资源化生产企业,挖掘城市宝藏。

2005年在开发区政务网首页开设生态工业园专题网页；开通"中欧环境管理合作计划"泰达试点项目专题网页——固废资源信息网。

2006年2月组建了"泰达循环经济促进中心"，解决循环经济建设中面临的管理和技术等问题。

2006年，中央提出建设天津滨海新区，新区全面推进节水、节能、节地、节材和综合利用，建成开发区和大港石化区两个生态工业园区，建成石化、汽车、冶金、电力与海水淡化四条循环经济产业链。

到目前为止，以电子信息业、生物制药业、汽车制造业和食品饮料业四大产业体系为依托，已引进世界500强中的100多家。诸如摩托罗拉、西迪斯、通用半导体、爱默生、霍尼韦尔、施耐德、梅兰日兰、松下、雅马哈、三星、三洋、雀巢、卡夫、可口可乐、百事可乐、顶新、嘉年华、诺维信、葛兰素-史克、施维雅、丰田、SEW、约翰-迪尔等几百家实力雄厚的跨国公司均在泰达落户。

13.3—3 基本经验

生态产业网络的演化是自然演进与理性设计的结果。成功的产业共生体系不仅需要市场发挥基础性的资源配置作用，而且需要政府适时适度的干预。不同的经济体发展路径是有差异的。如果说卡伦堡在市场演进方面更有优势，那么天津泰达在市场和政府的有机结合方面更有特色。因为在发展中国家发展循环经济面临着观念、技术和市场化不足等制约，政府的主导作用显得尤为重要。其实践经验可概括为以下几点：

首先，为区内的企业信息沟通和关系融洽提供便利。废物最小化俱乐部是开发区环保局与欧盟合作的"工业固体废物管理系统"项目中的一个子项目,如今已发展了两批成员。开发区邀请不同领域的专家,对每一个俱乐部成员企业进行考察,并提供解决废弃物减量的方案。聚会由开发区环保局主办,他们只负责发出邀请、提供场地和饮料,然后就退到台下。聚会中真正的主角是开发区内14家知名企业的负责人,这些负责人针对资源利用和废物减量化中的一些尝试进行自由交流。拉法基铝酸盐(中国)有限公司通过俱乐部专家组找出了包括余热利用、节电、节水、原料包装袋再使用四大方面的8个废物最小化机会和改进方案;通过俱乐部的交流,找到博爱公司的原料包装袋作为其产品包装,可以节省160万元人民币;而博爱公司一下子就给自己的两种生产过程废弃物找到了再次发挥作用的地方。[1]

其次,加强循环经济公共基础设施建设。开发区投资两亿多元人民币,实施了海水淡化、垃圾发电、区域水循环及固体废物循环等工程,进行污水综合利用,研究新型土源材料,这些都是政府建设的资源循环利用基础设施。为加强开发区固体废物的管理,促进园区内固体废物的交换和资源化利用,开发区借助"中欧环境管理合作计划"工业发展之生态工业园试点项目的技术资助,建立可持续固体废物管理体系。开发区环保局通过对区内固体废物网络调查,摸清了整个开发区的固体废物产生量。这种做法是对天津开发区工业固体废物全过程管理进行的开创性探索。一个由3个箭头和开发区英文缩写"泰达"标志的"生态标识"已经贴到了企业的废物存放点、废物运输车上。废弃物的产生和流向都在政府的掌握之中。

第三,为园区企业提供人和技术服务。园区成立了全国第一家循环经济技术服务机构"泰达循环经济促进中心",由天津开发区管

---

[1] 李新玲:"天津开发区向生态园区转型",载《中国青年报》,2005年8月9日。

委会和南开大学共同组建,为园区提供人才和技术服务。其主要任务是:信息系统建设,包括循环经济网站开发、循环经济信息与数据库建设等;清洁生产审核;区域循环经济发展的技术科研;工业废物网上交流与工业废物生态标识企业认定等。通过这个中心,天津开发区政府部门可以获得一整套循环经济的信息数据;通过这个中心,每年将有 10~15 家企业通过清洁生产审核;通过这个中心,开发区可以最快的速度搭建起工业共生的生态产业链条;通过这个中心,企业可以取得它们想要的国际绿色通行证。一方面,它可以为政府提供决策支持;另一方面,它为企业提供有偿服务。根据市场机制原则,利用价格杠杆,鼓励资源集约型生产、遏制资源浪费、减少废物排放,促进生态链建设。①

再次,注意弥补市场的不足并辅助市场发挥作用。政府在发挥公共服务职能的同时注意充分调动企业的积极性,尤其是在网络和产业链条的建设中主要采取市场的手段。开发区围绕电子信息业、生物制药业、汽车制造业和食品饮料业四个支柱产业,根据生态工业系统建设需求和市场机制有选择地进行主题招商和绿色招商,重点发展补链企业,使开发区的产业链、产品链和废物链不断完善。通过"群簇招商"、"链条招商"等办法把一个产业的生产企业及废弃物处理企业从招商阶段就全部引进。

最后,加强信息建设,构筑循环经济公共信息平台。信息流建设是生态工业园建设重要内容。首先,天津开发区凭借电子政务系统,积极在区政务网首页开设生态工业园专题网页。其次,"中欧环境管理合作计划"泰达试点项目专题网页——固废资源信息网,为开发区

---

① "泰达循环经济调快流速",见 www.bh.gov.cn,2006 年 2 月 20 日。

形成良性的物质循环流动奠定了基础。①

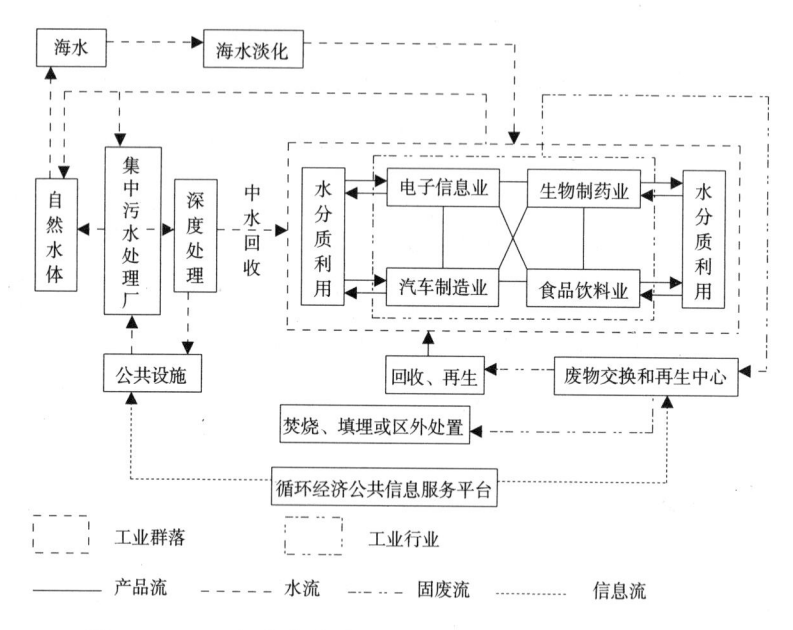

图 13.2 天津泰达生态工业园区产业生态网络示意图
资料来源:根据有关资料改编。参见:黄冀军、郭文生,2005年。

从图 13.2 可以看出,园区内四大主导产业相互交错,在资源再利用方面形成互为供求关系,是典型的共生网络。水资源在园区内已形成封闭回路,在体内达到循环利用。对于因技术、信息等客观因素导致企业之间不能自动实现资源循环利用的废弃物,园区通过建立废物交换和再生中心,弥补资源循环链条的不足,使流出体外的资源再次进入循环体。在示意图的下半部分,两端分别是水处理公共设施和废物处理设施,这些设施需要政府投资或由政府出面引进资

---

① 泰达:"循环经济见实效",载《北方经济时报》,2005年8月4日。

金维持其运行。公共信息服务也是政府的重要职能,它有助于企业降低信息成本,加快资源周转速度和利用效率。

13.4 本章小结

产业生态网络的演化机理体现出循环经济组织动态发展规律。基于演化经济学和自组织理论,对循环型经济组织演化的一般规律作了分析。产业生态网络演化机理主要有内生动力机制和互补性协调博弈。内生动力机制包括政府的公共租金、集聚效应、学习效应、共同知识和路径依赖。互补性协调博弈是一种动态博弈。这种互补性包括技术互补性、需求互补性和交易互补性。最后以卡伦堡为例,分析了产业生态网络的物质流、能量流和信息流状况,并对其演化过程进行全面介绍。

卡伦堡的经验告诉我们,产业生态网络的发展不是理性设计的结果,而是遵循经济规律和生态规律,在自然演化的过程中适时地进行引导和完善。本章对该产业共同体的物质流、价值流和信息流进行了分析,并对其演化过程作了详细的介绍。最后把卡伦堡的实践经验作了简要的归纳。

如果说卡伦堡在市场演进方面更有优势,那么天津泰达在市场和政府的有机结合方面更有特色。因为在发展中国家发展循环经济面临着观念、技术和市场化不足等制约,政府的主导作用显得尤为重要。其实践经验就是:政府要在政策引导、产业和区域规划、循环经济信息服务、循环经济公共基础设施建设、技术和人才服务、企业之间关系协调等方面发挥主导作用,降低企业发展循环经济的成本。

第14章 循环经济的调节机制(一)

本章和下一章讨论循环经济的调节机制。循环型经济在调节方式上,可分为事前调节和事后调节。基于新的产业支撑体系、有效产权、充分信息和良好信任与合作,事前调节有虚拟交换前置(信息替代、合约交易)和公众参与两种形式;基于适度消费和企业生态管理的微观基础,以完善的市场体制和健全的政府职能为制度基础与体制保障,事后调节主要指传统的市场和政府两种手段。

14.1 循环经济中的信息问题

14.1—1 循环经济中的信息问题与经济协调

市场交易需要支付大量的费用,诸如搜集市场供需信息的费用、识别产品(服务)的性能与质量信息的费用、与交易对象讨价还价的费用、签订交易合约的费用、监督对方履约的费用、化解纠纷与寻求救济的费用(张五常,1983),新制度经济学的研究表明,市场交易费用的高低,直接影响着合约形成概率与市场交易效率——很多交易合约之所以最终未能形成,主要归结为交易费用太高(科斯,1960)。市场机会主义的普遍存在降低了合约形成的概率与合约质量,使得

(交易)合约充满了不确定性。因为,市场主体一方面倾向于竭力隐瞒自身产品的不良性能与劣质信息,制造各种假信息以便欺骗交易对象,企图强化交易信息不对称,这就在事实上增加了(交易)合约的不确定性;另一方面又要支付大量费用搜集对方的交易信息来弱化交易信息不对称,以便增加(交易)合约的确定性。市场主体对于机会主义攻防有一个共同结果,那就是助长了市场交易费用总量的攀升。①

(一) 信息、投机与租金挤占

信息是经济活动中的重要因素。经济个体的行动是预期的成本收益计算的结果,由于环境和未来的不确定,预期很可能失败,决策错误经常发生。错误的决策意味着成本支付;然而要避免错误也是有成本的。要避免错误就得获得信息,而信息是稀缺的,并非免费,信息搜寻的成本就是避免错误的成本。对于卖者而言,目标是卖出高价,就需要寻找愿意支付高价者。如何找到高价者,如果找不到,是不是一直找下去?对于买者,同样也面临一个问题:如何找到低价卖者?实际上,经济决策的均衡点是边际搜寻成本等于边际搜寻收益。见图14.1。西蒙把它定义为适度搜寻。

如果再考虑到投机因素,实际交易价格可能会偏离均衡搜寻的价格。在遵循新古典经济学的"经济人"假设基础上,威廉姆森认为,人不仅是有限理性的,而且是有机会主义倾向的,所谓机会主义就是"自私加狡猾"。也就是说,由于信息的优势,一方会利用这一优势采取策略挤占均衡价格中本属于对方收益的一部分。维克里运用博弈论和信息不对称分析了拍卖中的投机问题,提出多种定价方法。克

---

① 宋功德:寻找均衡——行政过程的博弈分析,载《中国行政法精萃》(2003年卷),机械工业出版社,2003年。

莱茵等人从交易成本角度分析由于资产专用性而产生的准租金挤占问题。张五常对管制导致的租金耗散作了分析。巴泽尔则从商品属性的"公共域"的信息争夺,解释产权的归属问题。按照福利经济学的分析方法,就是信息优势方挤占对方的剩余。只不过,不同的学者对这个剩余的定义有所不同。

如果对这种挤占现象缺乏合理的制度安排进行约束,就会产生经济激励。更多的交易者会利用各种资源去获取信息,以占据优势。而这种资源被大量地配置到非生产领域,最终导致社会总福利的损失。

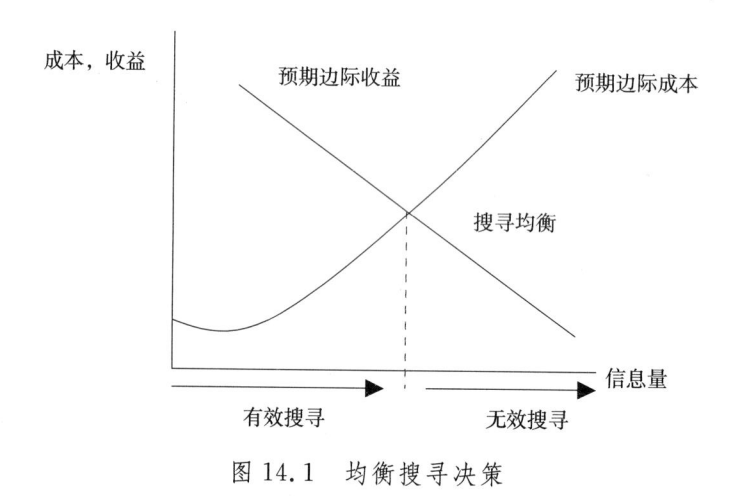

图 14.1 均衡搜寻决策

(二) 商品品质信息优势争夺与资源配置

巴泽尔(2002)认为,由于商品的部分属性将置于公共领域(未被清晰界定的属性),交易双方会为争夺这一部分属性的控制权而影响合约的订立,进而影响交易结果。他把这种情况归因于度量成本或监督成本过高。笔者认为,根本原因还是信息分布与占有问题。第一,有限理性决定信息获取能力的限度。商品的部分属性之所以会出现在公共领域,而不是一开始就为私人所有,源于人的有限认知能力。人不可能穷尽一切事物,即使对某一事物而言,也无法一时尽数了解。当商品的属性不具有潜在价值时,人们通常视而不见。然而,对于其价值的认知也是有限的。第二,信息租大小决定信息控制意愿。第三,机会主义程度决定信息屏蔽或信息扭曲的程度。

租值耗散理论认为,如果市场价格被扭曲,或者由于价格控制的减弱,或者是由于私人产权价值的降低,某些其他标准或准则就随之替代它们,这就是租值耗散现象。唯一没有租值耗散问题的准则当属市场价格。租值耗散是一种浪费,它导致交易结果与个人约束最大化不一致,违背了帕累托条件。租值耗散仅仅是为了产生一种均衡的结果,而这种结果又是低效率的(张五常,1999)。

(三) 循环经济的正外部性与协调机制

生态经济活动的成本收益是包含私人成本收益在内的社会成本收益的总和。[①] 成本包括三个部分:一是生产和消费生态经济领域的成本;二是公共决策成本,即达成公共契约的成本;三是政府代理成本,即执行、实施和购买提供生态产品的成本。收益有四个部分:一是所提供产品和服务的市场价值;二是生态公共品和生态混合品集中生产和消费所节约的经济成本中包含的"机遇价值";三是纠正市场扭曲由帕累托改进带来的价值;四是兼顾公平和效率所带来的社会福利价值。

循环经济更多的是从资源节约和综合利用以及源头控制排放的角度实现生态经济效益,它一般不涉及公平问题(包括代内公平和代际公平),在其社会收益方面,主要因资源的减量、循环和再生利用导致资源的合理使用和跨期配置,间接带来的环境收益和生态收益乃

---

① 廖卫东:《生态领域产权市场制度研究》,经济管理出版社,2004年。

至代际跨期配置则是一种客观效应。更大的收益则来自因资源存量增加、替代性技术进步、节约性科技创新和制度创新以及微观基础的转变和社会生态转型形成的对长期经济增长持久性贡献。

由于循环经济具有巨大的正外部性。仅靠市场调节（即民间部门的自发协调）的结果只会是"囚徒困境"和"公共地悲剧"。在这种机制下，循环经济最终会失败。因此，需要用其他的调节手段进行补充或辅助，政府的适度介入进行看得见的调节，还可以通过第三只手和新的调节手段来协调经济活动。本章就是重点论述事前交换和公众参与在环境资源配置中的作用。

14.1—2 循环经济中的信息分布与不同协调机制的优势

循环经济巨大的正外部性为政府介入提供了必要性，而循环经济启动阶段的信息分布中政府具有信息优势，这是政府干预的可能性。在循环经济初级阶段，该领域参与者不多，经济环境中的不确定性微弱，供给和需求方面的信息不显著，再加上可供挤占的公共租金也很少，这个时期政府的作用是明显的。政府可以通过直接提供相机性租金引发企业为竞争租金而发展循环经济。价格机制的协调作用被启动，企业在合作收益的激励下逐步增加循环经济方面的产量和交易量，企业之间由于交易数量、交易频率和交易品种的扩大而增加相互依赖性，更多的企业受到价格的指引而参与循环经济活动。

伴随着交易规模和交易者的增加，交易技术、交易制度不断创新，围绕循环型产品展开的专业化分工也在深化，交易关系也日趋复杂，企业间关系、企业制度和企业组织形式在市场推进和分工演化的进程中发生变化，企业间关系出现战略联盟、连锁、外包、虚拟经营等多种形态,企业制度和企业组织形式也因交易成本的变化而在产权结构、治理结构、组织结构和组织形态等方面产生巨大变化。期间,诸如行业协会、担保机构、信息服务等经济中介组织应运而生。循环经济企业之间的经济活动出现一种网络化趋势,不管是理性设计的产业生态系统,还是循环型产业链自发演化而成的循环经济网络,均受到来自政府和市场以外的机制调节。

在这一阶段,信息充塞和信息扭曲现象很多,经济系统由于非线性关系作用导致不确定性增加,政府这只"看得见的手"要想进行有效的干预,需要非常详细的信息,如市场状况、各个经济主体之间的关系等。但是,信息成本极其高昂,政府几乎不可能胜任这一状况(纳高卡,1989)。当循环经济发展到较高阶段,市场机制随之健全,资源配置和关系协调呈现多种机制共同作用的格局。

循环经济是一种创新的经济模式。经济发展本身就是一个永恒的创新过程,经济进步的取得来自于找到一个更好的活动组合或一个更好的协调机制,任何新机制的发现,本质上既不能设计,甚至不能预测;我们所能做的是设计一个更好的搜寻机制或发现程序(纳高卡,1989)。因此,发展循环经济,我们既不能过于崇拜政府的作用,也不能迷信市场就包医百病。

蔡守秋(2003)从组织制度角度出发,将环境资源法的调整机制概括为三种:行政性政府组织调整机制即行政调整机制;营利性企业组织调整机制即市场调整机制;非政府非营利组织调整机制即社会调整机制。[①] 行政调整机制,是指通过行政性政府组织,调整人与人的关系和人与自然的关系。这种建立在强制性权威基础上的政府组

[①] 蔡守秋:"第三种调整机制——当代环境资源法研究的一个新领域",见 http://www.riel.whu.edu.cn/show.asp? ID=1256,2003。

织,适合于调整人与具有安全、公正等垄断性公共物品性质的环境资源的关系。理想的政府调整机制是"善政"。善政的要素是:严明的法度、清廉的官员、很高的行政效率、公正的行政管理。市场调整机制,是指通过作为市场主体的营利性企业组织,以市场机制或市场这一"看不见的手"调整人与人的关系和人与自然的关系。市场调整机制简称市场机制,它以市场手段即自主契约、自由交易和公平竞争为主要手段和特征。理想的市场调整机制是自由公平竞争和法治的自由市场。社会调整机制,是指通过非政府非营利组织,以社会舆论、社会道德和公众参与等非行政、非市场方式进行调整,如利用环保群众运动和环境道德舆论去克服外部性的败德冲动。这种机制适合于调整人与具有非垄断性公共物品性质的环境资源的关系。理想的治理机制称为"善治"。善治的要素是严明的法度(合法性)、清廉的官员(责任性)、很高的行政效率(有效性)、良好的行政服务(协调性)、公开的信息(透明性)、公众参与(合作性)等。

笔者接受蔡守秋基于法治理论对法治社会环境管理的三种机制的观点,需要补充的是,如果从制度分析的角度看,非正式规则(如价值观、信任、社会资本)等对环境资源的调节也具有功能性意义。这些因素的调节作用在经济机制上起到改变经济流程的作用,笔者把它定义为"虚拟交换前置"。

14.2 循环经济、事前交换与经济流程转变[①]

自然资源的大规模消耗日益成为制约经济发展的一个现实问

[①] 参见张卫东、杨雪锋:"节约型经济流程的基础与条件",载《经济学家》,2005年第5期。

题。循环经济的资源配置问题在以过度竞争和过剩生产为特征的传统经济学框架内面临着理论困境;作为追求可持续发展的循环经济给人类缓解资源约束提供了一个新思路。然而,当前人们对循环经济的研究大部分关注于资源的再利用和再循环,而对整个经济系统的资源配置研究重视不够,尤其是对资源消耗源头控制的体制机制(包括资源开采和资源配置以及生产决策)疏于研究,是当前循环经济文献的一大缺憾。本节拟从经济流程的转变来探讨循环经济中资源优化配置问题。

14.2—1 基于资源减量化对循环经济理论的扩展

传统经济学由微观经济学和宏观经济学组成,即当今所谓的主流经济学,分别以新古典主义和凯恩斯主义为主要理论支柱,后凯恩斯主流经济学对两者进行了综合,形成对经济运行的折中解释。对传统经济学的理论局限在引言和第二章中已经进行了讨论,这里不再赘述。批判传统经济学意在为经济流程的转变奠定理论基础。同时还须对循环经济研究中的不足给予充分的认识,这一点在第2章业已讨论。

对减量化的轻视和生产环节中潜在的减量化存在空间的忽视是现有循环经济文献的"硬伤"。真正实现循环经济减量化,还需解决两大问题:一是如何在宏观领域实现资源的有效配置,二是微观主体如何最大可能实现资源的有效替代(与有效消耗是同一事物的两面)。基于资源减量化原则,笔者对循环经济理论作如下拓展:(1)资源减量化原则是循环经济的核心,生产领域的资源减量化是关键。(2)树立新的资源观,充分发挥信息资源对物质资源的替代作用。信息技术的发展使我们充分利用信息成为现实,实现经济活动的资源消耗减量化要求(即减少物质流)的主要路径是增加经济活动中的信息流、知识流,通过信息流的增量来弥补甚至超越物质流在经济运行中的作用。通过对信息资源和智力资源的开发与利用,一方面提高对物质与能源的利用效率,另一方面起到对信息物质与能源的置换作用。(3)再造社会生产流程,实现"虚拟交换前置"。在企业、社会和自然"三赢"的条件下,如何在生产环节做到资源减量化,即实现物质资源的最优消耗呢?可行的思路是:信息资源对物质资源的替代,交换在生产之前实现。在此基础上形成的"虚拟交换前置"思想不仅是社会总生产流程的重构,而且对广义的生产活动(供应、生产、销售)和狭义的生产(研发、设计、制造)都将产生深刻的影响。

14.2—2 "虚拟交换前置"思想的含义、理论基础及理论框架模型

(一)"虚拟交换前置"思想的含义与理论基础

"虚拟交换前置"思想可定义为:以物质资源的最优消耗为目的,建立物质资源的最优消耗的激励约束机制,以信息资源的交换部分地替代物质资源的交换,以信息成本的增加取代物质资源的无谓消耗,引导供应商和需求商实行订单生产和以需定产;消费者先订购后消费,把在生产之后发生的交易提前进行,在宏观上实现社会经济流程再造。这样,既减少总生产中非必要物质的流动和损耗,又缩短社会总生产的时间。由于企业内部有交换在前的内在需要(稳定的市场和利润),企业外部即整个市场形成交换在前的约束条件,从而在微观领域形成资源最优消耗的运作机制。因此,原来的社会经济流程:生产——分配——交换——消费,就可以改造为:虚拟交换——

生产——分配——实际交割——消费。根据新制度经济学理论,交易实际上是一种合约行为,因此,虚拟交换是一种以信息交换、有法律保护和稳定预期的供求意愿的交换为内容的合约行为。从表面上看,它与一般交换并无实质性差别;但是,通过交换与生产环节的置换,整个社会生产和经济活动将被纳入运转有序、物耗优化、流转快捷的轨道。

"虚拟交换前置"思想是信息经济和生态经济共同发展、相互促进的结果,既利用了信息化和虚拟化的经济运行方式,又顺应了生态化的伦理诉求。交换先于生产而出现,关键在于信息的流通快于物质的流通,这是虚拟交换前置的技术保证。不仅如此,虚拟交换前置还具有深厚的理论基础。

(1)传统的经济流程有"帕累托改进"的余地。四大环节顺畅运转,关键在于交换的顺利实现。如果动态地观察整个社会或者整个经济体系的运行效率,交换环节就变得极具价值了。从传统的生产过程来看,由于交换总在生产之后,生产变成既定事实,社会总福利就只能在生产后的"饼"里面分配,却不能改变"饼"的大小,故存在帕累托改进。如果改变生产和交换的次序,把交换放在生产之前,即"按需生产",我们就会发现:生产者将会以现实的需求作为生产目标,大规模生产带来的大规模浪费将会减少;而同样的需求得到满足,资源节约、劳动节约导致社会总福利增加。

(2)交易成本理论及合约经济理论。实现事前交换的关键在市场供求矛盾,供求矛盾的作用机理在于交易成本的分布,交易成本扩大是社会高度专业化的必然结果(诺斯,1994),物质资源耗费引致的成本扩大则构成社会发展的瓶颈。通过对交易成本的消解实现物质成本的节约为"虚拟交换前置"思想提供新的理论解释:成本和收益是事物的两面性,交易成本的存在及其降低伴随着社会总福利改善

(即消解成本的收益)(张五常,2000)。根据新制度经济学的合约理论,交易实际上是一种合约行为(张五常,1983),虚拟交换是一种以信息交换、有法律保护和稳定预期的供求意愿的交换为内容的合约行为。中间商的功能是通过改变合约形式传递价格信号,在经济流程转换之后,中间商的经济意义也需要发生新的变化以适应经济活动的需要。

(3)相关理论支持。"虚拟交换前置"思想综合运用了虚拟经济理论、信息经济理论、可持续发展理论和现代企业运营理论等多学科知识,建构于循环经济理论基础之上,是对循环经济理论的扩展。虚拟经济理论认为,信用、产权和信息技术是支撑虚拟经济的三大支柱,其中,信用是思想基础,产权是制度条件,信息技术是物质前提;虚拟经济是市场化高度发展的交易形式,这种有产权制度保障和信息技术支持的信用交换是对生产与交换环节置换的制度创新。信息经济学认为,信息具有资源配置、要素联结和协调的功能;还由于它具有异步性特征,可以解决意识与实事的超前以及时空差异问题。它将使人类社会的制度、组织、管理结构以及生产方式、消费方式和思维方式产生一系列的变化;信息资源也将在很大程度上减少不可再生资源的消耗,使其得到更合理的配置。这种建立在高效的信息反馈和信息控制的基础上的新机制,是实现事前交换的客观基础。"虚拟交换前置"思想体现可持续发展的交换模式:使通过交换产生的系统效应达到尽可能的资源消耗少、流通时间短、信息反馈及时、供需衔接好。这种交换模式的实现在微观上取决于两个因素:需求信息的搜寻能力和企业供给的反应能力。信息化时代企业运营理论的新要求。在微观经济循环中,要实现"以需定产",根本上是解决信息对物质的部分替代;知识和信息对物质资源的部分替代为实现事前交换提供技术支持,形成传统商业模式所不具备的新的竞争优势。

信息化提出对企业运营新要求:①对市场需求的准确把握(包括建立稳定的客户关系网络、及时准确的需求预测等)。②足够的信息传递。企业的品牌、产品质量等信息应为消费者了解。③生产流程的敏捷反应和适时调整。④企业信息化技术处理能力。

"虚拟交换前置"思想与大岛的"生产消费协作市场"思想[①]不谋而合。厂商的订货生产和消费者预约联合购买,建立生产消费协作市场。在一定地域或上下游的协作之上,借助计算机使生产者和消费者的协作在全国范围展开。这种市场的开发需遵循的原则是:①生产消费市场是由在基本事项上达成一致意见的团体所构成的会员组织;②生产消费协作市场要最优先进行1年之中计划阶段的交易;③假如该市场的场合是有必要达到供求平衡的场合;④用计算机进行协调时,最低数量按价格最高顺序向下减少;⑤对地域内、上下游、协作市场的伙伴三种关系予以重视。生产消费协作市场的意义在于能够很好地满足消费者的需求;减少资源浪费的速度;抑制厂商欲望性开发的过度行为。

(二) 基本假定与理论模型

"虚拟交换前置"模式以实现物质资源的最优消耗为目的,在物理形态上以信息资源替代物质资源,在价值形态上以交易成本替代物质成本,通过信用基础和产权保障实现事前交换,事后生产,从而解决微观上资源的无谓消耗和宏观上资源的过度开发和流通。而现代市场经济的核心是信用,信用构成虚拟交换前置的理论前提和心理基础。"虚拟交换前置"思想的基本假定如下:

(1)自然资源的产权明晰和价格重估改变了微观主体的偏好,构

---

① 参见大岛茂男,《可持续经济发展的道路》,2000年,第145,156~157页。

造新的社会福利函数和企业成本函数,实现外部约束内部化。新的社会福利函数应把资源的保护和合理使用、环境的改善、生态的优化等包含进去,吸纳新的变量,形成社会经济行为的新约束。同时,现在企业的成本函数没有把外部成本内部化,有必要对成本函数中要素价格和要素组合进行强制性约束(包括市场手段和其他手段)。因此提出:

假设1:自然资源的产权明晰和价格重估形成资源长期有效的开发利用和跨期配置。

(2)信息技术推进中间商的功能转型,基于Internet可以实现更高效率的信息流、资金流、商流和物流,消解巨大的交易成本(即用户寻找合适产品、厂商寻找合适消费者,以及双方沟通并达成交易的成本),开拓无限的市场空间,特别是降低企业的促销成本、与用户的接触成本、接单成本以及仓储成本,从而导致信息价格下降,交易效率提高。

假设2:信息产业的发展和中间商的功能变革导致信息资源的价格下降和价格信号传递速度加快。

(3)随着自然资源价格的上升,信息资源要素的替代弹性将变大。这样,对生产者来说,信息成本的相对降低提高了事前交换成功的概率,减少了盲目生产的冲动,增加了以需定产的激励;同时,自然资源的替代弹性变小,则形成以需定产的内在约束。由此形成社会经济流程再造的微观主体。故可以提出如下假设。

假设3:假设1和假设2改变了微观主体的偏好,形成新的社会福利函数(包括消费者的效用函数)和企业成本函数(或对偶性的生产函数)以及生产者和消费者的预算约束,进而形成资源配置的微观激励约束机制。

(4)假定其他要素价格不变,设信息资源要素和物质资源要素的边际收益分别为MRi和MRm,当MRi>MRm时,企业愿意更多地使用信息资源;当MRi<MRm时,企业愿意更多地使用物质资源。信息价格的下降很大程度上取决于信息产业的发展程度,物质成本的提高则需要增加使用自然资源的机会成本(通过提高贴现率),使企业外部成本内部化。同时消费者也产生类似决策,因此发生先交换后生产,从而形成资源有效消耗的微观主体。

假设4:生产者在进行生产决策时,由于存在自然资源价格上升的成本约束和信息资源价格下降的收益激励,更多地倾向于信息资源要素对自然资源要素的替代。

(5)卖方信任对买方关于当前供应商选择及未来购买意愿产生重要的影响,事前交换关系通过高度信任并依赖具有交易特征的关系形式。这种高度信任使交易各方能够注重关系的长期收益,这将降低交易成本。研究表明在对以前的经验及供应商关系业绩的控制后,卖方信任均不影响当前的供应商选择决策。

假设5:卖方良好的事前信任为买方选择事前交换提供稳定的心理预期。

通过上述五个命题,在整个经济活动中,信息流替代物质流完成事前交换,最终在实现社会总供求的平衡时达到资源的最优消耗。图14.2为基于虚拟交换前置的经济流程图,即从虚拟交换经合意生产(即有订单的生产),实际交换到下游需求,再将下游需求信息反馈到前置的虚拟交换,继续新一轮的流程;同时中间的合意生产和实际交换也是虚拟交换活动的信息源。从整个循环过程看,信息流使虚拟交换发生,进而虚拟交换使信息流替代物质流,减少盲目生产和无谓浪费。当信任不足以实现虚拟交换时,只能进行现实交割的物质流;这样就回到传统的经济流程。

转变后的经济流程效率大大提高,其经济运行绩效具体表现为:

减少物质流和能量流；增加信息流和服务流；经济系统允许速度加快；整个社会福利增加。

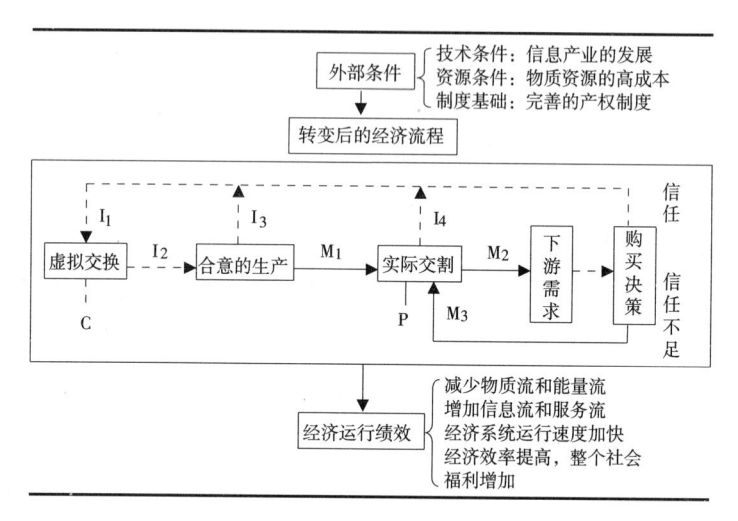

图 14.2 基于"虚拟交换前置"的经济流程

注：在转变后的经济流程中，虚线表示信息流(I)，实线表示物质流(M)。其中，I_1 表示基于信任的真实需求信息，I_2 表示完成虚拟交换传递给生产者的需求信息，I_3 和 I_4 表示中间环节的信息；物质流 M_1 表示具有显性需求的物质流，它小于无定单生产时资源投入量；M_2 表示实际交换完成后的物质流；M_3 表示信任不足以实现虚拟交换而只能进行现实交割的物质流。C 表示虚拟交换的标的，即供需合同、订单或稳定的无订单供货关系，P 表示实际交割的标的，即产品或服务。

14.2—3 "虚拟交换前置"思想的经验分析

（一）"虚拟交换前置"思想的现实性

"虚拟交换前置"思想已在社会中局部实现：①互联网的普及衍生出新型消费方式，如网上订购、个性化定制等。②规模定制。它把规模生产和个性化需求结合起来，既具有规模经济的低成本优势，又体现个性化服务的灵活性(即快速响应市场变化,较短的交货提前期)。而且这种有现实需求的规模经济,实现的不仅是低成本生产,而且是资源的适量消耗。③订单生产。一些先进企业以市场链为纽带,以订单信息流为中心,带动物流和资金流的运动。通过整合全球供应链资源和用户资源,实现"零库存、零营运资本和(与用户)零距离"。④PeopleSoft总监理查德·斯科特提出了"按需制造"思想。基于需求驱动制造解决方案的优势在于整合工厂与顾客端、供应商端的关系,企业可以在任何时间、任何情况下,生产任何模型、任何型号的汽车零部件及整车。⑤CRM(以客户为中心管理)、ERP(企业资源规划)、CIO工作机制等企业信息化技术的推广。CRM＋ERP搭建了一个市场通达的信息网络,ERP是拆除企业内部各部门的"墙",CRM是拆除企业与客户之间的"墙",从而达到快速获取客户订单,快速满足用户需求。

(二)"虚拟交换前置"思想现实需要的经验解释

运用微观经济分析,可以从消费者偏好和中间经济组织存在空间等方面进行解释。(1)关于消费者偏好方面,有如下情况及理由:①品牌忠诚。②对产品的知识不完备,需要专门的技术服务。③个性化的需求。如家具定制。④经常性消费,节约"磨鞋底"成本和谈判成本。如报纸杂志订阅。⑤商品价格变化小,且需求弹性小。⑥大宗保鲜性差的生活易耗品,如鲜奶。

(2)经济组织存在的逻辑在于降低交易成本,交换领域的经济组织能够为供求双方提供足够的信息,提高交易效率;同时,作为合约的一种形态,这种组织以各种适当的生存方式发挥着供求双方的纽带作用。从产权角度来看,根据对交易活动的收益变动性所发挥作用的不同,产权及其收益分配应进行合理的配置(巴泽尔,1997)。在事前交换以及实际交割的整个交易活动中,供应商、销售商、生产商以及消费者对商品的价值变化有各自的贡献,他们之间福利的分配,视其功能而定。

14.2—4 "虚拟交换前置"思想的政策含义及进一步的讨论

(一)"虚拟交换前置"思想的政策建议

(1)社会经济管理层面。①确立信息资源与物质资源综合利用的观念,实现经济运行的"软化"(信息化)和"绿化"(生态化),使整个经济活动朝着物质资料生产、知识智力生产和生态环境生产有机结合与协调发展的方向运行。因此,要实现物质资源减量化,则需要信息资源增量化。②建立有利于实行"按需生产"的非正式规则,倡导订单生产和订单消费等新型经济活动方式,倡导绿色生产、绿色消费和环境友好的生产方式和生活方式,建立物质减量化生产的价值导向,确立生态型、可持续的经济伦理观。③强化信用。信用是市场经济的伦理基础,加强企业征信体系建设,不仅有助于形成良好的经济环境,也是企业自身成长的需要。④严格保护消费者权益。事前交换加大消费者风险,只有建立并严格执行消费者权益保护法律,才会形成庞大的市场需求。⑤大力发展电子商务,推动传统中间商的功能转型。信息网络技术、数据采掘和知识发现技术是新中间商存在的基础,"关于信息的信息的价值"是其存在的利益基点。基于互联网可以实现更高效率的信息流、资金流、商流和物流,降低交易成本,提高交易效率。

(2)宏观经济层面。对政府来说:①改造现有的国民经济核算体系,完善绿色 GDP 核算。建立资源资产账户,从实物量和价值量两方面进行收益负债统计。存货一直被计入 GDP,而相当一部分存货最终成为废品,这是对资源的浪费。只有真正到达经济运行终端即为消费者消费的产品才能计入 GDP。因此可以提出"绿色存货"概念,对存货作另行分类统计。②对企业实行次品和废弃物审计。不仅要审计其污染情况,对于大规模生产造成的产品积压和生产废料也要进行限制。这种情况形成的生产成本对企业是一种内生约束,而对资源的大规模浪费和占用也应成为其内部约束。③建立现代资源产权制度。即建立归属明确、权责清晰、保护严格、流转顺畅的现代资源产权制度。④在全社会实行降低资源消耗的贴现率的会计标准,对自然资源重新定价。可运用产品价格将等于环境成本、生产成本与时间成本之和的定价方式。

(3) 微观经济层面。对企业来说,要适应"交换先于生产"要求,可作如下努力:①提高企业信息化程度,从技术支持和员工素质等方面入手进行信息化建设。②自觉建立有关产品信息和企业信息的信号传递机制,减少生产者和消费者的信息不对称。如品牌塑造,培育顾客对产品品牌的忠诚度,稳定和争取更多的客户;提供产品保证;良好的售后服务等;还可以确立分享合同的安排,减少交易方因寻求信息优势而产生的浪费性活动(巴泽尔,1982)。③进行市场细分,把握消费者偏好的变化。④企业生产流程再造。为实现灵活、快捷的交易提供及时制造。⑤引导健康消费、绿色消费,从消费方式和产品等方面创造新理念、新文化。

(二) 进一步的讨论:现实的问题与可能的问题

(1)为什么"虚拟交换前置"难以普及?原因至少有以下几点:①信息产业的不发达。表现为信息服务业落后和信息技术低普及率形成巨大的信息搜寻成本(包括用户寻找合适产品、厂商寻找合适消费者以及谈判成本,特别是降低企业的促销成本、与用户的接触成本、接单成本以及仓储成本,这些交易成本在一定程度上可以通过互联网消解。②社会信用尤其是商业信用环境存在很大问题。由于缺乏严格的企业和个人征信体系,目前的商业交换很难形成稳定、安全的预期。以抵押信用为基础的事前交换增加了交易成本,同时又可能形成新一轮的机会主义。③面向终端消费者的障碍。首先是国内许多制造企业并没有以终端客户为核心的需求,它们与终端客户的接触主要集中在售后的客户服务上;其次是受体制束缚,同时 CRM 系统实施的巨大成本也让许多企业望而却步;最后,制造企业的信息化程度和人力资源现状也使 CRM 的实施缺乏必要的技术保障和人员基础。④中间商(包括物流业、批发零售业、仓储业等)角色及其功能的转换滞后。在互联网平台上,传统中间商的许多功能需要转型,并开发一些原来所没有的新功能,以适应信息技术对经济活动的冲击。⑤消费者权益的保护力度不够。巨大的事后交易成本(合同执行成本)使消费者对事前交换缺乏信心。

(2)"虚拟交换前置"思想实践中可能产生的微观经济问题。①事前交换是一种信用交易,加大了消费者的风险以及从交换到消费的时间间隔。这种风险包括订金的安全性、事后生产者或供应商在产品或服务方面产生的道德风险等各种机会主义。②可能会诱发较多的"柠檬市场"。由于信息不对称,消费者对于商品的效用评价高于其真实价格,诱发卖主提供次品的动机,柠檬市场产生,逆向选择机制的作用导致市场失灵。③交换先于生产是对现实需求的满足,对于潜在需求和即时需求缺乏适应性。对部分个性化需求因成本过高而无法满足,或者是以较高成本满足,从而减少消费者剩余。④企业对订单生产会产生"路径依赖"。前期生产投入的大量固定资产及其继续追加投入,都将成为沉没成本。尽管减少了市场不确定性,但是消费者偏好的变动以及生产者之间的竞争,都可能使未来定单发生变动,从而产生巨大沉没成本。⑤外部冲击和随机扰动对定单生产的影响。如"非典"、"能源危机"等事件对企业冲击很大,但又缺乏准确预见。

转变经济流程是对传统政治经济学的理论突破,必将压缩以市场调节为基础的微宏观经济学的理论空间,并对循环经济理论的内涵与外延提出新的要求。而且,"虚拟交换前置"思想面临着现实的及可能的问题,尤其是微观领域中经济人行为的变化,如心理预期、信任、机会主义等;制度的变迁,如产权保护、度量问题、信用体系等。这些微观因素是微观主体进行经济决策的关键变量,从而影响经济流程的转变。因此,研究着眼于资源减量化的经济流程最终还须寻求坚实的微观基础。

14.3 循环经济、公众参与与"生态转型"

14.3—1 "生态转型"的理论基础

传统经济增长方式的后果造成一方面是 GDP 的高速增长,另一方面是资源环境和生态的问题日见突出。对增长前景的深重忧虑带来的另一个问题就是如何从这种困境中摆脱出来。经济增长方式转变是一个全面、整体、系统的工程,对这个课题的研究需要多种方法和视角。增长方式的转变,从根本上说,就是利益的再调整。这种利益包括在横向的不同利益群体之间、时间序列的跨期或代际之间重新调整。利益的调整涉及利益主体(个人、组织或利益群体)的经济行为的变化。从经济活动特征来看,经济增长方式的转变意味着经济生态化;从微观基础来看,实际上是各个利益主体行为方式的生态转型。研究经济行为变化,最好的分析方法当属制度变迁理论。公众参与推动经济社会的"生态转型"是一个诱致性制度变迁过程。公众既是生态环境的影响者,也是生态环境的受益者。公众参与生态环境的治理,包括直接参与和间接参与。作为消费者,可以通过约束自身的消费活动减少环境影响或通过选择生态型产品和服务来引导企业的生态型生产活动;作为公民,可以通过监督、参与立法、社区协商等渠道影响企业生产。在我国当前的经济社会条件,公众参与还有待培育。在循环经济的调节方面,公众参与与政府调节和市场调节不同之处是它以各种公共的或私人的个人和机构的合作和协调为特征,即以非赢利、非统治手段的治理为特征,主张"走向市场经济但不是走向市场社会",重视"政府调节但不依赖政府保护"(蔡守秋,2003)。健全的公众参与机制是一种事前调节,它通过公众环境知情权的履行和实现,调节经济发展过程中企业和消费者的环境行为。

(一) 相关文献背景

可持续发展的制度变迁问题是近几年关注的重要课题。李刚和孙丰云(2001)分析了可持续发展中的市场、技术和环境的关系。张晓阳[①]从地区之间利益冲突、生产力"梯度转移"与生态环境保护、"寻租"和"造租"现象的产生在政策和制度上的规避、人文精神的培育和文化建设与制度供给的内在关系四个方面分析了实施西部大开发战略的制度需求。这在一定程度上也涵盖了落后地区实施可持续

[①] 张晓阳,"实施西部大开发的政策和制度创新工程",载《贵州财经学院学报》,2000年第4期。

发展战略中的制度需求,但主要只是从宏观层面分析了制度需求。刘思华①则从成本收益比较、既存法律秩序、法律价格、消费者收入、消费者偏好及相关物品价格六个方面分析了我国可持续发展的微观制度需求。杨雪锋(2004)从制度需求和制度供给两个方面对于生态脆弱地区的可持续发展问题作了探讨。蓝虹(2005)从价格、产权和技术等角度论述了环境资源产权制度的演变。在环境资源调节机制方面,王明远(1999)"自我调控论"②、蔡守秋(2003)的第三种调整机制论③都是关于公众参与的分析,对本书的研究具有很强的借鉴意义。

(二) 制度变迁理论

利贝坎普④认为,促进资源理性配置和经济增长的制度变迁不会自然发生。任何产权安排内在的分配冲突会阻碍或严重制约可能采取的制度,即使这一产权有重要的效率效应。

制度变迁理论主要包括制度变迁的原因、动力、形式及过程等。⑤

所谓制度变迁,就是:(1)一种特定组织的行为的变迁;(2)组织与其环境之间的相互关系的变化;(3)在一种组织的环境中支配行为与相互关系的规则的变化。拉坦从制度供给的角度分析制度变迁的动力。他认为,社会科学知识的积累推动制度供给曲线向右移动。

---

① 刘思华:《经济可持续发展的制度创新》,湖北人民出版社,2002年,第319~320页。
② 王明远把环境资源调控体系分为"直接控制"、"间接调控"、"自我调控"三种类型。见王明远:"从污染物'末端'处理到'清洁生产'——发达国家依法保护环境资源的理论与实践",《外国法译评》(法学译丛),1999年,第3期。
③ 蔡守秋(2003)把市场调节、政府调节和非政府组织调节称为三种调整机制。
④ 参见利贝坎普:《产权合同中的分配问题》,1998年,第273页。
⑤ 科斯等:《财产权利与制度变迁——产权学派与新制度学派译文集》,上海三联书店、上海人民出版社,2000年。

社会知识的制度创新效应主要是通过成功先例的逐渐积累或作为行政管理知识与经验的副产品来实现。这种效应表现为社会科学知识对代价更大的真伪学习过程的替代,使制度创新成本降低。[①]

制度变迁为什么会发生?是因为存在诱使制度变迁的收益来源,即外部利润,主要来自四个方面:规模经济、外部性、风险和交易成本。新的制度安排可能会允许获取这些潜在收益的增加。[②]

制度变迁需要一定的动力。这里从需求的角度分析制度创新的动力和压力。[③] (1)从成本收益比较来看,安排创新的潜在收入可能会增加;新的制度安排的成本可能会改变;法律或政治的变化影响到制度环境,使得某些利益集团实现一种再分配或趁机利用现存的外部利润机会成为可能。(2)从外部条件的变化来看,市场规模的变化会改变特定制度安排的利益和费用,信息成本和排他性交易的成本呈递减特性;技术进步影响改变制度安排的收益;部分团体改变收益预期。(3)从知识和技术对制度变迁成本的影响来看,如果存在一种安排对另一种安排的知识转移,新安排的成本就会减少;技术进步不仅增加安排改变的潜在利润,而且降低了某些安排的操作成本;知识积累和教育普及促进知识和信息的传播,从而减少相关制度创新的成本;政府的权力和威信增加,也可减少政府性安排创新的成本。(4)从制度环境的变化来看,当正式组织和法律与社会价值、规范相适应时,安排的适应性变化才会到来;安排创新的成本收益也会随着政府的规模、构成或规则的变化而变化。凡伯伦和他的追随者将技术视为经济进步与增长的动态因素,而制度是静态的因素。埃尔文·K.青格勒指出,在凡伯伦的体系中,"正是动态技术与静态制度

---

① 拉坦:《诱致性制度变迁理论》,第327页。
② 诺思·戴维斯:《制度变迁的理论:概念与原因》,第265～291页。
③ 诺思·戴维斯:《制度创新的理论:描述、类推与说明》,第295～323页。

之间的辩证斗争与冲突导致了经济与政治制度被慢慢地置换与替代,经济组织的体系经历了历史的变迁与调整"。

制度创新会面临既得利益集团的阻力。经济作为一种开放式系统,环境是影响整个经济过程的一个重要因素,而不是经济过程中的外生变量;不仅要关注生态和经济系统及其交互作用,而且应关注在特定制度安排下的社会系统对问题的产生原因与结果的决定性影响;制度壁垒是影响环境改善的关键,一般由既得利益形成的社会势力往往会阻碍为保护环境而实行的制度变革。[①]

(三) 制度分析方法在研究循环型经济和社会 "生态转型"的理论意义[②]

由于如下理由:(1)作为演化过程的环境经济问题遵循累积因素和共同演进原则,(2)作为开放系统的经济具有社会与生物种群的相关性,(3)环境问题分析中的货币和非货币因素需要多维度思考,(4)制度安排和收入分配对环境政策解决市场背后的环境经济问题的重要性,制度分析方法对研究循环型经济和社会的"生态转型"具有重要理论意义。这种意义正是制度分析方法的优势和特点,体现在七个方面:

(1)制度经济学把经济看成是一种演化的、动态过程而不是静态的均衡过程,因此强调循环性累积因素是经济学研究中最重要的因素。(2)喜欢用开放式模型,并以此联结社会系统中相互关联的各要素,因此关注整体性、系统性问题。(3)在分析问题时,所考虑的因素和变量包括经济的非经济的。(4)强调对市场产生强大影响的制度安排和权利设置的重要性。(5)认识到经济分析中价值的重要性。

---

① 张秀萍:"国际学术视野中的环境问题",载《光明日报》,2006年8月4日。
② 沈光明:"环境问题的制度经济学研究方法",见 http://www.beiwang.com/a/Article.asp? ArtID—816。

(6)赞成某种程度的"社会控制"需要,因此也对某种程度上的政府干预表示赞同。(7)在方法论的偏好方面,制度主义者一般选择使用描述性模型(模式模型),反对新古典的预言性模型;把制度作为分析单位,反对新古典的个体消费者或企业最大化方法;接受行动主义心理预期,反对新古典主义者提倡的主观主义心理预期(个人主义)。

14.3—2 社会经济"生态转型"的制度分析

(一) 制度渐进变迁的一般机制

企业的绿色生态变迁依存于社会机制的"生态转型"。(1)充分发育的市民社会、充分发展的垄断以及共有制的普及是企业社会责任的形成条件。依据"垄断"和"共有制"发展的不同程度以及"市民社会"不同的发展水平;社会大众给予企业的压力程度必然不同;这种压力程度的强弱必然导致企业与股东以外的其他社会成员的利益关系的重要性的差异;由这种差异所造成的企业维护股东以外的其他社会成员的利益的内在要求的轻重;必然使得企业社会责任呈现出层次高低不同的表现形式。大致可以划分为三种形式:强制性表现形式、诱导性表现形式和自觉性表现形式。[①] (2)社会基础"生态转型"的渐进性和整体性。基于公众参与的生态转型是一种自下而上的社会变迁,因而是渐进的、和谐的,同时也是坚定的、低成本的;通过意识形态建设和利益约束及诱导,在政府的推动下,公众参与的范围逐渐扩展,这种扩散效应带来整体性变迁。(3)制度的"相容性原理"。

[①] 陈永正、贾星客、李极光:"企业社会责任的本质、形成条件及表现形式",载《云南师范大学学报》,2005年第3期。

正式制度和非正式制度都共同规范着人们的行为。但一般认为,正式制度只有在与非正式制度相容的情况下,才能发挥作用;否则,由于意识观念等原因而导致的人们的抵制情绪会使正式制度丧失效能。"生态转型"是以绿色制度为主促进社会进步,同时也需要一系列相关制度安排,包括法律法规、政策措施、思想教育等,对不同主体、不同领域进行针对性的引导和规范,使绿色制度的功能得到充分发挥。

(二) 社会基础"生态转型"的制度需求与制度供给

对制度变迁需求的转变是由要素与产品的相对价格的变化以及与经济增长相关联的技术变迁所引致的;对制度变迁供给的转变是由社会科学知识及法律、商业、社会服务和计划领域的进步所引致的。然后,我们将考虑市场组织不完善的含义,在这里,经济和政治资源是为了制度创新与制度绩效的增进而交换的。制度变迁是由人口对稀缺的资源赋予的压力增加所引致的。由技术变迁所释放的新的收入流确实是对制度变迁需求的一个重要原因;新的收入流的分割所导致的与技术变迁或制度绩效的增进相联系的效率收益,这是进行进一步的制度变迁的一个主要激励。

交易费用分析法和集体行动分析法是制度分析的两种重要方法。供给-需求分析是制度分析的一般工具。一项制度的出现是制度的需求力量与制度的供给力量均衡的结果,这是制度分析的最基本的思想。制度需求分析的关键在于对制度的成本与收益的比较。从制度的需求来看,一项制度之所以被需要是人们预期实行制度后所带来的利益能够超过为制订和实行制度所造成的交易费用。制度的供给与普通的商品和服务的供给不同,它往往是一个集体行动的结果。分析制度供给方法是集体行动的分析法。集体行动的分析方法,实际上是将公共选择理论与博弈论应用到对制度供给的分析中去,其核心是要解决如何通过决策规则和决策程序的设计,来有效防止"搭便车"的问题。

社会基础"生态转型"可以从制度需求和制度供给两个方面进行分析。

根据诺思-戴维斯的制度变迁理论,影响制度需求的因素:①市场规模。市场规模的变化,能够改变特定制度安排的利用和费用。在市场规模扩大的过程中,由此而带来的搜集信息成本,或排除非参与者的成本,有时并不伴随交易量同比变化,甚至还会具有成本递减的特性。这正是一种规模经济。②技术。技术对改变安排的利益有着普遍的影响。这主要体现在:a. 技术具有规模递增的特性,因此使建立更复杂的组织是有利可图的;b. 在技术带来规模经济的同时,也使工厂制度成为现实,而工厂制度发展过程的聚积经济效应又形成了现代的城市工业社会,由此而带来的广泛的外部效应又促使了制度的进一步发展;c. 技术变迁还降低了制度安排的成本,特别是信息技术和通信技术出现和创新,既使信息成本下降,同时也带来了组织成本的下降。③知识积累。知识的积累和教育体制的发展,会使信息接受主体、信息搜集与传播手段以及信息资料本身,都得到了全面改善,从而可减少与某些制度安排革新相联系的成本。④社会公众预期的变化。一个社会中各种团体对收入预期的修正,会导致它们对新制度安排的收益和成本评价的全面修正。如在大萧条对人们的巨大冲击之下,使国家干预成为一种人们能接受而取代原有完全自由经济的制度安排。⑤组织费用的承担。如果一个团体或单位,其组织费用因某种原因已有其他的主体愿意承付,则制度安排的成本可以显著减少;从而使一种安排调整到实现新目标上的边际成本,可能低到足以有利可图。⑥国家权力。政府权力的稳固上升以及它对国家经济控制力的增强,可以显著地减少政府性安排所带来的革新成本。其中政策的公信力是一个主要的方面。政策公信力的强弱会直接影响到其实施效率。如果一个政府性安排为人们所接受,那么,它推行革新的政治成本就会下降。

企业的绿色生态变迁并不完全是企业的自觉行为,一定程度上是企业在外部环境约束下的一种理性选择,是企业对越来越严格的环境管制和日益增长的绿色需求所作出的反应。通过政府的参与和调控,建立起一种新的制度框架,把生态环境纳入政府的公共管理范畴,形成鼓励资源再生和循环利用的政策体系、制度体系和社会机制,创造政府与市场相结合的新的环境管理机制,使发展循环经济的外部效益内部化。[1] 外部环境的这种变迁必然会对企业形成一种新的约束或激励,通过学习过程,企业可将这些变化内化到自己的内部,进而引导企业生产经营行为的生态化转变,推动企业追求可持续发展的生态管理新模式。

影响制度供给的主要因素有:相对要素价格的变化以及社会科学知识的存量,即利益变动和意识形态的改变。无论是"范例的转变"还是知识训练的进步,确实具有使关于知识的供给曲线右移的效应,因而能降低制度变迁的成本。社会科学知识的效应已使制度变迁的供给函数右移,即社会科学知识对代价更大的真伪学习过程的替代,这能使制度创新的成本降低。

对社会科学知识的需求是由对更为有效的制度绩效的需求中派生出来的,社会知识通过成功先例的逐渐积累或作为行政与管理知识与经验的副产品来使制度绩效和制度创新得以增进。A. 格申克龙、E. S. 邓恩、K. 波拉伊分别从加强意识形态、对能维持现存的制度组织模式的研究和社会科学知识对制度创新的贡献等角度分析社会科学知识对制度变迁的作用。在现实中,社会科学研究能力、制度设计以及

---

[1] 谢钰敏:"循环经济与企业生态管理研究",载《华东经济管理》,2005年第1期。

管理能力都利用了社会科学知识,并已在许多国家有效地制度化了。

根据2005年中国公众环保民生指数调查发现,受教育程度高的人群环保意识和环保参与能力远远强于受教育程度低的人群,城市居民对环境问题的关切比农村居民的关切要强烈,其中一个主要原因就是对环境知识的了解存在巨大的差异。① 这种知识差异导致认知框架和观念结构的差异,并以非正式规则和价值观来影响主体对生态制度创新的态度和立场。

"生态转型"是指由消耗型社会向节约型社会转变。节约型社会从循环经济的角度看也是循环型社会,日本的《循环型社会形成推进基本法》把它定义为自然资源消耗、环境负荷最小化的社会。循环型社会具有六大特征:②(1)按照生态规律来确定人类活动的方式;(2)循环型社会是一个人与自然、人与人之间全面和谐的社会;(3)循环型社会是一个公众广泛参与的社会;(4)循环型社会需要建立相应社会经济技术体系;(5)循环型社会需要建立一种新的价值体系和行为方式;(6)循环型社会需要建立一种新的环境伦理观。生态价值观和环境伦理观是生态转型的重要方面,体现了非正式制度在建设循环型社会中的重要作用。

14.3—3 推动"生态转型"的制度变迁中的行动团体与公众参与

建设循环型社会意味着整个社会的"生态转型",这是一个整体

---

① 《中国公众环保民生指数绿皮书(2005)》问世,自然之友网站,见 http://www.fon.org.cn/content.php? aid=499。

② 李慧明、王军锋、朱红伟:"论循环型社会的内涵和意义",载《中国环境报》,2005年2月1日。

制度变迁过程。在这一过程中,制度变迁的行动团体发挥着重要作用。"生态转型"的制度变迁中的行动团体分初级行动团体和次级行动团体,初级行动团体有政府、非政府组织、各种社团、消费者协会、媒体等,企业、投资者则属于次级行动团体。这里重点探讨非政府组织、各种社团、消费者协会、媒体以及社会公众在内的初级行动团体在"生态转型"的制度变迁中的作用和参与方式。

(一) 概念

"生态转型"公众参与是以自下而上的方式、通过非正式规则起作用来推动制度变迁,从而形成环境友好型生活方式、节约风尚及可持续消费。武汉大学发展研究院的李光认为,循环经济不仅需要企业的自律,更需要政府的倡导,公众参与意识、参与能力的提高。"要让老百姓有'不是绿色我不要'的观念"。公众参与生态环境的治理,包括直接参与和间接参与。作为消费者,可以通过约束自身的消费活动减少环境影响或通过选择生态型产品和服务来引导企业的生态型生产活动;作为公民,可以通过监督、参与立法、社区协商等渠道影响企业生产。消费者的需求才是循环经济生产的原动力。如果大多数公民不愿意遵守法律,那么强制就会变得毫无意义,以强制作为威胁手段也会丝毫不起作用。少数政府官员将一个不为人们接受的法律制度强加给广大人民实是极为困难的。[①] 我们通常所说的公众参与是指参与环境管理的决策和监督。

中国环境文化促进会编制了"中国公众环保民生指数",指的是中国城乡居民在日常生活中根据直接经验或其他渠道获得的对于环境的感受和印象,是对公众对环保的认知程度、参与能力、评价能力的量化反映。是描绘中国公众坏保意识与行为的"晴雨表"。

---

① 埃莉诺·奥斯特罗姆:《公共事物的治理之道》,陈旭东译,三联书店,2001年,第144页。

(二) 公众参与机制

循环经济发展中公众参与机制包括参与的决策过程、参与的保障体系、共同治理体系。[①]

建立公众参与机制的基本要素有三个方面:(1)公民参与的环境权,包括公众的健康权、知情权、检举权和参与权等;(2)政府公开有关资源环境和生态的信息;(3)非政府组织。在建设循环型社会过程中,日本主要通过环境信息公开化,保障公众环境知情权和监督权,充分发挥公众对政府环境政策和企业环境行为的监督作用。北九州市府环境局每年都要将废弃物循环利用和处理的数量、收取的垃圾处理费(通过专卖垃圾袋收取费用)的使用情况向市民公开,以求得市民的理解和支持。在公众参与的决策和共同治理机制中,参与主体包括公众、社区及环保组织,其参与决策的流程和治理机制见图14.3。

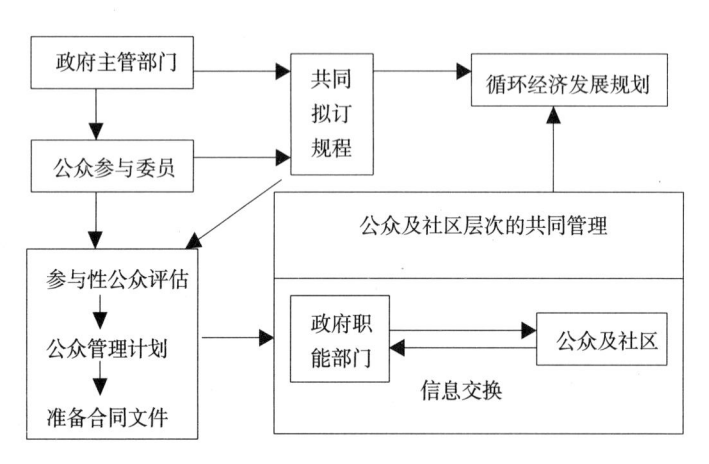

图 14.3 公众参与的决策与共同治理机制

[①] 参见黄贤金:《循环经济:产业模式与政策体系》,2004 年,第 361~362 页。

根据梁鹤年(1999)对北美城市规划中公众参与机制的考察结论,可以为公众参与循环经济规划和发展在程序、步骤和职责分工等方面的设计提供借鉴。可以看出,公众在价值观、规划方向和目标、运作计划的审批和信息反馈方面可以发挥更多的作用;规划官员由于其信息优势和职能要求,在搜集资料、规划的具体设计、实施、反馈方面的作用是明显的;立法机构以规划方向和目标、方案选择、运作计划的审批和实施、信息反馈为主。见表14.1。

表 14.1 市民、规划官员、市议员之间主、辅职责的分布[①]

规划程序	市民	规划官员	市议会议员(民选)、市政府委员(市政府委任、市议会通过)
1. 衡量社会价值观	＊	○	
2. 决定规划方向和目标	＊	○	＊
3. 搜集资料		＊	
4. 设计指标、准则		＊	
5. 设计不同草案		＊	
6. 选择方案		○	＊
7. 设计运作计划		＊	
8. 修改/批准运作计划	＊	○	＊
9. 实施		＊	＊
10. 反馈	＊	＊	＊

主＝＊,辅＝○

建立公众参与的保障机制需从三个方面着手:首先,要完善公民环境权的法律法规,确保公民的可实施的环境权。完整是环境权应是可实施的。目前我国已有一些法律对公民参与环保的知情权、参

---

① 梁鹤年,"公众(市民)参与:北美的经验与教训",载《城市规划》,1999年第5期。

与权、检举权和监督权作了规定。但是在参与的具体条件、方式、程序上还没有明确界定。需要做到让公众在遇到具体的环境问题时,能够运用法律维护和实施自己的环境权。其次,扩大环境信息的"公开性"和"透明度"。环境信息公开制度的建立必须解决三个问题:一是信息公开的主体,即由谁公开信息;二是公开的方法,即如何来公开信息;三是公开的内容,即公开哪些信息。最后,优化公众参与的途径和方式、建立参与的平台和程序。见图14.4。

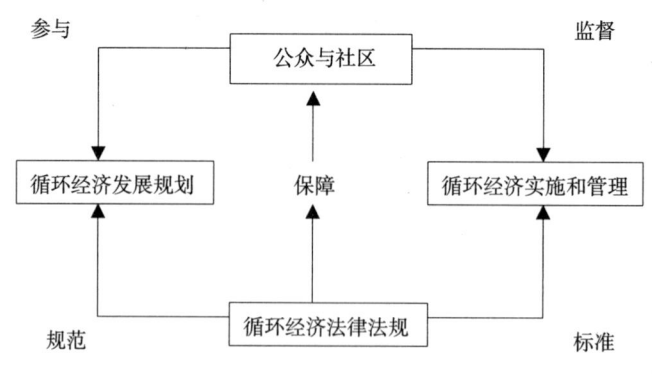

图 14.4 公众参与的保障机制

(三) 循环经济中的非政府组织

作为社会资本的重要构成要素,非政府组织(NGO)间接支持了市场经济的成功与成长。有证据显示,当社会稳定,人民信赖机构并尊守法规时,市场经济最能兴盛。普特南(Robert Putnam)认为未来经济发展的最佳趋势指标,乃是一种以合作、社会网路、信任与对社会公益有承诺为特质的公民传统——"社会资本"的相互联结的条件群。因此,鼓励成立健全的非政府组织部门,能帮助增强经济发展与去除刚萌生的经济障碍,以解决重要的社会问题。中介组织是连接政府、企业和公众之间的桥梁和纽带,在信息咨询、技术培训和指导等方面发挥着重要作用。如清洁日本中心(CJC),是致力于创造一个循环社会的中介机构。其主要活动包括与企业联合开发循环利用技术;为政府政策制定与企业政策咨询提供调查研究与信息咨询;为企业提供技术培训;对公众进行宣传与教育等。[1]

(四) 案例分析

欧洲莱茵河的水环境管理是一个公众参与环境管理成功的案例。[2] 莱茵河总长1 320公里、流域面积22.4万平方公里、中下游工业城市密集的河流,水环境的管理者只有区区12个人,而且莱茵河保护委员会只是一个民间组织,没有制定法律的权力,水环境管理的效果却是显著的。其成功的关键还在于它是一个民间环保组织,发动更多的社会公众、民间人士和企业参与流域的水管理。在这个跨国流域的水管理工作中,各国许多民间人士自愿、无偿地参与其中,组成若干个分委员会对莱茵河的水环境进行监管和督促执行保护水环境的决议。在水环境监测方面,莱茵河保护委员会没有充裕的经费和庞大的监测机构,却对水质的变化了如指掌。其奥秘就在于其水质观察员队伍是由沿河流域的"水敏感企业",如自来水厂、矿泉水公司、食品制造企业等组成。这些企业一旦发现水质有问题、涉及企业自身的切身利益,就会立刻把情况反映到莱茵河保护委员会,并免费提供水质监测报告。另外,公众参与是水环境保护成功的关键。因为水质好坏,直接涉及百姓的切身利益,同时直接影响沿河成

---

[1] 国家环保总局科技司:"建设循环经济,政府、企业、公众各司其职",载《中国环境报》,2005年6月15日。
[2] 邓延陆:"公众参与环境管理效能高、力量大——莱茵河水坏境管理成功经验启迪",载《中国环境报》,2006年2月14日。

千上万家企业的产品质量和经济利益,他们是上游企业肆意排污的坚定反对者。

这个案例对我国环境管理的启示可以概括为以下几点:①沿河的利益相关者能够形成制约污染者行为的力量,以较低的管理成本和交易成本实现环境产权收益和责任的内部化和对等化;②高度的环保意识导致社区公众产生对企业的强大压力,无处不在的监督导致环境管理的信息成本和监察成本很低,从而提高了环境管理的效率和效果;③从环保非政府组织、社会精英、社区公众到相关企业,不仅具有强烈的环保意识,还拥有大量的共同知识,比如环境信息的获取、对河流环境质量变化的认知、对违规行为后果的预期、流域利益相关者互动和沟通的状况等。这些共同知识为非正式规则的形成与自运行以及正式规则的实施奠定了坚实的基础,节约了制度变迁成本和执行成本。

据有关资料显示,目前,我国公众对环保的关注度很高,而参与度不强。表面上的原因看来是我国缺乏莱茵河保护委员会那样的高效能社团组织,政府及主管部门也缺乏广泛组织公众实际参与的措施与手段,许多公众甚至不知道如何参与环保民生活动,根本上是共同知识的缺乏,导致交易成本高昂。如果具备共同知识,公众和企业就会自觉参加进来,让沿河的"水敏感企业"组成强有力的水环境监测网络,这样排污企业就难以抵挡、压制组织起来的公众这种无形的力量。

14.3—4 我国公众参与循环经济发展存在的问题及对策

(一) 问题

经过近20年的发展,我国公众参与资源保护、生态维护和环境治理方面都取得一定进展,但是与发达国家相比,与我国改变环境生态恶化状态的要求相比,我国公众参与循环经济发展的现状无论是参与主体还是参与的机制、深度和范围都存在一定的差距。

相对于循环经济发展的需要来说,非政府组织和机构发育明显不足。中国的非政府组织面临的正是这样的一个"可持续发展空白"。近年来,中国的非政府组织迅速增加,谁也数不清到底是有20万还是200万个。原因之一在于,当一个公民团体形成的时候,并没有明确的定义来确定其是否是非政府组织。非政府组织的地位取决于它是否注册,它的社会功能,它的自我定义,以及它是与政府关系密切还是建立在完全群众自发的基础上。信息不对称也是非政府组织不能更有效地开展工作的原因之一。环保社团建设中至少存在两个问题:一是社团组织往往属于半官方的,而不是真正意义上的社会团体,起不到对政府和企业的监督作用;二是政府对社团组织的管理过于严格,限制了社团组织的创新功能的发挥。因此,按照绿色社团的宗旨和本意来建设绿色社团,推进绿色运动,是当前社团管理体制改革所面临的一大任务。

公众的环保意识和参与要求还不够强烈,参与力度很弱。根据"中国公众环保民生指数"2005年度报告"民生指数"显示,公众环保主动性差。目前我国公众的环保意识和环保知识水平虽有一定程度的提高,但环保参与能力差,"光说不练"的占了大多数。更须引起重视的是,绝大多数公众一旦遇到具体的环境问题不知道应该如何参与。"民生指数"还显示,80%以上的公众最近三个月没有参加过环保活动,而参与的公众仅占6.3%,两者之间差距显著。公众关注环保的出发点主要是个人权益,责任意识淡薄。公众关注领域和行为的差异说明公众并没有将公共空间的环境保护和个人责任紧密联系起来,而更多的是当环境问题影响到个人生活的时候才会去采取定的行动,而这种行动也属于维护"个人利益"的行为,而不是促进公共环保的行为,公众的环保参与期待"责任公民"意识。①

公众参与环保的领域有局限性。目前公众参与环保基本上还停留在对环境污染、生态破坏做出反应的被动阶段,属事后参与,主要表现为对环境污染、生态破坏的反映、举报,以至上诉、上告,而此时环境污染往往已很严重,国家、集体和公众都会遭到不同程度的损失。也就是说缺少事前的、决策中的参与或者说公众缺乏环境信息及其决策信息的知情权。

公众参与形式单一,公众参与度不足。当前的公众参与一般只有很小的协商参与权,仅限于接受调查,或参加相关的听证会或论证会。即使是参加听证会或论证会,与会人员的社会阶层和人数,也是由组织者自行决定,这常常引发对与会代表身份的质疑,削弱了会议的公正性。

(二) 对策

首先,坚持贯彻"善治原则",如政策透明度、合法性、可信度、责任感、有效性和法治等等,以取得社会的信任和支持,并将资源直接用在受益者身上。非政府组织正得到更多社会资本的认同,并向社会反馈其存在的更高价值。把自己定位为政府的合作伙伴,而不是要来"对抗"政府。② 日本在建设循环型社会过程中,在《循环型社会基本法》和《促进循环型社会基本计划》指导下,国家各部门、地方政府、企业、非政府组织和国民等相关主体,根据各自的责任和义务,发挥各自应有的作用,切实执行基于合理公平的费用负担原则的各种

---

① 中国环境文化促进会:《民生指数:中国公众环保指数 2005 年度报告》(公开版),见 http://www.tt65.net。

② "中国可持续发展的未来:一份关于中国未来领导人想法的报告"。

措施,互相协作、积极参加实现循环型社会的活动,政府、企业、公众形成了良好的合作伙伴关系,共同推动国家制定的循环型社会基本计划目标的实现。①

其次,整合 NGO 资源,建立协作网络,形成强大的社会舆论和公众参与能力,帮助政府处理环境纠纷和利益摩擦。从法律、政策上进一步明确环保社团和环保民间组织的地位和作用,并保障他们的知情、参与、监督、求诉等权益,同时也要依法对环保社团和环保民间组织予以监督,使其更好地发挥作用。发挥好环保社团和环保民间组织的作用,有助于提高公众参与环境保护的广度和深度。其作用是政府环保机构不可替代的。由 10 个环保类非政府组织组成的团体,包括中国环境文化促进会,一个官办的非政府组织,中国国际民间组织合作促进会,著名的环保组织北京地球村和自然之友发起了"26℃空调节能行动",他们提议将北京的空调温度提高到 26℃,旨在更好地利用能源。26℃空调节能行动是一个多赢的案例,同时保护了环境、节约了资源并保护了市民的健康。这样的例子展示了真正的可持续发展需要个人意识的提高和个人行为的改变,然后到国家政策法规的层面,从而产生永久性的行为改变。

再次,完善信息传递机制,建立环境信息公开制。确定政府环境信息公开范围,提供各种关于环境信息公开的基础设施和平台,与环保社团组织实现一定程度的信息共享,制定不涉及商业秘密的企业环境信息强制披露制度。扩大环境信息的"公开性"和"透明性",把环境质量状况、污染源污染物排放、污染事故及处置、环境决策的信息全面公开化,维护公民的环境知情权。尤其是对于涉及公众生命、

---

① 国家环保总局科技司:"建设循环经济、政府、企业、公众各司其职",见《中国环境报》,2005 年 6 月 15 日。

身体健康和财产安全的重大生产事故和环境事故,要及时通报事故原因、进展以及应对措施。要改变以前对突发事件习惯于在事件处理后才发布消息的做法,要认识到政府的权威信息在关键时刻的"缺位",不但不能"安定人心",反而给谣言提供市场,进而影响社会稳定。

最后,拓宽公众参与渠道,搭建公众参与平台,创新公众参与形式。在常规性参与渠道方面,可以建立环境信访制度和环境听证制度;在随机性参与方面,可以通过多种渠道采取灵活多样的形式,在新闻媒介上设立"环保监督哨",专门刊登群众投诉的环境问题;电视台开通观众"环保热线电话",让环保部门、污染单位和群众直接对话;经常开展"环保热点"、"环保难点"问题讨论,吸引群众献计献策;学校设立"小环保监督员",街道、乡镇设立"兼职环保员",重污染企业的居委会和企业签订"环保公约"等等,使居民感到参与环境保护成了一种新的时尚。

14.4 本章小结

循环经济中存在大量的信息不对称现象。通过事前调节可以有效地克服信息不对称。事前调节包括两种方式:一是通过事前交换实现经济流程的转变,进而优化资源配置效率,避免造成生产消费和流通中产生的巨大浪费;二是通过公众参与实现经济社会的"生态转型",将环境资源的配置在经济活动产生之前予以调节,减少事后的浪费、污染以及因此而产生的成本支出。

由于有限理性和机会主义,经济活动中会出现租金挤占现象,以市场为基础的循环经济亦然。尤其是当产权不明晰、责任界限模糊以及存在大量外部性时,成本转嫁和租金挤占尤甚。如此一来,仅靠市场调节和政府调节,成本高昂且效果不显。笔者提出一种新的经济调节思想,即事前调节。

当前人们对循环经济的研究大部分关注于技术上资源的再利用和再循环,而对整个经济系统的资源配置研究重视不够,尤其是对资源消耗源头控制的体制机制(包括资源开采和资源配置以及生产决策)疏于研究,本章从经济流程的转变探讨了循环经济中资源优化配置问题。作为一种新型调节方式,"虚拟交换前置"模式以实现物质资源的最优消耗为目的,在物理形态上以信息资源替代物质资源,在价值形态上以交易成本替代物质成本,通过信用基础和产权保障实现事前交换,事后生产,从而解决微观上资源的无谓消耗和宏观上资源的过度开发和流通。该思想的主要内容是:①自然资源的产权明晰和价格重估改变了微观主体的偏好,构造新的社会福利函数和企业成本函数,实现外部约束内部化。②信息产业的发展和中间商的功能变革导致信息资源的价格下降和价格信号传递速度加快。③在新的偏好形成和预算约束变化后生产者和消费者的决策行为发生改变,并形成资源配置的微观激励约束机制。④生产者在进行生产决策时,由于存在自然资源价格上升的成本约束和信息资源价格下降的收益激励,更多地倾向于信息资源要素对自然资源要素的替代。⑤卖方良好的事前信任为买方选择事前交换提供稳定的心理预期。最后,对该思想作了经验性分析。

随着公众参与的范围的深度扩大,经济社会出现"生态转型"。"生态转型"是一个制度变迁的过程,需要行动团体的参与和推动。其中公众和环境非政府组织在循环经济发展的作用是不可忽视,也是其他主体所无法替代的。本章分析了"生态转型"的制度供给和需求,基于制度分析的方法,对公众参与的机制、内容和平台作了详尽论述。最后,结合中国的实际,分析了公众参与存在的问题,并提出对策建议。

第15章 循环经济的调节机制(二)

15.1 循环经济自运行的障碍分析

作为一种经济活动形式,循环经济的主体是什么,运行机制是什么,主导逻辑是什么?这些问题是循环经济得以持续发展的关键问题。本节以循环经济中的市场缺失和政府作用开始为循环经济发展寻找逻辑起点。用市场缺失而非用市场失灵,是因为前者涵盖后者,同样,用政府作用而非政府干预(或管制),也在于前者包含后者。循环经济中的市场不仅是失灵,也存在缺陷和缺位,这是循环经济发展不够充分的重要因素;政府在循环经济中的作用也是一个值得深入探讨的问题,不能仅仅停留于扶持、调节、管制等层面,还应有更深、更广、更细的领域去发挥作用。由于政府过多的干预也会导致政府失灵,市场的作用可以弥补这一缺陷。因此,政府和市场的关系或者说效率边界问题成为本章的重要内容。

15.1—1 循环经济中市场缺失的福利分析

循环经济中的市场缺失包括市场失灵、市场缺陷和市场缺位三种情况。

（一）循环经济中的市场失灵

新古典经济学以其完美的假定得出市场有效的结论,而现实经济生活是远离抽象的理论假设的。市场失灵现象随处可见,尤其是在环境生态领域,表现更为突出。通常,市场失灵归结为以下原因:①资源产权不安全或不存在;产权专一、安全、可实行和可转移;②无市场、薄市场和市场竞争不足;③外部效应;④公共物品;⑤交易费用;⑥不确定性和短视计划。循环经济中的外部性和公共品性质是导致市场失灵的主要原因,也成为政府环境管制的主要理由。

(1)外部性的经济分析。A.马歇尔是外部性概念的创始人。他在《经济学原理》中指出,"可以把任何一种物品的生产规模的扩大而发生的经济分为两类:一是依赖该工业一般发达的经济;二是依赖从事该产业的个别企业的资源、组织和经营效率的经济。前者就是外部经济,后者是内部经济"。庇古(A. C. Pigou)进一步把外部性解释为"私人边际价值"与"社会边际价值"的差额。这里主要是正外部性。科斯(1963)则运用交易成本方法着重分析了社会成本问题,从而为外部性问题通过市场机制解决提出了新的解释。外部性概念的经济学意义在于:①可以把自然资源稀缺性问题引入市场经济分析;②资源利用的代际公平问题可以引入贴现率进行跨期分析。

布坎南(Buchanan)和斯塔布尔宾(Stubblebine)1962年给外部性下了定义:只要某个人的效用函数或某一厂商的生产函数所包含的变量在另一个人或厂商的控制之下,就存在外部性。

用公式表示为: $U_A = U_A(X_1, X_2, X_3, \cdots, X_n, Y_1)$ （1）

式(1)表示,A的效用不仅受其所控制活动 $X_1, X_2, X_3, \cdots, X_n$ 的影响,并且受B控制活动 Y_1 的影响。产生外部性的主体由于不受预算约束,常常不考虑外部性结果承受者的损益情况,导致低效或无效使用资源。

米得(Meade)认为,外部经济(不经济)是指某人引起的可以感觉到的一种效益(损害),而此人对此效应的决策并不完全同意。萨缪尔森(Samuelson)认为,外部经济是指一个经济人的行为对另一个人的福利产生效果,而这种效果并没有从货币或市场交换中反映出来。

皮尔斯和特纳(Pearce & Turner,1990)认为,当存在下列两个条件时,便存在一种外部成本:①一个个体引起另一个个体的福利损失;②这种福利损失是没有被补偿的。

狭义的外部性是指系统的经济外部性,表现为系统对于系统外部的影响没有通过市场或非市场的机制得到补偿。外部性的效果是多方面的,主要体现在环境影响、社会影响和经济影响。苏明山(2005)对外部性的度量问题作了研究,并对环境成本—收益的定值方法、类型、使用情况以及应用对象作了比较分析。

但是由于部分资源具有公共品性质,是一个不可分割的整体,而人类主体则具有极强的可分性,尤其是主体利益的互斥性。王志雄和孙伟利(2006)构建循环经济效用函数,根据循环经济的四个特征给出了四个参数:①稀缺资源的利用效率z;②环境保护、改良程度或社会经济系统与生态系统的和谐程度h;③GDP的增长率g;④GDP/GNP增长率与稀缺资源耗费的比率参数b。从0时刻到T时刻的积分就是包含四个参数的循环经济社会福利函数,即:
$\psi=\int_0^T f(z,h,b,g)dt$。

当一个经济主体选择一个真实的变量(不是价格)进入其他经济主体的效用函数或生产函数之中,且该经济主题在进行选择时,无须考虑这个变量对其他经济主体的影响,此时外部性就产生了(弗里曼,2002:17)。

外部性内部化的均衡：

假定经济系统中只有两个企业，社会福利最大化就是实现外部性内部化的均衡，这里仅考虑企业 1 的外部性，那么，

社会福利函数 $W=(W_1,W_2)$ (1)

假定企业 1 的福利水平为 W_1，即净利润 $W_1=R_1-PC_1$ (2)

R_1 为企业 1 的收益，PC_1 为企业 1 的私人成本。

企业 2 的福利水平为 W_2，

社会净福利水平为 NW，$NW=W_1-EC_1-W_2$ (3)

EC_1 为企业 1 的外部成本，因此式(3)可改写为：

$$NW=W_1+W_2-EC_1$$
$$=W-EC_1 \quad (4)$$

由(4)式可得：

社会福利总水平为：$W=NW-EC_1$ (5)

对(5)中 W 求导，可得：

$W_1-EC_1=0$ (6)

最优社会福利总水平由(6)决定。

在政策含义上，需要对 W_1 和 EC_1 进行测定。前者由企业生产函数决定，后者由环境影响评价的结果来确定。对于前者，由于生产函数属于企业的私人信息，有效的政策应诱导企业报告真实信息，需要设计企业和政府激励相容的机制。对于后者，取决于价值判断标准、政府偏好和环境评价的工具和技术。

(2)外部性的规制。对负外部性治理有五种方式(征税、补贴、界定产权、政府管制和外部性产权交易)。[①] 选择负外部性治理优化途

---

① 王万山，伍世安："负外部性治理的经济效率分析"，载《贵州财经学院学报》，2003(4)。

径的原则是:第一,应根据负外部性的种类和形式确定成效最适合的治理方法,如污染损害很大的项目应采用直接的政府管制治理;公共资源的双向负外部性宜采用明确产权的方法治理等。第二,要结合使用两种类型的规制方法。许多外部性同时具有产权不清、影响者众、规制信息很难把握等特点,只有结合使用多种规制方法,才能找到成本最小、效果最好的规制方法。第三,能让"科斯市场"发挥作用的地方,尽量让市场机制发挥作用。政府虽然在纠正市场的负外部性"供给过度"失灵上有优势,但政府在规制过程中也容易出现规制者寻租、被规制企业采取隐藏信息等策略性行为等规制失灵问题,以一种失灵代替另一种失灵可能导致更大的经济失效。而市场的竞争机制和价格机制都有利于信息显露、对称和成本降低,对政府规制失灵形成有效的制约,有利于负外部性治理效率的整体提高。

除了上述五种措施外,苏明山(2005)认为,外部性内部化机制还有扩大系统边界、环境标准的制定和颁布、押金制度等。系统边界的扩大是最直截的方法,因为随着边界的扩大,系统的外部性也相应的发生变化,原来部分系统外参数变成内部变量。在企业组织形式上,表现为企业的合并,即一体化。

现实中的市场机制实际上是制度力量与经济规律的复合体,有效的市场机制需要进行制度设计,通过政府提供制度安排,达到制度均衡。这种制度安排既可以规定经济主体的行为规范,又可以为经济活动设定一定的边界。

循环经济要求市场在生态环境的阈值内配置资源。政府的作用在于通过恰当的制度安排,使经济主体的经济活动受到设定的资源限量与生态环境阈值的限制,而市场的力量在于如何在这种限制下更有效地利用资源和生态环境。政府若能够以合理的制度安排建立环境资源的产权,将环境资源要素纳入生产要素,将环境资源成本计入生产成本,那么经济主体将会自觉地在生产和消费过程中根据"成本-效益"的原则来贯彻实施循环经济的"3R"方针,使环境资源得到合理利用。如果产权安排的制度成本很高,或者根本无法进行产权安排,政府可以通过建立健全的循环经济法律制度和有效的管理措施及有力的经济激励手段来纠正生产和消费中的环境外部性,迫使经济主体合理利用环境资源。

循环经济在现行经济体制下,面临"不经济性"的难题,其根源并非在于循环经济偏离"成本最低"和"利润最大化"的原则,而在于现行经济体制将环境资源的滥用排除在成本计算之外。需要采取构筑相应的法律体系和政府主导型的社会运行机制等对策来解决循环经济不经济的问题。

(二) 市场缺陷和市场缺位

所谓市场缺陷不是指市场存在的缺陷,而是指对于循环经济的发展来说,市场发育不完善。包括空间分布、组成要素、经济主体等不能够支持一个良好的市场机制。如市场体系不健全、市场分割、市场主体发育不良。

所谓市场缺位,是指在有些领域本该市场发挥作用而没有起作用,而被政府取代,可能造成更多的浪费。

15.1—2 循环经济的价格发现障碍

由于存在大量的公共产品和外部性问题,加之经济活动中固有的信息不对称、交易成本、市场分割等现象,循环经济的市场形成不可能自发产生。循环型生产环节有两个效益来源,一是废弃物转化为商品后产生的经济效益,二是节约的废弃物和排污成本。但是,由于存在种种障碍而使循环经济收益难以实现,或被过程中产生的成本抵消。当前,循环经济的发展主要面临着五个方面的障碍:价格障碍、成本障碍、制度障碍、技术障碍和信息障碍。[①]

(1)价格障碍。循环经济生产方式中意图实现减量和循环的环节,多数不是现行市场条件下的必然选择,可再生资源的再生利用过程一般都存在着可替代的生产过程,现行市场条件下源自再利用和再生利用的原料常常不仅在性能上不占优势,在价格上也不占优势,以致在现行市场条件下循环经济生产方式很难自发形成。造成这种情况有多种原因,如:初次资源和再生资源的价格形成机制不同;在国际分工中存在对原材料和能源提供国的价格不利因素;以大规模、集约化为特征的现代生产体系,使得多数原材料的开采和加工成本日益降低,而对各种废旧产品和废弃物的集中回收成本高,再利用和再生技术发展滞后,规模效益差。由于这些原因,再利用和再生利用原料的成本常常比购买新原料的价格高,由此构成了推进循环经济的障碍。

(2)成本障碍。环境容量资源在不同经济发展水平的国家具有显著不同的消费者支付意愿和市场价格,目前我国的环境容量尚没有作为严格监管的有限资源,企业和大众消费者支付的废弃物和排污费远低于污染治理费用,这就使废弃物排放具有显著的外部性。如果不能将这种外部成本内部化,循环经济型生产环节一个重要的效益来源就不能显现,循环型生产环节的成本就很难收回。

---

① 参见苏杨、周宏春,"发展循环经济的几个基本问题",载《经济理论与经济管理》,2004年第10期。

(3)制度障碍。既得利益集团的影响能力、政府的偏好和利益导向(政绩、财政收入)、政府对资源配置的控制等因素会影响循环经济有关立法工作的推进如对企业清洁生产的要求会遭到部分企业的抵制。为了维护地方利益,许多地方政府可能会对资源环境保护方面的执法不合作、不作为。

(4)技术障碍。循环经济中工业物质循环在技术上和经济都存在可行性的问题。有些物质无法进入循环过程需要进行无害化处理、能够循环的物质由于经济上不合算,则需要采用新技术进行加工。即使经济上可行的物质循环也存在着如何提高循环利用率等方面的问题。所有这些都需要技术的支持。由于很多地方、很多行业循环经济起点低,技术运用普遍不高,进一步加剧了技术障碍。

(5)信息障碍。由于市场主体之间彼此交换的是一种专业知识或专业化产品,交易双方各自所占有的自身产品的性能、质量等方面信息显然要优于对方——尤其对于普通消费者而言,往往很难在购买时就能凭常识即时、准确地识别产品的性能与质量;再加上市场交易本身的专业化(导致商人与商业企业出现)引致市场交易范围的拓宽,就在事实上拉长了市场主体之间的地理与心理距离。亦即,随着专业化的发展与交易范围的拓宽,市场主体占有交易对方的生产信息、产品质量、性能信息越来越少。市场主体谋取最大交易收益的方式有两种,一是通过推进专业化、通过知识垄断来获取超额利润;二是利用交易信息不对称、通过实施市场机会主义来谋取机会主义收益。由于专业化需要支付大量的研究开发费用,而实施市场机会主义一本万利,这就诱致市场主体获取交易收益的重心从前者转向后者。

上述因素阻碍了循环经济活动的价值实现,直接影响到相对价格发现的成本,抑制市场的发育,提高了循环经济运行的成本。

15.2 循环经济的市场化与规模化

15.2—1 循环经济的市场形成过程

循环经济中因市场失灵而导致的资源环境问题并不能成为否定通过市场机制发展循环经济的借口,相反,通过合适的制度安排的机制设计可以把市场机制与循环经济有机地结合起来,市场机制可以在很大程度上较好地解决环境问题。① 循环经济的良性发展关键在于形成一个更多依靠自运行的市场机制。在现实经济中,由于外部性和公共品的特征,以及严重的信息约束等因素,循环经济的市场化过程面临许多障碍,需要理性地创建和设计。循环经济作为一种生态化的经济形态,本着资源节约和交易成本的节约,随着交易规模的增加,对分工和交易方式提出更高的要求。企业的生产规模和交易成本决定企业发展循环经济的交易方式,交易方式的选择反映出循环经济的发展水平。因此,循环经济的发展是规模化、产业化和市场化共同作用的结果。

一位美国学者曾经说过,"索取什么,生产什么,废弃什么"是循环经济的关键问题。他认为,"商业"与"环境"从一开始就是密不可分的,拯救环境就是拯救商业。还有一位美国学者说过,命令经济因不允许价格表示经济的真相而崩溃,自由市场经济可能因不允许价

---

① 杰弗里·希尔:《自然与市场》,中信出版社,2006年。

格表示生态而崩溃。二人的观点可以概括为:要拯救生态环境须拯救市场经济,通过有意识的市场设计使资源、生态和环境得到持续利用,同时也为市场经济的发展创造和谐的生态经济基础。本节旨在探讨循环经济发展的价值基础、市场条件和缔约过程,进而寻求循环经济中企业规模和市场交易对循环经济发展的影响。

显然,要使企业自觉"循环起来",必须克服价格形成障碍、成本核算障碍、制度障碍、技术障碍和信息障碍,通过以制定政策为主的制度创新构建资源在利用和再生的生产环节中的赢利模式。使市场经济条件下循环型生产环节有利可图,这样就可以形成促进循环经济发展的自发机制,达到事半功倍的效果。因此,需要探讨循环经济的市场形成问题。

(一) 循环经济市场形成的微观机理

循环经济的市场生成条件。所谓市场经济,是指构成经济的家庭、企业等主体为谋求其各自的福利最大化而通过市场交换结合在一起,全部经济资源的动员和配置均由此实现的经济(石川滋,1990)。根据微观经济学理论,市场机制的作用需要一定的制度环境和基础。(1)自主决策的微观经济主体(企业和消费者)。企业必须是以追求利润最大化为目标,预算具有硬约束。(2)产权明晰。产权的内容是完整且是可执行的,这样可以保证交易活动中权利和责任的对等、收益和成本都能够完全的内部化。(3)完善的市场交易基础设施。在时间和空间上所提供的交易技术、交易平台和交易媒介能够适应交易数量、交易频率变化的需要。(4)健全的市场交易秩序。交易规则及其惩罚机制、交易标的物数量和品质方面的计量检验标准等方面的制度安排也是必不可少的。(5)买方市场的形成。这是市场制度演化的动力。(6)社会分工深化。它会推动交易数目、交易频率和交易范围的扩大。在经济不发达地区,由于存在大量的垄断、外部性、信息不对称、交易成本、寻租等现象,产权缺失,且执行成本奇高,市场机制的作用是有限的,因此资源配置效率就很低下,从而影响经济增长的绩效。石川滋(1990)认为,发展中国家的市场经济处于完全不发达的状态,并且,还通过经济的计划化、统制化而对经济进行广泛的国家干预。这种经济形态,被称为"低度发达市场经济"。

在传统经济增长方式下推行循环经济模式,即使是有较发达的市场经济,由于涉及资源、生态、环境等天然具有公共品、外部性、信息不对称等问题,市场机制的功能发挥受到很大制约。可以说,在生态领域,如果以传统经济理论为主导,经济也必然处于低度发达市场经济阶段。因此,需要政府加大制度供给,完善市场体制,让市场机制在循环经济的发展中更好发挥作用。市场机制的优势体现在资源配置效率、交易信息披露、激励约束内生性等方面。如果在实施循环经济的过程中市场发挥基础性作用,不仅提高经济运行质量、节约成本,还可以大大减少政府直接干预微观经济活动造成的寻租、腐败和价格扭曲等现象,从另一个层面体现节约理念。

市场经济发达程度有以下几个指标:(1)是市场参加主体的职业专业化及其内部、外部组织化的进展;(2)是作为交易对象的产品、生产要素的商品化、规格化、特异化;(3)是生产结构方面的产业间联系的高层次化;(4)是同市场有关的运输、通信、仓库和交易场所等物质基础设施建设的完备程度;(5)是以尊重契约和私人所有权为重点的市场交易规则的形成及其精密化等。[①]

循环经济的市场化运作需要围绕上述要求,体现出生态经济学的特点。(1)首先要培育符合循环经济理念的市场主体,即循环型企

[①] 谭崇台、周军:"发展经济学中市场经济形成理论述评",载《经济学动态》,2003(4)。

业和生态型消费者。(2)循环经济的制度基础是成本收益高度内在化的产权及其实施机制。主要指在资源产权的公共品性质、环境产权的非排他性和非竞争性需要分解,进行层次划分,在产品回收责任、生活垃圾和旧产品的丢弃权等方面进一步细化和明确,并建立权利和责任的实施机制。(3)有了产权,还要完善资源价格的形成机制。资源交易价格实质上是资源产权的价格。但是有了产权并非自动地真实反映资源价值。人的有限理性、机会主义、短视、未来预期、环境的不确定性等因素都会导致即使在产权明晰的条件下资源价格大大偏离价值的结果。(4)建立循环产业链稳定的交易机制。包括交易平台、交易秩序、信息披露、产品(包括"副产品")品质检验、损害责任追偿等。(5)循环经济在整体上具有强的正外部性,需要在产业聚集、企业规模经济、企业间长期稳定合作方面创造更多的条件,包括信任关系的管理、专用性资产的投资、信息共享、物质流的集成化等。

信息不对称、产品品质与循环经济交易缔约过程。经典的市场经济理论探讨的是在完全竞争市场下商品的数量均衡。由于市场的不完备,商品品质考核的成本问题是普遍存在。对于这些问题的研究,新制度学派涌现出大量的文献,尤其是契约理论和间接定价理论比较集中地探讨了这些问题,如科斯、阿尔钦和德姆塞茨、巴泽尔(Coase, Alchian & Demsetz, Barzel)等人的贡献很大。

循环经济模式下的商品品质问题是制约其发展的关键问题。这里的商品品质不同于一般商品品质,主要是指产业链交易中的副产品品质,笔者把它界定为循环型产品的品质。

首先考察循环型商品的价格形成。假定产权明确,资源价格形成机制完善,生产过程中产生的副产品的价格就会显示出来。原因在于:(1)大部分副产品没有完全实现价值转移,其残值存在一定的赢利空间。(2)合理的价格机制准确而真实地反映了资源价值,表示资源使用者支付了的价格至少不会低于资源的机会成本。既然初次生产过程资源价值并未完全转移,就意味着资源购买时所付出的成本还没有完全抵消。当然,在会计上,这种成本可能会被各种收益所掩盖。但是,仅就资源本身而言,价值没有形成循环。(3)从需求来看,资源价格真实反映资源机会成本,根据替代理论,企业会增加对可替代的副产品需求。据美国《国际先驱论坛》有文章分析指出,铝和塑料的再造可节省能源 90%,钢和纸的再加工可节省能源 50%,玻璃的再生产可节省能源 30%,回收 1 吨钢可节省水约 25 吨、减少矿渣近 3 吨、减少空气污染物 200 磅、减少水污染物 100 磅。由此可见,再生资源具有很强的替代效应。

　　循环型商品的价格形成并不意味着循环型商品交易能够顺利实现。交易的实现就是交易双方对交易合约的达成,交易合约的达成实质是双方权利的交换或转让。合约是否缔结取决于各自对交易结果所产生的预期净收益大小。根据博弈论,经济行为者的决策由其信息结构决定,行为者根据信息域来确定报酬函数,进而采取相应的策略。交易的缔约过程就是对信息的搜寻、控制和操纵,并影响对方策略的过程。循环经济的最大困难是对循环型商品交易障碍的克服,而循环型商品交易中关键问题就是商品品质的不确定性及其价格机制的不完善。这一问题源于高昂的品质考核成本,最终导致交易失败。

　　交易的可能性存在于交易活动中。斯密认为交易是一个互惠的经济活动,增进了双方的福利。那么这个福利从何而来呢?科斯(1937)从成本的角度研究商品的相对价格发现过程,开创性地提出交易成本的构成,并指出购买或生产的决策取决于边际交易成本和边际收益。巴泽尔(1987)从收益的角度对交易进行分析,他认为,交易中存在一定的"公共财产","公共财产"附着于商品属性的未知领域。这种"公共财产"能够产生"交易租金",要获得交易租金,就须获得商品属性的未知领域有关信息。但是,要获得有关信息就得对商品品质进行考核,而考核成本又很大。最终获得租金的多少,受到考核成本的约束。巴泽尔(1983)发展了交易成本理论,提出间接定价理论。

对于循环型商品的交易问题,巴泽尔(1987)的品质考核理论具有解释力。他认为,人们只有在意识到他所得比他所付的价值更多时才会进行交换。所以,人们必须对所交易物的品质进行考核。不过,考核商品的品质可能有潜在的错误,所以存在考核费用。考核费用还会因过度考核或考核出错而增加。如果存在不合作博弈,由于交易过程中存在与品质考核相关的"公共域",会引诱交易者花费大量的资源去获取信息优势,变相地减少"交易租金";如果是合作博弈,交易各方愿意为减少考核费用而努力,从而增加双方的预期总收益。

由于环境的不确定性、人的有限理性和机会主义,市场活动里通常需要不同的行为、交易安排和组织,这些制度安排一方面反映出不同的考核费用分布,另一方面又影响着交易商品的考核费用。为减少为争夺信息优势而花费资源,节约考核费用的制度安排一般有:反复购买、产品质量保证、分享契约、品牌、信息隐瞒(专家系统)。纵向一体化是从企业组织形式(或所有权)上解决考核成本问题的制度安排。如果交易者承担的费用会超过买卖双方联合最大化时的费用,他就会选择自己生产或合并对方。代表物考核也是一种考核方法,即间接定价。特别是一些中间产品,由于分工和迂回生产方式导致工序和中间产品考核的困难,考核费用或监督成本比较高时可以通过考核投入来考核产出。

因为避免过度考核费用的行为、交易安排、组织和制度事关经济行为和经济绩效,品质考核问题构成经济学研究重要而有趣的领域。在循环型产品的交易中,对品质作出考核,真实反映产品的价格,是循环型产业链、产业生态系统协调稳定运行的关键因素。

（二）技术进步、制度变迁与循环经济市场演化：以排污权市场为例

市场是一个合约集合，也是一个信息网络。作为一个合约集合，它界定每一位参与者的权利和责任。作为一个信息网络，它为交易提供交易信息，提高交易效率。假定产权明晰、信息充分，在定义良好的市场中，交易者的损益都会内部化。这种假定为循环经济的市场提供了一个基准。当前循坏经济发展面临的障碍主要就是在产权和信息两个方面。

技术与产权的互动演进推动着排污权交易的深化。资源开发利用技术和环境保护技术之间存在着严重的不对称性，表现为市场机制更有利于资源开发利用技术的创新，而对环境保护技术激励不足。由于劳动成本呈刚性上升，资本有机构成不断提高，企业不得不考虑减少劳动的使用量，造成了节约劳动的技术进步得到快速发展。因为劳动与资本具有相互替代性，所以技术进步的不对称性往往以增加资源的消耗为代价。技术进步使得企业可以在低成本的条件下大量使用资源，增加排放污染物，加剧环境污染。环境领域的外部性和环境资源的公共品性质导致市场失灵，进而产生环境问题。因此，可以通过建立相应的市场制度，解决负外部性问题。而且随着环境市场的形成，环境产业也会随之发展，由于存在潜在利润，环保技术开发产生激励，这样可以通过市场的竞争机制调整技术进步的不对称性。[1] 图 15.1 反映的是在社会生产过程中形成的要素、产品和环境一体化的可持续的市场体系。

---

[1] 李刚、孙丰云：“可持续发展中的市场、技术与坏境问题”，载《中国软科学》，2001年第 1 期。

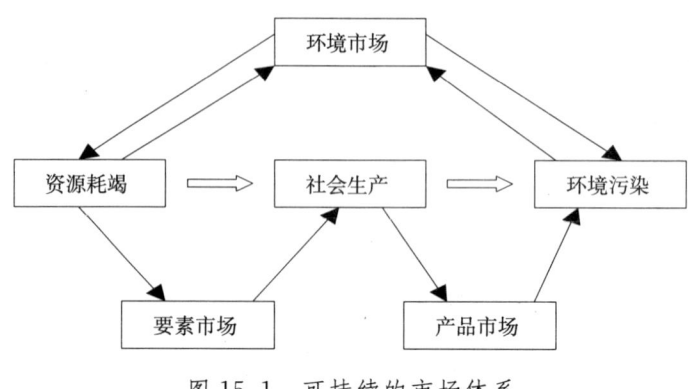

图 15.1 可持续的市场体系

资料来源:李刚、孙丰云,2001(7)。

蓝虹(2005)认为排污权交易形成的根本动力是环境容量稀缺程度的提高,相对价格的上升导致了对更有效的污染治理技术的强烈需求。但技术创新需要产权制度的保护,只有对环境容量产权明晰,才能导致市场形成价格,从而诱发技术创新。技术创新和制度创新之间存在互相促进、相互制约的关系。环境容量产权明晰的过程存在制度变迁成本,相关技术创新水平部分决定制度变迁成本。要明晰环境容量产权,需具备以下技术:环境质量监测、排放监测技术和信息传递技术等。而国家权力的介入是环境容量产权明晰的必要保障。

15.2—2 循环经济中企业间分工与交易方式选择

循环经济的价值基础为参与者提供潜在的利润空间,价值的最终实现则需要一定的市场环境和交易条件。具备了这些因素,循环经济才可能实现市场化、产业化和规模化。前面对循环经济的市场形成过程和交易活动中的品质考核问题作了讨论,下面就探讨循经济的生产、交易规模及其方式。

循环经济的良性运行对技术和规模都会提出较高的要求,技术的需求促进分工的发展,规模的扩张导致企业间关系的变化和市场结构的重新组合。企业发展循环经济不仅仅是物质能量的节约和生产费用的节约,还涉及交易费用的节约。

在技术可分条件下,从资源配置的角度来看,交易就是商品和劳务在不同生产单位之间的转移。是什么因素决定企业交易方式的选择呢?即企业自己生产(选择企业内交易),还是购买(选择市场交易)?科斯(1937)认为,交易成本决定交易方式的选择。当企业生产最后一单位的某种商品的成本等于从市场购买该商品的支出时,企业的规模就此稳定。

我们可以假定在完全竞争市场下,循环性生产过程中存在两种可分的技术环节 A 和 B,A 和 B 的分工是一次边际分工。当这些环节的产品发生转移时,企业就会在交易方式上进行选择。如果实现转移的市场交易成本小于企业内交易成本,企业选择购买该产品。反之,就选择自己生产。选择市场交易方式的费用成为专业化费用,选择企业内部交易方式的费用成为一体化费用。[①]

专业化费用也就是我们常说的狭义的交易成本,包括信息搜寻成本、谈判成本、签约成本、执行成本和监督成本。也就是企业的市场交易费用,用 S_C 表示。一体化费用是指科层组织的管理成本(或组织成本),包括协调成本、内部成员的监督费用、考核费用、信息扭曲的损失以及 X 效率损失等。也就是企业的内部交易费用,用 I_C 表示。这两种成本的特点是不同的,因而出现不同的变化轨迹。两种成本的边际曲线分别用 $\dfrac{dS_C}{dP_A}$ 和 $\dfrac{dI_C}{dP_A}$ 表示。可以从图 15.2 中看出

[①] 盛洪:《分工与交易》,二联书店、上海人民出版社,1992 年。

二者的关系。企业内交易边际成本曲线随着交易数量和生产规模的增加而迅速上升,市场交易边际成本曲线是一条上升缓慢的曲线。两曲线交于 E 点,即边际市场交易成本等于边际企业内交易成本,企业规模稳定于 K_0,即企业的边界。

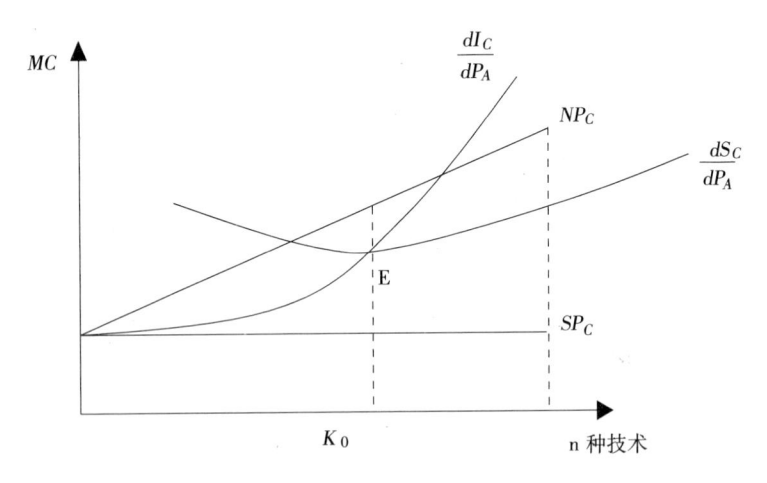

图 15.2 完全竞争条件下企业专业化费用和一体化费用的关系

注:SP_C 表示平均每一种技术分工的交易成本,NP_C 表示 n 种技术的交易成本。
资料来源:盛洪,1992。

企业的循环经济活动涉及实施节能工程,再利用副产品,治理污染物或对废弃物进行无害化处理,等等。对于普通产品的制造业来说,这些都是企业主业务之外的环境管理活动,从技术上具有可分性,由于企业环境责任的约束,企业必须承担这些领域的处理成本,至于是企业自己进行处理,还是通过购买服务的方式,外包给其他企业,就取决于生产成本和交易成本的比较,或者说是选择市场交易方式还是选择企业内交易方式。对于环保企业来说,尽管上述循环经济活动可能是其核心业务,但是也存在企业规模的决策问题。

图 15.2 的分析是在完全竞争市场上的企业决策,因此,可以得到一个最优规模。如果是完全竞争,市场交易成本较小,企业更愿意通过提高专业化程度而扩大企业规模。但是,现实经济活动是复杂的。由图 15.3 发现,通过专业化扩大规模到 K_2,此时的市场交易成本很高,企业面临巨大的市场风险。在这种情况下,企业若为追求专业化,把发展循环经济的业务全部交给市场完成,会因高昂的市场交易成本而失败。因此,有时候即使发展循环经济的生产成本很高,企业也会选择自己生产,因为专业化的市场交易成本可能更高。企业由于过高的市场交易成本(专业化费用),则停止于较小的生产规模(K_1)。尤其是在市场经济不发达的条件下,加上循环经济发展的相关技术、制度、信息以及基础设施不完善,企业在发展循环经济时,非核心业务扩展导致企业规模不能达到最优。企业一方面要发展自己的核心业务,还要在清洁生产、节能降耗、三废治理等方面投入大量的人力、物力和财力,对于规模小、效率低的企业来说是不堪承受的。

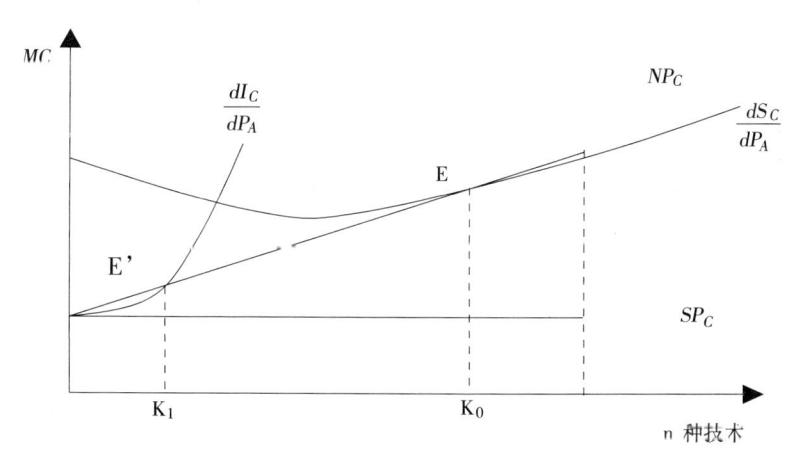

图 15.3 企业循环经济专业化费用和一体化费用的关系

资料来源:根据图 15.2 改编。

企业在交易方式的选择上,专业化可以享受最适规模带来的生产成本节约,并减少管理成本;高级一体化既能节约生产成本,又能节约部分市场交易成本;低级一体化节省了部分交易成本,但是由于低于最适规模,生产成本上升,也存在较高的管理成本。看来,低级一体化是不经济的交易方式。但是,在循环经济实践中,可以看到很多类似的现象。这是因为,尽管生产成本高且承受一定的管理成本,但是相对于外部高昂的交易成本而言,选择自己生产还是合算的。当然正是由于奇高的交易成本,导致循环经济的规模偏小,进而影响专业化和分工程度的提高。循环经济总是处于低水平状态。因此,当市场交易成本较小时,一些中小企业采取环境外包的方式来克服规模小和专业化程度不高带来的成本问题;当市场交易成本较大时,可通过兼并重组等方式与同行业的大型企业实行联合或并入,享受规模经济的优势。

15.2—3 经验分析

(一) 小规模企业循环经济的交易治理

以武汉市东西湖循环经济园区为例。① 该园区是国家循环经济试点园区,区内有一个以火电厂为核心企业的循环经济产业园。该电厂是一个发电量约 25 万千瓦的企业,电厂每天煤燃烧产生大量的粉煤灰,也产生大量的余热和冷却水。以此副产品为媒介,周围形成 10 多个循环利用副产品的企业。目前余热和冷却水的利用都很顺利,但粉煤灰的利用存在一些障碍。粉煤灰的用途很多,一般用于建

---

① 笔者的调研资料。

材行业。电厂是选择自己办厂将这种副产品加工成其他产品出售,还是直接出售给其他企业,需要在生产成本、管理成本、物流成本、交易成本以及总收益上进行比较。在粉煤灰的利用上,最终是该电厂和另一家企业合资兴建的制砖厂,由电厂控股。首先是由于电厂规模偏小,粉煤灰供应量有限,制砖厂规模没有达到最适规模,单位产生成本上升。市场上的灰砖价格为 0.2 元,该厂价格为 0.5 元。显然没有竞争优势。为打开销路,该厂在质量和技术上进行改进,虽然能维持这样的价格水平,但是单位生产成本上升,电厂为保证制砖厂的运转,还要承担一定的成本。其次,煤炭价格上升后,电厂生产成本上升,也会影响到制砖厂。而且该企业发电量小,"三废"排放较大,属于国家宏观调控的对象,其他企业不会过多依赖该企业的副产品。综合分析,该企业发展循环经济的主要问题是由于生产规模小,平均成本较高,因此,价格上需要受到一定的政策保护。由于副产品产量小,交易治理方式选择合资,自己承担成本,副产品利用的主要业务由新的合资企业经营。相当于该企业购买粉煤灰的处理业务。

(二) 大规模企业循环经济交易治理

高炉废渣是钢铁等冶金行业的主要废弃物,近年来,武钢产生的冶金废渣每年都在 400 万吨左右,这些废渣过去主要靠堆场堆积,最多时曾累计堆积废渣 1 000 万吨,既占用了大量土地,又浪费了宝贵的资源。依靠科技进步,武钢冶金渣公司以钢渣为原料,开发出了混凝土、粒子钢等产品。为了充分利用武钢产生的水渣,武钢又与华新水泥公司合资,在渣场边建起了一个用水渣做原料的水泥厂。建水泥厂后,少挖山开石 280 万吨,可以节约原煤,每生产利用 1 吨矿渣,可以少排放 1 吨二氧化碳,矿渣每年给我们带来的收入有 8 000 多万。冶金渣公司只是武钢实施循环经济的一个缩影。为了更好地

"变废为宝",去年,武钢焦化公司投产 7 号、8 号焦炉干熄焦工程,配备了目前世界上最先进焦炉环保工艺,将武钢生产中的废气和废水进行了充分利用。原来这些焦炭用水冷却,水蒸气散发在空中,造成了环境的污染,那么一千度的焦炭显然就白白浪费了,用了这个干熄焦装置之后,每个小时可以产生38公斤的高压蒸气 80 吨,一个月可以发电达到 200 万度。焦化公司实施"直流供水改循环供水工程"后,水循环利用率由原来的 47% 提高到 95.7%。每年 5 330 万吨的工业废水全部被循环使用,实现了工业废水的零排放。一年还可减少有害气体排放量 700 吨。综合测算,武钢焦化公司一年能源回收的直接效益达到了 1 450 万元。据统计,2005 年一季度,发展循环经济给武钢带来的总效益超过了 3 000 万元。由于废钢渣产量和工业废水排放量巨大,具有很大的利润空间,钢渣公司和焦化公司都理性地选择自己生产的方式,并由此衍生出众多的循环经济产业链条。

15.2—4 结论及政策含义

　　循环经济不仅具有可持续发展带来的生态效益,还能够产生巨大的直接经济利益。由于存在一些障碍,致使潜在的收益难以转化为现实的利润,从而制约了循环经济的发展。对这些问题的思考可以从分工和市场的关系来分析。循环经济不仅是一个技术问题,还是一个制度问题。作为技术问题,它与分工和专业化密切相关;作为制度问题,它涉及市场的演进和交易方式的选择乃至交易的治理形式。

　　企业发展循环经济需要有一定的规模经济,而规模化是建立在专业化和市场化的基础上的。专业化程度的提高一方面需要降低生产成本,另一方面要降低市场交易成本。降低生产成本对于企业来说主要通过推进循环经济的技术创新和生产流程的改造来实现,另外,外部经济也很重要,政府在循环经济基础设施建设方面要加大投入;交易成本的降低则通过增进循环经济企业之间的合作和信任来实现,政府和社会中介在质量认证、生产和产品的标识标准、市场准入、信息服务等方面提供相应的制度安排也可以减少交易成本。

15.3 政府职能转变与循环经济促进

15.3—1 循环经济与政府转型:基于制度分析视角

建设循环型社会意味着整个社会的"生态转型",这是一个整体制度变迁过程。在这一过程中,制度变迁的行动团体发挥着重要作用。不同的利益诉求促使行动团体采取不同的立场和态度,选择不同的行为方式,影响着制度变迁的速度、力度和方向。要推进循环型社会变迁的速度,使之沿着预定目标前进,则需对各类行动团体进行调节,化解阻力,顺应积极诉求,引导合理需求。因此,发展循环经济,需要以政府为主导、以市场为驱动、以企业为主体、以公众为基础,形成多种积极因素共同作用的格局;在机制建设上,形成政府、市场、法律、社会共同调节的局面。

建设绿色政府。制度变迁理论认为,制度的变迁方式有两种:一是诱致性变迁,二是强制性变迁。当制度创新的预期收益远大于成本或维持旧制度的成本远大于制度创新的成本时,压缩制度变迁的进程和空间的动力很强,强制性变迁成为主导方式。政府作为公共物品的供给者,提供可持续发展的相关制度安排是其重要职能。循环经济是一种新型生产方式，追求社会、生态、经济三者共赢的效率目标。在很大程度上，发展循环经济具有一定的正外部性。如何把这种外部性内在化，形成经济系统与自然系统和谐共生的自运行机制，需要一系列的新制度、新规则和新的意识形态来进行约束和引导。发展循环经济需要从微观的企业层面、中观的区域层面和宏观的社会层面共同推进。制度变迁的强制性、制度供给的外部性和制度作用分布的多层次性决定了政府在发展循环经济中不可替代的主导地位。对于政府主导地位的界定还需要科学地认识，因为经济系统和自然系统有其自身的运行规律，任何人为地改变这些客观规律的做法都会起到适得其反的效果。循环经济中政府的主导地位，需要在管理手段、治理方式、干预的领域、时机和力度等各个方面深入研究、斟酌使用，一刀切、简单化、想当然的思维可能会导致更恶劣的后果。

政府通过制度供给支持市场的运行在初期也是十分必要的。政府推动制度变迁具有规模经济效应，政府推进市场化进程，比市场经济体制的自然形成成本更低、新制度确立的时间更短、更有效率、相对收益更大。从长期来看，政府的作用有助于为市场经济的发展提供稳定的可预期的制度基础，增强和发展社会自组织能力，激发微观经济活力和创造力。但随着经济日趋成熟和复杂，以及民间部门的能力不断提高，政府政策运用的范围应不断缩小，因为"政府失灵"的危害甚至大于市场失灵。这就要求政府在参与社会经济生活时，应注重发展社会自组织能力，不断增强经济创新能力，而不是代替社会和微观经济主体作出决策；当市场经济已经启动时，政府应逐渐把主要精力放在提供法治、保护产权、维护市场秩序和提供基础设施上。本书不想过多地去考察宏观上和抽象意义上的政府和市场关系问题，主要关注的是循环经济中高效率资源配置如何才能低成本、持久性地实现。

15.3—2 政府发展循环经济的职能定位

在循环经济运行的调节机制中,政府应发挥主导作用,政府应当成为促进循环经济发展的责任主体。这种主导作用体现为以下几种职能:制订规划、提供制度、监督实施、绩效评估、信息服务、重大技术研发、善意设租以及循环经济意识形态建设。[①]

(一) 制订产业规划和区域规划是政府的重要职能

编制循环经济发展规划,或把发展循环经济作为编制有关规划的重要指导原则,使循环经济从规划阶段就全面纳入到社会经济发展的全过程中;制订和实施循环经济推进计划,尤其要研究制订矿产资源集约利用、能源和水资源节约利用、清洁生产,以及重点行业、重点领域、产业园区和城市发展循环经济的推进计划;加快经济结构调整和优化区域布局,根据资源环境条件和区域特点,用循环经济的发展理念指导区域发展、产业转型和老工业基地改造。英国《金融时报》中文网专栏作家陈大阳在其"宏大的浪费"(搜狐财经,2006年4月20日)一文中指出,"中国已经成为全球最大的工地",呈现出宏大叙事般的工地景象,同样使人印象深刻,那就是宏大叙事般的浪费。最近,在一次关于住宅性能评定技术标准的会议上,专家们说,新中国成立以来建造的许多住宅远远未达到设计使用年限就被拆除,平均使用寿命不足30年,目前中国每年拆除的老旧建筑占新建建筑面积的40%,"中国可能已经成为全球最大的建筑浪费

---

① 参见,李云燕."论市场机制与政府行为在循环经济发展中的地位与作用",载《中央财经大学学报》,2006年第1期。

国"。所谓"浪费"有两重含义,一是产业性的,一是规划性的。产业性浪费是指由于建筑方式、建筑材料和产业效率方面造成的浪费;规划性浪费则是一种由价值取向所导致的短视、急躁的现实。不仅是建筑行业存在这样的问题,循环经济的发展中,为追求政绩和短期效应,在产业链和生态工业园的建设中,一些地方政府也在犯同样的错误。

(二)提供制度,包括建立引导、激励、约束和规范循环经济发展政策体系和法律体系

(1)健全法制,通过法律手段引导和规范循环经济的发展。加强循环经济法规体系建设,通过立法,对循环经济加以规范。1990年代以来,美、欧、日等陆续制定了各种循环经济法。大致可分为基本法、主体法和具体法三个层次。其中既有综合性法律,如德国的《循环经济法》、日本的《推进建立循环型社会基本法》;也有行业法规,如日本的《家用电器回收法》、德国的《限制废车条例》等。上述法律法规的主要原则包括:谁污染谁赔付原则,即规定造成污染的企业和个人必须缴纳赔偿金,用于污染的治理;生产者责任原则,即规定生产者必须采取措施回收产品,将其分解后循环利用;优先处理原则,如德国的法律规定:尽量减少垃圾的产生,对不得不产生的垃圾予以最大限度地利用,并在确定无法再利用后才能销毁。

(2)建立和完善促进循环经济发展的政策体系,发挥政策的激励约束作用。促进循环经济的政策很多,要在市场经济基础上对宏观调控工具以及微观产业规制工具进行组合运用。①在投融资方面,加大对循环经济投资的支持力度,适度增加环保投资,促进金融绿化,扩大对企业生态管理的信贷支持力度,帮助企业克服生态管理上的资金障碍。②在价格改革方面,将资源环境要素纳入生产要素之中,逐步建立起能够反映资源性产品供求关系的价格机制。③在

财税政策方面,改革税收体制,制定支持循环经济发展的财税和收费政策,引入资源节约型、环境友好型税种。④在产业发展方面,制定促进循环经济发展的产业政策,编制循环型企业目录和生态型产品目录。许多国家的政府还通过调整税收和收费,引导企业转变经营观念。在征税政策方面,美国一些州以征收新鲜材料税来鼓励企业更多地利用循环物质;德国为促进企业对风能、太阳能等能源的使用,对使用汽油、电能等进行生产的企业征收生态税。在收费政策上,许多国家通过对消费者征收费用促使他们参与物质的循环利用。日本规定,消费者废弃家电时必须承担废旧物资循环费。德国和美国部分州规定,所有家庭都要按月缴纳垃圾清运费。

布鲁伊恩等人(Bruyn, et al, 2004)建立的以物质流管理为核心的综合政策体系为我国发展循环经济进行政策设计提供了很好的思路。见图15.4。物质流政策与其他政策的结合有助于系统地考虑经济活动生态环境后果,采取相应政策措施。

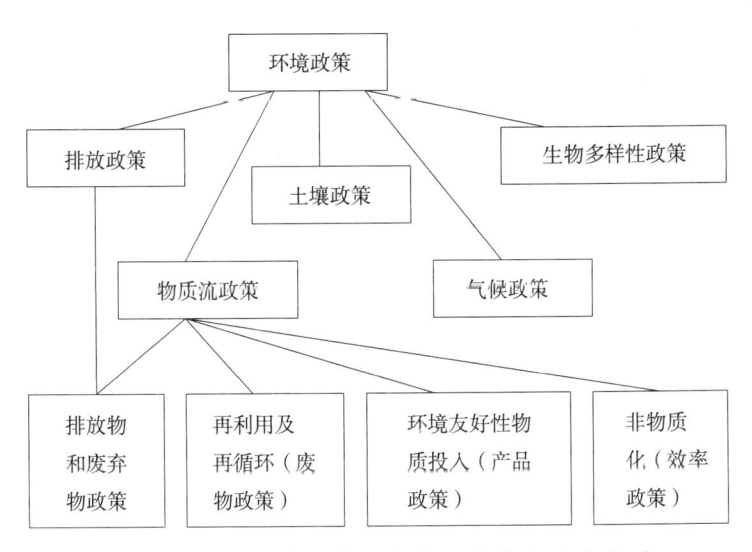

图 15.4 以物质流管理为核心的综合政策体系

由此可见,控制了物质流就在很大程度上实现了循环经济所要达到的主要指标。从当前我国经济增长和物质消耗的态势来看,也能从反面印证这一点。据最近的国家环保公报指出,2006年上半年全国 COD(化学含氧量)和 SO_2 的排放量分别比同期增长 3.7%,不但没有完成"十一五"规划的每半年下降 1% 的任务,反而有更大的反弹。其主要原因就是控制能耗的指标没有完成,经济增长速度过快导致对各种资源消耗加剧。要实现"十一五"规划制定的能耗和污染物排放控制的目标,GDP 增长率须控制在 7.5% 以下。①

(三)循环经济重大支撑技术的开发研究。循环经济的支撑技术体系由五类构成:替代技术、减量技术、再利用技术、资源化技术、系统化技术。一些重大的循环经济技术策略有:低物耗、能耗煤基液体燃料生产技术,生物质能转换技术,集约化养殖畜禽粪便的资源化利用技术,熔融还原冶铁新工艺与钢铁—煤化工产业共生,绿色化学技术,以化学矿物加工为核心的生态工业系统,水泥生产新工艺,废旧机电装备再制造技术,"电子垃圾"资源化的单元技术与设备。另外,循环经济发展中延长产业链和相关产业连接技术等涉及多学科交叉的技术也很需要政府参与。

(四)循环经济发展的公共信息服务。包括硬件建设和软件建设两个方面。建立与完善循环经济物流信息体系,建立循环经济信息平台,利用市场机制在资源配置方面的优势,为循环经济的资源回收利用提供比较完全的信息服务;探索发展循环经济的有效模式,通过搭建生态产业园区或改造工业园区或建设城市循环经济发展模式等,引导不同企业构建共享资源和互换副产品的产

---

① "能耗和污染指标可能全线失守",见中国经济网.2006 年 9 月 16 日。

业共生组合。

(五)监督与考核。制定和完善促进循环经济发展的标准体系,尤其要加快制定高能耗、高水耗及高污染行业市场准入标准、合格评定制度和涉及循环经济的有关污染控制标准。对污染大、能耗高的中小企业实行强制关闭制度。建立循环经济评价指标体系和统计核算制度,并逐步纳入国民经济发展计划,加强对循环经济主要指标的分析。

(六)善意设租。对出口循环型产品的企业实行出口退税。许多国家对使用循环物质生产的企业提供优惠贷款,或提供财政补贴,或减免其税款。美国亚利桑那州规定,对分期付款购买污染控制型设备或促进循环利用设备的企业可减税(销售税)10%。日本对使用废塑料制品类再生处理设备的企业,除普通退税外,还给予特别退税。

(七)循环经济意识形态建设。许多国家政府还积极开展社会宣传活动,提高公众的参与意识。例如,利用各种媒体广泛宣传循环经济,鼓励公众更多地购买含有循环物质的产品,加强各级学校相关课程的教授,培养公民的循环经济观等。一些国家还利用"循环日"或"循环月"大规模造势。

15.3—3 循环经济中的政府失灵与适度参与

(一) 循环经济中的政府规制及其失灵

政府规制失灵的原因有以下几点:(1)政府规制被"俘获"。一是被利益集团或局部利益所"俘获";二是被寻租所"俘获"。(2)政府规制者的寻租行为。(3)官僚体系的组织缺陷。科层制的信息失真问题、政策时滞问题、代理链中激励相容问题(帕金森定律)。(4)规制者与被规制者的信息不对称。前者很难获得后者的财务、会计、事业计划、需求结构及其变化、技术等方面的详细数据资料。(5)政府的有限理性。由于规制偏好、路径依赖、信息稀缺、知识技术有限、环境变化等原因导致政策设计与现实情况不吻合。(6)规制合同的不完全性。[①]

完善政府规制可从以下几个方面进行:(1)强化对规制者的规制。当经济综合管理部门和环保部门被赋予诸多关于循环经济发展的权力的同时,也应看到权力的两面性,防止因此而产生的寻租行为、激励扭曲等问题。(2)建立公共租金的消散机制。因规制而建立的一些制度和公共政策,会使部分企业受益而另一部分企业受损,要使政策性租金尽可能地惠及所有符合循环经济要求的地区、企业和个人,防止集中于某些集团,或成为垄断和破坏市场的工具和借口。(3)放松政府规制和优化规制。包括对规制体制、手段、结构进行改革。

(二) 政府的缺位与补位

根据循环经济发展的不同阶段,对政府和市场的作用范围进行划分,可以得出如下政策矩阵。该表是在青木昌彦等人(1998)的经济协调矩阵基础上,结合循环经济的制度供给,编制而成的循环经济协调制度矩阵。见表15.1。该政策矩阵反映出循环经济的不同发展阶段,政府职责及其干预范围,其他相关主体的协调范围,从而体现出功能优势互补,方式灵活多样的特点。

[①] 参见廖卫东,2004年,第53~56页。

表 15.1　循环经济协调制度矩阵

协调范围 \ 协调机制	价格机制	价格机制中的政府结构	政府干预中的价格机制
民间部门　市场	Warras 市场	产权安排、垄断管制、提供必要的公共品、市场交易制度、循环经济的基础性技术	部分资源定价、节约性政策和标准、环保生态标准和标志、污染管制
企业	Coase 企业共享合作收益		部分产业的特许经营诱致合作的政策
中介组织	行业协会	生态工业园区	信息共享系统、物流配送系统
政府与民间共同协调		协商委员会	行业、市场的准入
政府单方面协调			部分行业的强制性治污、部分地区的生态恢复、部分企业的强制关闭
循环经济的发展阶段	成熟期	成长期	发育期

（三）政府各职能部分分工明确、各司其职

为避免职能交叉重叠或功能缺位,须明确各自的任务。经济综合管理部分主要是从宏观上控制和总体协调,关注整个经济系统的资源节约及环境友好的状况;环境部门则是从生态环境的状态变化以及经济活动的环境后果进行监测和控制;其他相关经济部门如财政、税收、统计、金融、国土资源等则根据管辖范围进行调节。其中,前面两大部门是循环经济发展的主角。

日本政府在推进循环型社会建设中,就形成了以环境省和经产省为主、其他部门协调的管理体系。[①] 这两个部门的分工为:环境省

---

① 国家环保总局科技司:"建设循环经济,政府、企业、公众各司其职"。

对建立循环型社会起牵头作用。主要体现在制定《循环型社会推进基本法》,制定基本计划,并从如何减少和合理处置废弃物角度推进循环型社会建设,包括牵头制定实施"容器包装法"、"家电回收法"、"食品回收法"、"绿色采购法"、"废弃物处理法"等。经产省则是从有效利用资源、振兴产业入手推动循环型社会建设。由于日本建设循环型社会的核心问题是实现废弃物的减量化、再使用和循环利用以及无害化处置。因此,作为日本环境保护主管部门的环境省是日本政府推进循环型社会的主体管理部门之一,其中环境省的废弃物管理与循环利用司是推进循环型社会建设直接主管部门,包括政策计划处、一般废弃物管理处和产业废弃物管理处,分别主要负责计划和制定一般废弃物和产业废弃物的减量化、再使用和循环利用以及无害化处置管理。在环境省内部,建立循环型社会是一项重要的基本职责,设立了专门管理机构,由废弃物管理与循环利用司负责。该司负责制定推进循环型社会基本计划、相关法律并实施。省内其他局厅按照计划各负其责,如绿色采购由综合政策局负责;"3R"计划由地球环境局负责等。日本环境省以实现废弃物的减量化、再使用和循环利用以及无害化处置为目标,以环保产业化为手段,以构建废弃物再生利用产业为切入点,推进生态工业园区建设,促进日本循环型社会目标的实现。

作为日本产业发展管理部门的经产省,也是日本政府推进循环型社会建设的主体管理部门之一。由于日本循环型社会建设相当一部分是依靠废弃物再生利用技术推进地区产业振兴和发展,所以经产省的产业技术局是推进循环型社会建设的直接主管部门。这个部门在环境保护方面的定位,一是提出扶持产业振兴的政策,支持其发展;二是做好环境与经济协调发展的工作。从产业发展角度看,日本建设循环型社会实际上是以振兴地区产业为目标,以产业环保化为手段,以构建废弃物再生利用产业链为切入点,以生态工业园区为载体,推进日本循环型社会建设。经产省推动循环型社会的主要措施是会同环境省建设生态工业园区、通过废弃物再生利用技术的推广和产业化,从而振兴和发展地区产业。

其他中央政府部门也努力配合,与环境省和经产省共同形成了良好的分工合作关系。日本建设循环型社会的许多法律、法规都是在各部门合作条件下制定的。如环境省、厚生省与经产省合作共同制定了"食品再生法"。

(四) 循环经济发展与市场增进型政府

自生自发的市场秩序当然是完美的而且令人向往。但是由于资源耗竭和环境恶化的压力十分紧迫,诱致性变迁推动循环经济市场化是不现实的,更多需要政府的参与。市场增进型的政府对于循环经济发展十分必要,这种作用可以体现为两点:一是培育循环经济的自生能力;二是在技术和制度两个方面提供支持。关于制度供给和基础性研发投入前面已有解释,这里主要讨论政府如何培育循环经济的自生能力。

循环经济低成本持续发展最终还是要遵循市场规律,培育循环经济的自生能力是关键。[①] 企业自生能力理论是林毅夫教授及其合作者提出的(Lin and Tan,1999;林毅夫、刘培林,2001;林毅夫,2002)。自生能力概念是根据一个正常经营的企业的预期获利能力来定义的。在自由竞争的市场经济中,一个正常经营的企业在没有外部扶持的条件下,如果能够获得不低于社会可接受的正

[①] 关于循环经济的自生能力是借用林毅夫教授的企业自生能力概念,但又与其不同。2006年,在华中科技大学举办张培刚发展经济学研究优秀成果颁奖会中,笔者为此曾向林教授请教,他表示认可这种说法。

常利润水平,那么这个企业就有自生能力;反之,如果一个正常经营的企业的预期利润低于社会可接受的水平,那么就不会有人投资于这个企业,这样的企业也就没有自生能力,只有靠政府的扶持才能够生存下去。企业的技术、产品和产业选择取决于要素禀赋,要素禀赋结构由资本、劳动和自然资源的相对价格决定。林教授的自生能力是一个给定的变量,是其比较优势理论的出发点。本书的自生能力是指在市场经济条件下,循环经济中的企业能够获得正常利润的能力。在现实经济中,这种能力可能是自生的,也可能是后天的。林毅夫的企业自生能力理论为发展经济学提供了微观基础。循环经济的自生能力则是循环经济微观主体的重要条件。

当把自生能力和交易成本相结合,循环经济中自生能力具有资源节约的含义。生产成本的节约属于边际上的节约,属于二阶节约,因为生产成本最小化是给定组织制度约束下的成本最小化。交易成本的节约属于结构上的节约,属于一阶节约,因为交易成本最小化决定了选择最有效的组织制度安排。企业具备自生能力需要的是生产成本和交易成本的联合动态最小化。但是,交易成本最小化的经济组织一般来说会自动选择生产成本最小化,而反过来却未必如此。因此,交易成本最小化是企业具有自生能力的一阶条件,而生产成本最小化则是企业具有自生能力的二阶条件。[①]

对于循环经济来说,当制度上的安排不合理时,循环经济技术创新和生产方式的改进只能带来边际上的节约,有时片面地追求循环而在技术和流程上的投入,会造成更大的浪费。只有遵循市场的规律,通过制度设计,引导经济主体在生态阈值的范围内活动,这种节

---

① 皮建才:"节约型社会的经济学含义",载《人民日报》,2005年3月7日。

约才是结构性的、整体性的节约,同时也是持续性的节约。

15.4 本章小结

本章主要分析了在市场失灵或市场缺失的条件下以及循环经济发展中初期存在的不利因素,据此对市场和政府在循环经济中的作用展开讨论。

并非如有些学者所言,否定市场在循环经济的作用。实际上循环经济与市场失灵并无必然联系,应把市场失灵、市场缺陷和市场缺失区别开来。市场机制可以用来发展循环经济,其关键是要克服循环经济初期出现的价格发现障碍。循环经济的发展主要面临着四个方面的障碍:价格障碍、制度障碍、技术障碍和信息障碍。

循环经济的良性发展关键在于形成一个更多依靠自运行的市场机制。循环经济的发展是规模化、产业化和市场化共同作用的结果。循环经济不仅是一个技术问题,还是一个制度问题。作为技术问题,它与分工和专业化密切相关;作为制度问题,它涉及市场的演进和交易方式的选择乃至交易的治理形式。循环经济发展的价值基础、市场条件和缔约过程反映出循环经济的市场化过程也是一个不断降低成本、持续发展的过程。随着循环经济中企业生产规模和交易规模的扩大,其交易方式的选择也在变化,围绕企业循环经济发展而产生的业务是选择自行处理还是环境外包,将对企业的循环经济绩效产生很大影响。因此,企业的治理方式需要随之调整。

正如学术界的多数人观点,政府在循环经济发展中起着主导作用。笔者认为,对这种主导作用的界定应在时间、范围、领域和方式上进一步明确。在循环经济运行的调节机制中,政府的主导作用应体现为促进循环经济发展的责任主体。在现阶段这种主导作用体现为以下几种职能：制订规划、提供制度、监督实施、绩效评估、信息服务、重大技术研发、善意设租以及循环经济意识形态建设。同时，需要注意的是防止政府失灵。因此，政府在循环经济中的地位应是责任主导、适度参与，克服缺位，避免越位，防止错位，在与市场作用的边界上，培育循环经济的自身能力，完善市场机制在循环经济中的资源配置功能。

主要参考文献

中文部分

(1) 阿兰·兰德尔:《资源经济学——从经济角度对自然资源和环境政策的探讨》,商务印书馆,1989年。
(2) 阿尔钦:"产权:一个经典注释",载《财产权利与制度变迁》,三联书店和上海人民出版社,1994年。
(3) 艾利斯(1999):《转折点》,上海译文出版社,2001。
(4) 埃莉诺·奥斯特罗姆:《公共事物的治理之道》,三联书店,2001年。
(5) 巴泽尔:《产权的经济分析》,上海三联书店,1997年。
(6) 莱斯特·R.布朗:《B模式——拯救地球延续文明》,东方出版社,2003年。
(7) 布朗:《环境经济革命》,中国财政经济出版社,1999年。
(8) 布朗:《建设一个持续发展的社会》,科学技术文献出版社,1984年。
(9) 巴里·康芒纳:《封闭的循环——自然、人和技术》,吉林人民出版社,1997年。
(10) 波特:《竞争战略》,华夏出版社,1996年。
(11) 曹凤中:"循环经济链作用机理",载《中国环境报》,2005年7月17日。
(12) 陈惠雄:《快乐原则:人类经济行为的分析——特别视角》,经济科学出版社,2003年。
(13) 陈惠雄:《人本经济学原理》(第2版),上海财经大学出版社,2006年。
(14) 大岛茂男:《可持续经济发展的道路》,中国农业出版社,2000年。
(15) 蒂坦伯格:《环境与自然经济学》(影印版),清华大学出版社,2005年。
(16) 段宁:"物质代谢与循环经济",载《中国环境科学》,2005年第3期。
(17) 费希尔·多恩布什:《宏观经济学》,中国人民大学出版社,2002年。
(18) 厄思斯特·魏茨察克,艾默里·洛文斯等:《四倍跃进》,中华工商联合出版社,2001年。

(19) 赫尔曼·E.戴利:《超越增长——可持续发展的经济学》,上海译文出版社,2001年。

(20) 冯之浚等:"循环经济与末端治理的范式比较研究",载《光明日报》,2003年9月22日。

(21) A.G.菲吕博腾、L.瑞切特:《新制度经济学》,上海财经出版社,1998年。

(22) 富克斯:《服务经济学》,商务印书馆,1987年。

(23) 高辉清、钱敏泽、郝彦菲:"国外促进绿色消费的政策法律及其对我国的启示",载《经济预测分析》,国家信息中心,2006-3-23,第8期。

(24) 宫本宪一:《环境经济学》,三联书店,2004年。

(25) 黄贤金:《循环经济:产业模式与政策体系》,南京大学出版社,2004年。

(26) 霍肯等(1999):《自然资本论》,上海科学普及出版社,2000年。

(27) 金建:《信息产业经济学论纲》,北京出版社,1993年。

(28) 科斯、阿尔钦、诺思:《财产权利与制度变迁——产权学派与新制度学派译文集》,上海三联书店和上海人民出版社,2000年。

(29) R.J.莱维茨基、M.A.斯蒂文森:"谈判中的信任发展:行为方案与研究事项",摘自《信任与生意:障碍与桥梁》,上海社会科学院出版社,2003年。

(30) 福斯特·莱因哈特、理查德·维尔特:《企业管理与自然环境》,东北财经大学出版社,2002年。

(31) 丽丝:《自然资源:分配、经济学与政策》,商务印书馆,2002年。

(32) 梁言顺:《低代价经济增长论》(第2版),人民出版社,2004年。

(33) 廖卫东:《生态领域产权市场制度研究》,经济管理出版社,2004年。

(34) 柳扬青:《生态需要的经济学研究》,中国财政出版社,2004年。

(35) L.罗宾斯:《经济科学的性质和意义》,麦克米兰公司,1946年。

(36) 罗丽艳:《自然资源代偿价值论》,经济科学出版社,2005年。

(37) 里普赛与斯泰纳:《经济学》(第6版),哈泼与劳动出版社,1981年。

(38) 利贝坎普:"产权合同中的分配问题",载《新制度经济学》,上海财经大学出版社,1998年。

(39) 梁从诫:《2005年:中国的环境危局与突围》,社会科学文献出版社,2006年。

(40) 马传栋:《资源生态经济学》,山东人民出版社,1995年。

(41) 弗里曼:《环境与资源价值评估》,中国人民大学出版社,2002年。

(42) 纳尔逊、温特:《经济发展的演化理论》,商务印书馆,1996年。

(43) 平狄克:《微观经济学》,中国人民大学出版社,2002年。

(44) 皮尔斯、杰瑞米·沃福德:《世界无末日——经济学、环境与可持续发展》,中国财政经济出版社,1996 年。
(45) 青木昌彦:《政府在东亚经济发展中的作用》,中国经济出版社,1998 年。
(46) 齐建国等:"中国循环经济发展的实践问题",见中国环境与发展国际合作委员会网站,2005 年 3 月 5 日。
(47) 任勇:"发展循环经济战略与政策的思考",载《环境经济》,2004 年第 5 期。
(48) 苏明山:《资源综合管理技术》,中国环境出版社,2005 年。
(49) 王冰冰:《循环经济:企业运行与管理》,企业管理出版社,2005 年。
(50) 魏茨察克等:《四倍跃进》中华工商联合出版社,2001 年。
(51) 吴李松:"略论新循坏经济学",载《人民论坛》,2005 年第 9 期。
(52) 吴继刚,周晨:"循环经济的'不经济性'",载《学术交流》,2005 年第 5 期。
(53) 杰弗里·希:《自然与市场》,中信出版社,2006 年。
(54) 解振华:"关于循环经济发展释疑",见中国环境与发展国际合作委员会网站,2005 年 2 月 20 日。
(55) 杨雪锋、张卫东:"资源减量化、信息替代与经济流程的转变",载《中国工业经济》,2005 年第 5 期。
(56) 俞海山:"中国可持续消费模式构建",载《浙江社会科学》,1999 年第 3 期。
(57) 张坤:《循环经济理论与实践》,中国环境科学出版社,2003 年。
(58) 张五常:"关于新制度经济学——租金的耗费和价格的唯一性",摘自《契约经济学》,科斯等著,1999 年。
(59) 张五常:《佃农理论》,商务印书馆,1996 年。
(60) 张卫东、杨雪锋:"节约型经济流程的基础和条件",载《经济学家》,2005 年第 5 期。
(61) 张扬等:《循环经济导论》,经济科学出版社,2005 年。
(62) 周宏春:"循环经济与循环经济学",载《科技中国》,2005 年第 9 期。

英文部分

(1) Alchian, A. A. : Uncertainty, Evolution and economic theory, Journal of Political economy. 1950, (58):211—222.
(2) Amory, B. L., Hunter, L. L. & Hawkins, P. : A roadmap for natural capitalism, Harvard Business Review. May-June, 1999, 145—158.
(3) Baron, D, P. : Private Politics, Corporate Social Responsibility, and Integrated Strategy, Journal of Economics and Management Strategy . 2001,

10(1): 7—45.

(4) Bruyn, S. M. & Soest, J. P. : Resource productivity and policies: A Dutch perspective, Delft, November 2004.

(5) Bruyn, S. M. , Sevenster, M. N. , & Warringa, G. E. A. , et al. : Economy-wide material flows and environmental policy: An analysis of indicators and policy uses for economy wide material flow policy, Delft, November 2004.

(6) Bringezu, S. : accounting for economy-wide material flows and resource productivity, Tookyo: International Expert Meeting on Material Flow Accounting and Resource Productivity, November 2003, 25—26.

(7) Coase, R. H. : the cost of social problem, Journal of Law and Economics, 1960, 3(10): 1—44.

(8) Cheung, S. N. S. : The Contractual Nature of the Firm , Journal of Law and Economics, 1983, 26(1).

(9) Cornes, R. , & Sandler, T. : The theory of Externalities, Public Goods, and Club Goods , Cambridge University Press, 1986.

(10) Commission of the European communities: Thematic Strategy on the sustainable use of natural resources, COMMISSION STAFF WORKING DOCUMENT, Brussels, 21.12.2005, SEC(2005) 1684.

(11) EEA and the Factor—10—Institute: Making sustainability accountable: Eco-efficiency, resource productivity and innovation. , the European Environment Agency (EEA) and the Factor—10—Institute. , Proceedings of a workshop on the occasion of the Fifth Anniversary of the European Environment Agency (EEA) 28 — 30 October 1998 in Copenhagen. Topic report No 11/1999.

(12) Ehrenfeld, J. & Gertler, N. : Industrial ecology in practice: the evolution of interdependence at Kalundborg. Industrial Ecology. 1997, 1(2): 67—79.

(13) Franz, L. , Willy, B. , & Tony, C. : Resource Productivity, Competitiveness, and Employment In The Advanced Economies. Factor 10.

(14) Hotelling, H. : The Economics of Exhaustive Resources , Journal of Political Economy, 1931, 39: 137—175.

(15) Hartwick, J. M. : Intergenerational equity and the investing of rents from

exhaustible resources, American Economic Review. 1977, 67: 972—974.

(16) Hutchison, T. W. : On Revolutions and Progress in Economic Knowledge, Cambridge. 1978.

(17) Korhonen, J. : Four ecosystem priciples for an industrial ecosystem, Journal of Cleaner Production. 2001, 9(3): 253—259.

(18) Knut, F. K. : Extended Producer Responsibility—New Legal Structures for Improved Ecological Self-Organization in Europe, Reciel 2000, 9(2): 165—178.

(19) Lindhqvist, T. : Extended Producer Responsibility in Cleaner Production, Lund: Lund University Press. 2000.

(20) Lorenz, M. H., & Thomas, R. : Resource Productivity in the Information Age, future. 2002(2).

(21) Lowell Center for Sustainable Production. Sustainable Production: A Working Definition, Informal Meeting of the Committee Members, 1998.

(22) Nagaoka, H. , Innami, R. , & Watanabe, M. , et al. : Reservation of pancreatic beta cell function with pulsatile cardiopulmonary bypass. Ann Thorac Surg. 1989, 48: 798—802.

(23) Thomas, O. , & Christa, L. : Eco-management accounting in Germany: concepts and practical implementation, Wuppertal Papers, No, 88, Nov 1998, ISSN 0949—5266.

(24) OECD: Extended Producer Responsibility, A Guidance Manual for Government. 2001.

(25) Pearce, D. W. & Turner, R. K. : Economics of Natural Resources and the Environment. Harvester Wheatsheaf. 1990.

(26) Robert, P. : Making Democracy Work: Civic Traditions in Modern Italy, Princeton Univ. Press. 1993.

(27) Rangan, V. K. , Karim, S. , & Sandberg, S. K. : Do better at doing good, Harvard Business Review. May-June 1996, 42—54.

(28) Reinhardt, F. : Environmental product differentiation, California Management Review. 1998, 40(4): 43—73.

(29) Forest, L. R. , & John, D. B. : Sustainability and the Firm. Zurich: CCRS

(Centre of Corporate Responsibility and Sustainability)Occasional Paper Series. Paper No. 06/04.
(30) Robert,G. ;Resource productivity innovation; Systematic review; An evaluation of the systematic review process. 10th October 2003.
(31) Romer,D. ;Advanced Microeconomics(2nd ed.),McGraw-Hill. 2001.
(32) Sandy,D. J. , &. Ganesan,S. ;Control mechanisms and the relationship life cycle; Implications for safeguarding specific investments and development commitment ,Journal of Marketing Research. May 2000, 37(2); 227.
(33) Schmidt-Bleek, F. ; Making Sustainability Accountable; Putting Resource Productivity into Praxis. A Report by the THE FACTOR 10 CLUB. (Wirth,1997, 44). http. //www. factor10. org.
(34) Swinand,G. P. ;From total factor productivity to total resource productivity; Incorporating trends in pesticide pollution into productivity growth measures in United States agriculture. PhD Dissertation in BOSTON COLLEGE. 1999. TUV.
(35) Spangenberg,J. ;Odile Bonniot. Sustainability indictors-a compass on the road towards sustainability. Wuppertal Institute No. 81, Feb 1998.
(36) Solow,R. M. ;1991. Sustainability; An Economist's Perspective , J. Seward Johnson Lecture to the Marine Policy Center, Woods Hole Oceanographic Institution. June 14,1991; reprinted in Robert N. Stavins, ed. , Economics of the Environment; Selected Readings (fourth edition; New York; Norton, 2000).
(37) Telser,L. G. ;Why should manufacturers want fair trade? , Journal of Law and Economics. 1960, 3(1);86—105.
(38) Takeshi,I. ;E-waste and EPR situation in China. Global Village of Beijing. July 19, 2006.
(39) World Bank;Circular Economy-An interpretation . 2005.
(40) Welford,R. , Young,W. , &. Ytterhus,B. ;Toward Sustainable Production and Consumption; A Conceptual Framework. 1998.

后　记

本书是 2007 年浙江省哲学社会科学规划课题（课题编号：07CGYJ030YBM）的研究成果，受浙江财经学院出版基金资助。在本书的撰写过程中，我的导师张卫东教授给予了大量的精神支持和学术指导；国务院发展研究中心产业经济部的李佐军研究员提出许多富有价值的意见，社会发展部的周宏春研究员也给予了无私的帮助，并欣然作序。商务印书馆的张胜纪编审为本书的出版付出了艰辛的劳动。谨此，对以上机构和专家一并致谢。

图书在版编目(CIP)数据

循环经济运行机制研究/杨雪锋著.—北京:商务印书馆,2008
ISBN 978-7-100-05706-6

I. 循… II. 杨… III. 自然资源—资源经济学 IV. F062.1

中国版本图书馆 CIP 数据核字(2007)第 190868 号

所有权利保留。
未经许可,不得以任何方式使用。

循环经济运行机制研究
杨雪锋 著

商 务 印 书 馆 出 版
(北京王府井大街36号 邮政编码100710)
商 务 印 书 馆 发 行
北京市白帆印务有限公司印刷
ISBN 978-7-100-05706-6

2008年12月第1版　　开本 880×1230　1/32
2008年12月北京第1次印刷　印张 14½
定价 28.00 元